合规指南系列

劳动人事合规管理指南

周开畅　洪桂彬｜著

全新修订版

法律出版社 LAW PRESS · CHINA　北京

图书在版编目(CIP)数据

劳动人事合规管理指南 : 全新修订版 / 周开畅, 洪桂彬著. -- 2 版. -- 北京 : 法律出版社, 2023
ISBN 978 - 7 - 5197 - 7581 - 0

Ⅰ. ①劳… Ⅱ. ①周… ②洪… Ⅲ. ①企业管理－人力资源管理－劳动法－中国－指南 Ⅳ. ①D922.5 - 62

中国国家版本馆 CIP 数据核字(2023)第 029891 号

劳动人事合规管理指南(全新修订版)
LAODONG RENSHI HEGUI GUANLI ZHINAN
(QUANXIN XIUDINGBAN)

周开畅　洪桂彬　著

策划编辑 朱海波
责任编辑 朱海波
装帧设计 汪奇峰

出版发行 法律出版社
编辑统筹 法律应用出版分社
责任校对 邢艳萍
责任印制 刘晓伟
经　　销 新华书店

开本 710 毫米×1000 毫米 1/16
印张 36　**字数** 600 千
版本 2023 年 3 月第 2 版
印次 2023 年 3 月第 1 次印刷
印刷 天津嘉恒印务有限公司

地址:北京市丰台区莲花池西里 7 号(100073)
网址:www.lawpress.com.cn
投稿邮箱:info@lawpress.com.cn
举报盗版邮箱:jbwq@lawpress.com.cn

销售电话:010 - 83938349
客服电话:010 - 83938350
咨询电话:010 - 63939796

书号:ISBN 978 - 7 - 5197 - 7581 - 0
定价:138.00 元

凡购买本社图书,如有印装错误,我社负责退换。电话:010 - 83938349

Preface

序

2020年伊始,突如其来的新冠肺炎疫情对企业劳动人事合规管理提出了全方位的挑战。例如,求职招聘方面,Offer能够撤回或撤销、就业歧视等问题成为企业新的困扰;用工方式方面,企业为"主动稳岗"而创设的"共享用工"模式,合法还是违法争论不绝于耳;工时、休假和工资方面,延长春节假期、延迟复工、远程办公、轮岗轮休、错峰上下班、停工停产等新概念或新的政策让企业在应对过程中手忙脚乱;解雇保护方面,一边是政府的稳定就业岗位政策层层加码,另一边是企业解雇、裁员甚至企业破产关闭风起云涌……

自《劳动合同法》颁布实施以来,企业劳动人事管理本已经积累了大量的合规问题,在叠加本次新冠肺炎疫情所带来的一系列新问题后,企业的劳动人事合规管理越发呈现出复杂性、重要性、紧迫性。当前,我国劳资关系领域正出现相反的运动轨迹:一大批体制内的人,特别是劳动法学者,仍固守"劳善资恶"这一观念的逻辑,不断强化对标准劳动关系的保护标准,并试图在劳动合同法体系下寻求解决新业态、新科技和新问题的应对之法;另外一大批体制外的主体,尤其是民营企业,秉承"劳资合作"的理念,开始绕开甚至抛弃标准劳动关系,通过非标准劳动关系、非劳动关系来突破现有劳动合同法体系的桎梏。前者是深陷观念的逻辑不能自拔,迷失自我,而后者是立足现实的逻辑桀骜不驯,奋勇向前。但无论如何,企业经营管理仍需要坚持全面合规管理,如此方能行稳致远。

劳动人事合规管理作为企业合规管理的重要组成部分,特别是在当前国际、国内高度重视合规管理的背景下,其重要性不言而喻,企业必须积极面对、审慎应对。但实践中,有关劳动人事合规的书籍寥寥无几,而关于劳动人事合规管理体系的书籍更是极度匮乏,这也阻碍了企业合规管理水平的突破和提升。

我欣喜地看到,本书无论是从体系框架,还是从合规要点,抑或从合规指引,都为企业劳动人事合规管理提供了很好的解决方案。劳动人事合规体系建设是目前企业最薄弱的环节,本书既全面揭示了劳动法层面的合规问题,也关注到劳动人事在民事法律、行政法律和刑事法律领域的交叉与融合问题,既关注到劳动人事合规的历史发展,也关注到劳动人事法律政策的演变过程,还注意到中央和地方层面的规则差异。同时,本书还很好地处理了实体与程序、合法与合理、制度与体系等几个方面的关系,为企业合规体系建设提供了很好的顶层设计和操作思路。

劳动人事合规要点的归纳与总结是本书的一大亮点。本书很好地总结了企业合规管理中的重点、难点和痛点问题,归纳整理出298个合规要点,内容全面、清晰明了。并且,每个合规要点都有案例分析或要点解析,同时附有合规依据,言简意赅、通俗易懂。对照本书的合规要点,企业合规管理人员就可以纲举目张、简单高效地进行操作。与其他同类书籍相比,针对目前法律政策较为模糊、空白甚至属于禁区的合规要点,本书也大胆地给出了合规建议或指引,这在实务类书籍中实属难得。

周开畅律师曾是我指导的劳动法专业研究生,2004年毕业后长期从事劳动法理论和实务问题研究,现已成为一名优秀律师。在举国上下“共克时艰”之际,周开畅律师能带领团队撰写这样一本理论和实务相结合的书籍,既体现出周开畅律师及其团队的社会责任感,也充分展现了周开畅律师近20年的理论和实务积淀。我相信本书的出版必定能够为企业劳动人事合规的体系建设提供有益贡献,也能够为劳动法律政策制定、理论实务研究提供有价值的参考。

是为序。

董保华

中国社会法学研究会副会长

2020年4月

前言

全面合规背景下的劳动人事合规管理

自1977年美国颁布《反海外腐败法案》至今，企业合规管理已蔚然成风。

2018年，我国企业也进入了"合规元年"。究其原因，既有"中兴、华为事件"带来的警示与教育，也源于一批合规管理规范的实施，包括ISO 19600《合规管理体系指南》(GB/T 35770—2017)、《中央企业合规管理指引(试行)》、《企业境外经营合规管理指引》等。相较于欧美发达国家，中国企业的合规管理起步较晚，但不同于欧美企业起步时的诚信合规管理("小合规")，中国企业从一开始就关注全面合规管理体系的建设，强调和引导企业建立全面合规管理体系("大合规")。在合规管理体系中，劳动人事合规管理是非常重要的合规管理领域，并被很多企业上升到战略高度。

2019年，注定是要载入中国劳动人事合规管理史册的一年。这一年，中国民营企业和国有企业的劳动人事合规专项领域建设开始起步，比较有代表性的项目是中国平安的劳动用工法律风险咨询检视项目与东风汽车的劳动人事合规评估项目。当然，驻中外资企业的劳动人事合规项目很早就已经在推进了。例如，2013年美国Lear在华管理总部与工厂的人力资源合规性审查项目。很荣幸的是，汇业律师事务所周开畅律师团队参与并见证了上述合规项目。

同样是2019年，数个知名企业被曝出劳动人事合规管理问题。例如，几大互联网公司实行"996"引发社会热议；华为员工因离职索要高额赔偿金被羁押251天；网易暴力辞退患病员工；腾讯查处40多起违反"高压线"案件，先后辞退60多人、移送10余人到公安司法机关；大疆发现45人涉嫌内部腐败，将16人移交司法机关,涉案金额高达10亿元。此外,滴滴出行、蚂蚁金服、百度、美团、小米等公司也被曝出劳动人事合规问题。

我们认为,随着经济发展方式的转变、产业结构的调整,企业用工形式日益多元化,劳动人事合规管理难度也日益增加。这就要求劳动人事合规管理不应仅局限于制度合法、没有争议,还应在合规方针、合规组织、合规风险管理、合规制度与流程、合规审查、合规管理评估、合规审计、合规考核与评价、合规宣传与培训、违规管理与问责、合规管理计划与合规报告、合规管理信息系统以及企业合规文化等方面进行全面的劳动人事合规体系建设。

汇业律师事务所是全国最早建立劳动与人力资源法律服务团队的律师事务所之一,在企业劳动人事合规工作方面有20年的实践与研究。本书将从历史与现实、实体与程序、交叉与融合的角度来系统揭示企业劳动人事合规管理中的298个合规要点,以期能对企业劳动人事合规管理提供警示、指引功能。

Contents

目　录

上篇　中国劳动人事合规的发展概况

中篇　中国劳动人事合规的三个维度

合规要点索引

上篇

中国劳动人事合规的发展概况

第一章

中国劳动人事合规发展的三个阶段

一、合规起步阶段

1995 年 1 月 1 日,《劳动法》的颁布实施为中国劳动人事合规业务指明了方向,但由于《劳动法》的规范相对简单,且当时正处于计划经济向市场经济转轨过程中,大量的历史遗留问题和经济社会发展问题亟待解决,中国大部分企业还都没有"合规"思想,专业的劳动人事业务从业人员极其匮乏,相应的劳动人事合规业务几乎没有发展,也没有引起各方的广泛关注。

进入 21 世纪后,直至 2007 年,中国劳动人事合规业务才开始正式起步。这既源于国家层面出台的几个专门法律,例如,《职业病防治法》(2001 年)、《安全生产法》(2002 年)、《工伤保险条例》(2004 年),也和各地纷纷出台的劳动合同管理文件(例如,《上海市劳动合同条例》《北京市劳动合同规定》)、司法裁判口径对企业的影响有关。当然,这个时期,企业管理水平的提升和劳动者维权的热情都进一步推动中国企业劳动人事合规业务的发展。

尽管如此,法律政策层面的变化也仅仅是对《劳动法》的补充与完善,经济社会层面的变化也仅仅停留在劳动关系零星摩擦阶段,并没有对企业管理产生太大影响,劳动争议发生率也一直在低位运行。很多企业对劳动人事管理的认识基本停留在"辅助性"、"事务性"或"跑腿办事"的工作阶段,相应的劳动人事工作大多隶属于行政部门或业务部门。

二、制度建设阶段

进入2008年,以《劳动合同法》《劳动争议调解仲裁法》《就业促进法》《职工带薪年休假条例》为代表的一系列劳动人事法律及政策的颁布实施,开启了中国劳动人事合规业务的新纪元。《劳动合同法》及频繁更新的相关制度,极大地限制了用人单位的自主权,企业经营管理遭遇严峻挑战。《劳动争议调解仲裁法》更是点燃了劳动者的维权意识,企业用工管理难度和压力与日俱增。与之相应的是,自《劳动合同法》2008年颁布实施以来,劳动争议案件数量"井喷",并长期居高不下,劳动争议处理成为最热门的法律业务之一。

2011年前后,《社会保险法》颁布实施,《工伤保险条例》、《职业病防治法》、《劳动合同法》和《安全生产法》相继修订,将中国劳动人事合规业务推上了新阶段。其中,《社会保险法》的颁布实施直接拉开了社会保险领域合规业务的大幕,而《劳动合同法》关于"劳务派遣"内容的修订更是将关于企业用工模式调整的合规业务推上了高潮,甚至催生了大量的新型劳动用工业务模式。此外,为应对日趋复杂的劳资矛盾,最高人民法院以及各地司法机关或仲裁机构,也不断地出台各类解释、口径或指引,大量的社会资源被绑架在劳资关系的协调与处理之中,几家欢喜几家愁。

这个时间段,各类知名企业都培养了一批劳动人事业务从业者,并建立了较为完备的劳动人事合规制度。而一大批中介服务机构的成立、发展和壮大,如律师事务所、会计师事务所、人力资源服务公司、咨询公司等,既培养了一大批劳动人事合规管理的人才,也催生了一大批劳动人事合规业务,同时让劳动人事业务市场呈现出一片欣欣向荣之景象。

三、体系构建阶段

随着企业合规呼声日渐高涨,合规要求也从金融行业逐渐扩展到全领域各行业,从"零打碎敲"的碎片化合规管理到日趋重视合规管理体系的建设,如何建设合规体系已成为越来越多企业关注的话题。

早在2014年,国资委就明确提出了要大力加强企业合规管理体系建设,并将其列入"中央企业法制工作新五年规划"。2016 年,国资委选定中石油、中移动等 5 家央企进行试点,探索合规管理体系建设的方法。2021 年 4 月 13 日,《合规管理体系　要求及使用指南》(ISO 37301:2021)国际标准正式发布实施,就中国劳动关系矛盾日益凸显的现状而言,这无疑将为我国企业构建并运行合规管理体系、准确识别合规风险、改善内部管理流程、提高各类风险防控能力提供有效的指导。2022 年 9 月,国务院国资委发布《中央企业合规管理办法》(以下简称《办法》),通过部门规章对中央企业进一步深化合规管理提出明确要求。与 2018 年印发的《中央企业合规管理指引(试行)》相比,《办法》更加突出刚性约束,内容更全、要求更高、措施更实。《办法》明确规定,劳动用工领域是合规管理的重点领域,中央企业应"制定合规管理具体制度或者专项指南"。

合规是大势所趋,越来越多的企业注意到,劳动用工合规管理不再局限于制度合法,也不能以无劳动争议作为唯一的衡量目标,而应在管理标准、风险界定、管理手段等多方面进行提升,建构劳动人事合规管理体系方能应对不断深化的劳动关系。可以预判的是,中国企业合规管理时代已经来临,且劳动人事合规体系构建与维护业务,包括劳动人事合规义务识别、评估、管理、运营和培训等,必将成为未来很长一段时间内企业管理的重点领域之一。

第二章

企业劳动人事合规体系的构建

一、准确理解合规义务

“合规”属舶来词，来源于英文 compliance，可直译为“遵从、依从、遵守”等，也可译为“合乎规范”。对于“合规”的确切定义，虽然不同国家、不同监管当局乃至不同行业所作出的具体界定会有所差别，但“合规”的核心内涵并无差别，都是指符合一定的规则或准则。因此，合规的前提是界定和识别这种规则或者准则的范围，以便加以遵守，劳动人事合规亦然。

国际标准化组织在 2021 年 4 月发布的《合规管理体系　要求及使用指南》(ISO 37301:2021)在定义合规和合规风险时，均以合规义务为基础或前提。在开始建立劳动人事合规体系之初，企业应系统识别其合规义务及这些合规义务对企业用工合规管理的影响，全面考虑企业所处国家、地区、行业及企业自身四个层面上的风险特征、规则要求和现实情况，及时将外部有关合规要求转化为内部管理制度和流程，真正将合规管理融入企业的血液和文化中。

(一)合规义务的识别

合规义务识别的目的在于确定企业用工合规体系应遵守的要求，明确满足合规义务所需的能力要求，落实合规责任分配，建立获取、辨识、评审、更新法律法规及其他要求的渠道，拟定实施合规的措施，监督执行和评价合规状态和有效性，纠正不合规的现象，保障企业切实履行合规义务。

劳动人事合规义务，即企业在建立、制定、实施、评价、维护和持续改进用工合规管理体系时必须遵守的规则和准则，包括强制性合规要求（宏观/外部），以及自愿性合规承诺（微观/内部）两个层次：

1. 强制性合规，指外部法律法规，具体包括：（1）立法机关和其他有权机构发布的法律、规则和准则，如宪法、法律、司法解释、行政法规、地方性法规、自治条例和单行条例、规章等；（2）国际公约、国际条约或国际性法律法规；（3）监管机构的命令、规则、指导和各项指引及规范性文件等。

2. 自愿性合规承诺，指企业自行制定的内部规章制度或其他可选择性遵循的规则或准则。例如，（1）行业协会指定的行业自律规范或行业标准；（2）企业章程及规章制度；（3）与劳动者签署合同产生的义务；（4）集体合同以及工会的要求；（5）企业伦理、社会责任、社会道德等。

然而现实中，企业普遍对"合规"存在以下两种认识误区：

1. 只要不违法、无论做什么都可以。

不少企业偏向于从狭义上理解合规，认为合法经营 = 合规经营，而陷入只要不违法、无论做什么都可以的认识误区，故怠于制定内部规章制度来减少对企业行为的束缚或约束。甚至在利益驱动下，挖空心思通过所谓"打擦边球"或者按照自己的需求来曲解法律条文，千方百计钻法律空子，甚至与监管部门非理性博弈，玩起"上有政策下有对策"的猫鼠游戏。但合法只是企业行为的最低底线，除遵守法律外，还应遵守企业伦理、社会责任、社会道德。

2. 别的企业能做的，我们也可以做。

随大流、从众、法不责众等心理是许多企业的行为模式。但市场上竞争对手及同业的习惯做法并非必然是合规的。对别的企业的劳动人事管理方式，要区别对待，"取其精华，去其糟粕"，并结合企业自身的企业文化予以铸造。

（二）合规义务的维护

合规义务的维护也是合规义务的更新，企业宜有适当的过程识别、采用新的和变更的法律、法规、准则和其他合规义务，以确保持续合规。

1. 合规义务信息的获取途径：

（1）法律法规的要求；

（2）列入相关监管部门收件人名单；

(3)成为专业团体的会员;

(4)订阅相关信息服务;

(5)参加行业论坛和研讨会;

(6)定期监视监管部门网站;

(7)与监管部门会晤;

(8)与法律顾问洽商;

(9)相关方的要求(如政府、行业、工会、劳动者等);

(10)内部审核和管理评审报告等。

2. 获取、存档、备案。

企业应选择和确认从上述途径获取的合规义务的适用性,同时做好存档、备案工作,以便查找和使用。

3. 评审、修订。

企业应根据合规义务的更新和变化,修订、更正劳动人事相关制度,确保合规有效性。

4. 传达。

对需要传阅的法律、法规及行业标准,由人力资源部传送相关领导、各部门员工,进行培训、学习安排,并组织传达。

对需要转化为公司规章、制度的,应经过民主程序制定或更新,并传达给企业全体员工,使员工能够了解其所应履行的合规义务和不履行合规义务的后果。

5. 不符合或不合规的纠正。

企业应建立有效的合规实施沟通/举报机制,将不符合或不合规的信息传达到人力资源部门。人力资源部门需确定纠正措施并对问题进行纠正,并将完成信息反馈回各部门。

6. 调查。

企业应建立、实施并维护有效的调查程序,以响应对可疑或实际违反合规义务的报告。

调查程序应以公平和公正为原则,由有能力胜任的人员在独立和不存在利益冲突的前提下进行,而调查的结果将用于进一步改进合规管理体系。

二、全面开展合规评估

劳动人事合规的评估,即通过对用工合规风险的识别、分析与评价,把对企业合规目标实现有影响的合规风险按照其严重程度及发生的可能性作出分析评价,并科学、经济、有效地分配企业资源以对合规风险进行管理的过程。

(一)风险识别与分析

劳动人事合规风险是指企业及其员工因不合规行为,引发法律责任、受到相关处罚、造成经济或声誉损失以及其他负面影响的可能性,风险识别应区分合规义务主体,把合规义务和职责、活动、行为等相关方面联系起来,广泛、持续收集合规风险信息,进行必要的筛选、比较、分类、组合等,以有效识别可能发生不合规的场景、原因、影响及责任传导后果。

合规风险信息应实施动态管理,包括但不限于下列内容:

1. 已发生的合规风险事件;

2. 新的法律、规则和准则颁布对劳动人事的影响及可能引起的合规风险;

3. 因企业的转型、改制、产业结构调整、组织架构重建等导致劳工关系发生重大变化所产生的合规风险;

4. 内部规章制度未遵循法律、规则和准则的合规风险;

5. 内部规章制度未覆盖企业各劳动人事环节的合规风险;

6. 内部规章制度执行过程的合规风险;

7. 其他需要关注的问题。

企业应建立起全过程的劳动人事合规风险识别机制,即涵盖招聘录用、劳动合同签订、合同履行、合同变更、合同解除与终止、劳动争议解决、竞业限制纠纷的企业劳动用工管理流程的主线,对上述实务中易出现的劳动风险点逐一进行识别、排查及防范,以达到有效管控风险的水平。具体则以网格化方式进行,即"主动发现→立项跟踪→诊断处理→结案建议"为流程,对企业用工的法律风险信息源、法律风险分析、法律风险预警进行解剖诊断,即通过考虑不合规的原因、来源、后果的严重程度、不合规及其后果能发生的可能性进行分析和研究,以达到提供法律风险管理决策的目标。

(二)风险评价

合规风险的评价,是指在对企业劳动人事合规风险分析过程中发现的风险进行评价以确认它的风险等级,并通过对重大合规风险进行专项研究和分析,厘清合规管理缺陷,制作合规风险评估报告。风险评价既是对风险等级量化的过程,也是就风险管理分配资源的过程。其中评价维度应分为合规风险严重程度、合规风险发生可能性、发生频度、企业能够并愿意接受的合规风险水平四个层次。

合规风险周期性评估的情形:

1. 合规义务改变;

2. 企业结构或战略改变导致劳工关系发生重大变化;

3. 重大的外部变化如金融经济环境、市场条件、劳工局势;

4. 不合规。

企业应当通过正式的风险评估程序识别合规风险,并对已识别的风险进行等级分类。对优先级高的风险配置适当的资源和程序,并最终覆盖所有等级的合规风险。企业应定期或在企业环境发生重大变化时执行风险评估程序,合规风险评估的详细程度和水平取决于企业的风险状况、背景、规模和目标。

三、持续推进合规管理

目前,企业推进系统性劳动人事合规管理,主要存在以下几个方面的问题。

(一)劳动合规风险管理意识薄弱

企业管理人员因缺乏对劳动合规风险管理的重视,过分强调短期经济利益,忽视了劳动合规管理的重要性和必要性,一定程度上提高了人才挽留成本、流失成本,甚至劳动争议解决成本。合规风险管理虽然本身并不能直接为企业增加利润,但是持续不断的合规管控能够形成一整套具有较强执行力的、程序化的管控制度和流程,进而清晰地界定企业运营过程中的尽职、问责和免责标准,大大降低了企业运营成本并增强企业风险控制能力,提高资本回报,最终为企业创造价值。

合规建议

企业管理者应具备系统思维，将合规管理纳入公司战略管理层面，改变以往被动处理劳动纠纷态势，变成主动发现并第一时间解决矛盾，树立企业主体意识，以企业自身内部劳动合规管理为着力点，提高企业治理水平，从而更好地将法律参与和企业日常经营相结合，降低经营成本、保护经营成本并创造利润。

（二）劳动相关的合规管理指引及制度建设的缺失

据不完全统计，大部分人力资源管理者认为"绩效管理在调岗、调薪、解雇、辞退中的应用"是其最为关注的合规问题，并把"对企业用工及劳动争议过程中的证据收集、管理能力欠缺"列为目前合规工作中最大的挑战。而上述情况的出现，正是由于缺乏必要的企业内部政策引导，劳动合规管理资源严重不足，从事劳动合规管理人员的素质、数量、支持体系与合规管理的实际需要存在较大差距所导致。

用人单位应依法建立和完善规章制度，然而企业规章制度的制定是个系统工程，不仅需要制度的内容具有合法性，同时需要制度的制定程序具有合法性，还需要规章制度具有可操作性。此外，劳动合规管理组织的合理有效搭建，劳动法律风险信息源、法律风险分析、法律风险预警的及时解剖梳理等内容，也是中小企业的软肋。

合规建议

首先，企业宜设定与企业的价值观、目标和战略保持一致的合规管理要求，包括明确劳动人事合规管理体系的范围、适用环境/条件、明确合规与其他职能，如治理、风险、审计和法务的结合程度、强调合规团队的独立和自治程度、强化管理和报告合规事项的责任、明确不合规的后果及问责标准。

其次，制定具有可操作性的合规制度，并及时更新，确保适用性和有效性。

最后，建立合规审查机构和工作团队，确保各项合规制度执行到位。

（三）劳动合规文化缺失

管理者常常苦于如何解决这些问题：既保证经济利润的增长，又降低用人成本，并保持高素质员工队伍的稳定，走出"高素质人才招不进、留不住"的怪圈。

但多数管理者容易忽视劳动合规给企业创造的价值。

事实上，有效的合规管理，不仅要求企业内部具有清晰的管控制度和流程，以及相应的责任制和激励约束机制，而且需要员工具有职业谨慎、道德操守的个人品行以及良好的风险意识。建立起全体员工共同遵循的共同意识、价值观念、职业道德行为规范准则的劳动合规文化，有利于巩固企业与员工之间心理契约的稳定状态。企业应培育、维护和鼓励自上而下积极传导的合规文化，确保各个层级的业务活动始终符合要求，使合规理念作为一种普遍意识和价值观念指引企业不同职能和不同界别的员工的业务决策。劳动合规管理的实施关系着企业文化、管理文化的重塑，涉及多个部门风险管理理念，合规文化培育是合规管理体系能够顺利实施的内部环境基础，必须通过改革旧有的制度范式，变革落后管理理念方法才能实现。劳动合规文化是中小企业管理的基础也是灵魂，有了前者，所属员工才能立足于岗位的自我管理、自我完善，有效地将个人价值与公司的发展目标相结合。

合规建议

1. 强化管理工作，控制风险，形成一套标准清晰、责任明确、程序严格、可操作性强的合规风险控制文件，有效地提升企业的合规文化建设。要求企业各项业务、各个部门、各类人员都要严格执行，并形成有关记录，使企业的各类人员、各项业务按照统一的标准在受控条件下进行。以此达到每个活动的每一岗位、每一层次、每一环节职责分明、操作细化、内控严密、运作规范的要求，进而提升企业合规文化建设。

2. 建立有效的激励机制，切实有效地落实问责制，确保奖惩分明、违规必究。纠正“重经营业绩、轻内控管理”的绩效考核理念，确立内部控制优于业务拓展的理念，平衡业务拓展与风险管理的关系。劳动人事合规并不仅仅是合规部门或人力资源部门的职责，更是所有员工的责任。

3. 对不合规行为零容忍，应确保最高管理层实现其合规目标，而最高管理层则应鼓励对合规有促进作用的行为，并对不合规的行为持零容忍的态度。同时，最高管理层应审阅合规管理体系的运行情况确保其实现既定目标。

中篇

中国劳动人事合规的三个维度

根据企业配置人力资源方式的复杂性，按照从简单到复杂的次序，我们将劳动人事关系分为三类并定义为不同维度，而不同维度呈现出不同的特点：

首先是二维用工，即标准劳动关系，这类关系涉及的法律主体仅限于单一的用人单位与劳动者，完全受劳动法调整，法律适用比较单一。标准劳动关系实际上是基于工厂制而形成的，这种二维用工的突出特点是从属性、稳定性。

其次是三维用工，即非标准劳动关系，其中，劳务派遣、共享用工等三角用工是普遍形式。此类用工涉及的法律主体不再局限于单一的用人单位，还涉及其他关联企业、分支机构或第三方主体，而劳动者的身份也多样化，不再局限于同一劳动者同时、同地为同一雇主服务。在内容上，非标准劳动关系也更为复杂化、多样化、多变性，具有较强的灵活性。在法律的适用上，此类关系尽管主要受劳动法律法规调整，但很多情况下也会受到民法、行政法等部门法的规范。从世界范围来看，劳动关系的非标准化已经是一种趋势。

最后是多维用工，即非劳动关系，其中，外包特别是人力资源服务外包是其中典型代表。外包从法律架构上已经超越了劳动法的规则范围，它把用工演化为一种颠覆性的商业模式，并进入民法调整的领域。当然，发包人和承包人内部仍会存在标准劳动关系、非标准劳动关系等用工形式的界定与梳理。外包很好地在横向上提高了资源配置效率，在纵向上也加大了专业化程度。正因如此，从世界范围来看，外包代表了未来企业用工的方向。另外，随着技术的突破，“平台＋个人”的用工模式也越来越普遍或受认可，目前网约工与网红已经成为新的时尚。

不同的用工模式下，劳动人事合规要点是不同的，相应的应对思路或管理措施也会不同，本章将围绕这三个维度分别展开叙述。

第一章 标准劳动关系

第一节 标准劳动关系的界定

根据劳动法原理，劳动关系是劳动者的劳动与用人单位生产资料相结合的过程，劳动特指劳动者以自身的劳动力来换取对应报酬，即劳动关系是以劳动为中心所展开，着重在劳动力、劳动者为本位的思考。①

现代劳动法在制定时，按照“倾斜保护”思想，在重新审视劳资双方的地位后，以国家的权力来赋予处于相对弱势地位的劳动者权利，以矫正劳资双方的实质不平等，用强行法来规制劳动条件、最低工资等劳动者的基本权益，同时兼顾用工单位的利益。

劳动关系具有隶属关系的特征，而标准劳动关系的隶属性则尤为明显，其外在地表现为劳动者对雇主构建的生产组织的依赖。服从规则、服从指示、接受检查和监督，这些都是建立在雇主从组织的层面对劳动者进行控制的基础上的。这种包含在“从属性”中的“组织依赖性”标准在劳动法理论中可以说是一种通论。传统的劳动关系强调雇主对雇员在特定生产场所、劳动方式、组织规则方面的控制，形成标准劳动关系。② 而标准劳动关系，是以用人单位与劳动者之间的一种劳动关系、八小时全日制劳动、遵守一个雇主的指挥等为特征，法律在制定

① 参见黄越钦：《劳动法新论》，中国政法大学出版社2003年版，第19页。

② 参见黄越钦：《劳动法新论》，中国政法大学出版社2003年版，第51页。

和调整时也建立了相应的最低工资和基本的社会保险等一系列制度,这也被称为安定劳动关系。①在劳动关系中,标准劳动关系长期占据主导地位,其不仅表现在适用标准的数量上,而且它是劳动法规范的核心,是国家制定劳动相关法律的依据。《劳动合同法》主要是调整标准劳动关系的规范。

在标准劳动关系中,从招聘、录用、订立劳动合同、培训、变更劳动合同、支付工资福利、办理社会保险到解除、终止劳动关系,这一系列的流程由用人单位控制和管理,是企业劳动人事合规管理的重中之重。本章围绕规章制度、劳动基准、劳动合同、人才流动、民主管理和法定福利六大板块为企业提供合规管理指引。

第二节　规章制度

一、规章制度的合法性

被称为企业"内部法律"的规章制度涉及企业经营管理的各个方面,是企业享有经营权和用工管理自主权的体现。一方面,企业可以通过制定、实施、更新、废止符合法律法规及本企业自身特征的规章制度,以期达到对内部人、事、物的管控目的,实现良性运转;另一方面,劳动者本身也能通过企业规章制度预测其劳动过程和工作结果,激励其获取劳动报酬的工作热情。因而,制定行之有效的规章制度是每个企业都应当慎重对待的管理模块。因此,赋予规章制度以合法性是企业确保规章制度能够有效执行并能成为化解纠纷的先决要件及客观前提。据此,规章制度的合规性应当是各企业首当其冲的自查项目。

合规要点 1　规章制度制定主体的合法性

合规风险指数　★★★★

随着经济全球化的浪潮,越来越多的企业出于资本扩张、业务联合等因素,

① 参见董保华:《论非标准劳动关系》,载《学术研究》2008 年第 7 期。

通过设立旗下控股公司、子公司、分公司等形式扩张规模，并形成集团公司或关联企业。有些企业考虑到企业品牌的统一性与一贯性，将规章制度的制定主体定义为集团母公司或控股公司；有些公司则将规章制度制定主体下放至公司人力资源管理部门、奖惩委员会等一系列不同内设机构。对此，企业应当正确认识“适格”的规章制度制定主体。

1. 集团公司。

案　例

李某与众银酒店签订劳动合同，众银酒店系福朋酒店旗下品牌。2017 年李某与打菜师傅发生推搡，酒店以该行为符合《员工手册》中“直接或间接地侮辱或攻击客人或同事”为由对李某作出解除劳动合同的处分。李某认为众银酒店不能用福朋酒店的《员工手册》对其进行处分，而众银酒店则认为福朋酒店《员工手册》被李某所签收，且该《员工手册》适用于全国范围内的福朋酒店及包括众银酒店在内的旗下酒店，故可以据此解除与李某的劳动关系。

裁判要点：众银酒店系使用福朋酒店品牌而注册成立的独立法人，本应当制定自身的规章制度。即便是属于加盟或者使用其他公司品牌进行经营，也应当履行必要的民主程序，从而将品牌公司的规章制度合法引入并使用。本案中，众银酒店无法提供证据证明其已履行民主程序通过《员工手册》，故该《员工手册》不能作为解除劳动合同的依据，众银酒店败诉。①

解　析

集团公司作为特殊主体在不违反规章制度民主程序及公示程序要件的前提下，出于统一化管理的需要制定内部规章制度并要求下属企业予以沿用，这并不违反法律的强制性规定。但是，作为与劳动者签订合同的具体用人单位，虽然集团的规章制度的内容可以沿袭，但仍建议以自身名义履行法定民主程序并公示告知给劳动者，而不是简单地采取“拿来主义”，直接要求员工遵守集团公司制定的制度。

2. 关联企业。

案　例

莫某与 C 公司之间存在劳动关系，被 C 公司安排至关联企业 D 公司工作。

① （2018）苏 10 民终 3038 号。

国庆黄金周期间莫某与业务部门员工聚餐,并在餐后提供一张非当日餐费的发票至D公司处报销,D公司审核通过。后C公司以莫某虚假报销严重违反《员工手册》规定为由,解除与莫某之间的劳动关系。莫某认为C公司不能以关联企业D公司的报销制度来解除劳动合同。而C公司认为,其与D公司同为某品牌旗下的两家关联企业,虽为独立法人,但共享《员工手册》、财务制度。据此,C公司的财务报销制度同时也适用于D公司。

裁判要点:莫某与C公司建立劳动关系并受C公司指派到关联企业提供劳动,由关联企业对莫某进行用工管理。D公司同意为莫某等人就餐费用给予补贴,事实上,莫某也支出了相关就餐费用,故莫某有权向D公司主张该笔费用。即便莫某报销的发票不是当日餐费的凭证,但D公司经审核同意入账报销的行为已经表明,莫某用其他就餐发票冲抵工作中就餐发生的费用不应被认定为弄虚作假的行为,C公司系违法解除。①

解 析

"关联企业"从严格意义上来说并非劳动法领域的法定概念。从《公司法》的角度来看,关联企业是指企业为了达到某种经济目的,通过资本参与等方式与其他企业之间形成某种支配关系,使各企业之间互为关联形成整体。但关联企业之间的规章制度能否相互适用在司法实践中争议较大,考虑到解除权应由签订劳动合同的用人单位行使,故涉及劳动合同解除的规章制度应当符合"合同相对性"原则,即原则上适用用人单位的规章制度而非关联企业的规章制度。如果要求劳动者同时遵守关联企业的规章制度,则用人单位与劳动者应当就此进行特别的约定。

3. 分支机构、企业内设部门。

分支机构通常以分公司名义出现,如果分支机构已经过工商登记注册,则其具备用人单位主体资格,可依法制定规章制度。

但企业内设部门如企业人力资源管理部门等则不具备用工主体资格,不具备独立制定规章制度的权利,不能够单独以其名义制定适用于企业全体员工的规章制度。但是,如果企业的章程或企业最高权力机构授权企业某内设部门起

---

① (2016)沪02民终4234号。

草、制定公司规章制度的，该分支机构或企业内设部门在授权范围内制定制度，并对制定内容履行法定民主程序及公示程序，也可成为行之有效的规章制度。

合规指引

尽管企业出于管理目的可能要求在多家公司共享规章制度，但从合同相对性和劳动关系从属性的角度，用人单位仍应确保各项规章制度的制定主体与劳动合同主体保持一致，如果多家公司共享规章制度的，该规章制度应明确具体适用范围，即适用于哪些公司，在制度条款表述上尽可能明确适用的公司全称，而非仅作“本制度适用于关联公司、旗下公司”的笼统表述。

此外，如果用人单位的规章制度适用于公司的一部分员工，则需要明确具体的员工范围以避免分歧。实际上，一家公司适用多本《员工手册》的情况并不少见，如公司分别制定针对销售人员、办公室和工厂员工的《员工手册》，只要适用范围界定清晰，并以用人单位名义发布实施，仍对相关劳动者具有约束力。

在发生劳动者劳动合同主体变更时，应及时重新签署新的用人单位的规章制度，避免规章制度发生“张冠李戴”的后果。

合规要点2　规章制度制定内容的合法性

合规风险指数　★★★★★

案　例

乔某与天安矿业集团存在劳动关系。因乔某连续旷工18天，天安矿业集团对其作出除名处理，并根据规章制度对乔某罚款4500元。乔某缴纳了罚款，天安矿业集团向乔某出具了罚款收据。后乔某要求天安矿业集团归还该笔罚款。

裁判要点：尽管用人单位有权根据经营管理需要，制定内部规章制度。但规章制度的内容不应当违反国家法律、行政法规及政策规定，也不得损害劳动者的合法权益。在我国现行的法律中并没有赋予用人单位罚款的权利，故天安矿业集团规章制度中的罚款内容没有法律依据，应当向乔某返还罚金。①

① (2019)鲁08民终1461号。

解　析

任何规章制度的内容都是企业管理意志的体现,而这种意志应当受到国家法律法规的约束,如果规章制度内容违反法律规定,则对劳动者不具有约束力。

实践中,有企业将“不允许试用期劳动者以任何理由申请任何假期”或是诸如上述案例中“罚金”,或是要求“劳动者申请病假时必须优先使用法定带薪年休假”等写入规章制度,这属于越权设定义务、排除劳动者权利,与法律法规相冲突。此类内容应当被认定为无效,且因此给劳动者造成损害的,企业应当承担赔偿责任。

合规指引

企业应当遵守全国和地方的法律法规,制定与法律法规不存在冲突的规章制度。具体来说,要审查本企业规章制度是否符合诸如工作与休息、法定福利、劳动安全与卫生,劳动合同的签订、变更、解除与终止等诸多法律法规的要求。

对跨区域用工的企业而言,规章制度是否符合地方性法规是一项重点审查内容。从加班费计算基数的项目构成、病假工资的计算办法、女职工假期天数,到无固定劳动合同的签订条件、用人单位单方面解除劳动合同的适用条件等,都需要参照地方性法规进行判断,并制定符合当地政策的规章制度。

合规依据

《劳动合同法》

第八十条　用人单位直接涉及劳动者切身利益的规章制度违反法律、法规规定的,由劳动行政部门责令改正,给予警告;给劳动者造成损害的,应当承担赔偿责任。

合规要点 3　规章制度制定程序的合法性

合规风险指数　★★★★★

案　例

嘉凯城横林公司隶属嘉凯城集团,2015 年顾某从嘉凯城集团的一下属公司调入嘉凯城横林公司工作。2016 年 9 月,嘉凯城集团发出《关于修订下发〈嘉凯城集团股份有限公司劳动纪律管理制度(试行)〉的公示》,载明集团公司的规章制度适用于子公司。同月 15 日,嘉凯城集团工会公告称工会已经同意上述管理制度的实施。不久后,嘉凯城集团将顾某调至瓶窑项目工程部工作,并关闭了顾某的原工作场所。嘉凯城横林公司也发出通知催促顾某根据集团指示前往相关部门工作。由于顾某一直未前往,嘉凯城横林公司单方解除了与顾某之间的劳动合同。

裁判要点:嘉凯城横林公司作为嘉凯城集团的下属企业,在完整履行民主程序的情况下可以适用集团公司的规章制度。但嘉凯城横林公司仅提供了规章制度在集团公司内部征求意见、公示、通知的民主程序,未能提供该制度经过嘉凯城横林公司本身的职工代表大会或者全体职工讨论,并与工会或职工代表协商的证据材料。该份管理制度在制定程序上仍存在瑕疵,不能作为解除劳动合同的依据,嘉凯城横林公司的解除系违法行为。①

解　析

企业规章制度除了满足制定主体和内容的合法性外,其制定程序是否合规也是司法审查的重点。程序性合规指的是民主程序及公示告知程序的履行。民主程序保障了劳动者在企业规章制度制定、修改过程中的参与权,而公示告知程序则保障了劳动者对企业规章制度的知情权。

民主程序是规章制度的基本生效要件之一。根据《劳动合同法》的规定,就直接涉及劳动者切身利益的规章制度或者重大事项,应当召开职工大会或职工代表大会讨论制度内容,并充分听取劳动者方的意见和建议,再与工会或职工代表平等协商,以充分保障劳动者的参与权。

合规指引

实践中,用人单位可通过以下方式履行民主程序:

(1)与全体职工讨论协商讨论规章制度内容;

(2)与用人单位工会平等协商讨论规章制度内容(已组建工会的用人单位);

(3)与用人单位职工代表平等协商讨论规章制度内容(已成立职工代表大会的用人单位)。

需要说明的是,在民主协商过程中,企业制定的规章制度并非必须经过职工

---

① (2017)苏 0492 民初 983 号。

代表大会或职工大会多数表决通过,也没有强制要求一定取得工会的同意才能发布实施。有关民主程序的立法目的重心在于保障职工或工会的参与权,而非表决权。不过,作为例外,国有企业或国有控股企业的规章制度原则上应经过职工大会或职工代表大会审议通过。

此外,用人单位应特别注意民主程序的证据固定,相关协商过程、结果应保留相应的痕迹,如协商讨论会议签到表、会议纪要、征求意见的邮件、OA 公告等。

在新冠疫情防控期间,国家提倡通过远程会议、在线会议(电话、语音和视频等)或其他新技术方式(如钉钉、微信等办公软件)来开展民主协商程序,大量企业也在积极践行非现场办公方式。无论是在疫情防控期间还是之后,在确保能够固定视听资料、电子证据的前提下,我们认为企业也可以采取非现场会议的方式来推进民主协商程序。

合规依据

《劳动合同法》

第四条第一款、第二款、第三款　用人单位应当依法建立和完善劳动规章制度,保障劳动者享有劳动权利、履行劳动义务。

用人单位在制定、修改或者决定有关劳动报酬、工作时间、休息休假、劳动安全卫生、保险福利、职工培训、劳动纪律以及劳动定额管理等直接涉及劳动者切身利益的规章制度或者重大事项时,应当经职工代表大会或者全体职工讨论,提出方案和意见,与工会或者职工代表平等协商确定。

在规章制度和重大事项决定实施过程中,工会或者职工认为不适当的,有权向用人单位提出,通过协商予以修改完善。

合规要点4　规章制度公示告知的有效性

合规风险指数 ★★★★★

案　例

艾某就职于爱之信公司。工作期间爱之信公司以艾某连续无故旷工违反公司规章制度为由,给予艾某辞退处分。艾某认为公司所依据的规章制度无效,其本人也从未在规章制度上签过字。爱之信公司则认为该规章制度经过员工的集体讨论，且于当日通过张贴于员工食堂，当时的张贴照片足以表明公司已履行了相应的告知义务，规章制度可以适用于艾某。

裁判要点：爱之信公司提供的关于张贴规章制度的照片不能反映出张贴的时间，且艾某对该规章制度公示的事实并不认可。故现有证据不足以证明爱之信公司据以作出解除艾某劳动合同的规章制度并已向艾某公示或告知，该规章制度不能作为解除依据，爱之信公司解除行为违法。[①]

解　析

根据最高人民法院的相关司法解释规定，公示程序的缺失或瑕疵，可能导致规章制度内容对劳动者不产生约束力，不能作为人民法院审理劳动争议案件的依据。我国劳动法并没有对公示及告知的形式、手段、时限等作出明确规定，许多企业未能正确留存公示告知程序的证据，导致相关案件败诉。劳动纠纷中，劳动者以未看到公告为由直接否认规章制度有效性的情况比比皆是，对此企业应当给予足够的重视。

合规指引

公示告知程序作为规章制度合法性的重要环节，应当与前述制定主体、制定内容、民主程序一样被重视。实践中存在两方面误区：一方面，如上述案例一样，未正确履行公示告知程序的企业还大量存在；另一方面，许多人事部门的 HR 对于公示程序的理解仅停留在拿到员工“已知晓公司规章制度，并同意遵守”的相关书面签收上，认为书面承诺在手就万事大吉。

笔者认为，规章制度不应当成为等到需要开除员工时才拿出来使用的临时道具，而应当作为帮助企业可持续性发展的管理规范指引，并在日常管理当中予以不断强调、修正和深化。因此，建议企业以告知代替公示，将经过民主程序后形成的规章制度通过常规化的学习、培训会议、发放规章制度手册、上传办公 OA 系统、管理软件协同、张贴企业公示栏等多种渠道和形式对所有劳动者进行公示，并通过签收确认单、回收签到表/签收表、收集统计系统阅读数据等形式保留或固定相关凭据。

---

① (2015)宁民终字第 5369 号。

合规依据

《最高人民法院关于审理劳动争议案件适用法律问题的解释(一)》(法释〔2020〕26号)

第五十条第一款　用人单位根据劳动合同法第四条规定,通过民主程序制定的规章制度,不违反国家法律、行政法规及政策规定,并已向劳动者公示的,可以作为确定双方权利义务的依据。

用人单位制定的内部规章制度与集体合同或者劳动合同约定的内容不一致,劳动者请求优先适用合同约定的,人民法院应予支持。

二、规章制度的合理性

规章制度的合理性,也可以理解为规章制度的可操作性,应当体现在其内容的明确性、可量化性以及实操的宽严相济上。企业应当在保留上述制定、协商、公示的相关书面、视听证据等的基础上,在实际运用中对规章制度的公平性和合理性予以充分考量,以正确处理员工违反规章制度的行为。

合规要点5　规章制度内容的合理性

合规风险指数 ★★★

案　例

刘某就职于鸿运公司从事驾驶员工作。公司制定有《安全生产管理制度汇编》,其中规定:"因疲劳驾驶一年内被查处2次以上(含2次)的,用人单位解除劳动合同而不需支付补偿。"刘某分别在2017年11月14日和2018年1月11日因疲劳驾驶,造成车辆严重损坏、乘客受伤的全责交通事故。鸿运公司根据前述制度规定解除了与刘某的劳动关系。刘某认为制度中的"一年内"应理解为自然年,而鸿运公司认为"一年内"应理解为交通违法行为发生日开始计算一年时间。

裁判要点:对于上述条款"一年内"的含义,由于鸿运公司未能举证证明《安全生产管理制度汇编》对其进行明确定义,且该内容涉及劳动者的切身利益,在双方对此理解不一致的情况下，应当作出对劳动者有利的解释——认定“一年内”为一个自然年度内，不能跨年度计算“十二个月内”。本案刘某的两次被查处分别发生在两个自然年度内，故不能认定其一年内两次严重违反鸿运公司的规章制度，鸿运公司的解除行为违法。[①]

解　析

在司法实践中，当劳资双方对规章制度的内容理解发生分歧时，考虑劳动者的弱势地位，司法机关一般会作出对劳动者有利的判断。因此，企业应注意审查规章制度内容的合理性问题。

合规指引

规章制度内容的合理性应结合企业的价值观、企业的生产经营特点，对不同情形作出不同的规定，以便在发生争议时向裁判部门作出合理解释。比如，一家危化企业将工作场所抽烟纳入严重违纪行为、一家食品企业将擅自修改食品保质期列为严重违纪行为往往容易得到裁判部门的认可，相反一家管理咨询公司仅仅将旷工 1 天、脱岗 2 小时就列为严重违纪行为则难以得到支持。

笔者建议用人单位在制定规章制度的过程中，应当根据企业特点、企业文化及管理模式，分类细化制定相应内容，同时，还应当及时反馈出日常生产管理中的隐患问题。企业只有通过不断修改、更新企业规章制度，并不断对其进行规范化、条理化，以增加可操作性，才能使规章制度适度发挥助力企业生产经营管理的效果。

合规要点 6　规章制度操作中的宽严相济

合规风险指数　★★★

案　例

陆某在松永福利器具制造（上海）有限公司工作，担任操作工。2012 年 8 月，公司以陆某“上班时间不工作，偷懒”为由，对其作出罚款 100 元的处罚，陆某在违规惩罚公告上签字。2013 年 1 月，陆某等员工未出席公司每周一的早

① （2018）粤 07 民终 2973 号。

会,被处以警告处分,陆某签字确认了警告书。同年5月,公司认为陆某在工作中存在故意抛、扔物品而损害公司财物的行为,故再次出具警告书。根据公司的规章制度,劳动者三次及以上受违规记录的情况即视为严重违反规章制度,公司可以作出解除劳动合同的处分。松永福利器具制造(上海)有限公司据此解除了与陆某之间的劳动关系。

裁判要点:松永福利器具制造(上海)有限公司的规章制度中虽然规定"有三次及以上受违规记录的情况即视为严重违反规章制度",但并未对违规期限作出规定。如果将该期限解读为整个劳动关系存续期间显然是对劳动者不公平的,因此法院自行解读为应在1年予以观察违纪行为的严重程度,进而判决公司败诉。

此外,笔者也曾经代理过一起劳动仲裁案件中,劳动者分别于2012年、2016年、2018年被公司处以警告(轻微违纪)处分,根据规章制度,企业直接与该劳动者解除了劳动合同关系。庭审过程中,仲裁员指摘该条款对工龄较长的劳动者而言惩戒期限跨度过大,对条款的公平性及合理性提出质疑。[①]

解析

根据司法谦抑原则,既然制定企业规章制度是每个企业用工自主管理权的体现,那么司法原则上不应当对规章制度内容进行过度干涉,尤其在合理性上。上述案例在二审过程中,法官仅从第三次违规处分的合理性角度出发来直接否定企业解除劳动合同的决定,并没有对一审法院将三次以上违规记录期限解读为一个年度这一说法进行肯定。但这不代表企业在适用规章制度时无需考虑合理性问题。

很多企业规章制度中都有类似这样的规定——"轻微违纪累计三次""较重违纪累计两次"可以调薪、降职甚至解除劳动合同。假设该规章制度制定程序(包括前述的制定主体、民主程序、公示程序)及三次违纪处罚手续完全合规,如果未注意违纪行为发生在时间维度上的合理性,仍无法确保相关纪律处分能够通过司法审查。司法实践倾向性认为,企业在具备制定严苛规章制度权利的同时,应当基于合理性原则充分考量是否要实施以及如何实施该规章制度。

---

① (2014)金民三(民)初字第1015号。

实践中,“与前述各项相类似的其他情形”常被作为兜底条款出现在规章制度中。客观而言,任何规章制度不可能穷尽所有必须加以规范的情形,兜底条款的作用也正是为了防范这一风险。但是,兜底条款也给了企业适用规章制度的随意性。司法实践中,很多法官和仲裁员都认为企业不应当也不能够将其当成“万金油”条款加以滥用,特别是在作出诸如解除劳动合同之类的严重惩戒时,更应当谨慎使用兜底条款。

合规指引

慎用处罚权,尤其是解雇权,是劳动行政和司法部门从稳定或和谐劳动关系的角度对企业提出的要求。因此,建议企业应当在作出解雇决策之前,对每次处分事由的事态大小,惩戒过程的合法性、合理性予以综合考量;区别对待那些过于琐碎的惩戒处分、年代久远的惩戒处分等,并结合员工改过情绪及改过状态,比如对那些毫无悔意的员工按照规章制度的规定严格执行,对那些改正态度良好的员工则可以考虑给其改进机会,鼓励其改掉缺点以更好地为企业服务。这种宽严相济的做法不仅能帮助企业规避劳动纠纷,也可以增加员工与企业之间的黏着度。

合规要点7　规章制度不得越权设定义务

合规风险指数　★★★

案　例

2007年11月,张某进入京隆科技公司工作。该公司于2008年召开职工代表大会,通过“不允许乘坐黑车,违者以开除论处”的决议。2009年4月13日(休息日)上午10时左右,张某搭乘“黑车”前往公司宿舍区。4月20日,该公司以张某乘坐非法营运车辆为由解除与张某的劳动合同。

裁判要点:法院认为公司禁止员工乘坐“黑车”,违者开除的规定已超出企业内部劳动规则范畴,认定某公司解除劳动合同违法,判决公司支付张某违法解除劳动合同赔偿金7800元。[①]

---

① (2010)苏中民终字第0591号。

解　析

因劳动者严重违反用人单位以劳动者规章制度而解除劳动合同的,仲裁委员会和法院会对规章制度内容的合法性与合理性进行审查。如果用人单位的规章制度对与劳动合同履行无关的事项设定义务,并依此解除劳动合同的,可能需要承担违法解除劳动合同的法律责任。上述案例中,员工乘坐“黑车”的行为明显属于员工个人的行为自由,即便乘坐“黑车”属于不提倡的行为,但其导致的直接后果也应当由张某本人承担而与公司无关。公司在限制私权的基础上还作出了惩戒性处罚——解除与张某的劳动合同,这一行为已超出企业内部劳动规则范畴,应属违法。

合规指引

企业行使管理权是有边界的,不得越权设定管理规范或义务。笔者建议企业在制定规章制度过程中,应当以劳动合同签订、履行、变更、解除和终止为主线,以劳动过程、与企业利害关系为标尺,审慎制定规章制度,避免过多介入员工与劳动关系履行无关的个人权利。

三、规章制度的更新、废止与承继

企业经营状况会经常发生变化,企业规章制度需要适应这种变化并不断进行更新、废止。特别是在发生合并、分立、股权转让等情况后,原先不同企业法人制定的、不同内容的规章制度如何得到承继,是相关用人单位需要思考的问题。

合规要点 8　规章制度更新的及时性

合规风险指数　★★★

案　例

赵某与 H 公司签订有劳动合同,H 公司在查找赵某报销款项时发现,赵某在 2011 年 2 月 9 日、3 月 9 日等四天均有面额不等的餐费报销。同时,赵某还存在五次涉及娱乐场所的餐费报销。故 H 公司解除与赵某的劳动关系,理由:首先,H 公司的《关于费用报销流程及费用报销的相关规定》中有禁止员工申请报销的一次餐费包含多个不同餐馆出具的不同发票的规定；其次，H公司的《娱乐活动指南》中规定，关于娱乐活动必须事先取得财务总监同意，且卡拉OK等娱乐活动相关的商务用餐不被准许，也不会被报销；最后，H公司的《员工手册》中规定，员工若违规报销数额累计达3000元等属于严重违反公司规章制度的情形，可以处以解除劳动合同的处分。经查，该《员工手册》在2012年3月已失效，而赵某“虚报发票、弄虚作假”的行为发生在2011年。

裁判要点：H公司称赵某弄虚作假、虚报发票违反公司费用报销规定等行为所涉的报销单及票据均发生在2011年，H公司对赵某作出解除劳动关系通知是2013年2月7日。而H公司在原审中出示的2007年版《员工手册》已于2012年3月1日失效，因此H公司依据已经失效的2007年版《员工手册》对赵某作出解除劳动关系的行为依据不足，应当承担违法解除劳动合同的相关责任。[①]

解　析

在违反规章制度类劳动纠纷案件中，规章制度的合法性及合理性是裁判机关的必查项目。在用人单位聚焦规章制度的内容之前，首先应当考虑该规章制度在时间上的溯及力，通常规章制度对于制度实施以前或失效后的行为无约束力，而仅能适用于规章制度生效期间的行为或情形。

合规指引

规章制度的更新、废止以及承继，本质上属于程序性问题。程序瑕疵会导致规章制度无法作为有效的协调劳资关系的依据。

在规章制度的更新、废止过程中，企业要注意新旧主体、前后时间的衔接问题，最好做到无缝对接，当然，新旧制度之间的冲突适用问题、溯及力问题也需要格外注意。此外，规章制度更新时不宜直接废止旧制度，比较妥善的做法是，用人单位可明确制度更新后的行为适用新制度处理，但对于之前的行为或情形在新制度生效后才被发现的仍可以按照当时的制度予以处理。

实践中，经常出现收购、兼并等非因员工本人原因变更劳动合同主体的情况。原劳动和社会保障部《关于贯彻实施〈中华人民共和国劳动合同法〉的有关问题的意见（征求意见稿）》第13条规定：“公司兼并时，兼并公司的规章制度自

① (2014)西中民高终字第00248号。

动适用于被兼并公司的职工,但首先应公示或告知被兼并公司的职工,如被兼并公司的职工对兼并公司的规章制度有意见,可以按照《劳动合同法》第4条第3款提出意见。"不过,这一规定最后并未公布实施,企业需要通过各类法律文件如各类协议、制度明确规章制度承继问题。我们建议在劳动合同主体转移等情形下,新的用人单位应重新履行规章制度的告知程序。

合规依据

《劳动法》

第四条　用人单位应当依法建立和完善规章制度,保障劳动者享有劳动权利和履行劳动义务。

四、规章制度与劳动合同的关系

当前,在企业规章制度的操作实施中,出现了很多劳动争议,部分争议发生在劳动合同与规章制度的关系上,究竟是劳动合同效力高,还是规章制度高,实践中的认识并不统一。

合规要点9　规章制度与劳动合同的冲突处理

合规风险指数 ★★★

解　析

关于规章制度和劳动合同对同一问题作出不同规定时以何为准,或者规章制度变更时效力是否可及于劳动合同,我国目前立法没有明确的规定,而实践中有三种观点:

第一种观点认为,用人单位的规章制度是所有成员都有义务遵守的基本准则,具有对劳动关系的履行进行规制的法律效力,其效力应高于劳动合同效力。

第二种观点则与之不同,认为用人单位内部规章制度虽然效力可及于整体,但无法针对个别员工进行特殊规定,因此劳动合同的效力优先于规章制度。

第三种观点则提出应以"就高不就低"作为判定原则。因为用人单位规章制度在某种程度上属于用人单位的单方法律行为，而劳动合同是劳动者与用人单位就权利和义务具体协商确定的，故在效力适用上应采取“就高不就低原则”。也就是说，如果规章制度规定比劳动合同约定对劳动者更不利，以劳动合同的约定为准；当规章制度规定比劳动合同约定对劳动者更有利，以规章制度为准。采取这种判定原则，可以避免用人单位随意制定、修改规章制度的方式来变更劳动者权利义务，侵犯劳动者的合法权益。

上述观点都有一定合理性，但实践中究竟该如何把握规章制度与劳动合同的关系呢？

就法理上而言，劳动合同是双方行为，体现双方当事人意思，而规章制度一般理解为是企业单方行使经营管理权的表现。在劳动法学领域内，从法律权利的本源上看，或者说从倾斜保护劳动者的理念，双方行为一般来说应具有比单方行为更高的效力。

但是，当规章制度被作为劳动合同附件的时候，规章制度就成为劳动合同的格式条款的一部分，此时规章制度内容和劳动合同其他条款发生冲突的时候，应该按照格式条款的法理去判断它们的效力高低。我国《民法典》合同编对格式条款有明确规定，即当格式条款和非格式条款的规定不一致时，适用非格式条款。

不过，我们仍然认为，当规章制度规定的劳动者利益高于劳动合同约定时，劳动者享有的利益可以规章制度为准。当然，规章制度内容或劳动合同条款涉及违法的时候，自然不发生效力，也就没有比较的必要了。规章制度之间也有效力等级，属于“具体性承诺”性质的规章制度，效力一般高于“概括性承诺”的规章制度效力。

合规指引

根据我国劳动争议司法解释的相关规定，我们提示企业，司法机关将按照以下方法来处理规章制度与劳动合同相冲突的问题，企业也应注意尽量以此为原则处理冲突问题：

1. 两者内容有冲突时，法院采用哪一个为判案标准，完全依据“劳动者请求”为标准。换句话说，劳动者想选择劳动合同时，劳动合同的效力就高于规章制度，如果劳动者选择使用规章制度时，规章制度的效力就高于劳动合同。

2. 如果劳动者没有请求适用哪一个为标准时,人民法院完全可以依据其他法律法规,或者依据法理来选择适用。

合规依据

《最高人民法院关于审理劳动争议案件适用法律问题的解释(一)》(法释〔2020〕26 号)

第五十条第二款　用人单位制定的内部规章制度与集体合同或者劳动合同约定的内容不一致,劳动者请求优先适用合同约定的,人民法院应予支持。

第三节　劳动基准

我国协调劳动关系的机制有三种方式,即劳动基准、集体协商和劳动合同。

劳动基准是指为了保障劳动者最起码的劳动条件而规定的最低限度的措施和要求。所谓劳动条件,是指劳动者受雇从事劳动的各种条件,包括工资、工时、休息、休假、安全卫生等。劳动基准法是有关劳动条件最低标准的法律规范的总称。需要明确的是,劳动基准是为保护劳动者基本权利而设定的"最低限度"的标准,用人单位和劳动者都必须严守劳动基准,凡集体合同、劳动合同、规章制度所规定的标准未达到国家规定的劳动基准的,均属无效。当然,企业可以采用高于劳动基准的标准,主要是通过集体协商、劳动合同以及企业规章制度等方式予以实现。

1995 年 1 月 1 日生效的《劳动法》在劳动基本法层面上规定了部分劳动基准的内容,但劳动基准的各项具体制度则主要是通过行政法规以及部门规章的方式被制定的。例如,《国务院关于职工工作时间的规定》《工资支付暂行规定》《最低工资规定》等。如用人单位违反劳动基准,劳动行政部门有权主动对用人单位的违法行为实施行政处罚,员工亦可向劳动行政部门投诉、举报,由国家以公法强制介入手段来纠正用人单位的不合规行为。

一、工时

（一）工时制度

工时制度是企业对员工实施劳动管理、判定员工是否按时完成工作的方式之一。完善且系统性的工时制度有助于企业对工作时间执行有效管理，包括厘清员工是否正常工作、旷工、加班，有效约束员工并保障企业合法权益。

合规要点 10　工时制度约定、规定不明

合规风险指数 ★★★

案　例

王某为聚城公司员工，从事保卫工作，劳动合同约定王某实行标准工时制。但公司《员工手册》却规定公司的高级管理人员、协管员、车管员、驾驶员工作时间为不定时工作制，且协管员每日工作时间为从早上 8 时至晚上 8 时，值夜时间为晚上 8 时至次日早上 8 时。公司认为王某的工作应当适用不定时制度，但王某认为自己并非协管员，不应当适用不定时制，要求聚城公司按照标准工时制支付加班工资，遂提起诉讼。

裁判要点：实行不定时工作制应当提前经劳动行政部门批准，但聚城公司并未举示证据证明王某所从事的岗位已经劳动行政部门批准为不定时工作制，且双方劳动合同约定与规章制度规定亦不相符，故王某并不适用不定时工作制。不过，根据王某实际的工作休息时间来看，其一周的总工作时间与法定工作时间基本相当，故法院没有支持王某的请求。①

解　析

根据《劳动合同法》第十七条第一款第五项的规定，“工作时间和休息休假”是劳动合同必备条款。在劳动合同约定与企业规章制度规定不一致时，根据

① （2017）渝 01 民终 7713 号。

《最高人民法院关于审理劳动争议案件适用法律若干问题的解释(二)》第十六条的规定,“用人单位制定的内部规章制度与集体合同或者劳动合同约定的内容不一致,劳动者请求优先适用合同约定的,人民法院应予支持”。[①] 可见,如果用人单位的规章制度与集体合同中约定了某种工时制度(如综合工时制),但是与劳动合同约定出现不一致的,仍然应当按照劳动合同约定确定应适用的工时制度。

合规指引

企业在工时制度的约定和执行过程中,应注意以下事项:

1. 劳动合同明确约定员工所在岗位及对应的工时制度,明确约定其适用标准工时制、综合工时制还是不定时工作制。

2. 劳动合同或集体合同关于工时制度的约定应与规章制度的规定保持一致。

3. 如果已申请不定时工作制或综合计算工时工作制,在规章制度中应明确适用的人员范围。

4. 用人单位将劳动者的工时制度从标准工时制变更适用不定时工作制或综合计算工时制时,应当取得劳动者同意并重新签订相关合同或协议。

合规依据

《劳动合同法》

第十七条第一款 劳动合同应当具备以下条款:

……(五)工作时间和休息休假。

第五十一条第一款 企业职工一方与用人单位通过平等协商,可以就劳动报酬、工作时间、休息休假、劳动安全卫生、保险福利等事项订立集体合同。集体合同草案应当提交职工代表大会或者全体职工讨论通过。

《最高人民法院关于审理劳动争议案件适用法律问题的解释(一)》(法释〔2020〕26号)

第五十条第二款 用人单位制定的内部规章制度与集体合同或者劳动合同约定的内容不一致,劳动者请求优先适用合同约定的,人民法院应予支持。

---

① 对应法释〔2020〕26号第五十条第二款。

合规要点11　施行特殊工时制未申报

合规风险指数 ★★★★★

案　例

汪某与某饮品公司签订劳动合同，合同中未对汪某的具体工作岗位及执行何种工种制进行约定。汪某入职时还签署了一份《关于实行不定时工作制确认书》，确认书中载明其所在岗位实行不定时工作制。工作一年后，汪某以工作时间太长、太累为由辞职，并提起劳动仲裁，要求公司支付加班费。公司根据汪某签字的确认书主张不同意向汪某支付加班费。

裁判要点：仲裁委员会审理后认为，汪某提交的年休假审批表佐证其岗位为工程造价师，该岗位并未经过人力社保行政部门审批实行不定时工作制，即使汪某在《关于实行不定时工作制确认书》上签字确认，亦不能认定其适用不定时工作制。结合汪某对加班的举证情况，仲裁委员会裁决支持汪某的仲裁请求。①

解　析

不定时工时制原则上不适用标准工时制下的延长工作时间、休息日和加班的规定，但本案中，用人单位未证明劳动者岗位实行不定时工作制取得劳动行政部门批准。因此，即使员工入职时签署了相关文件确认实行不定时工作制，仍不能排除用人单位支付加班费的责任。

用人单位实行不定时工时制或综合计算工时制时，应当依法经过劳动行政部门的审批前置程序（申报）。如特殊工时未申报，根据《劳动保障监察条例》第二十五条的规定，劳动保障行政部门可以对违反劳动保障法律、法规延长劳动者工作时间的用人单位警告、责令限期改正，并可以按照受侵害的劳动者每人100元以上500元以下的标准处以罚款。

目前司法实践中，主流观点认为工时制度相关法律规范属于效力性强制规范，即未经事前申报而执行特殊工时制度，属于无效。在此情形下，即使劳动合同中已明确约定适用不定时工时制或综合计算工时制度，如用人单位安排劳动

---

① 2019年北京市劳动人事争议仲裁十大典型案例。

者超时工作还是可能会被认定为非法延长劳动者工作时间,将受到劳动行政部门的警告,责令改正或罚款处罚,此外还需按照标准工时制核算并支付加班费。

不过,近年来,有关特殊工时制的审批是否应该取消或放宽限制问题被广泛讨论,以至于各地劳动行政部门对工时审批事项采取消极甚至抵触态度。在新冠疫情期间,为切断传染源,或为了减少聚集性的传染风险,国家提倡企业实行弹性工时,各地应急处理办法有两类:一类是以北京市为代表,简化行政许可流程,高效批复企业特殊工时制度审批;另一类是以上海市为代表,以协商程序来临时豁免行政许可。上海市人民政府发布的《上海市全力防控疫情支持服务企业平稳健康发展的若干政策措施》规定:“因受疫情影响导致生产经营困难的企业,可通过调整薪酬、轮岗轮休、弹性工时、综合调剂使用年度内休息日等方式稳定工作岗位,具体方式由企业与员工协商确定。”

合规指引

对符合综合工时或不定时特点的工作岗位,用人单位应当提前获得劳动行政部门的许可,获得批准后,实行特殊工时制度。在具体申报时,通常应提供以下材料:

1.《企业实行综合计算工时工作制和不定时工作制申报表》。

2. 企业法人营业执照副本及复印件。

3. 申请说明书,重点说明不能实行标准工时制度需要实行特殊工时制度的具体原因,涉及的岗位、人数以及综合计算工时工作制的计算周期、工作方式和休息制度。

4. 企业工会对实行特殊工时制度的意见。没有成立工会组织的,应当提交实行特殊工时制度涉及职工的联名意见。

5. 其他材料(如职工名册、考勤记录等)。

6. 另外需要提醒的是,特殊工时制审批有时间限制,在审批期间到期之前,企业应及时向劳动行政部门申请续展或重新审批。

合规依据

《劳动法》

第三十九条　企业因生产特点不能实行本法第三十六条、第三十八条规定的,经劳动行政部门批准,可以实行其他工作和休息办法。

《劳动保障监察条例》

第二十五条 用人单位违反劳动保障法律、法规或者规章延长劳动者工作时间的,由劳动保障行政部门给予警告,责令限期改正,并可以按照受侵害的劳动者每人100元以上500元以下的标准计算,处以罚款。

合规要点12 特殊工时制度能否跨地区适用

合规风险指数 ★★★

案 例

蔡某入职被告深圳南油外服人力资源有限公司(以下简称南油外服公司)(地点位于深圳),合同约定工时为标准工时。后被派遣至古驰(中国)贸易有限公司(以下简称古驰公司)(地点位于上海)处工作。由于古驰公司工作时间长、工作强度大等原因,蔡某提起诉讼,认为古驰公司应遵守标准工时制,并支付相应加班费和身体损害医疗费等项目。

裁判要点:法院认为,上海市劳动部门已批准蔡某的工作岗位适用综合工时制。而用人单位南油外服公司因与用工单位古驰公司不在同一城市,由古驰公司向其所在地的上海市静安区人力资源和社会保障局申请关于综合计算工时工作制的审批并不违反法律的规定。同时,蔡某也清楚知晓《员工手册》约定的综合工时制,且其与用人单位签订的《劳动合同补充协议》亦对综合工时制进行了约定,故法院没有支持蔡某应实行标准工时制的主张。①

解 析

特殊工时制度审批是一种行政许可,《国务院法制办公室对〈关于提请解释《中华人民共和国行政许可法》有关适用问题的函〉的复函》中指出,法律、行政法规规定的取得有关行政许可的条件、标准应当是全国统一的。只要申请人取得的行政许可的适用范围依法没有地域限制,被许可人在一个地方取得了行政许可,就可以在全国范围内从事被许可的活动,无须在其他地方再次

① (2013)深中法劳终字第3501号。

申请同一行政许可或目的相同的行政许可。由此可见,如果在具体的许可决定上没有载明地域限制或者适用范围,那么获批特殊工时制度的用人单位就可以跨地区在异地即外省市适用特殊工时制度。但是,实践中各地存在不同的操作口径,有些要求异地总部企业在用工地进行登记备案,有些则要求另行履行单独的审批手续,用人单位应提前确认并遵守所在地区的规定及操作要求。

合规指引

企业应区分异地用工人员所在单位的不同情形,及时向注册地劳动行政部门进行特殊工时工作制度申报,对于当地劳动行政部门同时要求在劳动合同履行地备案登记的,应及时办理备案登记手续。

通常,工时申报以注册地申报为基本原则,以经营地申报或备案为例外。以下是一些重点省市的不同规定。

1. 北京。《北京市企业实行综合计算工时工作制和不定时工作制行政许可实施规定》第三条规定:“企业实行特殊工时制度,应向企业法人营业执照注册地的区、县劳动保障行政部门提出申请。外地企业在京设立的分支机构经法人授权后向企业营业执照注册地的区、县劳动保障行政部门申请。”

2. 上海。上海市劳动保障局《关于印发〈本市企业实行不定时工作制和综合计算工时工作制的审批办法〉的通知》第四条第一款规定:“企业实行不定时工作制和综合计算工时工作制的,应当向企业工商登记注册地的区县劳动和社会保障局提出申请。但企业实行以年为周期综合计算工时工作制(包括同时申请实行不定时工作制)的,应当向市劳动和社会保障局(以下统称劳动保障行政部门)提出申请。”

3. 深圳。深圳市劳动和社会保障局印发的《深圳市实行不定时工作制和综合计算工时工作制审批管理工作试行办法》第二条第一款规定:“本市行政区域内的企业、国家机关、事业单位、社会团体、个体经济组织、民办非企业单位和市外企业在深设立的分支机构,实行不定时工作制和综合计算工时工作制的申请和审批适用本办法。”第十八条规定:“用人单位注册地和生产(经营)场所不在同一行政区域内的,由生产(经营)所在地劳动行政部门负责受理。”

4. 天津。天津市劳动和社会保障局印发的《天津市企业实行综合计算工时工作制和不定时工作制行政许可规定》第七条第一项规定:“市劳动保障行政部门负责注册资本在500万美元以上(含500万美元)的外商投资企业,跨地区连锁经营企业以及外地企业在津设立分支机构的工时审批。”

5.湖北。湖北省劳动和社会保障局印发的《湖北省企业实行不定时工作制和综合计算工时工作制审批办法》第五条第四款规定:“外省企业在我省设立的分支机构实行不定时工作制或综合计算工时工作制,已经外省人力资源和社会保障(劳动保障)行政部门批准的,应将批准文书、具体实施办法、涉及的工作岗位和人员报当地人力资源和社会保障(劳动保障)行政部门备案。未获得批准的,经企业授权后由分支机构向当地人力资源和社会保障(劳动保障)行政部门提出申请。”

6.江苏。江苏省劳动和社会保障厅《关于加强对企业实行综合计算工时工作制和不定时工作制管理的通知》第九条第一款规定:“劳动保障行政部门原则上按照属地管理原则受理企业实行综合计算工时和不定时工作制的申请。同一企业的生产经营场所涉及两个以上劳动保障行政部门辖区的,由共同的上一级劳动保障行政部门受理。”

7.湖南。湖南省劳动和社会保障厅印发的《关于加强全省企业不定时工作制和综合计算工时工作制管理的意见》第一条第三款规定:“外省(市)企业在湘设立分支机构的不定时工作制和综合计算工时工作制审批和管理按属地原则进行。”

合规依据

《劳动部关于企业实行不定时工作制和综合计算工时工作制的审批办法》

第七条　中央直属企业实行不定时工作制和综合计算工时工作制等其他工作和休息办法的,经国务院行业主管部门审核,报国务院劳动行政部门批准。

地方企业实行不定时工作制和综合计算工时工作制等其他工作和休息办法的审批办法,由各省、自治区、直辖市人民政府劳动行政部门制定,报国务院劳动行政部门备案。

合规要点 13　劳务派遣特殊工时制度适用

合规风险指数 ★★★★

案　例

某劳务派遣公司 A 公司与某网络公司 B 公司签订了劳务派遣协议,派遣员工到 B 公司做客服工作,A 公司和员工签订的劳动合同中约定实行标准工时制,但 B 公司的客服岗位实行的是不定时工时工作制度。由于客服工作的特殊性质,这些派遣员工每天的工作时间较长。劳务派遣结束后,派遣员工要求两家公司支付工作期间的加班费用。但 B 公司认为招聘客服的岗位性质是不定时的,因此不予支付派遣工加班费,派遣员工遂提起劳动仲裁。

裁判要点:用工单位实行的不定时工时制度在未明确告知的情况下并不适用于派遣员工,应当按照标准工时来裁决,即在标准工时下,周六、周日安排员工工作,没有安排倒休的,应当依法支付加班费。故 B 公司应该支付加班费用。①

解　析

劳务派遣用工的特殊性在于用工单位可以根据其工作岗位的特点向劳动部门申请特殊工时,而劳务派遣公司作为法律上的用人单位,因为其本身没有对应的具体工作岗位,因此无法向劳动部门申请特殊工时。

由于特殊工时是针对岗位而审批的,若派遣员工从事的是获批的特殊工时对应的岗位,派遣员工可以适用用工单位获批的特殊工时。在特殊情形下,如境外法人机构在中国设立的代表处所执行的劳务派遣,由于代表处无法办理特殊工时审批,则需要劳务派遣单位完成特殊工时审批。

但需要注意的是,在用工单位特殊工时适用于派遣员工的情形下,除了获得劳动行政部门批准外,派遣员工还需被明确书面告知其从事的岗位属于特殊工时,以充分保障派遣员工的知情权,否则将如案例中的两家企业,有承担加班费

① 《劳务派遣员工是否适用特殊工时制度》,载 http://www.fyhslw.cn/display/449660.html,2020 年 4 月 13 日访问。

的风险。

合规指引

一般情况下，如需对劳务派遣员工实行特殊工时制，应由用工单位自行申请并完成审批手续。用工单位宜与劳务派遣公司事先沟通派遣的具体岗位，以确保岗位名称与特殊工时审批文件相符。

此外，用工单位还应获得劳务派遣单位和派遣劳动者的同意，可以通过劳务派遣协议约定、劳动合同约定明确派遣劳动者所适用的工时制，以避免潜在的争议和风险。

合规依据

《劳务派遣暂行规定》

第七条　劳务派遣协议应当载明下列内容：（一）派遣的工作岗位名称和岗位性质；……（六）工作时间和休息休假事项；……

《北京市企业实行综合计算工时工作制和不定时工作制行政许可实施规定》（京劳社资发〔2005〕94号）

第二十条　企业使用劳务派遣组织派遣人员所在岗位确需实行特殊工时制度的，在向劳动保障部门申请实行特殊工时制度时，应征得劳务派遣组织的同意。

《天津市企业实行综合计算工时工作制和不定时工作制行政许可规定》（津劳社局发〔2008〕24号）

第三条　用工单位使用劳务派遣组织派遣人员所在岗位确需实行特殊工时工作制的，由用工单位向劳动保障行政部门提出申请，同时告知劳务派遣组织。

《湖北省企业实行不定时工作制和综合计算工时工作制审批办法》（鄂人社发〔2009〕13号）

第六条　企业可以直接或者通过信函、电子邮件等方式提交《实行不定时工作制或综合计算工时工作制申请（见附件1）》，并提交以下材料：……（五）涉及劳务派遣人员的，提交劳务派遣单位和被派遣劳动者的书面意见。

《江苏省人力资源和社会保障厅关于印发特殊工时工作制审批工作规范的通知》（苏人社发〔2012〕297号）

二、……用工单位安排被派遣劳动者从事特殊工时工作制岗位劳动的，应当在劳动合同、劳务派遣协议中约定或者事先征得被派遣劳动者和劳务派遣企业的书面同意。

合规要点 14　疫情结束后用人单位经民主协商程序可安排劳动者还班

合规风险指数 ★★★

案　例

罗某与某珠宝公司(以下简称公司)建立劳动关系,2020 年 3 月 23 日,公司发布《关于 2 月考勤及工资发放的通知》:"为保障亲人们的工作和生活,经公司领导商议决定 2 月工资全额发放。同时,根据政府发布的《深圳发布应对疫情支持企业共渡难关若干措施》中'事实灵活用工政策'精神,2 月份放假/休假时间,在当年采用'综合调剂使用年度内休息日'进行补班。具体说明如下:1. 2 月 2 日至 2 月 9 日,根据国家及公司相关规定正常休息,无需补班;2. 2 月 10 日至 2 月 23 日,为正常应出勤工时,在当年公司业务繁忙阶段根据需求进行补班;3. 2 月 24 日至 2 月 29 日,公司正式复工……"根据上述通知,公司将 2020 年 2 月 10 日至 2020 年 2 月 23 日因新冠疫情造成的停工抵扣了罗某 81 小时(2020 年 2 月 10 日至 2020 年 2 月 23 日共有工作日 10 天、周六 2 天,按公司的工作时间应出勤 7.5 小时/天 ×10 天 +3 小时/天 ×2 天 =81 小时)的休息日加班时数,后罗某诉请公司支付该部分加班费。[①]

解　析

新冠疫情期间,受影响企业可与职工协商采取错时上下班、弹性上下班等方式灵活安排工作时间。对承担政府疫情防控保障任务需要紧急加班的企业,在保障劳动者身体健康和劳动安全的前提下,指导企业与工会和职工协商,可适当延长工作时间应对紧急生产任务,依法不受延长工作时间的限制。在上述案例中,法院认为公司做法符合特殊时期下出台的行政性指导意见,对公司的行为予

① (2021)粤 0303 民初 29482 号。

以认可。罗某诉请该部分加班工资,法院不予支持。

合规指引

疫情期间用人单位停工停产,劳动者未提供劳动的情况下用人单位仍需按照有关部门的规定向劳动者支付工资及生活费。许多用人单位希望安排员工在疫情结束后进行"欠班补班"。对于"欠班补班"的做法,法律未明确禁止,但是用人单位在操作时应注意以下方面:

1. 除原本执行综合工时制外,用人单位执行"欠班还班"方案由于涉及员工切身利益应当履行民主协商程序,争取获得工会或大多数员工的同意。

2. 用人单位执行"欠班还班"仍应遵守劳动基准,包括还班期间不得违反"每周确保休息一日"的规定,同时对因劳动者提前离职等原因导致无法在合理时间内还班的,避免执行工资扣回操作。

合规依据

《劳动法》

第四十一条 用人单位由于生产经营需要,经与工会和劳动者协商后可以延长工作时间,一般每日不得超过一小时;因特殊原因需要延长工作时间的,在保障劳动者身体健康的条件下延长工作时间每日不得超过三小时,但是每月不得超过三十六小时。

第四十二条 有下列情形之一的,延长工作时间不受本法第四十一条规定的限制:

(一)发生自然灾害、事故或者因其他原因,威胁劳动者生命健康和财产安全,需要紧急处理的;

(二)生产设备、交通运输线路、公共设施发生故障,影响生产和公众利益,必须及时抢修的;

(三)法律、行政法规规定的其他情形。

(二)考勤管理

考勤管理是企业管理的一个基本环节,也是企业对员工进行其他形式管理的重要前提。合理的考勤,不仅展现了企业文化、价值观和管理理念,促使员工严格遵守考勤制度,还有助于提高企业的生产效能。

合规要点15 工作时间管理不精细

合规风险指数 ★★

解 析

原则上,公司对员工的出勤记录负有举证责任,如公司要处理员工找人/代人打卡、迟到、早退、缺勤、旷工等行为时,就需要提供相应证据,包括上下班打卡记录,缺勤是否有提交请假申请,如发现员工缺勤,及时通过面谈、监控、打卡记录等方式固定违纪证据等。

正如工时制度开篇所述,明确而系统的工时制度将有助于帮助企业完成考勤,厘清员工是否正常工作、旷工、加班及相应处理的界限,有效约束员工并保障企业合法权益,工作时间的管理应当明确而细致。

合规指引

对员工的工作时间进行精细管理,需要用人单位在规章制度中明确体现以下内容,以作为劳动人事管理的依据:

1. 不同岗位具体的考勤方式;
2. 不同岗位具体的上下班时间;
3. 迟到、早退、缺勤的定义;
4. 员工缺勤、请假的具体流程;
5. 休息时间的安排;
6. 加班的认定;
7. 违反工作时间的具体处罚措施。

合规要点16 考勤信息采集不规范

合规风险指数 ★★

解 析

实践中,用人单位常见的考勤签到方式:打卡机打卡,指纹打卡,人脸识别打卡,现在还兴起各种手机软件/小程序打卡,包括微信打卡、钉钉考勤等,企业应当通过制度明确具体的考勤方式,并实际执行。

常见的考勤信息采集不规范的问题包括：

1. 打卡确认出勤，未经员工本人确认考勤卡卡号信息；

2. 微信、钉钉等手机软件/小程序，难以证明是员工本人操作；

3. 缺勤的原因未予详细记录，亦未与员工进行核对；

4. 调休未注明针对哪一段时间的加班调休；

5. 考勤形式和记录未经员工本人沟通确认；

6. 考勤信息与薪资发放信息不一致。

合规指引

在考勤管理中，用人单位应当注意落实以下管理事项以降低风险：

1. 采用打卡确认出勤的，与员工本人事先确认考勤卡卡号信息；

2. 采用微信、钉钉等手机软件/小程序，应事先与员工确认相关电子数据信息以及考勤的方式、用途等；

3. 在员工出现缺勤的情况下，需立即与员工进行沟通确认，寻找具体原因；

4. 调休注明针对哪一段时间的加班调休；

5. 确保考勤信息与薪资发放信息一致。

合规要点 17　考勤资料保管不妥当

合规风险指数　★

解　析

当企业和员工因考勤出现劳动争议时，企业往往被要求承担较高的举证责任，如果企业无法提供有效、完整的证据，那么企业将面临较高的败诉风险。

合规指引

用人单位应当妥当保管员工的考勤资料，包括涉及与员工进行考勤事项沟通的邮件、书面材料等：如采用原始书面考勤的，考勤原始记录建议至少保存两年备查，员工离职的，自离职之日起至少保管一年；对于采用其他电子数据考勤的，则需要和信息技术部门协调系统数据的保存时间，确保在两年内仍可实时查询员工的考勤数据信息。

合规依据

《工资支付暂行规定》(劳部发〔1994〕489号)

第六条第三款　用人单位必须书面记录支付劳动者工资的数额、时间、领取者的姓名以及签字,并保存两年以上备查。用人单位在支付工资时应向劳动者提供一份其个人的工资清单。

合规要点18　缺勤处分执行不统一

合规风险指数 ★★

案　例

邹某与颐昊门公司订立劳动关系。在合同履行过程中,颐昊门公司认为邹某从事外勤工作多次迟到、旷工,并向公司谎报工作成果,遂以严重违反公司规章制度为由解除与其的劳动合同。但邹某认为其作为外勤人员不适用考勤规定,且公司从未扣减过工资。最终邹某提起诉讼,公司败诉。

裁判要点:颐昊门公司有明确的《员工手册》规定考勤制度。在发现邹某存在迟到、旷工现象的情况下未按照规定对其进行包括批评教育、扣减工资在内的处理,反而以全勤的形式发放了工资,这说明颐昊门公司并未将邹某外出工作没有考勤的行为视为违纪,也印证了邹某主张的公司对外勤人员考勤不作规定的论述。并未视作违规违纪行为,印证了邹某所述颐昊门公司对外勤人员考勤未做硬性规定。颐昊门公司以邹某迟到、旷工为由,解除与邹某劳动关系,缺乏正当性、合理性,应承担支付违法解除劳动赔偿金的法律责任。①

解　析

企业对员工缺勤的处分应严格按照考勤制度执行,如果在实际执行中处罚宽松,或者未按制度执行,例如,公司明确规定迟到进行扣款,但实际工资仍正常发放,那么必然出现考勤信息与薪资信息不相符的情形,一旦出现与劳动者的纠纷,可能面临考勤数据不被仲裁委员会或法院认可的风险。常见的一些问题包括:

---

① (2019)京03民终9333号。

1. 累计多次，或长期代打卡/不打卡/不按时上下班，未给予相应处理；

2. 缺勤未提前请假，事后也未补充假条，但企业放任自流，或未按照制度给予扣减工资或事实书面警告等处罚；

3. 旷工情形下，仍正常发工资。

合规指引

用人单位应严格执行考勤制度，对劳动者的出勤异常应立即与员工进行调查、沟通，给予员工申辩机会；对于无正当理由违反考勤制度的行为，用人单位应及时按照制度进行相应的纪律处分并保留相关证据，同时应当确保劳动者薪资发放与考勤处理保持一致，避免自相矛盾。

（三）延长工作时间

延长工作时间又称为加班加点，是指劳动者的工作时间超过法律规定的工作时间长度，包括加班和加点两种形式。加班是指劳动者在公休日或法定休假日从事生产或工作，加点是劳动者在正常工作日超过日法定标准工作时间继续从事生产或工作。不过，现实中很多人习惯用加班概念来统称加班加点或延长工作时间。

延长工作时间是相对于特定的工作时间而言的，因此，它适用于标准工作日、缩短工作日，而在不定时工时制度下原则上[1]不存在加班加点情形，但用人单位应采用弹性工作时间等适当的工作和休息方式，确保劳动者的休息休假权利和生产、工作任务的完成。在综合计算工时制下，如果综合计算周期内劳动者的实际工作时间总数超过该周期的法定标准工作时间总数，其超出部分则应视为延长工作时间；工作日恰好是法定节假日的，也应视为延长工作时间。如果在整个综合计算周期内的实际工作时间总数不超过该周期的法定标准工作时间总数，只是该综合计算周期内的某一具体日（或周、月、季）超过法定标准工作时间，则超过部分不应视为延长工作时间。

实践中，生产制造行业、生活服务行业以及现代服务业延长工作时间较多，

---

① 实行不定时工作制，企业安排其在法定节假日工作，是否算作加班，需参考各地政策。根据《北京市工资支付规定》第十七条的规定，是不算作加班的；根据《上海市企业工资支付办法》第十三条的规定，是算作加班的，需要支付300%的加班工资。

常引发劳动争议,这也是合规管理的重点领域。

合规要点19　安排加班超过工时上限

合规风险指数 ★

案　例

无锡市人力资源和社会保障局(以下简称人社局)在例行检查中发现,海鼎公司存在违反工作时间规定的违法行为:海鼎公司在2014年12月共有25名劳动者延长工作时间超过36小时,人均延长工作时间为98.59小时。随后人社局先后向海鼎公司作出《行政处罚告知书》和《行政处罚决定书》,对海鼎公司的超时加班违法行为给予警告并处罚款7500元。海鼎公司不服,认为人社局不顾企业自身季节性生产特征,在公司已经取得全员同意的情形下处罚不符合事实,遂提起诉讼。

裁判要点:《劳动保障监察条例》第二十五条规定,用人单位违反劳动保障法律、法规或者规章延长劳动者工作时间的,由劳动保障行政部门给予警告,责令限期改正,并可以按照受侵害的劳动者每人100元以上500元以下的标准计算,处以罚款。人社局认定海鼎公司的违法事实清楚,证据确凿,适用法律正确,处罚幅度得当。故驳回了海鼎公司的请求。①

解　析

原则上,企业加班加点,应按照《劳动法》的要求,做到三点:其一,工时限制,即每天加班1小时,并不得超过3小时,每月不超过36小时;其二,报酬限制,即应支付加班费或安排补休;其三,程序限制,即应和工会或员工协商。

但是,我国《劳动法》第四十二条规定:有下列情形之一的,延长工作时间不受本法第四十一条规定的限制:(1)发生自然灾害、事故或者因其他原因,威胁劳动者生命健康和财产安全,需要紧急处理的;(2)生产设备、交通运输线路、公共设施发生故障,影响生产和公众利益,必须及时抢修的;(3)法律、行政法规规定的其他情形。例如,2020年春季,在新冠疫情防治期间,如企业复工生产疫情

① (2015)锡滨行初字第00130号。

防控急需物资，则可以不遵守工时限制和程序限制，此时员工应积极配合企业生产经营，否则属于违法、违规行为，可以给予纪律处分。

鉴于劳动关系的人身属性，即使符合《劳动法》第四十二条规定的情形，笔者也不建议强迫员工加班。2020 年 2 月 7 日，人力资源社会保障部、全国总工会、中国企业联合会/中国企业家协会与全国工商联联合发布《关于做好新型冠状病毒感染肺炎疫情防控期间稳定劳动关系支持企业复工复产的意见》强调，“对承担政府疫情防控保障任务需要紧急加班的企业，在保障劳动者身体健康和劳动安全的前提下，指导企业与工会和职工协商，可适当延长工作时间应对紧急生产任务，依法不受延长工作时间的限制”。鉴于《劳动法》第四十二条有明确规定，这里关于“指导企业与工会和职工协商”的表述，应该理解为倡导性条款，而不是强制性条款。

合规指引

用人单位安排加班一般每日不超过 1 小时；特殊原因，在保障劳动者身体健康的条件下延长工作时间每日不得超过 3 小时，但是每月不得超过 36 小时。需要注意的是，该加班上限的要求并不区分不同的工时制度，即使是综合工时制和不定时工时制仍应遵循以上要求。

执行工时上限是用人单位和劳动者共同的义务，因此，劳动者自愿加班仍无法免除用人单位的合规义务。

如果符合《劳动法》第四十二条的情形，企业安排员工加班也必须接受报酬限制，同时要保障劳动者身体健康和劳动安全。

合规依据

《劳动法》

第四十一条　用人单位由于生产经营需要，经与工会和劳动者协商后可以延长工作时间，一般每日不得超过一小时；因特殊原因需要延长工作时间的，在保障劳动者身体健康的条件下延长工作时间每日不得超过三小时，但是每月不得超过三十六小时。

《劳动部关于企业实行不定时工作制和综合计算工时工作制的审批办法》

第六条　对于实行不定时工作制和综合计算工时工作制等其他工作和休息办法的职工，企业应根据《中华人民共和国劳动法》第一章、第四章有关规定，在保障职工身体健康并充分听取职工意见的基础上,采用集中工作、集中休息、轮休调休、弹性工作时间等适当方式,确保职工的休息休假权利和生产、工作任务的完成。

合规要点20 加班工资支付不符合法律规定

合规风险指数 ★★★★

解 析

在企业用工管理过程中,加班工资支付不符合法律规定主要包括以下三种情形:

1. 加班费支付不及时。

2. 加班工资倍数适用错误,如延时加班、休息日加班、法定节假日加班未严格执行1.5倍、2倍、3倍的规定。

3. 加班工资计算基数错误。通常是指用人单位执行远低于劳动者正常出勤月工资的加班工资计算基数,导致劳动者加班收入减少。实践中,如果劳动合同明确约定工资数额,一般以劳动合同约定的工资作为加班费的计算基数,如劳动合同对工资没有约定或者约定工资与实际履行不符合,则应以实际履行的劳动者正常出勤月工资作为加班费计算基数;在上海、北京等地的司法实践中,不允许用人单位约定低于正常出勤工资标准的加班费计算基数,但是在江苏、浙江、广东等全国多数地区,不低于最低工资标准的加班费基数约定也可能获得仲裁委员会和法院的支持。

合规指引

1. 建立加班书面审批或报告制度,规范加班流程,以控制加班时数和频次。

2. 合理优化员工工资结构,如将员工的工资分为基本工资(不低于最低工资标准)、绩效工资以及加班工资三部分,明确以基本工资或当地政府允许的标准为基数计算加班工资,以适当降低加班费成本。

3. 对于标准工时制的休息日加班,企业可通过调休形式免除休息日加班费的支付义务。

合规依据

《工资支付暂行规定》(劳部发〔1994〕489 号)

第十三条　用人单位在劳动者完成劳动定额或规定的工作任务后,根据实际需要安排劳动者在法定标准工作时间以外工作的,应按以下标准支付工资:

(一)用人单位依法安排劳动者在日法定标准工作时间以外延长工作时间的,按照不低于劳动合同规定的劳动者本人小时工资标准的 150% 支付劳动者工资;

(二)用人单位依法安排劳动者在休息日工作,而又不能安排补休的,按照不低于劳动合同规定的劳动者本人日或小时工资标准的 200% 支付劳动者工资;

(三)用人单位依法安排劳动者在法定休假节日工作的,按照不低于劳动合同规定的劳动者本人日或小时工资标准的 300% 支付劳动者工资。

实行计件工资的劳动者,在完成计件定额任务后,由用人单位安排延长工作时间的,应根据上述规定的原则,分别按照不低于其本人法定工作时间计件单价的 150%、200%、300% 支付其工资。

经劳动行政部门批准实行综合计算工时工作制的,其综合计算工作时间超过法定标准工作时间的部分,应视为延长工作时间,并应按本规定支付劳动者延长工作时间的工资。

实行不定时工时制度的劳动者,不执行上述规定。

合规要点 21　调休存在误区

合规风险指数 ★★

案　例

朱某某 2018 年入职某公司,劳动合同约定:朱某某如需加班,应通过公司 OA 系统提报加班申请单,经审批通过后,可作为调休依据。未在当年度内通过公司 OA 系统报请调休申请的,视为自愿放弃,并不得以未调休为依据主张加班费用。

朱某某在公司工作期间,累计延长工作时间加班 31 天、休息日加班 25.9

天,法定节假日加班6.8天。朱某某主张要求公司支付加班工资,公司辩称已安排朱某某在2019年5月5日至21日调休,朱某某未按照安排进行调休,不应向朱某某支付加班工资。

裁判要点:劳动者在休息日加班后,既可以享受补休待遇,也可以选择不休息而要求用人单位支付加班工资,故公司应当向朱某某支付2019年5月5日至21日的加班工资。[①]

解　析

不同情形下加班应当适用不同的调休政策,常见的调休误区或争议如下:

1. 工作日延长工作时间,安排劳动者调休;
2. 休息日加班,未安排劳动者补休也未支付两倍加班工资;
3. 法定节假日加班,不支付三倍加班工资而安排劳动者补休。

合规指引

1. 法定节假日安排劳动者加班,用人单位应当按照法律规定计算加班工资,不可以用调休替代。

2. 休息日安排加班,可安排同等时间的补休,确实无法补休的,仍应依法支付加班费。同时用人单位应当注意留存实际已补休的证明,以避免出现事后无法提供证据的情况。

3. 对于延时加班安排补休问题,法律并未积极认可也未明确禁止,司法实践中亦存在一定争议,如确实安排补休的,建议和员工通过书面文件确认相关加班已处理完毕,双方无争议。

合规依据

《劳动法》

第四十四条　有下列情形之一的,用人单位应当按照下列标准支付高于劳动者正常工作时间工资的工资报酬:

(一)安排劳动者延长工作时间的,支付不低于工资的百分之一百五十的工资报酬;

(二)休息日安排劳动者工作又不能安排补休的,支付不低于工资的百分之

---

① (2019)川0193民初3069号。

二百的工资报酬；

（三）法定休假日安排劳动者工作的，支付不低于工资的百分之三百的工资报酬。

《劳动部关于职工工作时间有关问题的复函》（劳部发〔1997〕271号）

第四条　依据《劳动法》第四十四条规定，休息日安排劳动者加班工作的，应首先安排补休，不能补休时，则应支付不低于工资的百分之二百的工资报酬。补休时间应等同于加班时间。法定休假日安排劳动者加班工作的，应另外支付不低于工资的百分之三百的工资报酬，一般不安排补休。

二、工资

工资也称“薪金”“薪酬”，是指用人单位依据国家有关规定或者劳动合同的约定，以货币形式直接支付给本单位劳动者的劳动报酬，包括计时工资、计件工资、奖金、津贴和补贴、延长工作时间的工资报酬以及特殊情况下支付的工资等。

工资是劳动者的基本生活来源，对劳动者本人的生计、家庭的生活以及生活的质量有重要影响。因此，工资虽然是用人单位基于劳动者履行劳动义务而支付的劳动报酬，用人单位享有自主分配权，但国家对这种工资自主分配权进行适当的限制，设定了最低工资标准。工资立法体现了国家对工资分配的规制，同时，国家也鼓励企业通过劳动合同、集体协商等形式确定工资水平。

工资概念主要来源于“工厂制”立法背景，主要对应的是劳动过程，工资的计算标准主要对应的也是工作时间。随着社会发展，劳动者提供劳动的对价在形式上越来越丰富，在很多行业，劳动的对价不再注重或仅仅关注劳动过程，而更关注劳动结果，或者将劳动过程与劳动结果共同作为考量因素，因此，现代立法和政策中，越来越多地使用劳动报酬的概念。

（一）最低工资

最低工资是对劳动者最基本生活的保障，事关劳动者的生存权，是用人单位必须严格执行的劳动基准。目前尚未实行全国统一的最低工资标准，用人单位应当根据各地规定严格执行当地最低工资标准。

合规要点 22　最低工资组成错误

合规风险指数 ★★★

案　例

张某入职某公司,劳动合同约定月收入为上海市最低工资,后公司解除与张某的劳动合同。张某诉至法院,要求公司支付实发工资和最低工资的差额。经查,公司发给张某的工资剔除高温费、加班工资、社会保险个人承担部分后低于当年度上海市月最低工资标准,因此法院认为公司需要补足其工资差额部分。

裁判要点:对于员工正常出勤时间的工资是否低于最低工资标准的判断,在劳动者提供正常劳动的情况下,用人单位应支付给劳动者的工资在剔除延长工作时间工资、高温津贴以后,不得低于最低工资标准,法律、法规、规章规定的职工劳动保险、福利待遇,不得列入最低工资。张某自 2013 年 12 月至 2014 年 10 月均提供了正常劳动,而公司发放给张某的工资在剔除高温费、加班工资、社会保险个人承担部分后显然低于当年度上海市月最低工资标准,故公司应补足张某自 2013 年 12 月至 2014 年 10 月的工资差额部分。[①]

解　析

根据《最低工资规定》的规定,员工的应发工资中应剔除:(1)延长工作时间工资;(2)中班、夜班、高温、低温、井下、有毒有害等特殊工作环境、条件下的津贴。也即在员工正常出勤的情况下,剔除上述项目后用人单位向劳动者支付的工资仍不得低于当地最低工资水平。如用人单位违反最低工资规定,则应当向劳动者补足差额。

合规指引

首先,月最低工资主要适用于与用人单位建立全日制劳动关系的职工,对于非全日制员工则应适用当地小时最低工资标准。

其次,最低工资应按劳动者的应得工资计算,包括计时工资或者计件工资以及奖金等货币性收入,但应剔除加班费、特殊环境下的津贴等。劳动者个人缴纳

① (2015)奉民三(民)初字第 603 号。

的社会保险费、住房公积金是否纳人最低工资，根据各地的不同规定略有差异。北京、上海明确将职工个人应缴纳的社会保险费排除在最低工资之外，也就是说，上述两地的劳动者最低工资不包括个人应缴纳的社会保险费用，但全国其他多数地区则包括了社会保险，即最低工资可包含个人应缴纳的社会保险费。

最后，最低工资以员工正常出勤为基本前提，员工依法享受带薪年休假、探亲假、婚丧假、生育（产）假、节育手术假等国家规定的假期期间，应视为正常出勤。但如果员工因个人原因（如旷工、病假等）缺勤导致应发工资低于最低工资的，不属于用人单位违反最低工资规定。

合规依据

《劳动法》

第四十八条　国家实行最低工资保障制度。……用人单位支付劳动者的工资不得低于当地最低工资标准。

《最低工资规定》

第三条　本规定所称最低工资标准，是指劳动者在法定工作时间或依法签订的劳动合同约定的工作时间内提供了正常劳动的前提下，用人单位依法应支付的最低劳动报酬。

本规定所称正常劳动，是指劳动者按依法签订的劳动合同约定，在法定工作时间或劳动合同约定的工作时间内从事的劳动。劳动者依法享受带薪年休假、探亲假、婚丧假、生育（产）假、节育手术假等国家规定的假期间，以及法定工作时间内依法参加社会活动期间，视为提供了正常劳动。

第十二条第一款　在劳动者提供正常劳动的情况下，用人单位应支付给劳动者的工资在剔除下列各项以后，不得低于当地最低工资标准：

（一）延长工作时间工资；

（二）中班、夜班、高温、低温、井下、有毒有害等特殊工作环境、条件下的津贴；

（三）法律、法规和国家规定的劳动者福利待遇等。

（二）工资扣减

根据《劳动法》的规定，我国实行工资支付保障制度，主要从以下两个方面予以规范：

首先,工资应及时足额支付。工资必须在用人单位与劳动者约定的日期支付,如遇节假日或休息日,应当提前在最近的工作日支付。工资至少每月支付一次,实行周、日、小时工资制的可按周、日、小时支付工资。对完成一次性临时劳动或某项具体工作的劳动者,用人单位应当按有关协议或合同规定在其完成劳动任务后即支付工资。劳动关系双方依法解除或终止劳动合同时,用人单位应在解除或终止劳动合同时一次性付清劳动者工资。非全日制用工劳动报酬结算支付周期不得超过 15 日。

其次,工资只能依法扣减。依法扣减中主要是代扣代缴税款和社会保险、履行判决、裁定和法律规定的其他情形等。与依法扣减相对应的则是非法扣减,主要包括克扣或无故拖欠工资两种情形。《劳动法》第五十条规定:"不得克扣或者无故拖欠劳动者的工资。"克扣是指用人单位无正当理由扣减劳动者应得的工资,无故拖欠是指用人单位无正当理由超过规定付薪时间未支付劳动者工资。

在劳动者已正常提供劳动的情况下,其有权依劳动合同约定领取足额工资,任何单位不得克扣或无故拖欠,否则劳动者可以要求用人单位承担法律责任,包括要求补发工资、支付赔偿金甚至立即解除劳动合同等。《劳动合同法》第三十条第二款规定了救济途径:"用人单位拖欠或者未足额支付劳动报酬的,劳动者可以依法向当地人民法院申请支付令,人民法院应当依法发出支付令。"

合规要点 23　代扣工资的误区

合规风险指数 ★★★★

解　析

1. 劳动法律、法规允许用人单位可以代扣劳动者的工资情形包括:(1)用人单位代扣代缴的个人所得税;(2)用人单位代扣代缴的应由劳动者个人负担的各项社会保险费、公积金等费用;(3)法院判决、裁定中要求代扣的抚养费、赡养费;(4)法律、法规规定可以从劳动者工资中扣除的其他费用。

2. 下列情形用人单位可以减发工资,不属于克扣工资:(1)国家法律法规中有明确规定的;(2)劳动合同中有明确规定的;(3)用人单位依法制定的规章制度有明确规定的;(4)因劳动者请事假等相应减发工资等。

3. 下列情形下不属于无故拖欠:(1)用人单位遇到非人力所能抗拒的自然灾害、战争等原因,无法按时支付工资;(2)用人单位确因生产经营困难、资金周转受到影响,在征得本单位工会同意后,可暂时延期支付劳动者工资,延期时间的最长限制可由各省、自治区、直辖市劳动行政部门根据各地情况确定。

合规指引

用人单位应严格按照法律规定代扣劳动者的工资,并且要及时告知劳动者,以保障劳动者的知情权。用人单位在代扣工资的同时,建议保管好代扣凭证,以避免发生争议。

需要提醒用人单位注意的是,大部分允许代扣工资的情形都属于企业应该履行的义务,不能放弃或转让。但实践中,对于依法执行判决、裁决需要扣减工资的情况,尤其是员工离职之后用人单位被判决支付工资的情况,用人单位应注意和劳动者协商确认代扣代缴的具体数额,以避免发生执行错误或执行回转等不必要的麻烦。

合规依据

《工资支付暂行规定》(劳部发〔1994〕489 号)

第十五条 用人单位不得克扣劳动者工资。有下列情况之一的,用人单位可以代扣劳动者工资:

(1)用人单位代扣代缴的个人所得税;

(2)用人单位代扣代缴的应由劳动者个人负担的各项社会保险费用;

(3)法院判决、裁定中要求代扣的抚养费、赡养费;

(4)法律、法规规定可以从劳动者工资中扣除的其他费用。

合规要点 24 损失赔偿的误区

合规风险指数 ★★★★

案 例

员工徐某担任某公司出纳,因网络诈骗,在工作中转账汇款错误导致公司损失 48 万元人民币,公司诉至法院要求徐某赔偿。法院认为本案徐某的职务行为在未见明显恶意的情况下,公司要求徐某承担赔偿责任不予支持。

裁判要点:劳动者与用人单位劳动关系存续期间,劳动者所进行的与其工作内容相关的业务活动,应属职务行为。劳动者因履行该职务获取的收益或利益系归于用人单位,相应的职务风险和因此遭受的损失也应当由用人单位承担,这也是用人单位在选择劳动者时所应承担的相应经营和人事风险。在没有充分证据证明劳动者在工作中存在明显损害用人单位利益的恶意的情况下,要求劳动者对于犯罪行为的侵害后果承担赔偿责任,明显不公。[①]

解 析

劳动者给用人单位造成损失,主要包括如下情形:

1. 劳动者解除劳动合同前未履行提前通知义务直接离开工作岗位,使得用人单位在短时间内无法招录新员工导致损失,或重要工作因劳动者的不辞而别无法完成导致的外部商业违约风险,间接给公司造成损失;

2. 劳动者违反保密义务或竞业限制义务,泄露商业秘密导致公司受到经济损失;

3. 履行职务过程中故意或重大过失,未能履行工作职责,给用人单位带来重大损失等。

通常情况下,劳动者在职期间因其职务行为给用人单位带来的损失,考虑劳动关系存续期间,劳动者的行为受到用人单位监督和管理,其承担的责任应当限缩在与劳动报酬相当的范围内,并由用人单位主要承担风险。只有在劳动者存在因故意或严重过失的情形下,方需向用人单位承担有限的损失赔偿责任,在劳动者仅存在一般过失的情况下,无须劳动者自行承担赔偿责任。

尽管如此,劳动者承担损失赔偿责任仍然会受到诸多限制,根据《工资支付暂行规定》及相关规定,如从劳动者工资中扣减,扣减本身应当受到一定限制,即经济损失赔偿不得超过工资的20%,扣减工资后仍需满足最低工资标准。

合规指引

1. 完善员工入职、离职手续的规定,加强职业技能培训和安全生产培训,增加商业秘密保护措施,以便减少劳动者给用人单位造成损失的情形。

2. 在员工入职时与负有保密义务的人员签订《保密协议》,与负有竞业限制

---

① (2018)京03民终519号。

义务的人员签订《竞业限制协议》，明确约定违反协议需要承担的违约金或损害赔偿责任。

3. 健全各业务流程并与员工书面确认岗位职责，便于事后确定员工是否存在未履行工作职责或故意违反工作流程，给用人单位带来重大损失等情形。

合规依据

《劳动合同法》

第二十三条第一款　对负有保密义务的劳动者，用人单位可以在劳动合同或者保密协议中与劳动者约定竞业限制条款，并约定在解除或者终止劳动合同后，在竞业限制期限内按月给予劳动者经济补偿。劳动者违反竞业限制约定的，应当按照约定向用人单位支付违约金。

第九十条　劳动者违反本法规定解除劳动合同，或者违反劳动合同中约定的保密义务或者竞业限制，给用人单位造成损失的，应当承担赔偿责任。

《工资支付暂行规定》（劳部发〔1994〕489号）

第十六条　因劳动者本人原因给用人单位造成经济损失的，用人单位可按照劳动合同的约定要求其赔偿经济损失。经济损失的赔偿，可从劳动者本人的工资中扣除。但每月扣除的部分不得超过劳动者当月工资的20%。若扣除后的剩余工资部分低于当地月最低工资标准，则按最低工资标准支付。

合规要点25　罚款的误区

合规风险指数 ★★★★

解　析

用人单位在单位的规章制度、员工手册中规定，对劳动者违反规章制度的行为予以一定数额的罚款，目前各地的司法实践对此有不同的观点，既有认定合法有效的判例，也有认定无效或不予支持的判例。

笔者认为，劳动者的工资权益受法律保护，无法定事由不应进行扣减，即使法律法规赋予用人单位制定规章制度的管理权，并不等同于直接赋予用人单位罚款处罚权。不过，用人单位可以通过薪酬制度设计或合同确定的方式来规范劳动者行为。例如，设定考核奖金，将劳动者是否符合规章制度规定的行为列入考核内容,如全面符合考核要求,则发放奖励,否则只能按比例享受奖励或不能享受奖励。

此外,部分地区在司法实践中认同企业具有经济罚款权,但罚款合法性的前提是:

1. 规章制度规定的罚款的数额不应超过合理范围;

2. 规章制度的制定应当经民主程序、公示或签收等法定程序。

合规指引

1. 用人单位在制定规章制度时应尽可能避免设置罚款处罚等条款,即使涉及给用人单位造成损失的情形,也尽量避免直接使用罚款的字眼,对于类似缺勤的违纪行为,企业可以使用"扣发缺勤期间工资"的表述。

2. 可设置多元化的薪资支付结构,如设置全勤奖,规定如果员工出现迟到、早退、缺勤的情况,企业有权利不向员工支付当月的全勤奖,对于其他违纪行为,用绩效奖金浮动的方式代替直接罚款,更容易被员工接受。

3. 即使实行罚款制度,也不应超过必要的限度,特别是法律法规明确的每月扣除的部分不得超过劳动者当月工资的 20% 的限制。

合规依据

《工资支付暂行规定》(劳部发〔1994〕489 号)

第十六条　因劳动者本人原因给用人单位造成经济损失的,用人单位可按照劳动合同的约定要求其赔偿经济损失。经济损失的赔偿,可从劳动者本人的工资中扣除。但每月扣除的部分不得超过劳动者当月工资的 20%。若扣除后的剩余工资部分低于当地月最低工资标准,则按最低工资标准支付。

(三)特殊情况下的工资支付

合规要点 26　病假工资支付

合规风险指数　★★★

案　例

叶某某入职浙江某建筑公司,被派往该公司上海分公司中标的某动迁项目住宅及配套设施工程担任项目经理。叶某某后因患重度抑郁症和重度焦虑症无法到岗,公司予以开除。叶某某诉至法院,要求公司支付解聘前的病假工资。

裁判要点:一审法院认为,依照《浙江省劳动厅关于转发劳动部〈企业职工患病或非因公负伤医疗期规定〉的通知》的规定,叶某某依法享受病假工资,根据仲裁委员会依职权查明的原告有最早社会保险记录情况(2006 年 12 月),按照其工资的 50% 确定病假工资标准。二审法院认为,根据《劳动合同法实施条例》第十四条之规定,劳动合同履行地与用人单位注册地不一致的,有关劳动者的最低工资标准、劳动保护等事项,按照劳动合同履行地的有关规定执行;用人单位注册地的有关标准高于劳动合同履行地的有关标准,且用人单位与劳动者约定按照用人单位注册地的有关规定执行的,从其约定。本案中,叶某某工作地一直在上海,故关于病假工资的计算标准应按照劳动合同履行地上海市的相关规定进行处理,重新确定病假工资。①

解　析

在我国,关于病假工资支付全国标准和地方标准存在不统一的问题:

1. 病假工资的计算(基数、系数)。

原劳动部曾规定,由企业自行规定病假工资及支付标准,最低不能低于最低工资标准的 80%;但部分地区另行制定了病假工资的计算基数或系数的地方性规定,具体如表 2－1 所示。

表 2－1　部分地区病假工资规定汇总

地区/部门	规定
上海	职工疾病或非因工负伤连续休假在 6 个月以内的,企业应按下列标准支付疾病休假工资: 1. 连续工龄不满 2 年的,按本人工资的 60% 计发; 2. 连续工龄满 2 年不满 4 年的,按本人工资的 70% 计发; 3. 连续工龄满 4 年不满 6 年的,按本人工资的 80% 计发; 4. 连续工龄满 6 年不满 8 年的,按本人工资的 90% 计发; 5. 连续工龄满 8 年及以上的,按本人工资的 100% 计发…… 本人工资按职工正常情况下实得工资的 70% 计算

① (2017)浙 06 民终 3124 号。

续表

地区/部门	规定
深圳	在国家规定的医疗期内的,用人单位应当按照不低于本人正常工作时间工资的60%支付员工病伤假期工资,但不得低于最低工资的80%
浙江	病假在6个月以内的,按其连续工龄的长短发给病假工资。其标准为:连续工龄不满10年的,为本人工资(不包括加班加点工资、奖金、津贴、物价生活补贴,下同)的50%;连续工龄满10年不满20年的,为本人工资的60%;连续工龄满20年不满30年的为本人工资的70%;连续工龄满30年以上的为本人工资的80%。 连续病假在6个月以上的,按其连续工龄的长短改发疾病救济费。其标准为:连续工龄不满10年的,为本人工资的40%;连续工龄满10年不满20年的,为本人工资的50%;连续工龄满20年不满30年的,为本人工资的60%;连续工龄满30年以上的为本人工资的70%。 病伤假工资,不得低于当地人民政府确定的最低工资标准的80%
陕西	劳动者患病或者非因工负伤治疗期间,在规定的医疗期内,用人单位应当按照不低于劳动合同约定的工资标准的70%支付病假工资,但病假工资不得低于当地最低工资标准的80%
青岛	1. 在规定的医疗期内,停工医疗累计不超过6个月的,由用人单位发给本人工资70%的病假工资; 2. 在规定的医疗期内,停工医疗累计超过6个月的,发给本人工资60%的疾病救济费; 3. 超过医疗期,用人单位未按规定组织劳动能力鉴定的,按不低于当地最低工资标准的80%支付疾病救济费。 病假工资和疾病救济费最低不得低于当地最低工资标准的80%,最高不超过企业上年度职工月平均工资。 本条所称本人工资,是指劳动者本人患病前12个月的月平均工资。劳动者工作不满12个月的,按实际工作月数的月平均工资计算
重庆	职工患病,医疗期内停工治疗在6个月以内的,其病假工资按以下办法计发: 1. 连续工龄不满10年的,按本人工资的70%发给; 2. 连续工龄满10年不满20年的,按本人工资的80%发给; 3. 连续工龄满20年不满30年的,按本人工资的90%发给; 4. 连续工龄满30年及以上的,按本人工资的95%发给。 经济效益好的企业,可在上述标准的基础上上浮5%。经济效益差,难以达到上述标准的企业,经本企业职工大会或职工代表大会审议通过,可以适当下浮。下浮的比例一般不超过各个档次标准的5%。如情况特殊超过5%的,应报所在区县(自治县、市)劳动和社会保障行政部门批准

2. 病假工资的下限(最低工资、代扣代缴之间的关系)。

根据相关规定,病假工资最低不能低于当地最低工资的80%。

实践中,病假工资的下限一般包含用人单位代扣代缴的社保费用,因此扣除相应费用后的病假工资可能低于最低工资的 80% ,但部分地区如上海、北京则明文规定须剔除社保和公积金的个人部分。

如北京市规定,企业职工患病或非因工负伤期间的病假工资或疾病救济费,扣除职工个人应缴纳的社会保险费后,不得低于本市最低工资标准的 80% 。

3. 病假工资的上限(当地平均工资与企业平均工资的关系)。

上海、青岛:上年度当地职工月平均工资,职工疾病或非因工负伤待遇高于本市上年度月平均工资的,可按本市上年度月平均工资计发。

合规指引

1. 用人单位可以与劳动者在劳动合同或规章制度中明确约定病假工资的计算基数、计算比例、是否存在上限等,但是约定标准不得低于当地标准,且不能低于当地最低工资标准的 80% 。对于用人单位注册地和劳动合同履行地不一致的情形,应按照劳动合同履行地地方规定执行。

2. 用人单位在制定病假工资制度时,宜明确规定适用何地标准(而非只是简单表述适用地方规定执行),否则如果发生分歧,法院可能直接按照有利于员工角度进行适用。

合规依据

《关于贯彻执行〈中华人民共和国劳动法〉若干问题的意见》(劳部发〔1995〕309 号)

59. 职工患病或非因工负伤治疗期间,在规定的医疗期间内由企业按有关规定支付其病假工资或疾病救济费,病假工资或疾病救济费可以低于当地最低工资标准支付,但不能低于最低工资标准的 80% 。

合规要点 27　涉传染病员工的工资支付

合规风险指数 ★★★

解　析

员工患传染病,不仅涉及员工自身利益和用人单位利益,而且影响公共安全,我国《传染病防治法》明确规定,任何单位和个人发现传染病病人或者疑似传染病病人时,应当及时向附近的疾病预防控制机构或者医疗机构报告。在2020年年初,新冠疫情的持续爆发引发了全球的关注,如果所在单位的员工疑似患病,用人单位该采取哪些措施,员工工资又将如何支付?

首先,用人单位应承担向所在地的疾病预防控制机构进行报告的义务,将单位内的病例或疑似病例第一时间向上报告;其次,对新型冠状病毒感染的肺炎患者、疑似病人、密切接触者在其隔离治疗期间或医学观察期间以及因政府实施隔离措施或采取其他紧急措施导致不能提供正常劳动的企业职工,企业应当支付职工在此期间的工作报酬;最后,解除上述紧急措施后,劳动者仍需要停工接受治疗的,可以按照病假、医疗期进行处理。

合规指引

1. 用人单位在病假制度中应单列传染病防治的有关内容,要求所有劳动者如涉及传染病的,应立即向用人单位报告,否则将按照违纪处理。对于疑似病例在医学观察期间的,用人单位应正常支付工资,确诊病例则享受国家规定的医疗期和地方规定的病假工资。

2. 用人单位可在疫情严重地区主动采取预防性措施,如安排劳动者在家办公,对于特殊原因需返岗工作的劳动者进行体格检查,将传染病防治风险降到最低,对于拒绝配合用人单位采取防控措施的,可依照规章制度进行处理直至解除劳动合同。

3. 用人单位在疫情持续期间应注意加强对劳动者个人卫生的宣传教育,发放口罩等个人卫生物品,同时注意引导劳动者合理使用社交媒体,不制造和传播谣言,为社会疫情防控作出应有的贡献。

合规依据

《传染病防治法》

第四十一条　对已经发生甲类传染病病例的场所或者该场所内的特定区域的人员,所在地的县级以上地方人民政府可以实施隔离措施,并同时向上一级人民政府报告;接到报告的上级人民政府应当即时作出是否批准的决定。上级人民政府作出不予批准决定的,实施隔离措施的人民政府应当立即解除隔离措施。

在隔离期间，实施隔离措施的人民政府应当对被隔离人员提供生活保障；被隔离人员有工作单位的，所在单位不得停止支付其隔离期间的工作报酬。

隔离措施的解除，由原决定机关决定并宣布。

《人力资源社会保障部办公厅关于妥善处理新型冠状病毒感染的肺炎疫情防控期间劳动关系问题的通知》（人社厅发明电〔2020〕5号）

一、对新型冠状病毒感染的肺炎患者、疑似病人、密切接触者在其隔离治疗期间或医学观察期间以及因政府实施隔离措施或采取其他紧急措施导致不能提供正常劳动的企业职工，企业应当支付职工在此期间的工作报酬，并不得依据劳动合同法第四十条、第四十一条与职工解除劳动合同。在此期间，劳动合同到期的，分别顺延至职工医疗期期满、医学观察期期满、隔离期期满或者政府采取的紧急措施结束。

二、企业因受疫情影响导致生产经营困难的，可以通过与职工协商一致采取调整薪酬、轮岗轮休、缩短工时等方式稳定工作岗位，尽量不裁员或者少裁员。符合条件的企业，可按规定享受稳岗补贴。企业停工停产在一个工资支付周期内的，企业应按劳动合同规定的标准支付职工工资。超过一个工资支付周期的，若职工提供了正常劳动，企业支付给职工的工资不得低于当地最低工资标准。职工没有提供正常劳动的，企业应当发放生活费，生活费标准按各省、自治区、直辖市规定的办法执行。

合规要点28　疫情期间用人单位经民主程序后可调整劳动者薪资

合规风险指数 ★★★

案　例

陈某某与某家居公司签订有固定期限的劳动合同。受疫情影响，某家居公司的门店未能在春节假日后开业。2020年3月23日，某家居公司向公司集团工会发出《征询意见函》，载明：因受疫情影响导致企业生产经营困难，为稳定工作岗位，公司与全体职工协商采取合理方案调整薪酬等方式稳定工作岗位，全体员工固定薪酬减薪 15%。集团公司工会同意了该方案。

公司按调整后的薪酬标准向陈某某支付了 2020 年 2 月、3 月工资。陈某某不同意降薪继而申请了劳动争议仲裁,以公司未及时足额支付劳动报酬为由,要求解除双方的劳动合同,并要求某家居公司支付经济补偿金(含代通知金)。陈某某申请仲裁后,某家居公司向陈某某补发了降薪部分的工资。仲裁裁决:确认陈某某与某家居公司于 2020 年 5 月 13 日解除劳动合同,并驳回了陈某某的其他仲裁请求。陈某某不服仲裁裁决结果,向法院提起诉讼。

解 析

本案中,某家居公司就协商调薪的事宜,制作了《应对疫情员工工资协商确认表》,提出全体员工固定薪酬减薪 15%,待公司生产经营好转后再调整薪资,通过协商民主程序与职工协商采取调整薪酬。同时,某家居公司就调整薪酬的方案还向工会发出《征询意见函》,与工会协商采取调整薪酬的方案。故本案中用人单位通过前述程序合理调整薪酬的行为,不应视为"未及时足额"支付劳动报酬。

合规指引

对受疫情影响导致企业生产经营困难的,用人单位可通过协商民主程序与职工协商采取调整薪酬、轮岗轮休、缩短工时等方式稳定工作岗位;对暂无工资支付能力的,用人单位可通过民主协商程序与劳动者协商延期支付薪资或对薪资进行调整。

合规依据

《关于做好新型冠状病毒感染肺炎疫情防控期间稳定劳动关系支持企业复工复产的意见》(人社部发〔2020〕8 号)

(五)支持困难企业协商工资待遇。对受疫情影响导致企业生产经营困难的,鼓励企业通过协商民主程序与职工协商采取调整薪酬、轮岗轮休、缩短工时等方式稳定工作岗位;对暂无工资支付能力的,要引导企业与工会或职工代表协商延期支付,帮助企业减轻资金周转压力。

合规要点 29　受疫情影响停工停产期间用人单位应发放生活费

合规风险指数 ★★★

案　例

2019 年 10 月，谢某入职某餐饮公司任点心员工，月工资 5800 元。因受新冠疫情影响，餐饮公司通知谢某自 2020 年 2 月 1 日起暂时不到单位上班，同年 3 月 10 日又通知谢某解除劳动合同。谢某申请劳动仲裁后起诉提出餐饮公司支付 2020 年 2 月 1 日至 3 月 10 日工资（含生活费）及赔偿金等请求。

解　析

广东省高级人民法院再审认为，根据《广东省工资支付条例》第三十九条的规定，某餐饮公司停工、停产第一个月，谢某可获该月正常工资 5800 元。此后，餐饮公司仍未安排谢某工作，应按不低于当地最低工资标准的 80% 支付生活费。谢某因餐饮公司停工、停产而未上班的 2020 年 2 月 1 日至 3 月 10 日（41 天），不能作为一个整体按当地最低工资标准的 80% 确定谢某的生活费。

合规指引

用人单位如受疫情影响导致无法复工复产，且停工停产超过一个工资支付周期（最长 30 日）的，应根据不同情形向劳动者支付工资及生活费：

1. 在停工停产第一个工资支付周期内的，用人单位应当按劳动合同约定的标准支付劳动者工资。

2. 超过一个工资支付周期的且劳动者正常提供劳动的，用人单位可与劳动者应当协商确定支付金额，但不得低于当地最低工资。

3. 超过一个工资支付周期且劳动者未正常提供劳动的，用人单位应当向劳动者支付生活费，生活费标准按各省、自治区、直辖市规定的办法执行。

合规依据

《人力资源社会保障部办公厅关于妥善处理新型冠状病毒感染的肺炎疫情防控期间劳动关系问题的通知》(人社厅明电〔2020〕5号)

企业因受疫情影响导致生产经营困难的,可以通过与职工协商一致采取调整薪酬、轮岗轮休、缩短工时等方式稳定工作岗位,尽量不裁员或者少裁员。符合条件的企业,可按规定享受稳岗补贴。企业停工停产在一个工资支付周期内的,企业应按劳动合同规定的标准支付职工工资。超过一个工资支付周期的,若职工提供了正常劳动,企业支付给职工的工资不得低于当地最低工资标准。职工没有提供正常劳动的,企业应当发放生活费,生活费标准按各省、自治区、直辖市规定的办法执行。

《关于做好新型冠状病毒感染肺炎疫情防控期间稳定劳动关系支持企业复工复产的意见》(人社部发〔2020〕8号)

(四)支持协商未返岗期间的工资待遇。在受疫情影响的延迟复工或未返岗期间,对用完各类休假仍不能提供正常劳动或其他不能提供正常劳动的职工,指导企业参照国家关于停工、停产期间工资支付相关规定与职工协商,在一个工资支付周期内的按照劳动合同规定的标准支付工资;超过一个工资支付周期的按有关规定发放生活费。

合规要点30 受疫情影响劳动者无法按时到岗的,可优先使用带薪年休假

合规风险指数 ★★★

案 例

2012年7月1日,屈某与某公司建立劳动关系,2020年2月10日至2月14日屈某因疫情防控未到公司出勤,公司正常支付劳动报酬;2020年3月26日,屈某经公司要求,在公司OA系统提交2020年2月10日至2月14日抵扣年休假申请,公司予以批准。后屈某称不同意抵扣年休假,要求公司支付未休

年休假工资。[1]

解　析

单位根据生产、工作的具体情况，并考虑职工本人意愿，统筹安排年休假。在疫情期间，对不具备远程办公条件的企业，与职工协商优先使用带薪年休假、企业自设福利假等各类假。本案中，屈某未能证明其居家期间正常提供了劳动。且在公司要求其限期提交折抵年休假申请，并指出对折抵年休假天数有异议的员工可向公司人事部门提出的情况下，屈某未就折抵年休假提出异议，其已按照公司要求提交折抵年休假申请，公司予以审批，视为双方就优先抵扣年休假达成一致意见。故法院认为屈某已依法享受2020年度带薪年休假并获得相应工资，其要求公司支付未休年休假工资的请求，缺乏事实依据，法院对此不予支持。

合规指引

对因受疫情影响职工不能按期到岗或企业不能开工生产的，企业应主动与职工沟通，有条件的企业可安排职工通过电话、网络等灵活的工作方式在家上班完成工作任务。居家办公期间职工通过电话、网络等方式正常提供劳动的，企业应当按正常劳动支付工资。

对不具备远程办公条件的企业，与职工协商优先使用带薪年休假、企业自设福利假等各类假，按照相关假期的规定支付工资。

合规依据

《关于做好新型冠状病毒感染肺炎疫情防控期间稳定劳动关系支持企业复工复产的意见》（人社部发〔2020〕8号）

对因受疫情影响职工不能按期到岗或企业不能开工生产的，要指导企业主动与职工沟通，有条件的企业可安排职工通过电话、网络等灵活的工作方式在家上班完成工作任务；对不具备远程办公条件的企业，与职工协商优先使用带薪年休假、企业自设福利假等各类假。要指导企业工会积极动员职工与企业同舟共济，在兼顾企业和劳动者双方合法权益的基础上，帮助企业尽可能减少受疫情影响带来的损失。

① （2022）京02民终317号。

合规要点31　产假工资支付标准

合规风险指数　★★

案　例

周某入职某公司,月工资标准为25,000元,2016年8月起因生育休产假,产假期间公司为周某缴纳了工作期间的生育保险。周某提交《生育津贴待遇申领和核准情况的证明》,证明其领取的产假待遇支付标准为20,267.87元。周某数次要求该公司支付差额待遇,但该公司均没有理睬并解除了与周某之间的劳动关系,周某遂起诉至法院,最终该公司败诉。

裁判要点:法院认为根据《北京市企业职工生育保险规定》第十五条第二款的规定,"生育津贴为女职工产假期间的工资,生育津贴低于本人工资标准的,差额部分由企业补足"。根据周某核准证明与实际工资之间存在差额,该公司应将差额款项补足支付给周某。[①]

解　析

《女职工劳动保护特别规定》第八条第一款规定:"女职工产假期间的生育津贴,对已经参加生育保险的,按照用人单位上年度职工月平均工资的标准由生育保险基金支付;对未参加生育保险的,按照女职工产假前工资的标准由用人单位支付。"

对于生育津贴低于劳动者产前工资的,根据《妇女权益保障法》等有关规定,用人单位应按照劳动者产前工资补足差额。部分地方如上海还规定如生育津贴低于单位的平均工资,用人单位还需补足生育津贴与单位平均工资的差额。

合规指引

1. 用人单位应确保为劳动者依法办理参保手续,以避免劳动者无法领取生育津贴的情况。

2. 对于由劳动者自行申领生育保险待遇的地区,可以在产假期间暂停发放

① (2019)京03民终7221号。

工资,待生育津贴标准领取后再确定是否需要补差。

3. 对于由单位申领生育待遇的地区,用人单位应先行按照产前工资标准支付生育待遇,待社保理赔后据实结算,如领取的生育津贴高于本人工资的,用人单位不得截留。

4. 至于生育津贴的具体计算标准,一般由各地的社保部门进行规定。

(1)关于支付标准,各地规定略有差异:如北京市规定按照"职工所在用人单位月缴费平均工资除以 30 天再乘以产假天数计发"(北京市人力资源和社会保障局 2011 年 12 月 12 日公布《关于调整本市职工生育保险政策有关问题的通知》第三条第一款);上海市则有所区分:"(一)从业妇女的月生育生活津贴标准,为本人生产或者流产当月所在用人单位上年度职工月平均工资。从业妇女生产或者流产时所在用人单位的上年度职工月平均工资高于本市上年度全市职工月平均工资 300% 的,按 300% 计发;低于本市上年度全市职工月平均工资 60% 的,按 60% 计发;但低于人力资源社会保障局规定的生育生活津贴最低标准的,按最低标准计发。(二)从业妇女生产或者流产时所在用人单位的上年度职工月平均工资高于本市上年度全市职工月平均工资 300% 以上的,高出部分由用人单位补差。(三)从业妇女生产或者流产前 12 个月内变动工作单位的,其月生育生活津贴按照其生产或流产前 12 个月内所工作的各用人单位上年度职工月平均工资的加权平均数计发"(《上海市人民政府关于贯彻实施〈社会保险法〉调整本市现行有关生育保险政策的通知》第二条)。

(2)关于产假类型和产假天数,《女职工劳动保护特别规定》第七条第一款规定:"女职工生育享受 98 天产假,其中产前可以休假 15 天;难产的,增加产假 15 天;生育多胞胎的,每多生育 1 个婴儿,增加产假 15 天。"除了执行法定的产假规定,各地也规定了不同的生育政策,导致产假有相应延长。如北京市和上海市对于晚育的女职工,奖励生育假 30 天,在此假期期间享受与产假同等待遇(《北京市人口与计划生育条例》第二十条、《上海市人口与计划生育条例》第三十三条);而广东省对于晚育女职工则增加 15 天产假(《广东省人口与计划生育条例》第三十五条)。

5. 在用人单位未参保情况下,应按劳动者产前工资标准支付产假工资。

合规依据

《社会保险法》

第五十六条第二款　生育津贴按照职工所在用人单位上年度职工月平均工资计发。

《女职工劳动保护特别规定》

第八条第一款　女职工产假期间的生育津贴,对已经参加生育保险的,按照用人单位上年度职工月平均工资的标准由生育保险基金支付;对未参加生育保险的,按照女职工产假前工资的标准由用人单位支付。

合规要点 32　停工停产工资支付

合规风险指数　★

案　例

华科尔公司为应对生产不饱和的问题召开会议讨论并形成会议纪要,决定对龙某所在的工厂部分部门停工停产,并对龙某进行调岗。但龙某一直拒绝服从命令,认为华科尔公司的决定具有针对性,并将华科尔公司告上法庭,要求华科尔公司支付停工停产期间的全部工资。龙某认为工厂的注塑部门没有停工停产,上述会议的参会人员都是公司上层并非职工代表,在会议内容关乎劳动者切身利益的情形下应当履行与劳动者协商的手续。而华科尔公司认为因公司订单量减少正处于严重亏损状态,故采取部分人员放假、岗位合并等方式解决公司的经营困难并不违法。法院最终没有支持龙某的主张。

裁判要点:法院认为华科尔公司是因生产经营的问题而安排部分员工停产停工,具有一定的合理性。反观龙某所主张的华科尔公司系针对性不合法停产停工依据不足。在工资支付的问题上,华科尔公司也已经按照首月正常支付,次月开始按照当地最低工资标准的80%向龙某支付了生活费。龙某要求华科尔公司足额支付停工停产期间的工资于法无据。①

① (2019)粤01民终15055号。

解　析

根据《工资支付暂行规定》第十二条的规定，非因劳动者原因停工停产的，员工待岗期间，在一个工资支付周期内的，用人单位仍应当按照劳动合同规定的标准支付劳动报酬，超过一个工资支付周期的，若劳动者提供了正常劳动，则支付给劳动者的劳动报酬不得低于当地的最低工资标准。

部分地区，如《广东省工资支付条例》第三十九条规定，超过一个工资支付周期的，可以根据劳动者提供的劳动，按照双方新约定的标准支付工资；用人单位没有安排劳动者工作的，应当按照不低于当地最低工资标准的80%支付劳动者生活费，生活费发放至企业复工复产或者解除劳动关系。

合规指引

用人单位应区分停工停产原因确定员工工资支付标准，如系非因劳动者原因停工停产，在一个工资支付周期内应正常支付工资，超过一个薪资支付周期，劳动者提供了正常劳动，支付工资不低于最低工资水平。劳动者未提供劳动的，按照各地工资支付规定确定工资标准。如当地没有特别规定的，参考原劳动部《关于贯彻执行〈中华人民共和国劳动法〉若干问题的意见》（劳部发〔1995〕309号）第五十八条的规定，按照企业下岗待工人员的待遇，由企业依据当地政府的有关规定支付其生活费，生活费可以低于最低工资标准。

如系用人单位针对个别员工实施"停工停产"，应视为用人单位主动放弃劳动者提供劳动，用人单位仍应全额支付劳动报酬，否则存在补发工资差额的风险。

此外，需要注意的是，用人单位实施停工停产，属于涉及劳动者切身利益的事项，应履行民主程序，征求全体员工或职工代表的意见。

合规依据

《工资支付暂行规定》（劳部发〔1994〕489号）

第十二条　非因劳动者原因造成单位停工、停产在一个工资支付周期内的，用人单位应按劳动合同规定的标准支付劳动者工资。超过一个工资支付周期的，若劳动者提供了正常劳动，则支付给劳动者的劳动报酬不得低于当地的最低工资标准；若劳动者没有提供正常劳动，应按国家有关规定办理。

《关于贯彻执行〈中华人民共和国劳动法〉若干问题的意见》(劳部发〔1995〕309号)

58. 企业下岗待工人员,由企业依据当地政府的有关规定支付其生活费,生活费可以低于最低工资标准,下岗待工人员中重新就业的,企业应停发其生活费。女职工因生育、哺乳请长假而下岗的,在其享受法定产假期间,依法领取生育津贴;没有参加生育保险的企业,由企业照发原工资。

(四)拖欠工资的法律责任

合规要点33　拖欠工资的赔偿金

合规风险指数 ★

解　析

《劳动部关于印发〈违反和解除劳动合同的经济补偿办法〉的通知》(劳部发〔1994〕481号)于2017年11月24日被废止后,拖欠工资除了补发差额以外,还应当支付相当于补足部分25%的经济补偿金的规定已被《劳动合同法》第八十五条规定替代,目前在拖欠工资时,由劳动行政部门责令限期支付,如逾期不支付,则按应付金额50%～100%的标准向劳动者加付赔偿金。

1. 赔偿金支付条件。

用人单位克扣、无故拖欠工资,或者拒不支付加班费、解除或终止劳动合同未付经济补偿的,或者发放工资低于当地最低工资标准的,并经劳动行政部门责令限期支付但逾期未支付。

2. 赔偿金支付标准。

按照应付金额的50%～100%支付赔偿金。

对于未按照最低工资标准支付工资,劳动保障行政部门还可责令按所欠工资的一倍至五倍支付劳动者赔偿金。

合规指引

用人单位应当严格按照法律规定和劳动合同约定,及时足额向劳动者发放工资。对于个别情形下劳动者存在应返还部分款项的,也应书面通知员工避免

发生争议，如劳动行政部门责令用人单位补发工资，为降低风险应及时补发工资，以避免产生额外赔偿金的支付。

合规依据

《劳动合同法》

第八十五条　用人单位有下列情形之一的，由劳动行政部门责令限期支付劳动报酬、加班费或者经济补偿；劳动报酬低于当地最低工资标准的，应当支付其差额部分；逾期不支付的，责令用人单位按应付金额百分之五十以上百分之一百以下的标准向劳动者加付赔偿金：

（一）未按照劳动合同的约定或者国家规定及时足额支付劳动者劳动报酬的；

（二）低于当地最低工资标准支付劳动者工资的；

（三）安排加班不支付加班费的；

（四）解除或者终止劳动合同，未依照本法规定向劳动者支付经济补偿的。

合规要点 34　拒不支付劳动报酬罪

合规风险指数 ★★★

案　例

李某某经营公司期间，因经营不善，拖欠 37 名员工工资近 24 万元后逃匿。上海市奉贤区人力资源和社会保障局先后两次责令其支付，但李某某仍拒不支付。后被立案侦查并被移送司法机关提起公诉。

裁判要点：法院认为李某某以逃匿方法逃避支付劳动者的劳动报酬，数额较大，经政府有关部门责令支付仍不支付，其行为明显已触犯《刑法》，构成拒不支付劳动报酬罪，判定李某某犯拒不支付劳动报酬罪，判处有期徒刑十个月，并处罚金 2 万元。①

解　析

用人单位恶意拖欠员工工资，不仅面临补发工资、支付赔偿金的风险，特殊

① （2019）沪 0120 刑初 588 号。

情况下还可能构成刑事犯罪。

合规指引

用人单位应按照劳动合同约定及时足额支付劳动报酬,因经营困难确实无法及时支付的,应及时通知工会和劳动者本人,争取获得劳动者的谅解。

按照相关法律规定,以下情形将导致用人单位可能需承担刑事责任:

1. 恶意欠薪达5000元至1万元以上,构成“数额较大”,应予追诉;

2. 实施了转移财产、逃匿等方法逃避支付劳动者的劳动报酬的行为;

3. 经政府有关部门责令(劳动监察大队已向企业送达《行政处罚决定书》)支付仍不支付的。

对于构成刑事犯罪的情形,用人单位还可能被处以罚金,其他直接负责的主管人员和其他直接责任人员可能被处三年以下有期徒刑或者拘役,并处或者单处罚金;造成严重后果的,处三年以上七年以下有期徒刑,并处罚金。

合规依据

《刑法》

第二百七十六条之一　以转移财产、逃匿等方法逃避支付劳动者的劳动报酬或者有能力支付而不支付劳动者的劳动报酬,数额较大,经政府有关部门责令支付仍不支付的,处三年以下有期徒刑或者拘役,并处或者单处罚金;造成严重后果的,处三年以上七年以下有期徒刑,并处罚金。

单位犯前款罪的,对单位判处罚金,并对其直接负责的主管人员和其他直接责任人员,依照前款的规定处罚。

有前两款行为,尚未造成严重后果,在提起公诉前支付劳动者的劳动报酬,并依法承担相应赔偿责任的,可以减轻或者免除处罚。

三、休息休假

《宪法》赋予劳动者休息休假的权利。休息休假是指劳动者在任职期内,根据国家规定,不从事劳动和工作而自行支配的休息时间和法定节假日。休息时间和休假时间应作广义理解,它包括劳动者在休息休假时间内各种方式的休息和休假,如参与业余各种社会活动,接受业余教育和培训等。

休息休假法律制度是把休息时间作为劳动立法的内容所形成的法律规范，是规定劳动者在劳动关系存续期间最低限度的休息时间。休息休假制度不仅涉及用人单位的生产经营安排，也涉及劳动者的身心康复，属于劳动基准范畴，用人单位应特别关注。

（一）公休假日

公休假日制度又称为休息日制度或双休日制度，是法律规定两个相邻的工作周之间应休息的时间。我国目前根据《国务院关于职工工作时间的规定》，国家机关、事业单位实行统一的周休息日为星期六和星期日的休假制度，企业可以根据实际情况灵活安排周休息日。

合规要点35　休息日的薪酬

合规风险指数　★

解　析

依据《劳动和社会保障部关于职工全年月平均工作时间和工资折算问题的通知》的规定，每周两天双休不计入薪酬计算天数，法定节假日可计入薪酬计算天数。因此，年计薪日为365天－104天（每周2天双休）＝261天，平均每月制度计薪日为21.75天。年工作日365天－104天（每周2天双休）－11天（国家法定节假日）＝250天，平均每月制度工作日为20.83天。

根据以上分析，形式上可以推导出这个结论，即双休日是不计薪的。

合规指引

企业应把握总量平衡的原则。国家关于计薪日采取的是平均数的概念，而实际上，根据日历天数计算，每个月的计薪日数量并不固定。例如采取年薪制，原则上不会出现工资支付的差额问题，但执行月薪制时，如果员工在自然年度晚入职或者提前离职，那么因为每个月实际工作日和法定节假日数额分布不平均，则会存在差额问题。因此，从合规的角度，企业采取按日计酬的方式来衡量工资支付总额，则可以避免劳动争议。

合规依据

《劳动和社会保障部关于职工全年月平均工作时间和工资折算问题的通知》(劳社部发〔2008〕3号)

一、制度工作时间的计算

年工作日:365天－104天(休息日)－11天(法定节假日)＝250天

二、日工资、小时工资的折算

月计薪天数＝(365天－104天)÷12月＝21.75天

合规要点36　双休日的执行

合规风险指数　★★

解　析

2020年春节,因新冠疫情,很多企业管理者都感到茫然无措,很多企业都在不同时间段作出了复工和休假的安排,可是面对突发的变化,又不得不根据政府相关部门的指导意见修改通知或指令。这个过程中,很多企业管理者就提出这样的质疑:企业能不能仍然坚持延迟复工期间算工作日,即安排劳动者休年休假或者要求在家办公并不支付加班费?对于这个问题,我们认为"企业能不能坚持延迟复工期间(不含2020年2月8日、9日)就是工作日"是有讨论空间的。

1995年5月1日实施的《国务院关于职工工作时间的规定》第三条规定,职工每日工作8小时、每周工作40小时;第七条规定,国家机关、事业单位实行统一的工作时间,星期六和星期日为周休息日。企业和不能实行前款规定的统一工作时间的事业单位,可以根据实际情况灵活安排周休息日。从该规定可以看出,对于企业来说,法律法规并未强制统一规定星期六、星期日为周休息日,企业可以根据实际情况"灵活安排",也即企业有权确定哪一天为工作日、哪一天为休息日。因此,即使2月3～7日被地方政府部门界定为休息日,但企业似乎仍有权将这个所谓的休息日在内部调整或定性为工作日,或者说不叫调整而是维持其工作日的性质,这样企业就可以名正言顺地安排职工休年休假,也可以要求员工在家上班。

根据《劳动法》第三十八条的规定,用人单位应当保证劳动者每周至少休息一日。也即用人单位即使允许灵活安排休息日，也应当确保劳动者每周有一个持续24小时的休息时间段，以利于身体恢复。因此，用人单位如规定每周工作6天，每天工作时间不超过8小时，每周工作时间不超过40小时亦符合法律规定。

合规指引

用人单位可以在规章制度中明确周休息日的具体安排，并确保员工每周至少休息一日。但是，如果周休息日没有安排在常规的星期六、星期日，因为这个调整涉及全体员工的切身利益，根据《劳动合同法》第四条规定，要走民主协商程序。

鉴于法律未规定“每周”系“自然周”还是用人单位根据生产经营安排确定的“工作周”，我们建议用人单位通过规章制度或合同约定的方式来明确起算方式。

合规依据

《劳动法》

第三十八条　用人单位应当保证劳动者每周至少休息一日。

《国务院关于职工工作时间的规定》

第七条　国家机关、事业单位实行统一的工作时间，星期六和星期日为周休息日。

企业和不能实行前款规定的统一工作时间的事业单位，可以根据实际情况灵活安排周休息日。

(二)法定节假日

法定节假日，又称法定休假日，是指国家统一规定的用以开展纪念、庆祝活动的休息时间。根据《劳动法》第四十条及《全国年节及纪念日放假办法》的规定，法定节假日可以分为以下三类：

1. 属于全体公民的节假日：元旦(1月1日)，放假1天；春节(农历正月初一、初二、初三)，放假3天；清明节，放假1天(农历清明当日)；劳动节(5月1日)，放假1天；端午节，放假1天(农历端午当日)；中秋节，放假1天(农历中秋当日)；国庆节(10月1日、2日、3日)，放假3天。

2. 属于部分公民的节假日：妇女节(3月8日)、青年节(5月4日)、儿童节

(6月1日)、建军节(8月1日)等,为了便于开展纪念活动,有关的公民可以放假半天或1天。

3. 属于少数民族的节日,由少数民族自治区的人民政府,根据各民族习惯自行决定。

4. 以上节假日凡属于全体公民的放假假日,如恰逢星期六、星期日,应当在工作日补假。凡属于部分公民放假的假日,如恰逢星期六、星期日,则不补假。

合规要点37 法定节假日的加班工资支付

合规风险指数 ★★★

解 析

目前社会上对法定假日加班的工资支付有以下三种观点:

1. 支付三倍工资。计算公式:法定节假日加班工资 = 加班工资的计算基数 ÷21.75 ×300%。

2. 支付四倍工资。按照工时制度,法定节假日已是带薪休假,除此之外用人单位还应"额外"支付三倍的加班费。这样,实际上加班的劳动者拿到手的是四倍工资。假设劳动者日工资为10元,法定节假日当天加班1天,那么总共应该支付40元加班费。四倍工资的提法,实际上最早来源于广东省。

3. 另行支付两倍工资。这也是笔者的观点。《劳动法》第四十四条第三项明文规定:法定休假日安排劳动者工作的,用人单位需要支付不低于工资的百分之三百的工资报酬。从条文的表述来看,法定节假日工作,用人单位支付的当天的所有报酬只要不低于平时工资的"三倍"就是合法的。从法条来看,无论如何也解读不出来"四倍"工资的意思,否则应当有"另行支付"或者"额外支付"的表述。而且,《劳动法》的法条并没有使用"加班费"的概念,而是"工资报酬"。这是一个概括性的表述,从劳动法律的角度,正常工作时间的报酬和加班费都可以称为"工资报酬"。那么,法定节假日加班费到底是"两倍"还是"三倍"呢?

笔者认为,关键就看法定节假日是不是"有薪假日"。如果法定节假日属于"有薪假日",那么用人单位安排职工法定节假日工作,其要支付的工资报酬就包括两部分：正常工资+加班费。这样计算下来，用人单位只需要支付“两倍”正常工资作为加班费即可。这两项合计就符合了“不低于工资的百分之三百的工资报酬”的法定标准。如果这样，我们可以得出这样的结论：加班费=“两倍”工资。如果法定节假日属于“无薪假日”，那么用人单位安排职工法定节假日工作，其要支付的工资报酬就只剩下加班费一项了。此时“三倍”工资的观点就是正确的。

根据《劳动法》第五十一条的规定：劳动者在法定休假日和婚丧假期间以及依法参加社会活动期间，用人单位应当依法支付工资。很明显，法定节假日属于“有薪假日”。这样，答案就非常清楚了：节假日加班只需另行支付两倍工资即可，而非另行支付三倍工资。

合规指引

虽然存在法定节假日加班工资是两倍、三倍还是四倍的争议，我们建议企业严格按照《劳动法》执行，保证支付给劳动者的法定节假日当天的工资报酬不低于正常日薪的三倍即可，也就是说，如果当日没有支付过劳动报酬，就应该支付三倍工资，如当日支付过报酬，则只需要另行支付两倍工资即可。当然，如按照当地政府更高标准的来执行，法律并不禁止，甚至是鼓励的，这样也可以避免发生争议。

对于部分公民休息的节假日，如果安排劳动者工作，原则上无须支付加班费。但企业应保障劳动者的休息权，如劳动者不愿意加班，企业不能强迫加班，而且原则上也无权因拒绝加班而给予劳动者违纪处分。

合规要点38　国务院决定的其他假期

合规风险指数　★★★

解　析

2020年1月26日，《国务院办公厅关于延长2020年春节假期的通知》(国办发明电〔2020〕1号)规定：延长2020年春节假期至2月2日(农历正月初九，星期日)，2月3日(星期一)起正常上班；因疫情防控不能休假的职工，应根据《劳动法》规定安排补休，未休假期的工资报酬应按照有关政策保障落实。

我们认为,《国务院办公厅关于延长2020年春节假期的通知》属于行政法规,具有强制执行力,企业必须遵守。《全国年节及纪念日放假办法》第二条第二项规定春节放假3天(农历正月初一、初二、初三),因此,此次春节延长休假期间(1月31日至2月2日,初七至初九)不是法定节假日。另外,我们也认为本次延长的假期同样不属于休息日,因《国务院关于职工工作时间的规定》第七条第一款规定:国家机关、事业单位实行统一的工作时间,星期六和星期日为周休息日。

就性质而言,本次延长假期系因疫情防控特殊情形而临时增加的、对全体公民适用的假期(也有学者认为,这属于综合调配休息日或者缩短工作时间的性质)。对于国家临时增加假期的情形,有关先例可供参考。2015年,为纪念中国人民抗日战争暨世界反法西斯战争胜利70周年,国家规定9月3日全国放假1天,按照当时人力资源和社会保障部的通知,"在9月3日放假期间,用人单位因工作需要安排劳动者工作的,应支付劳动者工资报酬并安排补休;对不能安排补休的,应按照不低于劳动者本人日或小时工资标准的200%支付工资报酬"。往前追溯,1997年香港回归时,国务院办公厅曾发出《关于"七一"放假的通知》,决定1997年7月1日全国放假1天,为此,原劳动部发出《关于"七一"放假期间如何确定加班工资的通知》规定:凡用人单位在"七一"放假期间安排劳动者加班工作的,应按《劳动法》第四十四条第二款的规定支付工资报酬。即休息日安排劳动者加班工作又不能安排补休的,支付不低于工资的200%的工资报酬。

另外,地方省市也有向国务院申请临时假期的先例。比如,上海市就2010年世博会、2018年进博会期间,上海市也报请国务院批准而予以放假,以保障相关活动顺利举办。

合规指引

针对国务院决定或同意的全国或地方临时性的假期安排,企业应严格按照相关决定、公告或通知来执行,不得强制要求劳动者工作(因抢险救灾等特殊原因除外)。

在此类假期期间,企业如安排劳动者工作,应安排对应时间补休,无法补休的,需支付200%的加班费。

(三)带薪年休假

合规要点 39　年休假资格的确认

合规风险指数 ★★★

解　析

用人单位在确定员工是否满足法定带薪年休假资格时需注意如下事项：

1. 职工需连续工作 1 年，可以休年休假；关于该连续工作期间是否必须为同一单位，目前全国性法律法规尚不明确，部分地区司法实践也呈现不同的结果：例如，北京法院认为，只要职工在入职本用人单位之前曾经有“连续工作满 12 个月”的工作经历，职工均可在入职本用人单位后即享受年休假；上海等地法院则认为，劳动者在同一用人单位或不同用人单位之间连续工作满 12 个月以上，且在进入新用人单位时不存在工作间断的情况也符合年休假享受条件。

2. 在满足工龄条件下，如符合以下情形仍不享受当年年休假：

(1)依法享受寒暑假，其休假天数多于年休假天数的；

(2)请事假累计 20 天以上且单位按照规定不扣工资的；

(3)累计工作满 1 年不满 10 年的职工，请病假累计 2 个月以上的；

(4)累计工作满 10 年不满 20 年的职工，请病假累计 3 个月以上的；

(5)累计工作满 20 年以上的职工，请病假累计 4 个月以上的。

合规依据

《企业职工带薪年休假实施办法》

第三条　职工连续工作满 12 个月以上的，享受带薪年休假(以下简称年休假)。

《职工带薪年休假条例》

第四条　职工有下列情形之一的，不享受当年的年休假：

(一)职工依法享受寒暑假，其休假天数多于年休假天数的；

(二)职工请事假累计 20 天以上且单位按照规定不扣工资的；

(三)累计工作满 1 年不满 10 年的职工，请病假累计 2 个月以上的；

(四)累计工作满 10 年不满 20 年的职工,请病假累计 3 个月以上的;

(五)累计工作满 20 年以上的职工,请病假累计 4 个月以上的。

合规要点 40　年休假天数的计算

合规风险指数 ★★

解　析

如员工符合年休假条件,则可享有的年休假具体天数按照累计工作年限确定,其中累计工作年限包括在其他用人单位工作的年限。累计工作已满 1 年不满 10 年的,年休假 5 天;已满 10 年不满 20 年的,年休假 10 天;已满 20 年的,年休假 15 天。

对于刚入职员工的当年度年休假天数核算,可按照在本单位剩余日历天数折算确定,折算后不足 1 整天的部分不享受年休假。折算方法:(当年度在本单位剩余日历天数 ÷365 天)×职工本人全年应当享受的年休假天数。对于当年离职员工的年假则按照已服务日历天数进行折算。

合规依据

《职工带薪年休假条例》

第三条第一款　职工累计工作已满 1 年不满 10 年的,年休假 5 天;已满 10 年不满 20 年的,年休假 10 天;已满 20 年的,年休假 15 天。

《企业职工带薪年休假实施办法》

第五条　职工新进用人单位且符合本办法第三条规定的,当年度年休假天数,按照在本单位剩余日历天数折算确定,折算后不足 1 整天的部分不享受年休假。

前款规定的折算方法为:(当年度在本单位剩余日历天数 ÷365 天)×职工本人全年应当享受的年休假天数。

合规要点41　年休假的安排

合规风险指数 ★★★

案　例

葛某因被合众公司解除劳动合同向法院提起诉讼，要求合众公司支付2014年未休年休假工资。合众公司认为公司《考勤管理制度》有明确规定，如员工由于个人原因，未能按规定时间休假的，将不能申请向后顺延，如顺延一次仍未能休完，则剩余年假自动作废。葛某并未向公司提出休2014年度年休假的申请，也未申请顺延，故其年休假已自动作废。最终法院支持了葛某的主张。

裁判要点：法院认为用人单位只有在已安排职工休年休假，但是职工因本人原因提出不休年休假的情况下才能免除支付未休年休假工资报酬的责任。而合众公司的规章制度与法律在年休假上的规定相互冲突，不具有法律效力。加之合众公司并未提供任何证据证明葛某是因自身原因提出不休假的，故应当支付相应年休假工资。[①]

解　析

用人单位可根据经营需要结合员工意愿主动统筹安排年休假，如跨年假安排年休假或者不安排当年年休假的，应征得员工本人同意，并注意留存相关书面证明。用人单位在年休假工作安排上应当注意避免"自动作废"的规定，此类规定因违反法律法规，可能被认定为无效。

员工在休年假期间，公司正常支付工资。非因员工自身原因由其自身提出休假的，建议用人单位另行安排休假或额外支付200%的年休假工资。

合规指引

1. 关于年休假天数的核算，涉及劳动者累计工作时间（工龄）的认定，用人单位一般以劳动者提交的社保缴费记录为准，也可接受档案记录、退工证明（离职证明）、劳动合同等劳动者提交的其他书面材料。如事后审核发现证明材料有假，可以按照提交虚假证明给予违纪处分。

---

①（2015）沪一中民三（民）终字第1429号。

2. 用人单位规定法定年休假逾期自动作废的条款因排除劳动者权利可能被认为无效,但用人单位可通过制度规定福利年休假(超出法定部分的年休假天数)的使用程序、薪资折算办法。

3. 用人单位应主动安排劳动者休年休假,并建立完善的年休假统计工作,做好年休假统筹管理以及合规性检查,包括:

(1)劳动者入职时核实其工作年限,以确定劳动者应享有的年休假天数;

(2)应视工作安排主动安排劳动者休年休假,在因工作需要,无法安排年休假的情况下,足额支付职工的年休假补偿;

(3)劳动者因本人原因不休年休假的,用人单位应要求其提供书面申请并保存好该书面材料。

合规依据

《劳动法》

第四十五条　国家实行带薪年休假制度。劳动者连续工作一年以上的,享受带薪年休假。具体办法由国务院规定。

《职工带薪年休假条例》

第三条第一款　职工累计工作已满1年不满10年的,年休假5天;已满10年不满20年的,年休假10天;已满20年的,年休假15天。

第五条　单位根据生产、工作的具体情况,并考虑职工本人意愿,统筹安排职工年休假。

年休假在1个年度内可以集中安排,也可以分段安排,一般不跨年度安排。单位因生产、工作特点确有必要跨年度安排职工年休假的,可以跨1个年度安排。

单位确因工作需要不能安排职工休年休假的,经职工本人同意,可以不安排职工休年休假。对职工应休未休的年休假天数,单位应当按照该职工日工资收入的300%支付年休假工资报酬。

《企业职工带薪年休假实施办法》

第四条　年休假天数根据职工累计工作时间确定。职工在同一或者不同用人单位工作期间,以及依照法律、行政法规或者国务院规定视同工作期间,应当计为累计工作时间。

第八条　职工已享受当年的年休假，年度内又出现条例第四条第（二）、（三）、（四）、（五）项规定情形之一的，不享受下一年度的年休假。

第九条　用人单位根据生产、工作的具体情况，并考虑职工本人意愿，统筹安排年休假。用人单位确因工作需要不能安排职工年休假或者跨1个年度安排年休假的，应征得职工本人同意。

（四）病假

合规要点42　病假与医疗期混淆

合规风险指数　★★

案　例

张女士是某公司的销售主管，自2019年年初开始持续不断地向公司提供医院出具的病假单，公司人力资源部认为，病假与医疗期没有关系，只要张女士的医疗期已满，不上班就可以解除劳动合同，但法务部认为病假就是在休医疗期，只要张女士能不断提供医院出示的病假条，单位就不能不批，自然也无法解除双方的劳动合同。本案公司是否可以解除与张女士的劳动合同？

解　析

1. 病假的概念。

病假是指劳动者因患病或非因公负伤前往医院就诊或经医院开具证明需要停止工作进行治疗休息的期间。如果员工确实存在身体疾患或非因公受伤，按照正常诊疗程序前往医院就诊，并根据公司流程办理请假手续，则员工享有病假权利。

2. 医疗期的概念。

医疗期是指企业职工因患病或非因公负伤停止工作治病休息不得解除劳动合同的时限，具体规定可参见《劳动部关于发布〈企业职工患病或非因工负伤医疗期规定〉的通知》（劳部发〔1994〕479号）第二条。医疗期系法律概念，与病假有所联系，但不能混同。医疗期仅用于判断用人单位能否有权以医疗期满解除或终止劳动合同，而不能作为确定员工病假是否成立的依据。

上述案例中法务部门混淆了病假和医疗期的概念,作出了错误的理解。

合规要点43 虚假病假的处理

合规风险指数 ★★★★★

案 例

丁某某入职阿里巴巴任资深经理一职,向阿里巴巴公司请病假两周后当日即赴巴西,虽然丁某某就病假提供了医疗机构出具的诊断证明及休假证明,但阿里巴巴认为丁某某系虚构病假前往国外旅游,并以此为由解除劳动合同。本案一审、二审阿里巴巴均败诉,直至再审阶段,北京市高级人民法院判决阿里巴巴胜诉。

裁判要点:法院认为用人单位的规章制度虽然未对劳动者休假地点作出限定,但是劳动者休假期间的行为应当与其请假事由相符,丁某某对于前往巴西期间的行程及是否遵医嘱接受适当的治疗或疗养等问题均予以回避,按照一般生活常识判断,阿里巴巴公司有理由质疑丁某某请病假的目的并非休养或治疗,丁某某在阿里巴巴公司向其了解情况时拒绝提供真实信息,违背诚信原则和企业规章制度,对用人单位的工作秩序和经营管理造成恶劣影响,故阿里巴巴公司以丁某某严重违反企业规章制度为由决定与其解除劳动合同合法有效。①

解 析

诚实信用原则是劳动合同履行过程中的基本原则之一。劳动者在病假手续办理中应遵守该原则,如果确实存在虚假病假的,用人单位应及时进行调查取证,给予劳动者沟通解释的机会,如证据确凿的,可以取消病假工资并按照规章制度作出纪律处分,严重的可以解除劳动合同。

合规指引

在病假管理中,用人单位常见的问题主要有三种:一为劳动者在就诊环节出现瑕疵;二为劳动者在请假环节出现瑕疵;三为劳动者对抗用人单位的若干病假管理手段。

---

① (2017)京民再65号。

1. 关于就诊环节的瑕疵类型及实务处理。

(1)劳动者并未前往医院就诊,而是通过伪造或者购买等方式获得虚假的病假资料,鉴于该种行为实质系骗取病假,严重违反诚信原则,用人单位可以解除劳动合同。

(2)劳动者并未前往医院就诊,而系找他人代为诊断,该种行为性质与第一种行为类似,同样属于骗取病假的行为,用人单位可实施违纪处分。

(3)劳动者前往医院就诊但并未挂号,而系直接开具病假单,该种情形应当根据所在医院的诊疗程序综合判断,如果医院明确规定必须挂号就诊(实际上也是大部分医院的要求),未经挂号,病人与医院未建立医患关系,员工开具的病假单无效。

(4)劳动者未经诊断开具病假单,此时应根据诊疗规范综合判断;如果所患疾病(如炎症等)应当进行验血、验尿等必经程序,则未经程序属于违反诊疗规范的行为,所开具的病假单无效;但如果劳动者只是拒绝一些辅助诊断(如医院设备检查,B 超、CT 等),并不影响医生作出诊断结论,则不影响病假单的有效性。

(5)劳动者的病假单存在表面瑕疵,如劳动者病假只有医生签章并未有医院盖章,此时还需结合病假单记载是否与病历相吻合,而不能仅仅以无医院盖章判定病假单无效;但如果病假单系劳动者个人要求开具,且结合病历记载并无明显症状,则该类病假单无证明力,用人单位可指定劳动者复查。

2. 关于请假环节的瑕疵类型及实务处理。

(1)劳动者获得有效病假单,但并未向用人单位履行任何请假手续;如果此时用人单位以旷工为由解除劳动合同,部分地区法院以用人单位未经审慎核实义务判定解雇违法,因此,用人单位在劳动者缺勤的情况下应履行必要的核实义务,调查其是否处于病休状态,而不能直接以旷工解除劳动合同。

(2)病假手续办理或病假资料提交的及时性、完整性不能满足用人单位规章制度要求,或延期提交或不够完整,很多用人单位将此种行为直接定义为旷工,但此类程序瑕疵尚不构成严重违纪行为,用人单位以旷工解雇往往得不到法院的支持。在劳动者病假程序存在瑕疵的情况下,用人单位可以给予轻度违纪处分并给予劳动者改正的机会,避免直接解除劳动关系。

3. 关于用人单位推进相关管理措施的妥当性。

(1)用人单位以病假时间过长等为由不予批准劳动者病假,如病假天数尚在法定医疗期内,则用人单位的行为不会得到司法机关支持,劳动者病休具体时间应以医疗机构为准,用人单位无权决定员工的休息天数。

(2)用人单位指定医院或指定疾病医院就诊,否则不予认可。该行为实质上剥夺了劳动者自由选择就诊机构的权利,即使规章制度有明确规定,司法机关一般也不予支持。

(3)用人单位对员工病假有疑问,要求劳动者前往指定医院复查。该做法在司法实践中存在一定争议,主流观点认为如果劳动者此前开具的病假资料无任何瑕疵,且按照公司流程正常请假,员工拒绝复诊不能按照违纪处理。

(4)用人单位禁止员工病假期间在外兼职,违者将实施纪律处分。考虑劳动者病假期间主要系治疗休息,法院一般支持公司作出违纪处分。《关于加强企业伤病长休职工管理工作的通知》(劳险字〔1992〕14号)规定:"……四、伤病休假职工不得从事有收入的活动。机关、事业单位、社会团体和企业不得聘用伤病休假职工。对利用伤病假从事有收入活动的职工,要停止其伤病保险待遇,不予报销医疗费,并限期返回单位复工。经批评教育不改的,可按《企业职工奖惩条例》和辞退违纪职工的规定办理。"

(5)用人单位禁止劳动者病假期间在外旅游,违者将被纪律处分。虽然法律并未禁止劳动者病假期间的外出活动,但病假的主要目的还是治疗和休息,如果员工病假期间长途跋涉、前往异地或境外旅游,则有违诚信,部分法院支持单位作出解雇决定。

合规依据

《关于加强企业伤病长休职工管理工作的通知》(劳险字〔1992〕14号)

四、伤病休假职工不得从事有收入的活动。机关、事业单位、社会团体和企业不得聘用伤病休假职工。对利用伤病假从事有收入活动的职工,要停止其伤病保险待遇,不予报销医疗费,并限期返回单位复工。经批评教育不改的,可按《企业职工奖惩条例》和辞退违纪职工的规定办理。

（五）事假

合规要点 44 事假的管理制度

合规风险指数 ★★★

解 析

1. 事假的概念。

事假是指劳动者在工作时间内因私事或其他个人原因向用人单位申请的假期。目前法律对事假并无明确规定，一般由用人单位自主设定或与劳动者约定，用人单位可根据请假理由的充分程度、事由的重要性和迫切性等来决定批或不批。劳动者在事假期间如未向用人单位提供劳动，则用人单位可以不支付其工资，但仍要为其缴纳社保。若无规范的事假制度，则容易导致劳动者肆意旷工，影响工作效率和产出。

2. 事假与带薪年休假的关系。

《职工带薪年休假条例》第四条规定，职工请事假累计 20 天以上且单位按照规定不扣工资的不享受当年的年休假。因此若用人单位在劳动者事假期间未支付其工资的，劳动者仍然享有带薪年休假的权利。用人单位可通过规章制度明确，对于请事假的劳动者，将优先安排使用带薪年休假。

合规指引

对于事假管理，建议用人单位通过完善规章制度来明确事假的请假手续、审批程序、工资标准、时长上限、违规后果等，以防止劳动者肆意旷工，影响工作效率和管理秩序。用人单位可主动采取民主协商的方式确定事假规则，经过充分沟通，建立关于事假的规章制度，使劳动者请事假有章可循，也为用人单位与劳动者在事假问题方面的权利和义务提供依据，有效避免劳动争议发生。

合规依据

《职工带薪年休假条例》

第四条 职工有下列情形之一的，不享受当年的年休假：

……（二）职工请事假累计 20 天以上且单位按照规定不扣工资的……

合规要点45　事假管理的边界

合规风险指数 ★★★★

案　例

陆某某系上海某物业公司员工,做二休一。2020年1月6日,陆某某因父亲生病向其主管提交请假单后回老家,请假时间为2020年1月6日至1月13日(共8天,其应出勤日期分别为6日、8日、9日、11日、12日)。次日,陆某某因公司未准假而返回,途中得知其父亲去世便再次回家处理丧事。2020年1月14日,陆某某返回上海,并于次日起开始上班。2020年1月31日,公司向陆某某出具《解除劳动合同通知书》,称根据公司规定其在未经审批同意的情况下,擅自离职回安徽老家,应视为旷工。即使扣除3天丧假,旷工天数也已达到累计3天以上(含3天)的标准,严重违反公司规章制度和劳动纪律,公司有权辞退,提前解除劳动合同并依法不予支付经济补偿。陆某某申请仲裁要求认定公司违法解除并支付违法解除赔偿金,后经劳动仲裁委、一审法院、二审法院审理,判决公司违法解除并应支付违法解除赔偿金。

裁判要点:法院认为陆某某1月6日缺勤系因公司未及时行使审批权所致,不应认定为旷工。陆某某请假,事出有因,其回老家为父亲操办丧事,符合中华民族传统人伦道德和善良风俗,公司应以普通善良人的宽容心、同理心加以对待。因此扣除3天丧假,陆某某请事假两天在合理范围内公司应批准。1月14日不在其请假期间范围内,公司认定该日为旷工,并无不当。因此,陆某某并未达到公司规章制度规定的可解除劳动合同的条件,公司系违法解除。[1]

解　析

公序良俗原则为公共秩序和善良风俗原则的简称,是指民事主体在进行民事行为时,应当尊重公共秩序和善良风俗。公共秩序是指政治、经济、文化等领域的基本秩序和根本理念,是与国家和社会整体利益相关的基础性原则、价值和秩序。善良风俗指全体社会成员所普遍认许、遵循的道德准则。在劳动合同履

① (2020)沪02民终10692号。

行期间,用人单位及劳动者均负有切实、充分、妥善履行合同的义务,劳动者应有自觉维护用人单位劳动秩序,遵守用人单位的规章制度的义务;用人单位管理权的边界和行使方式亦应善意、宽容及合理,不应罔顾事件背景缘由,机械适用规章制度,严苛施行用工管理。

合规指引

用人单位在行使事假管理权的过程中应合理、善意,体恤劳动者的具体困难,否则其管理行为或将被评为不合理,轻则遭受舆论谴责,重则承担法律责任。在员工休假过程中,用人单位应积极履行诚信沟通义务,厘清员工缺勤的具体原因,采取合理的解决方案,避免"一刀切"地按旷工解除处理。

合规依据

《民法典》

第八条　民事主体从事民事活动,不得违反法律,不得违背公序良俗。

(六)女职工假期

合规要点46　产假天数的确认

合规风险指数　★★

解　析

根据国家规定,女职工产假天数为98天,各地计生条例另行规定相应天数的延长生育假,具体以劳动合同履行地地方规定及女职工具体生产情况为准。

合规依据

《女职工劳动保护特别规定》

第七条　女职工生育享受98天产假,其中产前可以休假15天;难产的,增加产假15天;生育多胞胎的,每多生育1个婴儿,增加产假15天。

女职工怀孕未满4个月流产的,享受15天产假;怀孕满4个月流产的,享受42天产假。

合规要点 47　产假的地区差异

合规风险指数 ★★★

案　例

王某因生育二胎向正味公司请产假 98 天至 2017 年 12 月 31 日。2017 年 10 月王某收到福州市医疗保障基金管理中心发放的生育津贴 9926.29 元(月基数 3038.66 元,支付 98 天)。后王某与福州市医疗保障基金管理中心确认其产假为 158 天。后王某向正味公司发出《支付工资催告函》,要求正味公司在产假届满前依法向其支付产假期间全部工资 15,420 元(月工资 3084 元,支付 158 天)。但正味公司仍并未支付,王某遂以未足额支付产假工资为由向正味公司发出《解除合同通知书》,并诉至法院要求正味公司支付差额产假工资和经济补偿金。最终法院支持了王某的诉请。

裁判要点:根据《妇女权益保障法》第二十七条第一款①的规定,任何单位不得因结婚、怀孕、产假、哺乳等情形,降低女职工的工资。《女职工劳动保护特别规定》第五条亦对此进行了规定,故在王某领取的产假期间生育津贴明显低于王某产假前工资标准的情况下,正味公司作为用人单位,其负有按照王某产假前工资标准将差额工资部分予以补齐的法定义务。②

解　析

产假具体天数应当以各个地方性法规规定为准,同时产假工资的发放也应当与实际产假天数相匹配。因各地生育政策不一致,劳动者未必能够在社保机构领取完整产假天数所对应的产假工资。这种情形下,用人单位应当遵循产假工资"就高不就低"的原则,由用人单位补齐所有差额部分的产假工资。

---

① 2022 年修订后为第四十八条第一款。

② (2019)闽 01 民终 1519 号。

合规要点48　与产假相关的假期

合规风险指数 ★★★

1. 保胎假。

国家法律法规并未对保胎假作出明确规定。“保胎”一词曾出现在《国家劳动总局保险福利司关于女职工保胎休息和病假超过六个月后生育时的待遇问题给上海市劳动局的复函》中，该复函的适用对象主要包括国营企业单位的女职工，根据该复函，“经过医师开据证明，需要保胎休息的，其保胎休息的时间，按照本单位实行的疾病待遇的规定办理”。目前在实践中，用人单位一般可参照该复函执行，即如果怀孕女职工向公司提交医生开具的证明需要保胎休息的，应予批准，并可按病假处理。

2. 哺乳假。

案　例

韩某与旭贵公司存有劳动关系。2017 年 3 月韩某生育一女，同年 8 月恢复上班。但上班后韩某状态不佳，后至医院检查被确诊为产后抑郁症。韩某遂向旭贵公司提出哺乳假，公司未同意。后公司以韩某未能提交可以延长病假的证明为由，以旷工为由解除了与韩某的劳动合同。韩某不服起诉，认为其患有产后抑郁，可以享受哺乳假，不应当被解除合同。而旭贵公司认为该休假应在产假期间提出而非产后，韩某患有的仅仅是一般抑郁症而非产后抑郁症。最终法院支持了韩某的诉请。

裁判要点：根据《上海市实施〈中华人民共和国妇女权益保障法〉办法》之规定，“经二级以上医疗保健机构证明患有产后严重影响母婴身体健康疾病的，本人提出申请，用人单位应当批准其哺乳假。女职工按有关规定享受的产前假、哺乳假期间的工资不得低于其原工资性收入的百分之八十”。产后抑郁症属于上述产后严重影响母婴身体健康疾病之列。韩某已被二级专科医院确诊，其申请哺乳假符合前述法律规定。旭贵公司应当批准其哺乳假。①

① (2018)沪 01 民终 11637 号。

解　析

哺乳假与产后哺乳时间是不同的,部分地区规定,女性生产后至婴儿满周岁期间,哺乳假女职工生育后,若有困难且工作许可,由本人提出申请,经单位批准,可休哺乳假。

《上海市女职工劳动保护办法》第十六条规定,哺乳假的期限最长为六个半月。根据《上海市劳动局关于本市企业女职工生育期间工资支付的解释口径》(沪劳保发〔1996〕57 号)第二条、第三条的规定,哺乳假期间的工资不得低于其原工资性收入的 80%,而原工资性收入指女职工请产前假或请产假前正常出勤月的,企业根据国家和本市的规定以及劳动合同的约定,以各种形式支付给劳动者的报酬,即列入工资总额统计的全部工资收入。

3. 育儿假。

2019 年 4 月 17 日,《国务院办公厅关于促进 3 岁以下婴幼儿照护服务发展的指导意见》强调,发展婴幼儿照护服务的重点是为家庭提供科学养育指导,并对确有照护困难的家庭或婴幼儿提供必要的服务。文件提出三项任务举措:第一,加强对家庭婴幼儿照护的支持和指导。全面落实产假政策,鼓励地方政府探索试行与婴幼儿照护服务配套衔接的育儿假、产休假,支持脱产照护婴幼儿的父母重返工作岗位。第二,加大对社区婴幼儿照护服务的支持力度。按标准和规范建设婴幼儿照护服务设施及配套安全设施,鼓励市场化。第三,规范发展多种形式的婴幼儿照护服务机构。支持用人单位在工作场所为职工提供福利性婴幼儿照护服务。

在此之前,与育儿假相关的更多是地方规定授予男性员工的陪产假(护理假/看护假),虽然和育儿相关联,但都是陪护的性质,没有直接为女性分担抚养小孩的工作,本次国务院办公厅发文,可以看作对育儿假的全国性的指导文件。

合规指引

用人单位需严格执行国家及用人单位所在地对产假天数的规定,给予女职工相应产假待遇。产假天数一般按照员工劳动合同履行地执行,但涉及社保待遇则往往按照缴费地规定执行,如出现员工产假天数无生育津贴覆盖的情形,用人单位应正常支付工资。

各地区对产假(主要是延长生育假天数)执行的政策不一,具体如表2－2所示。

表2－2　各地区对产假执行的政策

国家规定	《女职工劳动保护特别规定》规定:女职工生育享受98天产假,其中产前可以休假15天;难产的,增加产假15天;生育多胞胎的,每多生育1个婴儿,增加产假15天。女职工怀孕未满4个月流产的,享受15天产假;怀孕满4个月流产的,享受42天产假
北京	《北京市人口与计划生育条例》、北京市人力资源和社会保障局、北京市人口和计划生育委员会《关于调整本市职工生育保险相关政策的通知》(京人社医发〔2016〕99号)规定:取消晚育假30天,增加生育奖励假30天,两相抵消,还是享受128天的产假,生育津贴也享受128天
天津	《天津市人口与计划生育条例》、天津市人民政府办公厅《关于印发天津市职工生育保险规定的通知》(津政办发〔2016〕99号)规定:女方所在单位增加生育假(产假)30天,不能增加生育假(产假)的,给予一个月基本工资或者实得工资的奖励,该市生育津贴享受128天
上海	《上海市人口与计划生育条例》《上海市人民政府关于印发修订后的〈上海市计划生育奖励与补助若干规定〉的通知》(沪府发〔2016〕46号)规定:女方除享受国家规定的产假外,还可以再享受生育假30天,产假合计128天,该市生育津贴享受128天
江苏	《江苏省女职工劳动保护特别规定》规定:女方在享受国家规定产假的基础上,延长产假30天,产假合计128天,该省生育津贴享受98天
浙江	浙江省人力资源和社会保障厅《关于女职工奖励假生育津贴计发有关问题的复函》(浙人社函〔2018〕24号)规定:女方法定产假期满后,享受30天的奖励假,产假合计128天,该省生育津贴享受128天
重庆	《重庆市人口与计划生育条例》、重庆市人民政府办公厅《关于印发重庆市生育保险和职工基本医疗保险合并实施试点方案的通知》(渝府办发〔2017〕99号)规定:增加产假30天,产假合计128天,该市生育津贴享受128天
湖北	《湖北省人口与计划生育条例》规定:增加产假30天,产假合计128天,该省生育津贴享受天数属地管理,各地不一,武汉市为128天
四川	《四川省人口与计划生育条例》规定:延长女方生育假60天,产假合计158天,该省生育津贴享受158天

续表

湖南	《湖南省人民政府关于修改〈湖南省城镇职工生育保险办法〉的决定》(湖南省人民政府令第294号)、《湖南省人力资源和社会保障厅、湖南省财政厅、湖南省卫生和计划生育委员会关于进一步加强生育保险有关工作的通知》(湘人社发〔2018〕31号)规定:女方除享受国家规定的产假外增加产假60天,产假合计158天,该省生育津贴享受158天
江西	《江西省人口与计划生育条例》、江西省人民政府办公厅《关于印发江西省生育保险和职工基本医疗保险合并实施办法的通知》(赣府厅字〔2019〕94号)规定:增加产假60天,产假合计158天,该省生育津贴享受98~158天
广东	《广东省人口与计划生育条例》《广东省职工生育保险规定》规定:女方享受80天的奖励假,加上国家规定的基本产假98天,达到178天,该省生育津贴享受98天
福建	《福建省人口与计划生育条例》规定:女方产假延长为158日至180日,生育津贴享受98天
海南	《海南省人口与计划生育条例》《海南省城镇从业人员生育保险条例实施细则》规定:女员工增加产假三个月,产假合计188天,该省生育津贴享受98天
广西	《广西壮族自治区人口和计划生育条例》规定:女方增加产假50天,产假合计148天,该区生育津贴享受98天
陕西	《陕西省人口与计划生育条例》规定:职工合法生育子女的,在法定产假的基础上增加产假60天,女员工参加孕前检查的,在法定产假的基础上增加产假10天,产假合计实际达到168天,且168天产假均享受生育津贴

合规依据

《女职工劳动保护特别规定》

第六条　女职工在孕期不能适应原劳动的,用人单位应当根据医疗机构的证明,予以减轻劳动量或者安排其他能够适应的劳动。

对怀孕7个月以上的女职工,用人单位不得延长劳动时间或者安排夜班劳动,并应当在劳动时间内安排一定的休息时间。

怀孕女职工在劳动时间内进行产前检查,所需时间计入劳动时间。

第七条　女职工生育享受98天产假,其中产前可以休假15天;难产的,增加产假15天;生育多胞胎的,每多生育1个婴儿,增加产假15天。

女职工怀孕未满4个月流产的,享受15天产假;怀孕满4个月流产的,享受

42 天产假。

第九条 对哺乳未满 1 周岁婴儿的女职工，用人单位不得延长劳动时间或者安排夜班劳动。

用人单位应当在每天的劳动时间内为哺乳期女职工安排 1 小时哺乳时间；女职工生育多胞胎的，每多哺乳 1 个婴儿每天增加 1 小时哺乳时间。

（七）婚丧假

合规要点 49 婚丧假待遇

合规风险指数 ★★

解 析

根据 1980 年 2 月 20 日国家劳动总局、财政部发布的《关于国营企业职工请婚丧假和路程假问题的通知》规定，职工本人结婚或职工的直系亲属（父母、配偶和子女）死亡时，可以根据具体情况，由本单位行政领导批准，酌情给予 1～3 天的婚丧假，尽管通知对象是“国营企业职工”，实际操作中该规定亦适用于民营、外资企业的职工。

实际执行中，丧假按照 3 天执行，婚假则根据各地计划生育条例执行。员工在婚丧假期间用人单位应正常支付工资。

关于再婚者和复婚者是否享有和初婚者一样的婚假？根据《劳动和社会保障部办公厅关于对再婚职工婚假问题的复函》（劳社部函〔2000〕84 号）规定，“再婚者与初婚者的法律地位相同，用人单位对再婚职工应当参照国家有关规定，给予同初婚者一样的婚假待遇”，因此再婚者实际是可以和初婚者一样享受婚假待遇；复婚者，目前没有明确的法律规定，但复婚实际也属于再婚的一种，参照前述复函，笔者倾向认为再婚者也享有婚假。

合规指引

用人单位宜通过规章制度明确劳动者婚丧假的具体天数、休假条件、休假审批程序等，在劳动者提出休假后应核实相关材料，依法审批相应假期，并依法正常支付薪资。

对于异地用工的企业,劳动者的婚假天数可按照劳动者劳动合同履行地的地方规定执行。对于复婚、再婚者,建议给予初婚同样的婚假待遇。

合规依据

《国家劳动总局、财政部关于国营企业职工请婚丧假和路程假问题的通知》(〔80〕劳总薪字29号)

一、职工本人结婚或职工的直系亲属(父母、配偶和子女)死亡时,可以根据具体情况,由本单位行政领导批准,酌情给予一至三天的婚丧假。

二、职工结婚时双方不在一地工作的;职工在外地的直系亲属死亡时需要职工本人去外地料理丧事的,都可以根据路程远近,另给予路程假。

三、在批准的婚丧假和路程假期间,职工的工资照发,途中的车船费等,全部由职工自理。

《劳动和社会保障部办公厅关于对再婚职工婚姻问题的复函》(劳社部函〔2000〕84号)

根据《中华人民共和国婚姻法》和国家有关职工婚丧假的规定精神,再婚者与初婚者的法律地位相同,用人单位对再婚职工应当参照国家有关规定,给予同初婚者一样的婚假待遇。

(八)探亲假

合规要点50　探亲假适用范围

合规风险指数　★★

探亲假因历史原因仍保留,但因目前交通的便利快捷,已很难出现员工不能在公休假日和亲人团聚的情形,但是探亲假相关规定并未废止。

根据1981年3月14日公布施行的《国务院关于职工探亲待遇的规定》,国家机关、人民团体和全民所有制企业、事业单位的员工在符合一定条件下,可以享受探亲假。当然,随着所有制改革,全民所有制已经被替代为国有企业或国有控股企业,此类企业还可以参照执行探亲假之规定,但如系外资、民营企业,可不执行国家探亲假有关规定。

合规要点 51　探亲假条件

合规风险指数 ★★

解　析

凡在国家机关、人民团体和全民所有制企业、事业单位工作满一年的固定职工,与配偶不住在一起,又不能在公休假日团聚的,可以享受本规定探望配偶的待遇;与父亲、母亲都不住在一起,又不能在公休假日团聚的,可以享受本规定探望父母的待遇。但是,职工与父亲或与母亲一方能够在公休假日团聚的,不能享受本规定探望父母的待遇。

合规要点 52　探亲假待遇

合规风险指数 ★★

解　析

如符合探亲假条件的,职工探望配偶的,每年给予一方探亲假一次,假期为30天。未婚职工探望父母,原则上每年给假一次,假期为20天。如果因为工作需要,本单位当年不能给予假期,或者职工自愿两年探亲一次的,可以两年给假一次,假期为45天。已婚职工探望父母的,每四年给假一次,假期为20天。探亲假期是指职工与配偶、父亲、母亲团聚的时间,另外,根据实际需要给予路程假。上述假期均包括公休假日和法定节日在内。

劳动者如享有探亲假的,应视为正常出勤,用人单位不得停止工资支付。并且,职工探望配偶和未婚职工探望父母的往返路费,由所在单位负担。已婚职工探望父母的往返路费,在本人月标准工资30%以内的,由本人自理,超过部分由所在单位负担。

合规指引

用人单位属于“国家机关、人民团体和全民所有制企业、事业单位”的,可在规章制度中对探亲假予以规定,如员工提出休探亲假的,应对员工探亲假的申请予以准假。

如用人单位不属于“国家机关、人民团体和全民所有制企业、事业单位”的,也没有制定探亲假的规定、没有和员工另行约定探亲假,则可不执行探亲假规定。

合规依据

国务院《关于职工探亲待遇的规定》

第二条　凡在国家机关、人民团体和全民所有制企业、事业单位工作满一年的固定职工,与配偶不住在一起,又不能在公休假日团聚的,可以享受本规定探望配偶的待遇;与父亲、母亲都不住在一起,又不能在公休假日团聚的,可以享受本规定探望父母的待遇。但是,职工与父亲或与母亲一方能够在公休假日团聚的,不能享受本规定探望父母的待遇。

第三条　职工探亲假期:

(一)职工探望配偶的,每年给予一方探亲假一次,假期为30天。

(二)未婚职工探望父母,原则上每年给假一次,假期为20天。如果因为工作需要,本单位当年不能给予假期,或者职工自愿两年探亲一次的,可以两年给假一次,假期为45天。

(三)已婚职工探望父母的,每四年给假一次,假期为20天。

探亲假期是指职工与配偶、父、母团聚的时间,另外,根据实际需要给予路程假。上述假期均包括公休假日和法定节日在内。

第五条　职工在规定的探亲假期和路程假期内,按照本人的标准工资发给工资。

第六条　职工探望配偶和未婚职工探望父母的往返路费,由所在单位负担。已婚职工探望父母的往返路费,在本人月标准工资30%以内的,由本人自理,超过部分由所在单位负担。

（九）育儿假、父母护理假

合规要点 53　育儿假、父母护理假地方规定

合规风险指数 ★★

解　析

1. 育儿假、父母护理假的试行。

为了加强对婴幼儿和老年人的关爱与保障，近年来，国家鼓励有条件的地区探索开展育儿假试点和父母护理假试点。全国多地通过修改《人口计划与生育条例》和《老年人权益保障条例》等地方条例明确育儿假和父母护理假的具体规定。

2. 育儿假、父母护理假的天数（见表 2－3、表 2－4）。

表 2－3　育儿假的地方规定汇总

地区	地方规定
北京	孩子 3 周岁前，每年夫妻双方各 5 个工作日育儿假
上海	孩子 3 周岁前，每年夫妻双方各 5 天育儿假
江西	孩子 3 周岁前，每年夫妻双方各 10 天育儿假
安徽	孩子 6 周岁前，每年夫妻双方各 10 天育儿假
辽宁	孩子 3 周岁前，夫妻双方每年各 10 天育儿假
江苏	鼓励男方所在用人单位安排男方享受不少于 5 天的育儿假
贵州	孩子 3 周岁前，每年夫妻双方各 10 天育儿假
吉林	支持有条件的地区或企业增设育儿假
福建	孩子 3 周岁前，夫妻双方每年各 10 天育儿假
重庆	在产假或者护理假期满后，经单位批准，夫妻中的一方可以休育儿假至孩子一岁或者夫妻双方在孩子满 6 周岁前每年累计休 5～10 天育儿假
青海	孩子 3 周岁前，鼓励用人单位给予夫妻双方每年各 10 天育儿假
黑龙江	孩子 3 周岁前，夫妻双方每年各 10 天育儿假
河北	孩子 3 周岁前，夫妻双方每年各 10 天育儿假

续表

地区	地方规定
河南	孩子3周岁前,夫妻双方每年各10天育儿假
山西	孩子3周岁前,夫妻双方每年各15天育儿假
甘肃	孩子3周岁前,夫妻双方每年各15天育儿假
湖北	孩子3周岁前,每年夫妻双方各10天育儿假
四川	孩子3周岁前,夫妻双方每年各10天育儿假
天津	孩子3周岁前,夫妻双方每年各10天育儿假
浙江	孩子3周岁前,夫妻双方每年各10天育儿假
宁夏	孩子3周岁前,夫妻双方每年各10天育儿假

表2-4　父母护理假的地方规定汇总

地区	地方规定
河南	年满60岁后,住院治疗期间,给予其子女每年累计不超过20天的护理假,护理假期间视为出勤
福建	父母年满60周岁,患病住院治疗期间,用人单位应给予每年累计不超过10天的护理时间,护理期间工资福利待遇不变
海南	老年人住院治疗期间,用人单位应给予每年累计不超过15天的护理时间,护理期间工资福利待遇不变
广西	独生子女父母年满60周岁的,患病住院期间,用人单位应当给予其子女每年累计不超过15天的护理假。护理期间工资、津贴、补贴和奖金不得扣减
湖北	对照顾失能或患病住院老人的,用人单位应给予每年累计不少于10天的护理时间;对独生子女照顾失能或患病住院老年人的,每年护理时间累计不少于15天
黑龙江	老年人患病住院期间其子女享有陪护假,独生子女陪护假每年累计20日,非独生子女累计10日,陪护期间工资福利待遇不变
重庆	老年人是独生子女父母的,患病住院治疗且需要二级以上护理时,用人单位应给予每年累计不超过10天的护理时间,护理期间工资福利待遇不变
山西	父母年满60周岁的计划生育家庭,父母患病住院期间,用人单位应当支持子女照料陪护,并给予每年不超过15天的照料假,期间工资福利待遇不变
四川	老年人患病住院期间不能自理的,其子女所在用人单位应当给予独生子女每年累计不超过15日的护理照料时间,给予非独生子女每年累计不超过7日的护理照料时间。护理照料期间工资福利待遇不变

续表

地区	地方规定
宁夏	老年人患病住院期间,子女所在单位应当给予陪护假。独生子女的陪护假每年累计不超过 15 日,非独生子女的陪护假每年累计不超过 7 日。陪护假期间工资福利待遇不变
内蒙古	老年人患病住院及生活不能自理的,赡养人所在单位应当给予赡养人陪护时间;赡养人为独生子女的,其所在单位应当给予每年累计 20 日的陪护假

合规指引

对于育儿假和父母护理假,目前全国尚无统一规定,建议用人单位应当主动了解所在地的地方规定,依法给予符合条件的劳动者相应的育儿假期和父母护理假期。除了解相应的天数外,还应掌握育儿假和父母护理假的使用原则,例如,是否包含法定节假日和双休日;是连续使用还是可以分开使用;是否对必须在当地缴纳社保或为当地户籍有所要求;假期工资如何计算;若不落实假期将面临哪些法律风险等。用人单位也可在符合地方要求的基础上,通过完善规章制度对育儿假和父母护理假的相关管理进行规范。

以上海育儿假为例,根据相关规定,在子女年满 3 周岁之前,父母双方每年可以享受育儿假各 5 天;育儿假原则上应在当年使用,可以连续使用,也可以分散使用;享受育儿假并无在上海缴纳社保或户籍在上海的条件限制;育儿假期间的工资,按照本人正常出勤应得的工资发给,是否会影响年终奖,要看发放年终奖的条件,如果提供正常劳动的职工都可获得年终奖,则不能因职工休育儿假而受影响;如果用人单位不落实育儿假,劳动者可以通过各种渠道向各级政府部门和工青妇等组织反映,如果存在因正常休假而引发劳动争议,如克扣工资、违法解雇等行为的,劳动者可以依法提起劳动仲裁。

四、工伤

工伤,又称职业伤害或工作伤害,是指劳动者在从事职业活动或者与职业责任有关的活动时所遭受的事故伤害和职业病伤害。《工伤保险条例》第一条规定:“为了保障因工作遭受事故伤害或者患职业病的职工获得医疗救治和经济补偿,促进工伤预防和职业康复,分散用人单位的工伤风险,制定本条例。”为此,我国设立工伤保险制度,由用人单位依法缴纳工伤保险,以分散工伤风险。

(一)工伤保险参保

工伤保险是社会保险制度中的重要组成部分,与养老、医疗、失业等其他社会保险并列,但与其他险种由用人单位与个人按比例共同缴费的承担方式不同,工伤保险的全部费用由用人单位缴纳,劳动者个人不缴费。工伤保险制度在保障职工权益的同时也分散了用人单位的用工风险、降低了因工伤给用人单位造成的经济负担,因此,用人单位应确保按照规定及时足额缴纳工伤保险费,确保工伤保险参保合法合规。

合规要点54 参保信息登记错误

合规风险指数 ★★★★

企业在进行工伤保险参保时,除提交营业执照等公司合法有效存续的证明文件外,还需提供参保职工的身份证信息。在发生工伤事故时,出现参保职工身份信息错误,很可能导致工伤职工无法及时申领工伤待遇的后果,因此,企业在进行工伤保险参保时,应对参保职工的身份信息进行仔细核对,确保收集的职工身份信息的准确性。

案例

徐某冒用莫某的身份证入职湖南某食品有限公司工作。湖南某食品有限公司委托湖南省天翊人力资源有限公司益阳分公司代为购买湖南某食品有限公司职工的工伤保险。2013年3月11日,徐某驾驶摩托车与杨某驾驶的货车相撞,徐某受伤。2014年,徐某向桃江县人民法院提起民事诉讼,请求确认徐某与湖南某食品有限公司存在事实劳动关系。该案经桃江县人民法院一审,益阳市中级人民法院二审,确认徐某与湖南某食品有限公司存在事实劳动关系。同年,徐某向益阳市人力资源和社会保障局申请工伤认定并被认定为工伤。2017年1月,徐某向益阳市工伤保险基金管理处(以下简称工伤保险基金管理处)申请支付工伤保险待遇。经工伤保险基金管理处核查,徐某未在工伤保险基金管理处参保缴费,故工伤保险基金管理处拒绝支付。徐某不服,诉至法院,请求判令被告足额支付原告工伤保险待遇并承担本案的诉讼费用。

裁判要点：本案中，原告徐某冒用莫某的身份证入职第三人公司，徐某的行为已违反《劳动合同法》如实告知的义务及《居民身份证法》第十七条不得冒用他人居民身份证的规定，徐某的行为亦使得湖南某食品有限责任公司无法以徐某的真实身份为徐某办理工伤保险。湖南某食品有限责任公司作为用人单位，应当及时有效地为其单位职工办理工伤保险，但湖南某食品有限责任公司在招录职工时未认真核对原告的身份信息，亦是导致原告未有效参加工伤保险的原因之一。综上，益阳市工伤保险基金管理处以徐某未参保缴费而认定徐某不属于工伤保险待遇的支付范围并无不当。徐某请求判令工伤保险基金管理处支付工伤保险待遇的理由不能成立。[①]

合规指引

1. 为劳动者参保工伤保险是用人单位的法定责任之一。国家对未依法参保或缴纳工伤保险费的用人单位作出了惩罚性的规定，若用人单位未及时为劳动者参保工伤保险或缴纳工伤保险费，在劳动者发生工伤时，用人单位不仅将承担全部工伤保险待遇的支付，还将面临社会保险行政部门作出的行政处罚。《社会保险法》和《工伤保险条例》都明确规定用人单位应参加工伤保险而未参加工伤保险的，发生工伤时，用人单位须按规定向工伤职工支付工伤保险待遇。同时，企业未按规定参加工伤保险的，由社会保险行政部门责令限期参加，补缴应当缴纳的工伤保险费，并自欠缴之日起，按日加收0.5‰的滞纳金；逾期不缴纳的，处欠缴数额1倍以上3倍以下的罚款。

2. 建议用人单位在进行包括工伤保险在内的社会保险参保前，对劳动者花名册进行检查更新，并通过书面确认、邮件群发确认等形式让劳动者自查确认其参保信息的准确性。

3. 此外，若出现社会保险经办机构将参保劳动者信息登记错误，或审核信息错误导致工伤职工不能申领工伤保险金时，用人单位应及时提起行政复议或行政诉讼要求纠正社会保险经办机构的失职行为，主张社会保险行政部门应承担支付相关工伤保险待遇的责任。

---

① （2018）湘09行终70号。

合规依据

《工伤保险条例》

第二条　中华人民共和国境内的企业、事业单位、社会团体、民办非企业单位、基金会、律师事务所、会计师事务所等组织和有雇工的个体工商户(以下称用人单位)应当依照本条例规定参加工伤保险,为本单位全部职工或者雇工(以下称职工)缴纳工伤保险费。

中华人民共和国境内的企业、事业单位、社会团体、民办非企业单位、基金会、律师事务所、会计师事务所等组织的职工和个体工商户的雇工,均有依照本条例的规定享受工伤保险待遇的权利。

第六十二条第一款　用人单位依照本条例规定应当参加工伤保险而未参加的,由社会保险行政部门责令限期参加,补缴应当缴纳的工伤保险费,并自欠缴之日起,按日加收万分之五的滞纳金;逾期仍不缴纳的,处欠缴数额1倍以上3倍以下的罚款。

合规要点55　委托第三方代缴工伤保险费

合规风险指数　★★★★★

案　例

重庆某公司从事矿山工程施工总承包,莱州某公司从事保险代理业务。2017年3月1日,重庆某公司与莱州某公司签订社会保险代理协议书,约定重庆某公司的社会保险事务交由莱州某公司代理,莱州某公司为重庆某公司职工代办参加社会保险手续,代缴社会保险费,代理缴纳社会保险中的工伤险种。后莱州某公司未经重庆某公司的同意,又将委托事宜转委托给河北某公司。

2017年3月13日,赵某在重庆某公司矿山工作时被石块砸伤经抢救无效死亡。后重庆某公司至当地社会保险事业管理所递交办理赵某工伤保险所需的手续,该社会保险事业管理所认为赵某与重庆某公司不存在劳动关系,故作出不予认定工亡的决定。赵某家属遂诉至法院,要求莱州某公司及河北某公司共同承担未能认定工亡的赔偿责任。

裁判要点：法院认为，本案中，重庆某公司与莱州某公司签订保险代理协议委托莱州某公司为其职工在异地缴纳办理工伤保险，该协议内容违反了《社会保险法》的强制性规定，该保险代理协议无效。重庆某公司作为用人单位应当依法到当地社会保险经办机构为其职工办理社会保险，足额缴纳社会保险费，重庆某公司故意规避法律强制性规定，以较少的投入换取更大的利益，损害国家利益，重庆某公司对协议无效应承担主要责任。莱州某公司作为保险代理服务公司明知上述规定，仍收取重庆某公司代理费用，与重庆某公司签订保险代理协议，为重庆某公司职工在异地参保，莱州某公司对协议无效应承担次要责任。①

解　析

在企业异地用工的情况下，为便利职工享受社会保险待遇，用人单位在员工劳动合同履行地委托第三方人力资源服务商为员工缴纳社会保险较为常见，这种行为通常也被称为“代缴社保”。

虽然法律并未明确禁止“代缴社保”的行为，但也没有明确这种行为的合法性，以目前实践来看，挂靠代缴社保存在以下风险：

1. 部分地区社保行政部门在碰到企业注册地和社会保险缴纳地不一致的情形，会拒绝支付工伤保险待遇，若发生此种情况，通常需用人单位承担劳动者所有工伤保险待遇。

2. 由于各地对社保缴费基数的上限规定不同，若劳动者劳动履行地的社保缴费基数偏低会影响劳动者的工伤保险待遇。若发生工伤，用人单位可能需要承担补足待遇差额的责任。

3. 个别地方如广东省，已明令禁止挂靠缴纳社保的行为，至于其他省份未来是否会明文禁止挂靠代缴社保行为，也是用人单位需要考量的潜在合规风险。

合规指引

对于异地用工委托第三方代缴社会保险的情形，用人单位可改革用工方式，将直接雇佣改为劳务派遣，确保劳动合同主体与社保缴费主体一致，或者改为注册地缴纳社保。

---

① （2019）鲁06民终1579号。

如果确实要在劳动合同主体不变前提下维持异地参保的,则相关行政法律风险较难规避,但在民事责任上,可进一步与第三方人力资源服务商约定:如职工无法申领社保待遇的,相应损失由人力资源服务商承担。

合规依据

《社会保险法》

第五十八条第一款　用人单位应当自用工之日起三十日内为其职工向社会保险经办机构申请办理社会保险登记。未办理社会保险登记的,由社会保险经办机构核定其应当缴纳的社会保险费。

(二)工伤认定

工伤认定是劳动行政部门依据法律的授权对劳动者因事故伤害(或者患职业病)是否属于工伤或者视同工伤给予定性的行政确认行为。在工伤认定环节,用人单位应特别注意在流程上合规,同时依法配合社会保险行政部门的工作,厘清工伤认定的界限,避免陷入工伤认定的误区。

合规要点 56　未及时申报工伤

合规风险指数 ★★★★

案　例

唐某系苏州某工业有限公司(以下简称工业公司)的职工。2017 年 11 月 7 日,唐某右足受伤,工业公司未向社会保险行政部门提出工伤认定申请,但向唐某支付了 20,000 元。2018 年 6 月 7 日,唐某申请工伤认定并被认定为工伤。唐某要求工业公司承担其申请工伤认定之前的医药费。

裁判要点:法院认为,根据《工伤保险条例》第十七条第一款、第四款的规定,职工发生事故伤害,所在单位应当自事故伤害发生之日起 30 日内,向统筹地区社会保险行政部门提出工伤认定申请;用人单位未在上述规定的时限内提交工伤认定申请,在此期间发生符合本条例规定的工伤待遇等有关费用由该用人单位负担。本案中,工业公司未在唐某受伤后 30 日内为其申报工伤,唐某个人提交申请的时间为 2018 年 6 月 7 日,故在此之前发生的符合工伤保险条例规定的医疗费、住院伙食补助费应由工业公司负担。①

合规指引

从上述案例可知,用人单位了解工伤的常见情形及依法申报工伤十分重要。如确属于工伤,用人单位须严格遵循工伤申报时限,避免导致的费用由公司承担。

对于初步审查确属工伤的,用人单位应及时在工伤事故发生之日或职工被诊断为职业病之日起30日内,向统筹地区社会保险行政部门提出工伤认定申请。

对于用人单位不认同工伤,但劳动者一方认为是工伤的,我们仍建议用人单位在30日内积极履行申报义务,但可在申报的书面材料中明确表示不认可工伤的意见,否则,用人单位极有可能因此承担从事故伤害发生之日或职业病确诊之日起到劳动保障行政部门受理工伤认定申请之日期间发生的医疗费、伙食补助费、市外就医的交通费和工亡职工供养亲属抚恤金等责任。当然,如果用人单位笃信不是工伤,也愿意承担被认定工伤后的法律责任的,用人单位也可以不申请工伤认定。

合规依据

《工伤保险条例》

第十七条　职工发生事故伤害或者按照职业病防治法规定被诊断、鉴定为职业病,所在单位应当自事故伤害发生之日或者被诊断、鉴定为职业病之日起30日内,向统筹地区社会保险行政部门提出工伤认定申请。遇有特殊情况,经报社会保险行政部门同意,申请时限可以适当延长。

用人单位未按前款规定提出工伤认定申请的,工伤职工或者其近亲属、工会组织在事故伤害发生之日或者被诊断、鉴定为职业病之日起1年内,可以直接向用人单位所在地统筹地区社会保险行政部门提出工伤认定申请。

按照本条第一款规定应当由省级社会保险行政部门进行工伤认定的事项,根据属地原则由用人单位所在地的设区的市级社会保险行政部门办理。

用人单位未在本条第一款规定的时限内提交工伤认定申请,在此期间发生

① (2019)苏0585民初3526号。

符合本条例规定的工伤待遇等有关费用由该用人单位负担。

合规要点 57　举证不力要担责

合规风险指数 ★★★★★

案　例

孙某系立炎公司的员工,从事厨师工作。2017 年 7 月 5 日 8 时许,孙某骑电动自行车采购门店日常食材途中,于江杨北路大桥发生交通事故受伤。2017 年 8 月 27 日孙某向上海市宝山区人力资源和社会保障局(以下简称宝山人保局)提出工伤认定申请,宝山人保局于当日受理后进行调查核实,并向立炎公司发出提供证据通知书,立炎公司虽不认可工伤,但未提交有效证据予以证明。宝山人保局后于 2018 年 10 月 25 日作出《认定工伤决定书》,认定孙某所受伤害属于工伤。立炎公司不服,以当天并未安排孙某工作,其当日系轮休,不属于因工外出期间等为由诉至法院要求撤销工伤认定。

裁判要点:法院认为,在宝山人保局调查过程中,孙某提供了大量采购食材的微信交易记录,并能提供交易商户名称、地址,再结合相关证人证言及发生事故伤害的时间、地点等,孙某当日事发时正骑电动自行车从居住地出发至江杨北路批发市场采购食材,可予采信,故宝山人保局认定孙某的情形符合《工伤保险条例》中应当认定工伤的规定,被诉工伤认定决定的结论并无不当。又根据《工伤保险条例》第十九条第二款规定,用人单位不认为是工伤的,由其承担举证责任。而立炎公司关于孙某事发当日不上班、非因交通事故受伤等异议,未提交任何证据予以证明,对此不予采纳。据此,立炎公司要求撤销被诉工伤认定决定的诉讼请求,缺乏事实根据和法律依据,难以支持。[①]

解　析

《工伤认定办法》第十七条规定,职工或者其近亲属认为是工伤,用人单位不认为是工伤的,由该用人单位承担举证责任。

在用人单位与职工就事故伤害是否构成工伤意见不一致时,若用人单位未

① (2019)沪 01 行终 906 号。

积极承担举证责任，则社会保险行政部门可以根据受伤害职工提供的证据或者调查取得的证据，依法作出工伤认定决定，用人单位会因此承担举证不能的不利后果。

合规指引

关于何种情形可认定为工伤，《工伤保险条例》第十四条对应当认定为工伤的情形进行了罗列，除"患职业病"的情形外，认定工伤的主要情形都与"工作时间、工作场所、工作原因"这"三工"因素有联系，因此，准确理解这"三工"尤为重要。

对于用人单位不认为是工伤的情况，用人单位也应当积极地举证，并且严格按照行政机关的要求举证，避免因消极拒绝协助社会保险行政部门调查，或消极举证导致在举证期限后举证，而造成提供的证据成为无效证据，或者造成社会保险行政部门单方面根据"工伤"职工提供的证据或者调查取得的证据，作出工伤认定决定。

合规依据

《工伤保险条例》

第十九条第二款　职工或者其近亲属认为是工伤，用人单位不认为是工伤的，由用人单位承担举证责任。

合规要点58　不服工伤认定的应对

合规风险指数　★★★

工伤认定是一种具体行政行为，用人单位或职工对工伤认定结论不服的，可以依法申请行政复议或依法向人民法院提起行政诉讼。

根据《行政复议法》第九条第一款的规定，"公民、法人或其他组织认为具体行政行为侵犯其合法权益的，可以自知道具体行政行为之日起六十日内提出行政复议申请；但是法律规定的申请期限超过六十日的除外"；《行政诉讼法》第四十六条第一款规定，"公民、法人或者其他组织直接向人民法院提起诉讼的，应当自知道或者应当知道作出行政行为之日起六个月内提出。法律另有规定的除外"。

用人单位不服工伤认定结论,应依法提出行政复议或行政诉讼。

合规指引

企业对社会保险行政部门作出的工伤认定结论不服的,应及时通过复议或诉讼途径解决。若用人单位不服工伤认定结论而提起行政复议的,应自社保行政部门作出工伤认定结论60日内提出,对于不服行政结果欲提起行政诉讼的,可以在收到复议决定书之日起15日内向人民法院提起诉讼,或者用人单位自工伤认定结论作出之日起6个月内直接向人民法院提起行政诉讼。

若用人单位在收到工伤鉴定结论后,未在法定期限内就此提起行政复议或行政诉讼的,则工伤认定结论生效,用人单位将失去对工伤认定的抗辩机会。

合规依据

《工伤保险条例》

第五十五条　有下列情形之一的,有关单位或者个人可以依法申请行政复议,也可以依法向人民法院提起行政诉讼:

(一)申请工伤认定的职工或者其近亲属、该职工所在单位对工伤认定申请不予受理的决定不服的;

(二)申请工伤认定的职工或者其近亲属、该职工所在单位对工伤认定结论不服的;

(三)用人单位对经办机构确定的单位缴费费率不服的;

(四)签订服务协议的医疗机构、辅助器具配置机构认为经办机构未履行有关协议或者规定的;

(五)工伤职工或者其近亲属对经办机构核定的工伤保险待遇有异议的。

合规要点59　因工外出期间的工伤认定误区

合规风险指数　★★★★

案　例

陆某生前系酒泉某种业有限公司职工,其受公司指派前往海南省三亚市、云南省西双版纳看向日葵、籽用西葫芦。在前往飞机场途中,陆某在当地小笼包店就餐时突然晕倒在地，经西双版纳傣族自治州人民医院急救中心救治，被诊断为院外死亡。

裁判要点：法院认为，陆某因工作需要受酒泉某种业公司指派到本单位固定工作场所以外的海南省三亚市、云南省西双版纳从事与工作职责有关活动，故陆某工亡事故发生于因工外出期间，属于法定的工作时间。陆某是在为满足吃饭等人体正常生理、生活需要区域突发疾病，与其正常工作密不可分，应当视为因工外出期间与工作有关的自然延伸区域，系工作岗位的合理延伸，因此陆某出差期间死亡属于《工伤保险条例》第十五条第一款第一项规定的“在工作时间和工作岗位”。[①]

解　析

职工因工外出包含两层含义：一是职工离开本单位固定的办公地点前往本市内的其他地方执行与其工作职责有关任务的活动期间；二是职工受用人单位的指派前往本市以外或者境外参加或从事本职工作、与本单位业务有关的工作、外出学习或者开会期间。

关于因工外出期间的工伤认定，《工伤保险条例》第十四条第五项作出了概括性的规定，“因工外出期间，由于工作原因受到伤害或者发生事故下落不明的”应当认定为工伤，其中最核心的认定要素即该职工所受伤害或遭遇的事故是否是“由于工作原因”。但工作原因的概念本身并不明确，且有直接原因及间接原因之分。对于职工因工外出，因从事外出工作直接导致的伤害或事故，其工伤认定的争议较小，而对于非外出工作直接导致的伤害或事故，企业往往存在以下认识误区：

1. 认为职工因工外出，在未工作时遭受伤害不应认定为工伤；
2. 认为职工自行外出时遭受伤害或事故不应认定为工伤；
3. 认为长期驻外员工在外遭遇伤害事故不应认定为工伤。

合规指引

用人单位在安排劳动者出差或因工外出前，应对外出劳动者做好外出安全警示教育。同时在劳动者因工外出时，用人单位应切实加强员工管理，建立健全

---

① (2018)甘09行终29号。

劳动者因工外出的报告制度,及时掌握了解外出劳动者的工作及活动状况,以使外出劳动者因工负伤时,用人单位可以在第一时间了解状况,收集并固定与事故伤害相关的证据,这将对用人单位之后为劳动者申请工伤认定或对工伤认定提出异议都具有积极作用。此外,对于休假的劳动者,应明确告知其不得自行外出处理公司相关业务,以降低用工风险。

合规依据

《工伤保险条例》

第十四条第五项　职工有下列情形之一的,应当认定为工伤:

……

(五)因工外出期间,由于工作原因受到伤害或者发生事故下落不明的……

《最高人民法院关于审理工伤保险行政案件若干问题的规定》

第五条　社会保险行政部门认定下列情形为"因工外出期间"的,人民法院应予支持:

(一)职工受用人单位指派或者因工作需要在工作场所以外从事与工作职责有关的活动期间;

(二)职工受用人单位指派外出学习或者开会期间;

(三)职工因工作需要的其他外出活动期间。

职工因工外出期间从事与工作或者受用人单位指派外出学习、开会无关的个人活动受到伤害,社会保险行政部门不认定为工伤的,人民法院应予支持。

合规要点 60　上下班途中的工伤认定误区

合规风险指数　★★★★

案　例

潘某系西默农公司职工。2015 年 11 月 29 日 17 时,潘某骑电动自行车从公司出发下班至其父母住处。17 时 43 分许,途经沪青平公路出练西路东约 20 米处,与一辆小轿车相撞,致使其头部及身体多处部位受伤。事后,公安机关认定潘某对本起事故不承担责任。2016 年 1 月 8 日,青浦人社局认定潘某所受事故伤害为工伤。西默农公司不服，先后提起了行政复议、起诉及上诉，其要求撤销潘某工伤认定的请求均被驳回。

裁判要点：法院认为，首先，根据青浦人社局所作工伤认定调查笔录及交警部门出具的道路交通事故认定书等证据，能够证明潘某系下班途中发生的交通事故且其不承担事故责任的事实。同时，根据《最高人民法院关于审理工伤保险行政案件若干问题的规定》第六条第二项的规定，在合理时间内往返于工作地与配偶、父母、子女居住地的合理路线应认定为上下班途中。因此，法院支持了青浦人社局作出的工伤认定结论。①

解 析

根据《工伤保险条例》的规定，在职工上下班途中，受到非本人主要责任的交通事故或者城市轨道交通、客运轮渡、火车事故伤害的，应当认定为工伤。而是否属于"上下班途中"，是该种情形下工伤认定的前提，最高人民法院对"上下班途中"的情形进行了阐明，具体包括：

1. 在合理时间内往返于工作地与住所地、经常居住地、单位宿舍的合理路线的上下班途中；

2. 在合理时间内往返于工作地与配偶、父母、子女居住地的合理路线的上下班途中；

3. 从事属于日常工作生活所需要的活动，且在合理时间和合理路线的上下班途中；

4. 在合理时间内其他合理路线的上下班途中。

但在实践中，企业对于"合理时间"及"合理路线"的理解往往存在一些误区。例如，

1. 职工下班途中买菜或从事其他活动发生交通事故等伤害不应认定为工伤。

根据以往的司法判例，职工在上下班途中进行非"纯通勤"之外的其他活动，如接送孩子、买菜、维修车辆等日常工作生活所必需的、合理的活动，若从事这些活动不会改变以"上下班"为目的的合理路线，且所耗时间也在合理限度内，不会影响正常的按时出勤，则该种情形下职工遭遇伤害事故的，且该等事故

① （2016）沪02行终870号。

并非其本人承担主要责任的,一般应认定为工伤。

2. 非回自己家途中发生交通事故不应认定为工伤。

如本节所引案例,法院认为“在合理时间内往返于工作地与配偶、父母、子女居住地的合理路线应认定为上下班途中”,据此支持了人社局作出的工伤认定结论。

合规指引

企业在理解上下班途中所致的工伤时,应从“目的、时间、空间、责任”四个角度来综合考量。

首先,是否以上下班为目的是该种情形下认定工伤的前提。

其次,上下班途中所花时间应是合理的时间,但对合理时间的理解,不应机械地理解为常规的通勤时间,而应与“上下班”这一目的连接起来,综合考量职工是否属于从私人状态转变为工作状态的合理时间维度内,而不应局限在具体的时间段内。

再次,在空间角度上,上下班之间的路线不仅限于从住所到工作所在地的合理路线,对于在合理时间内往返于工作地与其经常居住地、单位宿舍、其配偶、父母、子女居住地的合理路线都可认定为“上下班途中”。

最后,还需考量的是对于发生的交通事故职工是否负主要责任,这就需要参考交通管理部门出具的交通事故认定书。而在事故责任难以认定的情形下,根据以往的司法判例,对于责任难以划分,当事人过错无法认定的,法院很可能根据公平原则,判定双方各承担一半责任,在该种情况下,由于一半责任不属于主要责任,仍存在被认定为工伤的可能。

合规依据

《工伤保险条例》

第十四条第六项　职工有下列情形之一的,应当认定为工伤:

……

(六)在上下班途中,受到非本人主要责任的交通事故或者城市轨道交通、客运轮渡、火车事故伤害的……

《最高人民法院关于审理工伤保险行政案件若干问题的规定》

第六条　对社会保险行政部门认定下列情形为“上下班途中”的,人民法院应予支持：

（一）在合理时间内往返于工作地与住所地、经常居住地、单位宿舍的合理路线的上下班途中；

（二）在合理时间内往返于工作地与配偶、父母、子女居住地的合理路线的上下班途中；

（三）从事属于日常工作生活所需要的活动，且在合理时间和合理路线的上下班途中；

（四）在合理时间内其他合理路线的上下班途中。

合规要点 61　职业病认定的误区

合规风险指数 ★★★★

案　例

吴某原系开县煤矿有限公司的工人，开县煤矿有限公司为其购买了工伤保险。2014 年 9 月 2 日，吴某自愿与开县煤矿有限公司解除劳动合同。2015 年 7 月 23 日，吴某经重庆市职业病防治院诊断为患职业性煤工尘肺一期，后被认定为工伤。2016 年 7 月 15 日，吴某向开州区社会保险局（以下简称开州社保局）申请审核并支付其工伤保险待遇，开州社保局于 2016 年 8 月 31 日对吴某作出不予审核发放工伤保险待遇的通知。吴某不服，向法院提起诉讼，请求撤销通知，并责令核发其工伤保险待遇。

裁判要点：法院认为，开县煤矿有限公司在吴某从业期间依法为其参加工伤保险，在与吴某解除劳动关系后停保，吴某并未再次从事接触职业病工作。吴某曾经从事接触职业病危害作业，当时没有发现罹患职业病，劳动合同解除并离开工作岗位后被鉴定为职业病，属工伤并被诊断为七级伤残。对此种情形，应视同吴某在原企业从业期间遭受工伤，并应享受相应的工伤保险待遇。在开县煤矿有限公司在吴某从业期间依法为其足额缴纳工伤保险费前提下，不应因解除劳动合同停保而当然作为未依法按时足额缴纳工伤保险费的情况对待。这符合《人力资源社会保障部关于执行〈工伤保险条例〉若干问题的意见》（人社部发〔2013〕34 号）第八条针对退休和解除劳动关系的曾经接触具有职业病危害作业劳动者的特殊规定,同时并不违背《工伤保险法》《工伤保险条例》的相关规定精神。法院据此判决开州社保局依法向吴某核发其应获得的工伤保险待遇。①

解　析

工伤不仅包括事故伤害,还包括职业病。《职业病防治法》第二条第二款规定:“本法所称职业病,是指企业、事业单位和个体经济组织等用人单位的劳动者在职业活动中,因接触粉尘、放射性物质和其他有毒、有害因素而引起的疾病。”因此,对职业病的判断及其范围的确定应根据相关的法律规定作出。

目前,我国法定的职业病的种类和范围由《国家卫生和计划生育委员会、人力资源和社会保障部、国家安全生产监督管理总局、中华全国总工会关于印发〈职业病分类和目录〉的通知》(国卫疾控发〔2013〕48 号)确定,总共包括 10 大类 132 种(含 4 项开放性条款)疾病。因此,只有职业病分类目录中记载的疾病方可认定为职业病。

此外,鉴于职业病的形成具有连续性、缓慢性,其发现和认定往往具有滞后性,因此,《人力资源社会保障部关于执行〈工伤保险条例〉若干问题的意见》第八条第一款规定,对于退休或劳动合同期满或职工自己提出解除劳动合同的情形,若当时未发现罹患职业病,且其未在离职后从事与有职业病危害风险的职业的,该等职工可自诊断、鉴定为职业病之日起一年内申请工伤认定。

合规指引

对于接触职业危害作业的职工,用人单位在终止、解除劳动合同时或办理退休、退职前应对其进行职业健康检查,并及时将检查结果告知职工。对于在与职工解除劳动合同或办理退休手续后才发现职业病的情况,用人单位可结合该职工原工作的内容和接触史、工作场所存在的危害因素、离职前是否进行了职业健康检查以及其离职后是否从事其他接触职业病危害作业等要素,充分举证该等职工所患职业病是否是因在本企业工作所致。

合规依据

《工伤保险条例》

第十四条　职工有下列情形之一的,应当认定为工伤:

① (2017)渝 02 行终 52 号。

……(四)患职业病的……

《人力资源社会保障部关于执行〈工伤保险条例〉若干问题的意见》

八、曾经从事接触职业病危害作业、当时没有发现罹患职业病、离开工作岗位后被诊断或鉴定为职业病的符合下列条件的人员,可以自诊断、鉴定为职业病之日起一年内申请工伤认定,社会保险行政部门应当受理:

(一)办理退休手续后,未再从事接触职业病危害作业的退休人员;

(二)劳动或聘用合同期满后或者本人提出而解除劳动或聘用合同后,未再从事接触职业病危害作业的人员。

合规要点62　突发疾病的工伤认定误区

合规风险指数　★★★★

案　例

王某某系东方公司的销售人员。2018年11月28日,东方公司派王某某出差到娄底中心医院洽谈业务。同日12时07分,王某某入住娄底市某酒店。2018年11月29日17时29分王某某回到酒店休息,后未出酒店。11月30日,王某某被发现猝死于其入住的酒店客房内。后派出所出具《居民死亡证明》,考虑突发疾病猝死。2019年1月30日,东方公司向市人社局提交关于王某某的工伤认定申请。2019年3月6日,市人社局作出《不予认定工伤决定书》,认为王某某的死亡,不符合《工伤保险条例》规定的"认定工伤或者视同工伤"的情形,决定不予以认定或者视同工伤。市人社局将《不予认定工伤决定书》送达给东方公司与王某某之妻谢某某。2019年3月20日,谢某某不服诉至法院,要求判如所请。

裁判要点:法院认为,根据公安局出具《居民死亡证明》,王某某死亡原因并不明确。王某某因公外出期间的工作时间、工作场所具有流动性、不确定性,其在因公外出期间从事与工作职责有关活动的时间和空间均应认定属于工作时间和工作场所,且市人社局无证据证明王某某回到房间后从事了与工作无关的个人活动,故王某某回到酒店房间休息应视为工作时间和工作场所的合理延伸。

根据《最高人民法院关于职工因公外出期间死因不明应否认定工伤的答复》(〔2010〕行他字第236号)规定:“原则同意你院的第一种意见。即职工因公外出期间死因不明,用人单位或者社会保障部门提供的证据不能排除非工作原因导致死亡的,应当依据《工伤保险条例》第十四条第(五)项和第十九条第二款的规定,认定为工伤”,故市人社局辩称不能将王某某出差期间的全部私人活动时间如睡觉时间也延伸为工作时间和工作岗位,其在酒店休息时,突发疾病猝死,其死亡时并未处在工作时间和工作岗位上,不应认定为工伤的意见,法院不予支持。综上,法院认定王某某的死亡系工亡,要求市人社局重新作出工伤认定决定。[①]

解 析

《工伤保险条例》规定,职工在工作时间和工作岗位,突发疾病死亡或者在48小时之内经抢救无效死亡的,视同工伤。在具体认定情形中,“工作时间”“工作岗位”“疾病因素”“48小时之内”都是在认定突发疾病工伤时需要考量的重要因素。

对于“工作时间”,不仅包括法律规定或单位规章制度规定的日常上下班时间,也包括职工加班加点的时间、值班时间以及工作时间内的短暂休息时间。对于“工作岗位”的理解,既包含职工日常所在的工作岗位,也包含该工作岗位合理延伸的区域及单位领导指派从事工作的岗位。而“疾病因素”与“48小时”需联系在一起理解,本条所称的“疾病”包括各类疾病,疾病发作的时间应具有突然性、不可预见性,而对于“48小时”的起算时间,根据《劳动和社会保障部关于实施〈工伤保险条例〉若干问题的意见》,应以医疗机构的初次诊断时间作为突发疾病的起算时间。

国家作出突发疾病视同工伤的规定,主要是为了保障因工作劳累、紧张等工作原因引发的职工始料不及、猝不及防的突发性疾病,且该等疾病应具有致死的严重后果。那么对于职工本身已知的原有疾病,其突然性地发作是否会被视为工伤,许多用人单位没有明确的认识,往往认为职工应当知道其自身病情状况,该自有疾病的发作不具有不可预见性,因此陷入职工自有疾病的突然发作不应视为工伤的认识误区。

---

① (2019)湘0102行初131号。

合规指引

为降低职工突发疾病被视为工伤的用工风险，用人单位应注意在职工入职前建立先体检后上岗的制度，通过健康体检筛选出具有类似高血压、高血脂、心脑血管疾病等慢性病的职工名单，进一步建立早期预警人员名单，对这些人员的工作分配及劳动定额做到适当合理。同时，加强职工健康档案动态管理，定期对工作强度大，工作节奏紧张的工种提供体检服务，建立发病风险高或有职业禁忌职工的医院和单位双向管理、沟通和跟踪随访制度，保障职工身体健康，降低突发疾病的风险。

合规依据

《工伤保险条例》

第十五条第一款　职工有下列情形之一的，视同工伤：

（一）在工作时间和工作岗位，突发疾病死亡或者在48小时之内经抢救无效死亡的……

《劳动和社会保障部关于实施〈工伤保险条例〉若干问题的意见》

三、条例第十五条规定"职工在工作时间和工作岗位，突发疾病死亡或者在48小时之内经抢救无效死亡的，视同工伤"。这里"突发疾病"包括各类疾病。"48小时"的起算时间，以医疗机构的初次诊断时间作为突发疾病的起算时间。

（三）停工留薪期

停工留薪期是指职工因工作遭受事故伤害或者患职业病需要暂停工作接受工伤治疗时，原工资待遇不变的期限。对于停工留薪期，用人单位首先要注意根据各地相应的规定确定停工留薪期的期限，并确定职工在停工留薪期内的待遇，最后在职工停工留薪期后根据劳动能力鉴定的结果作出合规的处理。

合规要点63　停工留薪期期限计算

合规风险指数　★★★★

解　析

关于停工留薪期期限，《工伤保险条例》作出了原则性的规定："停工留薪期一般不超过12个月。伤情严重或者情况特殊,经设区的市级劳动能力鉴定委员会确认,可以适当延长,但延长不得超过12个月”,但对于停工留薪期具体期限如何确定、由谁确定的问题《工伤保险条例》并未作出明确规定。

实践中,各地区的确定方式也不尽相同,主要有以下三种方式:一是由工伤医疗机构确定;二是由工伤医疗机构提出意见后由劳动能力鉴定委员会确定;三是根据当地规定的停工留薪期目录确定。适用的方式不同,工伤停工留薪期的认定期限亦可能不同。

在上海,根据《上海市高级人民法院关于工伤保险待遇问题研讨纪要》之规定,停工留薪期的截止日期原则上应为就医记录或病情证明单中记载的医疗期或休息期结束之日;但劳动者自愿放弃病假单或病情证明单中记载的休息时间,回到用人单位正常工作的,可以劳动者回到用人单位正常工作之日作为停工留薪期的截止日。但伤残等级鉴定结论作出之日早于就医记录或病情证明单中记载的医疗期或休息期结束之日的,则应以伤残等级鉴定结论作出之日作为停工留薪期的截止日。

合规指引

目前,以下地区针对停工留薪期作出了细化规定(见表2-5)。

表2-5 各地区停工留薪期对照

序号	地区	规范名称	停工留薪期期限的确定
1	北京市	《北京市工伤职工停工留薪期管理办法》	第三条 工伤职工应及时将工伤医疗机构出具的诊断证明或者休假证明报送给所在单位。由用人单位根据工伤医疗机构的诊断证明,按照《停工留薪期目录》(见附件),确定工伤职工的停工留薪期,并书面通知工伤职工本人。 第六条 所受伤害未列入《停工留薪期目录》的,停工留薪期一般不超过6个月。具体期限由用人单位根据工伤医疗机构的诊断证明确定,并书面通知工伤职工本人

续表

序号	地区	规范名称	停工留薪期期限的确定
2	天津市	《天津市工伤职工停工留薪期管理办法》	第三条　工伤职工或其近亲属应及时将工伤保险协议医疗机构或首诊机构出具的诊断证明报送用人单位。用人单位应当在收到材料后10个工作日内，根据医疗机构出具的诊断证明，按照《天津市工伤职工停工留薪期分类目录》（附件1）确定工伤职工的停工留薪期，出具《工伤职工停工留薪期确定通知书》（附件2）送达工伤职工，同时抄送社会保险经办机构。 第五条　工伤职工所受伤害未列入《天津市工伤职工停工留薪期分类目录》的，以临床治愈或经治疗相对稳定需要的时间为停工留薪期，一般不超过6个月，具体期限由用人单位根据医疗机构出具的诊断证明确定
3	重庆市	《重庆市工伤职工停工留薪期管理办法》	第三条　在国家出台停工留薪期规定标准之前，我市工伤职工停工留薪期暂按《重庆市工伤职工停工留薪期分类目录（试行）》（附后，以下简称《目录》）执行，以后国家或我市有新的规定，从其规定。 所受伤害未列入《目录》的，停工留薪期一般不超过6个月。具体期限由用人单位根据工伤医疗服务机构的诊断证明确定。对停工留薪期的期限有争议的，可报请参保地劳动鉴定委员会确认
4	河北省	《河北省工伤职工停工留薪期管理暂行办法》（石劳社〔2005〕16号）	第四条　工伤职工停工留薪期由统筹地区劳动能力鉴定委员会根据《河北省工伤职工停工留薪期分类目录》与医疗机构出具的诊断证明确认，以书面形式通知工伤职工、用人单位和经办机构
5	山西省	《山西省工伤职工停工留薪期管理办法（试行）》（晋劳社工伤〔2004〕275号）	第三条　工伤职工停工留薪期由劳动能力鉴定委员会根据《山西省工伤职工停工留薪期分类目录》（见附件）与医疗机构出具的诊断证明确认。经劳动能力鉴定委员会确认的工伤职工停工留薪期应以书面形式通知工伤职工、用人单位和经办机构
6	大连市	《大连市工伤职工停工留薪期管理办法》（大人社发〔2015〕251号）	第四条　《大连市工伤职工停工留薪期目录》（以下简称《目录》）所规定的期限，是针对身体的不同部位遭受原发性损伤后，进行治疗并享受有关工伤保险待遇的具体期限。 停工留薪期一般不超过12个月。伤情严重或者情况特殊，经市劳动能力鉴定委员会确认，可以适当延长，但延长不得超过12个月

续表

序号	地区	规范名称	停工留薪期期限的确定
7	黑龙江省	《黑龙江省工伤职工停工留薪期管理办法》(黑人社发〔2015〕8号)	第三条　工伤职工应及时将工伤医疗机构出具的诊断证明或者休假证明报送给用人单位,由用人单位根据工伤医疗机构的诊断证明,按照《黑龙江省工伤职工停工留薪期分类目录》,确定工伤职工的停工留薪期,并书面通知工伤职工本人。 第四条　工伤职工所受伤害未列入《黑龙江省工伤职工停工留薪期分类目录》的,以医疗机构出具诊断证明或设区的市劳动能力鉴定委员会作出停工留薪期鉴定结论为停工留薪期。工伤职工多部位、多组织器官受到伤害的,以对应的各停工留薪期中最长的期限作为该工伤职工的停工留薪期
8	安徽省	《安徽省工伤职工停工留薪期管理办法(试行)》(劳社〔2006〕55号)	第四条　停工留薪期一般不超过12个月。伤情严重或者情况特殊,经设区的市级劳动能力鉴定委员会确认,可以适当延长,但延长不得超过12个月。工伤职工停工留薪期的具体时间,按《安徽省工伤职工停工留薪期分类目录》执行
9	福建省	《福建省工伤职工停工留薪期管理办法》(闽人社文〔2017〕47号)	第三条　工伤职工多部位或者多组织器官遭受伤害的,应以治疗所需时间最长部位或器官的期限,依据《福建省工伤职工停工留薪期分类目录》(见附件,以下称《分类目录》),确定该工伤职工的停工留薪期。工伤职工所受伤害未列入《分类目录》的,以临床治愈或伤情相对稳定的时间确定其停工留薪期
10	江西省	《江西省工伤职工停工留薪期管理暂行办法》(赣人社发〔2012〕49号)	第三条　工伤职工应及时将工伤保险定点医疗机构或二甲以上医疗机构(以下简称工伤医疗机构)出具的诊断证明报送给所在单位,申请确定停工留薪期。用人单位根据工伤医疗机构出具的诊断证明,按照《江西省工伤职工停工留薪期分类目录》(附件1),确定其停工留薪期,书面通知工伤职工本人(附件2),并抄送统筹地区工伤保险经办机构。工伤职工对用人单位确定的停工留薪期有异议的,可向统筹地区劳动能力鉴定委员会提出申请,确定停工留薪期(附件3)
11	山东省	《山东省工伤职工停工留薪期管理办法》(鲁劳社〔2006〕15号)	第三条　工伤职工应及时将工伤医疗服务机构出具的诊断证明报送给所在单位,申请停工留薪。用人单位应当根据协议医疗机构出具的诊断证明,按照《山东省工伤职工停工留薪期分类目录》(附件1),确定其停工留薪期限,并书面通知工伤职工本人(附件2)

续表

序号	地区	规范名称	停工留薪期期限的确定
12	河南省	《河南省工伤职工停工留薪期管理办法》	第三条　停工留薪期由用人单位根据工伤协议医疗机构出具的诊断证明，按照《河南省工伤职工停工留薪期分类目录》（附件）确认
13	湖北省	《湖北省工伤职工停工留薪期管理办法》（鄂人社规〔2016〕5号）	第五条第一款　工伤职工申请确定停工留薪期，应在签订服务协议的医疗机构出具诊断证明或者休假证明之日起5个工作日内将该诊断证明或者休假证明报送所在单位。用人单位在收到停工留薪期申请之日起5个工作日内根据签订服务协议的医疗机构出具的诊断证明或者休假证明，对照《湖北省工伤职工停工留薪期分类目录》（附件2），确定停工留薪期，并自确定停工留薪期之日起5个工作日内将停工留薪期确认通知送达工伤职工（附件3）
14	成都市	《成都市工伤职工停工留薪期管理办法（暂行）》	二、停工留薪期由用人单位根据工伤协议医疗机构出具的诊断证明，按照《成都市工伤职工停工留薪期分类目录》（以下简称《目录》）确定
15	陕西省	《陕西省工伤职工停工留薪期管理暂行规定》（陕劳社发〔2008〕46号）	第四条　工伤职工停工留薪期按《陕西省工伤职工停工留薪期分类目录（试行）》（以下简称《目录》）执行。国家和我省对停工留薪期有新规定的，从其规定。 所受伤害部位或组织器官未列入《目录》的，以临床治愈或者经治疗相对稳定的时间为停工留薪期，一般不超过6个月
16	宁夏回族自治区	《宁夏回族自治区工伤职工停工留薪期管理办法》（宁劳社发〔2004〕77号）	第三条　工伤职工停工留薪期由设区市劳动能力鉴定事务中心（以下称劳动能力鉴定机构）根据《宁夏回族自治区工伤保险停工留薪期分类目录》和工伤保险协议医疗机构按照受伤部位的常规治疗期限（不稳定期和恢复期的时间）提出的建议和诊断证明确认。经劳动能力鉴定机构确认的工伤职工停工留薪期应以书面形式通知工伤职工、用人单位和工伤保险经办机构
17	新疆维吾尔自治区	《新疆维吾尔自治区工伤职工停工留薪期管理试行办法》（新劳社字〔2005〕90号）	第三条　工伤职工应及时将医疗机构出具的诊断证明和停止工作的休假证明报送给所在单位申请停工留薪。由用人单位根据工伤医疗机构的诊断证明，按照《停工留薪期目录》（见附件），确定工伤职工的停工留薪期限，并书面通知工伤职工本人

从表2－5所列规定可以看出,各地确定停工留薪期的方法存在一定差别。因此,在职工因工作遭受伤害后,用人单位应首先查找或咨询当地是否就停工留薪期作出了特别的规定,将工伤职工所享有的具体的停工留薪期限以书面形式通知该工伤职工。其次,用人单位应做好职工停工留薪期限的管理,若工伤职工未在其享有的停工留薪期届满前提出延长申请的,用人单位应在其停工留薪期满后及时通知该工伤职工停工留薪期满终止,并书面通知职工返工并停发工伤保险待遇,职工认为其未完全恢复仍需继续治疗的,用人单位应敦促其进行劳动能力鉴定,若经设区的市级劳动能力鉴定委员会确认该员工确属伤情严重或情况特殊,则可适当延长其停工留薪期(最长不超过12个月)。

合规依据

《工伤保险条例》

第三十三条　职工因工作遭受事故伤害或者患职业病需要暂停工作接受工伤医疗的,在停工留薪期内,原工资福利待遇不变,由所在单位按月支付。

停工留薪期一般不超过12个月。伤情严重或者情况特殊,经设区的市级劳动能力鉴定委员会确认,可以适当延长,但延长不得超过12个月。工伤职工评定伤残等级后,停发原待遇,按照本章的有关规定享受伤残待遇。工伤职工在停工留薪期满后仍需治疗的,继续享受工伤医疗待遇。

生活不能自理的工伤职工在停工留薪期需要护理的,由所在单位负责。

合规要点64　停工留薪期待遇确认

合规风险指数　★★★★

案　例

余某系赋瑞公司的职工。2017年5月12日,余某在工作中左手被滚轮压伤,造成左手拇指骨折。2017年11月27日,余某向赋瑞公司邮寄辞职信,并要求赋瑞公司支付包括加班费在内的停工留薪期工资差额。

裁判要点:法院认为,停工留薪期工资待遇性质上属于劳动者提供正常劳动所获得的报酬,而加班费是劳动者提供额外劳动获得的收入,不属于正常工作时间工资的范畴,且在停工留薪期内也不可能发生加班的事实,故停工留薪期内原工资待遇不应包含加班工资,余某主张停工留薪期工资待遇以其工伤前包括加班工资在内的月平均实发工资为基数计算不符合相关法律规定,应以余某工伤前扣除加班费后的正常出勤工资为基数计算。①

解　析

停工留薪期是工伤员工在停工期内依照相关规定享有特别待遇的时期。《工伤保险条例》规定,停工留薪期内,原工资福利待遇不变。对于"原工资福利待遇"如何确定,《工伤保险条例》并未进行明确规定。一般认为,这里所称的原待遇是指职工在受伤或被确诊患职业病前,原用单位发给职工的按照出勤对待的全部工资和福利待遇。

对于上述工资标准的计算,法律没有明确的规定,但主流司法实践一般按照员工负伤前12个月平均工资(含基本工资、各类奖金、津贴补贴等)计算,在部分地区如上海还应剔除前12个月内据实发生的加班费。

合规指引

在停工留薪期间,用人单位应严格按照当地关于工伤职工停工留薪期间待遇的规定,落实保障工伤职工享受法律规范所规定的待遇,同时,应加强对停工留薪期职工的管理,要求职工定期汇报及提交诊疗信息,在工伤职工伤情相对稳定后,督促其进行劳动能力鉴定,以避免其小伤大养。

合规依据

《工伤保险条例》

第三十三条第一款　职工因工作遭受事故伤害或者患职业病需要暂停工作接受工伤医疗的,在停工留薪期内,原工资福利待遇不变,由所在单位按月支付。

合规要点65　停工留薪期后的处理

合规风险指数 ★★★★★

解　析

工伤职工属于法律特别保护的劳动群体,对于停工留薪期满后的工伤职工,

① (2018)沪0114民初6623号。

企业应视工伤职工的恢复情况、其劳动能力鉴定结果等妥善采取处理措施,具体可分为表2-6的几种情形。

表2-6 职工工伤待遇支付指引

序号	恢复情况/伤残鉴定情况	处理措施	待遇
1	停工留薪期满后仍需治疗	(1)向劳动能力鉴定委员会申请鉴定,确定该员工的停工留薪期是否需延长; (2)确需延长的,要求工伤职工提供医疗诊断证明及相关材料,确定其停工留薪的延长期限	企业支付停工留薪期待遇
2	伤残等级鉴定为1~4级	保留劳动关系,退出工作岗位	(1)一次性伤残补助金、伤残津贴(工伤保险基金负担); (2)用人单位和职工个人以伤残津贴为基数,缴纳基本医疗保险费
3	伤残等级鉴定为5~6级	(1)保留与用人单位的劳动关系,由用人单位安排适当工作; (2)难以安排工作的,由用人单位按月发给伤残津贴; (3)经工伤职工本人提出,该职工可以与用人单位解除或者终止劳动关系	(1)从工伤保险基金按伤残等级支付一次性伤残补助金; (2)难以安排工作的,用人单位需按月发给伤残津贴,并按照规定为其缴纳各项社会保险费; (3)工伤职工主动提出解除或终止劳动关系的,由工伤保险基金支付一次性工伤医疗补助金,由用人单位支付一次性伤残就业补助金
4	伤残等级鉴定为7~10级	(1)停工留薪期满继续履行劳动合同; (2)劳动、聘用合同期满终止,或者职工本人提出解除劳动、聘用合同的,劳动关系解除或终止	(1)工伤保险基金按伤残等级支付一次性伤残补助金; (2)劳动合同继续履行的,企业按劳动合同约定继续支付其工资待遇; (3)劳动合同期满终止或按规定解除的,由工伤保险基金支付一次性工伤医疗补助金,由用人单位支付一次性伤残就业补助金

续表

序号	恢复情况/伤残鉴定情况	处理措施	待遇
5	职工工伤复发需治疗的	(1)治疗该工伤员工的协议医疗机构提出意见,确认其工伤复发需治疗; (2)对协议医疗机构的意见存在争议的,提交劳动能力鉴定委员会确认	工伤员工工伤复发,确认需要治疗的,享受工伤医疗待遇。具体包括治疗待遇、伤残辅助工具、停工留薪和生活护理等待遇

合规指引

在停工留薪期满后,企业应督促职工回岗工作,若职工宣称未恢复而希望继续享受工伤医疗待遇的,用人单位应首先督促职工进行劳动能力鉴定,停发原待遇,同时根据劳动能力鉴定的结果制定处理方案。

为避免停工留薪员工滥用停工留薪期规定,不合理的拖延或夸大伤情,谎报恢复情况而不按要求复工等行为,用人单位可通过完善内部规章制度,对停工留薪期员工的管理及期满后的要求作出细化且可操作性强的规定,以切实保障劳资双方的合法权益。

合规依据

《工伤保险条例》

第三十五条　职工因工致残被鉴定为一级至四级伤残的,保留劳动关系,退出工作岗位,享受以下待遇:

(一)从工伤保险基金按伤残等级支付一次性伤残补助金,标准为:一级伤残为27个月的本人工资,二级伤残为25个月的本人工资,三级伤残为23个月的本人工资,四级伤残为21个月的本人工资;

(二)从工伤保险基金按月支付伤残津贴,标准为:一级伤残为本人工资的90%,二级伤残为本人工资的85%,三级伤残为本人工资的80%,四级伤残为本人工资的75%。伤残津贴实际金额低于当地最低工资标准的,由工伤保险基金补足差额;

(三)工伤职工达到退休年龄并办理退休手续后,停发伤残津贴,按照国家有关规定享受基本养老保险待遇。基本养老保险待遇低于伤残津贴的,由工伤保险基金补足差额。

职工因工致残被鉴定为一级至四级伤残的,由用人单位和职工个人以伤残津贴为基数,缴纳基本医疗保险费。

第三十六条　职工因工致残被鉴定为五级、六级伤残的,享受以下待遇:

(一)从工伤保险基金按伤残等级支付一次性伤残补助金,标准为:五级伤残为18个月的本人工资,六级伤残为16个月的本人工资;

(二)保留与用人单位的劳动关系,由用人单位安排适当工作。难以安排工作的,由用人单位按月发给伤残津贴,标准为:五级伤残为本人工资的70%,六级伤残为本人工资的60%,并由用人单位按照规定为其缴纳应缴纳的各项社会保险费。伤残津贴实际金额低于当地最低工资标准的,由用人单位补足差额。

经工伤职工本人提出,该职工可以与用人单位解除或者终止劳动关系,由工伤保险基金支付一次性工伤医疗补助金,由用人单位支付一次性伤残就业补助金。一次性工伤医疗补助金和一次性伤残就业补助金的具体标准由省、自治区、直辖市人民政府规定。

第三十七条　职工因工致残被鉴定为七级至十级伤残的,享受以下待遇:

(一)从工伤保险基金按伤残等级支付一次性伤残补助金,标准为:七级伤残为13个月的本人工资,八级伤残为11个月的本人工资,九级伤残为9个月的本人工资,十级伤残为7个月的本人工资;

(二)劳动、聘用合同期满终止,或者职工本人提出解除劳动、聘用合同的,由工伤保险基金支付一次性工伤医疗补助金,由用人单位支付一次性伤残就业补助金。一次性工伤医疗补助金和一次性伤残就业补助金的具体标准由省、自治区、直辖市人民政府规定。

第三十九条　职工因工死亡,其近亲属按照下列规定从工伤保险基金领取丧葬补助金、供养亲属抚恤金和一次性工亡补助金:

(一)丧葬补助金为6个月的统筹地区上年度职工月平均工资;

(二)供养亲属抚恤金按照职工本人工资的一定比例发给由因工死亡职工生前提供主要生活来源、无劳动能力的亲属。标准为:配偶每月40%,其他亲属每人每月30%,孤寡老人或者孤儿每人每月在上述标准的基础上增加10%。核定的各供养亲属的抚恤金之和不应高于因工死亡职工生前的工资。供养亲属的具体范围由国务院社会保险行政部门规定;

（三）一次性工亡补助金标准为上一年度全国城镇居民人均可支配收入的20倍。

伤残职工在停工留薪期内因工伤导致死亡的，其近亲属享受本条第一款规定的待遇。

一级至四级伤残职工在停工留薪期满后死亡的，其近亲属可以享受本条第一款第（一）项、第（二）项规定的待遇。

（四）劳动能力鉴定

劳动能力鉴定是指经用人单位、工伤职工或其近亲属提出申请，由法定劳动能力鉴定机构根据劳动者的伤、病情况进行劳动功能障碍程度和生活自理障碍程度鉴定并据此作出技术性结论的活动。劳动能力鉴定关系到劳动者因工致残待遇、护理待遇、停工留薪期满后是否可延长、工伤保险基金是否负辅助器具安置费用、工伤职工劳动关系终止与解除等问题，用人单位应予以重点关注，避免因在劳动能力鉴定环节不合规而引发风险。

合规要点66　未及时进行劳动能力鉴定

合规风险指数 ★★★★

解　析

关于劳动能力鉴定，《工伤保险条例》仅规定伤情稳定应当进行劳动能力鉴定，未规定具体时限，但一般认为如按照当地的政策停工留薪期届满的，劳动者应配合进行劳动能力鉴定。实践中，工伤职工停工留薪期已满，若未进行劳动能力鉴定，也未提供劳动的，用人单位与工伤职工劳动关系依然存续，用人单位虽未安排工伤职工工作，但仍需按照用人单位所在地的相关规定向工伤职工继续发放生活费至劳动能力鉴定结束。

此外，部分省市的地方性法规明确规定未经劳动能力鉴定，用人单位不得与劳动者解除或终止劳动合同。如《北京市工伤职工停工留薪期管理办法》第十二条规定："工伤职工在停工留薪期内或者尚未作出劳动能力鉴定结论的，用人单位不得与之解除或者终止劳动合同”。在该种情形下,如用人单位选择提前解除,但工伤职工尚未经劳动能力鉴定的,则用人单位单方解除可能被认定为违法解除,需承担较大的法律风险。

合规指引

用人单位应根据工伤职工的恢复情况及地方政策规定的停工留薪期的具体期限,及时通知并安排工伤职工进行劳动能力鉴定,以降低可能存在的法律风险。

对于拒绝接受劳动能力鉴定的工伤职工,用人单位可先向其发出书面通知,再次督促其进行劳动能力鉴定,并在通知中向其告知:因其拒不接受劳动能力鉴定,根据《工伤保险条例》第四十二条的规定,其将停止享受工伤保险待遇。若该工伤职工希望继续休养的,要求其提供协议医疗机构提供的诊疗证明及休假单等证明材料,在该工伤职工提供上述证明材料的情况下,计为医疗期并发放病假工资;若该工伤职工不提供上述诊疗证明材料又拒绝接受劳动能力鉴定的,则用人单位可再向其发送返岗通知,要求其在规定的期限内返岗,并告知如未在规定时间内返岗,则视为旷工,属于违纪行为,若旷工超过规定天数,公司将以其严重违纪与其解除劳动关系。在上述多层次措施的操作下,企图“小伤大养”而拒绝接受劳动能力鉴定的工伤职工很大程度上会因为待遇降低、可能被以严重违纪而处理等不良后果,而改变其面对劳动能力鉴定的态度。

合规依据

《工伤保险条例》

第二十一条　职工发生工伤,经治疗伤情相对稳定后存在残疾、影响劳动能力的,应当进行劳动能力鉴定。

《上海市劳动能力鉴定办法》

第十九条　个人没有正当理由拒绝单位安排劳动能力鉴定的,用人单位可以按照本单位规章制度处理。

合规要点67　不服劳动能力鉴定结论的处理

合规风险指数　★★★★

解　析

鉴于劳动能力鉴定工作中可能出现鉴定有失公允，或存在其他申请人认为鉴定结论不客观公正的情况，若出现以上情况，根据相关规定，企业可以采取下列措施应对（见表2－7）。

表2－7　劳动能力鉴定异议指引

应对措施	法规依据	申请主体	申请时间	申请材料	鉴定机构
再次鉴定	《工伤保险条例》第二十六条	申请鉴定的单位或者个人	收到该鉴定结论之日起15日内	劳动能力鉴定申请表、《工伤认定决定书》原件和复印件、有效的诊断证明、按照医疗机构病历管理有关规定复印或者复制的检查、检验报告等完整病历材料、工伤职工的居民身份证或者社会保障卡等其他有效身份证明原件和复印件、劳动能力初次鉴定结论或复查鉴定结论原件和复印件；劳动能力鉴定委员会规定的其他材料	省、自治区、直辖市劳动能力鉴定委员会
复查鉴定	《工伤保险条例》第二十八条	工伤职工、用人单位或者社会保险经办机构	自劳动能力鉴定结论作出之日起1年后		设区的市级劳动能力鉴定委员会

合规指引

用人单位若对劳动能力鉴定委员会作出的劳动能力鉴定结论不服或有异议的，应在收到该鉴定结论的15日内向省、自治区、直辖市劳动能力鉴定委员会申请再次鉴定。因再次鉴定为最终结论，若用人单位对再次鉴定的结论不服的，可选择在劳动能力鉴定结论作出1年后，以职工伤残情况发生变化为由提出要求复查鉴定。

合规依据

《工伤保险条例》

第二十六条　申请鉴定的单位或者个人对设区的市级劳动能力鉴定委员会作出的鉴定结论不服的,可以在收到该鉴定结论之日起15日内向省、自治区、直辖市劳动能力鉴定委员会提出再次鉴定申请。省、自治区、直辖市劳动能力鉴定委员会作出的劳动能力鉴定结论为最终结论。

第二十八条　自劳动能力鉴定结论作出之日起1年后,工伤职工或者其近亲属、所在单位或者经办机构认为伤残情况发生变化的,可以申请劳动能力复查鉴定。

(五)工伤保险待遇

因工作受伤或患职业病的劳动者经工伤认定后,依法享有工伤保险待遇。工伤保险待遇由工伤保险基金和用人单位按法律规定向工伤职工给付。工伤保险待遇包含不同种类和名目的补助和特别待遇,为切实保障工伤职工的合法权益同时维护企业尽心负责的良好企业形象和企业利益,企业依法理赔和支付工伤保险待遇十分必要。

合规要点68　工伤保险待遇的支付途径

合规风险指数 ★★★

解　析

工伤保险待遇的支付主体包括工伤保险基金和用人单位,两个主体的支付项目和情形都不尽相同,工伤保险待遇支付渠道和情形如表2-8所示。

表 2－8　工伤保险待遇支付渠道对照

支付主体	工伤保险待遇项目种类	支付条件及情形	待遇明细
工伤保险基金	工伤保险康复类待遇	职工依法被认定为工伤	1. 工伤医疗费用 2. 住院伙食补助费 3. 转外地治疗的交通、食宿费 4. 工伤康复费
	辅助器具配置待遇	工伤职工因日常生活或者就业需要，经劳动能力鉴定委员会确认	安装假肢、矫形器、假眼、假牙和配置轮椅等辅助器具，所需费用按照国家规定的标准从工伤保险基金支付
	伤残待遇	职工因工致残，经劳动能力鉴定确认其伤残程度	1. 一次性医疗补助金 2. 一次性伤残补助金 3. 伤残津贴
	死亡待遇	职工因工死亡	1. 丧葬补助金 2. 供养亲属抚恤金 3. 因工死亡补助金
用人单位	停工留薪期内工资福利待遇	职工在停工留薪期内	1. 原工资福利待遇 2. 生活不能自理的护理费
	五级、六级伤残职工的伤残津贴	职工经劳动能力鉴定为五级、六级伤残，用人单位难以安排工作	五级伤残为本人工资的 70%，六级伤残为本人工资的 60%
	一次性伤残就业补助金	企业与五级至十级伤残职工终止或解除劳动合同时	五级至十级的伤残职工与用人单位解除或终止劳动关系，由用人单位支付一次性伤残就业补助金

合规指引

工伤保险待遇涉及的种类和名目繁多，企业应根据法律及当地法规的具体规定，并根据工伤职工的伤病情况，在明确企业责任的同时，合理确定工伤职工所享有的工伤保险待遇。

合规依据

《工伤保险条例》

第三十条　职工因工作遭受事故伤害或者患职业病进行治疗，享受工伤医疗待遇。

职工治疗工伤应当在签订服务协议的医疗机构就医,情况紧急时可以先到就近的医疗机构急救。

治疗工伤所需费用符合工伤保险诊疗项目目录、工伤保险药品目录、工伤保险住院服务标准的,从工伤保险基金支付。工伤保险诊疗项目目录、工伤保险药品目录、工伤保险住院服务标准,由国务院社会保险行政部门会同国务院卫生行政部门、食品药品监督管理部门等部门规定。

职工住院治疗工伤的伙食补助费,以及经医疗机构出具证明,报经办机构同意,工伤职工到统筹地区以外就医所需的交通、食宿费用从工伤保险基金支付,基金支付的具体标准由统筹地区人民政府规定。

工伤职工治疗非工伤引发的疾病,不享受工伤医疗待遇,按照基本医疗保险办法处理。

工伤职工到签订服务协议的医疗机构进行工伤康复的费用,符合规定的,从工伤保险基金支付。

第三十四条第一款　工伤职工已经评定伤残等级并经劳动能力鉴定委员会确认需要生活护理的,从工伤保险基金按月支付生活护理费。

合规要点69　超出工伤保险目录的费用支付

合规风险指数　★★★★

解　析

根据《工伤保险条例》第三十条第三款的规定,"治疗工伤所需费用符合工伤保险诊疗项目目录、工伤保险药品目录、工伤保险住院服务标准的,从工伤保险基金支付"。但对于超出工伤保险目录的费用该由谁承担,法律上并没有明确的规定,司法实践中法院在超出工伤保险目录的费用支付问题上存在争议。

部分法院认为,虽然现行法律没有直接规定用人单位应当承担工伤职工在工伤保险药品目录范围外的医药费,但综合考虑用人单位对工伤职工的责任,参照雇主责任的法理基础,秉持实质正义的原则,对于工伤基金支付(工伤保险药品目录)范围外,属于工伤职工所支出的必要、合理的医疗费用,根据立法的宗旨和目的,应当由用人单位承担相应的责任。有些法院则认为,用人单位仅承担工伤保险药品目录范围内的医疗费用。

笔者认为,如果劳动者遭受工伤,尤其是比较严重的工伤时,往往因为情况紧急、治疗需要,无法将检验、用药等严格限定工伤保险目录范围内。这一部分超出的费用,如果为了治疗工伤的合理需要,应由用人单位承担。其他情形则需要经用人单位同意后方能承担。

合规指引

考虑司法实践的不确定性,对于超出工伤保险目录费用的情形,如果是工伤职工为了治疗合理需要的,且治疗项目不存在可替代性的或虽可替代但用人单位并未要求其接受替代性医疗项目的,用人单位应做好承担超出费用的准备。但用人单位能够举证证明职工所使用的药物或接受的诊疗项目不属于合理治疗费用,或具备可替代性,且其明确提出使用替代方案的,该等超出费用应主张由工伤职工自己承担。

因此,用人单位积极介入工伤事故、积极参与工伤治疗费用管控,在提高工伤事故处理效率的同时,也能在一定程度上避免负担工伤保险项目外的超额费用。

合规依据

《工伤保险条例》

第三十条第一款、第二款、第三款　职工因工作遭受事故伤害或者患职业病进行治疗,享受工伤医疗待遇。

职工治疗工伤应当在签订服务协议的医疗机构就医,情况紧急时可以先到就近的医疗机构急救。

治疗工伤所需费用符合工伤保险诊疗项目目录、工伤保险药品目录、工伤保险住院服务标准的,从工伤保险基金支付。工伤保险诊疗项目目录、工伤保险药品目录、工伤保险住院服务标准,由国务院社会保险行政部门会同国务院卫生行政部门、食品药品监督管理部门等部门规定。

合规要点 70 工伤保险与侵权责任竞合的处理

合规风险指数 ★★★

工伤事故种类纷繁多样,很多工伤事故纠纷涉及工伤保险责任与侵权责任竞合问题,如劳动者在上下班途中遭遇交通事故受伤等。对于工伤保险责任与侵权责任竞合的情况,《最高人民法院关于审理人身损害赔偿案件适用法律若干问题的解释》第三条作出了指引,即因用人单位导致工伤事故人身损害应按《工伤保险条例》规定处理,不能再以人身损害请求用人单位承担民事赔偿,而当工伤事故与第三人侵权发生竞合,受害职工可以分别依照不同的法律获得救济。

案 例

刘某系烨强公司的员工,从事推销展销工作。刘某受烨强公司指派到臻融公司处检查钢卷加工过程中的质量问题。2017 年 2 月 25 日 14 时 20 分许,刘某在臻融公司处检查钢卷质量问题过程中,清理辊轴时,右手不慎被挤压致伤。2017 年 3 月 23 日,上海市宝山区人力资源和社会保障局认定刘某所受事故伤害为工伤。在依法被认定为工伤后,刘某可否主张臻融公司承担赔偿责任?

裁判要点:法院认为,劳动者人身权受到第三人侵害的同时又被劳动行政部门认定为工伤的,工伤保险赔偿后,并不免除侵权人的赔偿责任。臻融公司作为生产单位,对生产车间负有安全管理的责任,应当预防和消除伤亡事故。应当禁止经过安全培训的工作人员进入生产车间,即使因特殊情况,需进入车间,亦应对非工作人员做好安全防护,并让其远离有可能引发安全事故的生产设备。本案中,臻融公司让刘某进入生产车间,既未专门安排经过安全培训的工作人员陪同,也未为刘某设定安全检查区域,让刘某随意在车间走动,以致发生事故,臻融公司有一定的过错,应当承担相应的赔偿责任。由本案例可以看出,上海法院在认定过错承担的前提下,支持劳动者在工伤赔偿和第三人侵权损害赔偿竞合时可兼得两种赔偿。①

① (2018)沪 0113 民初 19192 号。

解　析

由于第三人侵权导致的工伤,各地处理方式存在一定的分歧,有些主张劳动者可以获得双重赔偿,有些则认为在民事赔偿和工伤赔偿的数额基础上从高确定标准,后由另一方进行"补差"。笔者认为,针对第三人侵权所导致的工伤,对于存在竞合实际发生的费用如医疗费、误工费(停工留薪期工资)、护理费等,不应支持劳动者获得双重赔偿,可"就高补差";对于不存在竞合的一次性补偿费用如工亡补助金、伤残补助金、医疗补助金、残疾赔偿金等,因不能理解为"实际损失",应允许劳动者获得双重赔偿。

合规指引

1. 企业应及时依法为劳动者缴纳社会保险。在出现劳动者遭受第三人侵权且被认定为工伤,同时劳动者先要求享受工伤保险待遇的情形时,如企业未替劳动者依法缴纳社会保险,则企业需先行承担工伤保险待遇,存在较大的用工风险。

2. 劳动者因工伤事故遭受人身损害时,根据《最高人民法院关于审理人身损害赔偿案件适用法律若干问题的解释》的规定,用人单位仅需承担工伤保险责任。但企业应当注意的是,我国工伤保险的功能仅在于分散由意外工伤事故所造成的用人单位的风险,并不分散用人单位构成侵权的风险。根据《职业病防治法》第五十九条及《安全生产法》第四十八条的规定,患职业病的病人以及因生产安全事故遭受损害的从业人员,仍有权向本单位提出赔偿要求。

3. 在发生第三人侵权的情形时,用人单位宜协助劳动者向侵权方索赔,一方面降低己方损失,另一方面也有利于掌握获得赔偿的数据等。

合规依据

《最高人民法院关于审理人身损害赔偿案件适用法律若干问题的解释》(法释〔2022〕14号修正)

第三条　依法应当参加工伤保险统筹的用人单位的劳动者,因工伤事故遭受人身损害,劳动者或者其近亲属向人民法院起诉请求用人单位承担民事赔偿责任的,告知其按《工伤保险条例》的规定处理。

因用人单位以外的第三人侵权造成劳动者人身损害,赔偿权利人请求第三人承担民事赔偿责任的,人民法院应予支持。

《社会保险法》

第四十二条　由于第三人的原因造成工伤,第三人不支付工伤医疗费用或者无法确定第三人的,由工伤保险基金先行支付。工伤保险基金先行支付后,有权向第三人追偿。

《上海市高级人民法院民事审判第一庭关于审理工伤保险赔偿与第三人侵权损害赔偿竞合案件若干问题的解答》

一、关于工伤保险赔偿案件与第三人侵权损害赔偿案件竞合的处理原则

我们认为,在第三人侵权引起工伤事故的情形下,会产生两种赔偿请求权,一是工伤职工的工伤保险赔偿请求权,二是工伤职工向第三人提起的侵权损害赔偿请求权。两种请求权的权利基础和归责原则不同,工伤赔偿请求权基础是劳动者因发生工伤事故获得的一种社会保险利益,工伤保险损害赔偿实行无过错责任原则,有社会保险性质;而第三人侵权损害赔偿请求权基础是劳动者因第三人侵权致害而取得,侵权损害赔偿实行的是民法的填平原则、过错原则和过失相抵原则,侵权损害赔偿的损失包括财产性损失及非财产性损失,其性质属于私法领域的赔偿。故在劳动者人身权受到第三人侵害的同时又被劳动行政部门认定为工伤的,如劳动者分别提起侵权损害赔偿之诉及申请工伤保险赔偿仲裁的,对于侵权损害赔偿的请求和不服工伤保险赔偿仲裁裁决提出的请求,法院应分别依法作出判决。同时,用人单位或工伤保险经办机构在履行了相应赔偿义务后,可就劳动者已实际获得的重复的赔偿部分取得追偿权。

《北京市高级人民法院、北京劳动争议仲裁委员会关于劳动争议案件法律适用问题研讨会会议纪要》

34. 因第三人侵权而发生的工伤,如用人单位未为劳动者缴纳工伤保险费,应由用人单位按照《工伤保险条例》的有关规定向劳动者(或直系亲属)支付工伤保险待遇。如侵权的第三人已全额给付劳动者(或直系亲属)医疗费、交通费、残疾用具费等需凭相关票据给予一次赔偿的费用,用人单位则不必再重复给付。

合规要点71　工伤私了协议的效力

合规风险指数 ★★★★

案　例

朱某系被告苏州市诚键法兰制造有限公司(以下简称法兰公司)员工,岗位为车工。2016年9月28日14时左右,朱某在车间操作车床,装卸工件时工件掉落砸伤左手食指。经常熟市练塘中心卫生院2016年9月29日诊断为左食指骨折。2016年12月13日,常熟市人力资源和社会保障局认定朱某2016年9月28日的受伤为工伤。2017年4月1日,经苏州市劳动能力鉴定委员会鉴定,确认朱某的伤残等级为十级。

2016年11月30日,朱某与法兰公司签订一份《工伤补偿协议》,约定其自愿放弃追究法兰公司相关责任的权利,由法兰公司一次性给朱某各项补偿金总计人民币45,000元。另查明,法兰公司没有为朱某办理社会保险参保手续。

裁判要点:法院认为朱某系法兰公司的职工,其在工作中受伤,已由常熟市人力资源和社会保障局认定为工伤,并经法定机构鉴定为十级伤残,其依法享受工伤保险待遇的权利应当予以保护。

双方所签订的《工伤补偿协议》,形成于工伤认定决定和劳动能力鉴定结论前,且朱某所得赔偿数额远低于法定工伤保险待遇标准,该协议书显失公平。朱某要求法兰公司按照法定标准给付工伤保险待遇,法官作出了支持朱某诉请的判决。①

解　析

从以上案例可以看出,若企业与工伤职工私下达成私了协议后发生争议的,人民法院会综合考虑该私了协议形成的时间是否在工伤认定或劳动能力鉴定之前,赔偿协议的内容是否符合公平原则以及当事人意思自治原则等因素,对私了协议的效力作出具体判断。

---

① (2018)苏0581民初3617号。

合规指引

在发生工伤后,若劳动者未经工伤认定或劳动能力鉴定,即使该"工伤"劳动者主动提出与企业私了或解除劳动关系,企业也不应立即与其签订私了协议或协商解除劳动关系协议,而首先应就该劳动者的伤害事故申请工伤认定、督促工伤职工进行劳动能力鉴定。如私了协议在劳动者已认定工伤和评定伤残等级的后签订的,因私了协议系用人单位与劳动者自愿达成的协议,如不违反法律、行政法规的强制性、禁止性规定,且不存在欺诈、胁迫或乘人之危等情形的,那么根据当事人意思自治的原则,该等私了协议应具备有效性。

合规依据

《工伤保险条例》

第二十一条　职工发生工伤,经治疗伤情相对稳定后存在残疾、影响劳动能力的,应当进行劳动能力鉴定。

第六十二条第二款　依照本条例规定应当参加工伤保险而未参加工伤保险的用人单位职工发生工伤的,由该用人单位按照本条例规定的工伤保险待遇项目和标准支付费用。

《最高人民法院关于审理劳动争议案件适用法律问题的解释(一)》(法释〔2020〕26号)

第三十五条　劳动者与用人单位就解除或者终止劳动合同办理相关手续、支付工资报酬、加班费、经济补偿或者赔偿金等达成的协议,不违反法律、行政法规的强制性规定,且不存在欺诈、胁迫或者乘人之危情形的,应当认定有效。

前款协议存在重大误解或者显失公平情形,当事人请求撤销的,人民法院应予支持。

(六)工伤员工解除(终止)劳动关系

在许多企业看来,劳动者在受工伤之后,其工作能力上往往受到一定影响,因此,企业会尝试与该等工伤职工解除或终止劳动关系。然而,工伤职工属于受法律特殊保护的劳动人群,企业在解除或终止与工伤职工的劳动关系时受到法律上的特殊限制,因此,企业在处理与工伤职工的劳动关系时,应确保合规。

合规要点 72　不得解除、终止劳动关系的处理

合规风险指数　★★★★★

解　析

根据《劳动合同法》和《工伤保险条例》的规定，企业不得在表 2－9 所列情形中单方解除/终止工伤职工的劳动关系。

表 2－9　企业不得单方解除/终止工伤职工劳动关系的情形

<table>
<tr><th>不得单方解除/终止的法律依据</th><th>具体情形</th><th>限制</th></tr>
<tr><td>《劳动合同法》第四十二条</td><td>1. 未进行离岗前职业健康检查的接触职业病危害作业的职工；
2. 疑似职业病病人在诊断或医学观察期间的职工；
3. 在本单位患职业病并被确认丧失或者部分丧失劳动能力的；
4. 因工负伤并被确认丧失或者部分丧失劳动能力的</td><td rowspan="2">企业不得以下列情况或理由(《劳动合同法》第四十条、第四十一条的情形)单方提前解除工伤职工的劳动合同：
1. 工伤职工不能胜任工作，经过培训或者调整工作岗位，仍不能胜任工作的；
2. 劳动合同订立时所依据的客观情况发生重大变化，致使劳动合同无法履行，经用人单位与劳动者协商，未能就变更劳动合同内容达成协议的；
3. 不得以“经济性裁员”情形解除</td></tr>
<tr><td>《工伤保险条例》</td><td>1. 停工留薪期内的工伤职工；
2. 停工留薪期满，被鉴定为一级至十级伤残的工伤职工</td></tr>
</table>

合规指引

用人单位在处理与工伤职工的劳动关系时，应首先明确该职工是否符合上述《劳动合同法》及《工伤保险条例》规定解除、终止限制的情形，若符合，则用人单位不得以《劳动合同法》第四十条及第四十一条的理由单方解除劳动关系。但如果工伤职工主动提出与用人单位协商解除的，用人单位可依法与该工伤职工解除劳动关系，但应注意是否依法进行了工伤认定及劳动能力鉴定的程序。在未经工伤认定及劳动能力鉴定程序达成的协商解除协议可能被认定为无效。

合规依据

《劳动合同法》

第四十二条　劳动者有下列情形之一的,用人单位不得依照本法第四十条、第四十一条的规定解除劳动合同:

(一)从事接触职业病危害作业的劳动者未进行离岗前职业健康检查,或者疑似职业病病人在诊断或者医学观察期间的;

(二)在本单位患职业病或者因工负伤并被确认丧失或者部分丧失劳动能力的;

(三)患病或者非因工负伤,在规定的医疗期内的;

(四)女职工在孕期、产期、哺乳期的;

(五)在本单位连续工作满十五年,且距法定退休年龄不足五年的;

(六)法律、行政法规规定的其他情形。

合规要点 73　可以解除、终止劳动关系的处理

合规风险指数 ★★★★

案　例

赵某于2013年4月24日入职上海某材料有限公司(以下简称材料公司),赵某与材料公司双方签有两份劳动合同,最后一份劳动合同期限自2016年4月25日起至2019年4月24日止。2013年10月5日赵某在工作中受伤。2013年11月4日赵某所受之伤经宝山区人力资源和社会保障局认定为工伤。2014年9月3日经宝山区劳动能力鉴定委员会鉴定为因工致残程度八级。2018年4月26日,双方劳动关系解除。材料公司发送《违纪解除通知》给赵某,解除理由是赵某多次扰乱办公秩序,辱骂、殴打公司管理人员,严重违反公司管理制度及诚信义务和公序良俗。

裁判要点:法院认为,赵某虽有因工致残程度八级的情形且其否认收到被告最新版本的员工手册,但遵守劳动纪律乃基本工作常识,赵某在工作期间存在辱骂、拉扯公司管理人员的情形,并与同事发生肢体冲突致其受伤,材料公司据此

解除与赵某的劳动关系，并无不当。故赵某要求材料公司支付解除劳动关系赔偿金，于法无据，法院不予支持。[1]

合规指引

尽管法律对解除或终止工伤职工作出了限制性规定，但这并不意味着用人单位无法与工伤职工解除或终止劳动关系。在下列情况下，用人单位可以与工伤职工解除或终止劳动关系：

1. 若工伤职工出现《劳动合同法》第三十九条规定的用人单位可以单方解除的情形，用人单位可以解除工伤职工的劳动合同；

2. 停工留薪期满，工伤职工未评上伤残等级的，其解除和终止的方式与解除、终止其他普通员工一样；

3. 经工伤认定和劳动能力鉴定的职工，视伤残等级程度的不同，合规解除的方式也不一样，见表2－10。

表2－10 不同伤残等级程度的劳动关系解除

伤残程度	可以解除/终止的情形
一级至四级伤残 （五级至十级同样适用）	劳动合同终止： 工伤职工开始依法享受基本养老保险待遇的； 工伤职工死亡的； 企业被依法宣告破产的； 企业被吊销营业执照、责令关闭、撤销或者用人单位决定提前解散的
五级、六级伤残	经工伤职工本人提出，可以与企业解除或终止劳动关系
七级至十级伤残	1. 职工本人提出解除劳动合同 2. 劳动、聘用合同期满终止

合规依据

《劳动合同法》

第三十六条　用人单位与劳动者协商一致，可以解除劳动合同。

第三十九条　劳动者有下列情形之一的，用人单位可以解除劳动合同：

（一）在试用期间被证明不符合录用条件的；

---

① （2018）沪0113民初16342号。

(二)严重违反用人单位的规章制度的;

(三)严重失职,营私舞弊,给用人单位造成重大损害的;

(四)劳动者同时与其他用人单位建立劳动关系,对完成本单位的工作任务造成严重影响,或者经用人单位提出,拒不改正的;

(五)因本法第二十六条第一款第一项规定的情形致使劳动合同无效的;

(六)被依法追究刑事责任的。

合规要点 74　与工伤职工解除、终止劳动关系的注意事项

合规风险指数 ★★★★★

解　析

根据《工伤保险条例》的规定,企业与工伤职工解除或者终止劳动关系的,工伤保险基金与企业需按以下情况分别向工伤职工支付一次性工伤医疗补助金和一次性伤残就业补助金等工伤保险待遇(见表 2-11)。

表 2-11　离职员工工伤待遇

支付主体	解除/终止支付的待遇	支付标准
工伤保险金	一次性工伤医疗补助金	一级伤残:27 个月本人工资 二级伤残:25 个月本人工资 三级伤残:23 个月本人工资 四级伤残:21 个月本人工资 五级伤残:18 个月本人工资 六级伤残:16 个月本人工资 七级伤残:13 个月本人工资 八级伤残:11 个月本人工资 九级伤残:9 个月本人工资 十级伤残:7 个月本人工资 (以上海市为例,上述本人工资按工伤人员本人负伤前 12 个月平均月缴费工资为计发基数)

续表

支付主体	解除/终止支付的待遇	支付标准
企业	一次性伤残就业补助金	一次性伤残就业补助金的具体标准由省、自治区、直辖市人民政府规定。 以上海市为例,企业在解除或终止工伤职工劳动关系时需支付的一次性伤残就业补助金为: 五级伤残:18个月上年度全市职工月平均工资; 六级伤残:15个月上年度全市职工月平均工资; 七级伤残:12个月上年度全市职工月平均工资; 八级伤残:9个月上年度全市职工月平均工资; 九级伤残:6个月上年度全市职工月平均工资; 十级伤残:3个月上年度全市职工月平均工资

合规指引

企业在与工伤职工解除或终止劳动关系时,应注意按照规定给付相应的一次性伤残就业补助金,该补助金是国家为保障工伤职工在离职后能够在就业困难或仍需继续治疗时有一定的经济保障。企业应格外注意,对于企业采用《劳动合同法》第三十九条解除或工伤职工主动提出解除的,企业同样需要给付一次性伤残就业补助金,不得剥夺工伤职工的该项权利。

合规依据

《工伤保险条例》

第三十五条第一款第一项　职工因工致残被鉴定为一级至四级伤残的,保留劳动关系,退出工作岗位,享受以下待遇:

(一)从工伤保险基金按伤残等级支付一次性伤残补助金,标准为:一级伤残为27个月的本人工资,二级伤残为25个月的本人工资,三级伤残为23个月的本人工资,四级伤残为21个月的本人工资;

第三十六条第一款第一项、第二款　职工因工致残被鉴定为五级、六级伤残的,享受以下待遇:

(一)从工伤保险基金按伤残等级支付一次性伤残补助金,标准为:五级伤残为18个月的本人工资,六级伤残为16个月的本人工资;

经工伤职工本人提出,该职工可以与用人单位解除或者终止劳动关系,由工伤保险基金支付一次性工伤医疗补助金,由用人单位支付一次性伤残就业补助金。一次性工伤医疗补助金和一次性伤残就业补助金的具体标准由省、自治区、直辖市人民政府规定。

第三十七条　职工因工致残被鉴定为七级至十级伤残的,享受以下待遇:

(一)从工伤保险基金按伤残等级支付一次性伤残补助金,标准为:七级伤残为13个月的本人工资,八级伤残为11个月的本人工资,九级伤残为9个月的本人工资,十级伤残为7个月的本人工资;

(二)劳动、聘用合同期满终止,或者职工本人提出解除劳动、聘用合同的,由工伤保险基金支付一次性工伤医疗补助金,由用人单位支付一次性伤残就业补助金。一次性工伤医疗补助金和一次性伤残就业补助金的具体标准由省、自治区、直辖市人民政府规定。

五、劳动安全卫生

2020年年初,新型冠状病毒肆虐神州大地,由于防疫物资与装备的短缺,不少奋战在最前线的医务人员不幸感染了肺炎,不断出现医务人员“倒下”的消息将全社会目光再次聚焦到劳动安全卫生领域,加强包括医务人员在内的劳动者的劳动安全卫生保护势在必行。此外,2019年“3・21”江苏响水特别重大爆炸事故的发生、近年来层出不穷的“医闹”事件更是让公众意识到建立健全劳动安全卫生制度及管理的必要性及紧迫性。

实际上,为了保障劳动者在劳动过程中的安全和健康,《劳动法》第五十二条规定:“用人单位必须建立、健全劳动安全卫生制度,严格执行国家劳动安全卫生规程和标准,对劳动者进行劳动安全卫生教育,防止劳动过程中的事故,减少职业危害”。国家制定劳动保护相关法律制度的根本目的在于提高企业安全生产的管理水平,预防和减少生产安全事故,这就要求企业在硬件方面提供劳动安全卫生设施,在软件方面提供劳动安全卫生条件和必要的劳动防护用品,同时建立健全企业的劳动安全管理制度,降低生产风险,减少职业危害。

(一)建立健全劳动安全卫生制度

劳动安全卫生制度主要包括安全生产责任制度、安全教育制度、安全检查制度、伤亡事故和职业病调查处理制度。建立健全劳动安全卫生制度,是国家法律的强制性要求,也是用人单位履行保护劳动者在劳动过程中生命健康安全的基本责任和义务的需要。

合规要点 75　安全生产责任制度

合规风险指数 ★★★

安全生产责任制，是指企业各级领导、职能部门、各级工程技术人员、职能科室和生产工人在各自分管的工作范围内对安全层层负责的制度，是劳动安全卫生制度中最主要的制度。2021 年修订后的《安全生产法》第四条规定："生产经营单位必须遵守本法和其他有关安全生产的法律、法规，加强安全生产管理，建立健全全员安全生产责任制和安全生产规章制度，加大对安全生产资金、物资、技术、人员的投入保障力度，改善安全生产条件，加强安全生产标准化、信息化建设，构建安全风险分级管控和隐患排查治理双重预防机制，健全风险防范化解机制，提高安全生产水平，确保安全生产。平台经济等新兴行业、领域的生产经营单位应当根据本行业、领域的特点，建立健全并落实全员安全生产责任制，加强从业人员安全生产教育和培训，履行本法和其他法律、法规规定的有关安全生产义务。"第五条规定："生产经营单位的主要负责人是本单位安全生产第一责任人，对本单位的安全生产工作全面负责。其他负责人对职责范围内的安全生产工作负责。"安全生产责任制是企业最基本的一项安全制度，也是企业安全生产、劳动保护管理制度的核心。

企业未依法建立安全生产责任制，很可能因违反《安全生产法》的相关规定而被处以行政处罚，若发生重大伤亡事故或者造成其他严重后果的，还可能涉嫌刑事犯罪。

案　例

益阳市某门窗玻璃公司在卸货过程中发生玻璃倾斜垮落，导致三人受伤一人死亡。调查组认定此为一起生产安全责任事故：(1)卸货时，司机将玻璃运输车停放在缓坡上且未熄火，导致车辆发生后移，且现场照明不良，存在重大安全隐患。(2)企业未落实安全生产主体责任。未按规定对劳动者进行安全教育和培训、没有培训记录；未制定安全生产规章制度和操作规程；未健全安全生产责任制。该公司法定代表人存在如下行为：(1)未健全公司安全生产责任制;(2)未实施本单位安全生产教育和培训计划;(3)未组织制定本单位安全生产规章制度和操作规程。因此,县应急管理局对该公司及其法定代表人予以行政处罚。

裁判要点:法院认为,该公司违反了《安全生产法》第二十五条第一款、第四款,第十八条第二项,第四条,第十九条第一款、第二款的规定;其法定代表人违反了《安全生产法》第十八条第一项至第三项的规定。县应急管理局据此对该公司及其法定代表人分别作出行政处罚决定,事实清楚,证据充分,法律适用正确且程序合法。①

合规指引

依法建立健全安全生产责任制是企业的法定义务和责任,企业在生产实践中应落实安全生产责任制,明确安全生产责任制考核标准,制订并实施安全教育培训计划,以维护安全生产秩序,保障劳动者的安全和健康。

合规依据

《劳动法》

第五十二条　用人单位必须建立、健全劳动安全卫生制度,严格执行国家劳动安全卫生规程和标准,对劳动者进行劳动安全卫生教育,防止劳动过程中的事故,减少职业危害。

《安全生产法》

第十八条　生产经营单位的主要负责人对本单位安全生产工作负有下列职责:

(一)建立、健全本单位安全生产责任制;

(二)组织制定本单位安全生产规章制度和操作规程;

(三)组织制定并实施本单位安全生产教育和培训计划;

(四)保证本单位安全生产投入的有效实施;

(五)督促、检查本单位的安全生产工作,及时消除生产安全事故隐患;

(六)组织制定并实施本单位的生产安全事故应急救援预案;

(七)及时、如实报告生产安全事故。

① (2019)湘0923行审154号。

合规要点 76 安全教育和培训制度

合规风险指数 ★★★★

安全教育和培训制度不仅是落实劳动安全卫生制度的方式和途径，也是落实安全生产主体责任的需要。组织本单位安全生产教育和培训是企业的法定义务，企业应通过建立教育、培训、考核“三位一体”的制度来增强职工的安全生产意识，提高安全生产的技能，以降低因劳动者违规生产操作而导致企业承担生产责任事故的风险。

案 例

衢州江山市某公司商品混凝土生产线发生一起生产安全事故，在对手拉葫芦吊装的2#外添加剂桶进行查看和修补时，两名劳动者违规进入2#外添加剂桶的桶底作业，后2#外添加剂桶突然掉落，造成一人死亡一人受伤。

解 析

衢州市应急局认定该公司存在下列违法行为：安全生产教育和培训不到位，未对劳动者进行手拉葫芦吊装作业的专门安全教育和培训；现场安全管理不严格，未督促劳动者严格执行公司的手拉葫芦安全操作规程，未对劳动者的吊装作业进行安全技术交底，未告知劳动者吊装作业现场存在的危险因素、防范措施和事故应急措施，对事故的发生负有责任，违反了《安全生产法》第二十五条第一款、第四十条、第四十一条等规定。①

合规指引

在构建安全教育和培训制度时，企业应考虑自身的生产情况及特点，归纳总结本企业在生产过程中可能的生产风险点、危险因素，列出有关安全事故的典型案例，整理出防范措施、事故应急措施，归纳出岗位安全操作规程并编制成书面材料，建立安全生产教育和培训档案，并定期安排职工进行理论及操作技能考核，同时如实记录安全生产教育和培训的时间、内容、参加人员以及考核结果等

① 案例来源于衢州应急管理微信公众号刊发的《以案释法案例之(七)——落实安全教育和培训制度》，2019年7月18日。

情况。通过宣传安全生产的重要性,学习、总结安全生产的经验、教训,提高劳动者安全生产意识,增强事故预防和应急处理能力。

同时,为落实安全生产责任制,企业应组织劳动者学习有关安全生产的法律法规及企业内部规章制度,使劳动者明确自身应承担的安全生产义务、责任,督促劳动者严格执行有关操作规程和企业管理制度,最大限度地消除生产作业中的危险因素,更好地防范安全生产事故的发生。

合规依据

《安全生产法》

第二十五条　生产经营单位应当对从业人员进行安全生产教育和培训,保证从业人员具备必要的安全生产知识,熟悉有关的安全生产规章制度和安全操作规程,掌握本岗位的安全操作技能,了解事故应急处理措施,知悉自身在安全生产方面的权利和义务。未经安全生产教育和培训合格的从业人员,不得上岗作业。

生产经营单位使用被派遣劳动者的,应当将被派遣劳动者纳入本单位从业人员统一管理,对被派遣劳动者进行岗位安全操作规程和安全操作技能的教育和培训。劳务派遣单位应当对被派遣劳动者进行必要的安全生产教育和培训。

生产经营单位接收中等职业学校、高等学校学生实习的,应当对实习学生进行相应的安全生产教育和培训,提供必要的劳动防护用品。学校应当协助生产经营单位对实习学生进行安全生产教育和培训。

生产经营单位应当建立安全生产教育和培训档案,如实记录安全生产教育和培训的时间、内容、参加人员以及考核结果等情况。

第二十六条　生产经营单位采用新工艺、新技术、新材料或者使用新设备,必须了解、掌握其安全技术特性,采取有效的安全防护措施,并对从业人员进行专门的安全生产教育和培训。

第九十四条第三项、第四项　生产经营单位有下列行为之一的,责令限期改正,可以处五万元以下的罚款;逾期未改正的,责令停产停业整顿,并处五万元以上十万元以下的罚款,对其直接负责的主管人员和其他直接责任人员处一万元以上二万元以下的罚款:

……

(三)未按照规定对从业人员、被派遣劳动者、实习学生进行安全生产教育

和培训,或者未按照规定如实告知有关的安全生产事项的;

(四)未如实记录安全生产教育和培训情况的……

合规要点77　伤亡事故和职业病调查处理制度

合规风险指数 ★★★

解　析

伤亡事故和职业病调查处理制度分为事前的应急救援预案机制的设置、职业病危害项目申报、评价、告知制度以及事后的调查处理、职业病诊断和鉴定制度。其中,事前机制突出了对安全事故及职业病的预防,而事后机制则侧重于对生产安全事故发生后及时、有效的治理。

1. 事前预防机制。

表2-12　事前预防机制

制度名称	机制内容
1. 生产安全事故应急救援预案	(1)针对可能发生的生产安全事故的特点和危害,在进行风险辨识和评估的基础上编制应急救援预案; (2)应急预案的编制应当符合《生产安全事故应急预案管理办法》第八条的规定,同时,应急预案编制过程中,应当根据法律、法规、规章的规定或者实际需要,征求相关应急救援队伍、公民、法人或者其他组织的意见; (3)矿山、金属冶炼企业和易燃易爆物品、危险化学品的生产、经营(带储存设施的,下同)、储存、运输企业,以及使用危险化学品达到国家规定数量的化工企业、烟花爆竹生产、批发经营企业和中型规模以上的其他生产经营单位,应当对本单位编制的应急预案进行评审,并形成书面评审纪要
2. 职业病防治制度	(1)职业病危害项目申报。企业工作场所存在职业病目录所列职业病的危害因素的,应当及时、如实向所在地卫生行政部门申报危害项目,接受监督。 (2)职业病危害预评价制度。新建、扩建、改建建设项目和技术改造、技术引进项目(以下统称建设项目)可能产生职业病危害的,建设单位在可行性论证阶段应当进行职业病危害预评价。职业病危害预评价报告应当对建设项目可能产生的职业病危害因素及其对工作场所和劳动者健康的影响作出评价,确定危害类别和职业病防护措施。 (3)职业病防护措施。企业必须采用有效的职业病防护设施,并为劳动者提供个人使用的职业病防护用品。 (4)职业病危害因素监测及评价制度。由专人负责职业病危害因素日常监测,并确保监测系统处于正常运行状态。同时,企业应按照国务院卫生行政部门的规定,定期对工作场所进行职业病危害因素检测、评价。检测、评价结果存入用人单位职业卫生档案,定期向所在地卫生行政部门报告并向劳动者公布

2. 事后处理及调查机制。

表 2-13　事后处理及调查机制

制度名称	机制内容
1. 生产安全事故调查处理制度	(1)事故发生后,事故现场有关人员应当立即向本单位负责人报告;单位负责人接到报告后,应当于 1 小时内向事故发生地县级以上人民政府安全生产监督管理部门和负有安全生产监督管理职责的有关部门报告。情况紧急时,事故现场有关人员可以直接向事故发生地县级以上人民政府安全生产监督管理部门和负有安全生产监督管理职责的有关部门报告。 (2)报告事故应当包括事故发生单位概况、事故发生的时间、地点以及事故现场情况、事故的简要经过、事故已经造成或者可能造成的伤亡人数(包括下落不明的人数)和初步估计的直接经济损失、已经采取的措施等其他应当报告的情况。 (3)事故报告后出现新情况的,应当及时补报。自事故发生之日起 30 日内,事故造成的伤亡人数发生变化的,应当及时补报。道路交通事故、火灾事故自发生之日起 7 日内,事故造成的伤亡人数发生变化的,应当及时补报。 (4)事故发生后,有关单位和人员应当妥善保护事故现场以及相关证据,任何单位和个人不得破坏事故现场、毁灭相关证据。因抢救人员、防止事故扩大以及疏通交通等原因,需要移动事故现场物件的,应当作出标志,绘制现场简图并作出书面记录,妥善保存现场重要痕迹、物证
2. 职业病诊断及鉴定	(1)用人单位应当如实提供职业病诊断、鉴定所需的劳动者职业史和职业病危害接触史、工作场所职业病危害因素检测结果等资料。 (2)用人单位和医疗卫生机构发现职业病病人或者疑似职业病病人时,应当及时向所在地卫生行政部门报告。确诊为职业病的,用人单位还应当向所在地劳动保障行政部门报告。 (3)用人单位应当及时安排对疑似职业病病人进行诊断;在疑似职业病病人诊断或者医学观察期间,不得解除或者终止与其订立的劳动合同。疑似职业病病人在诊断、医学观察期间的费用,由用人单位承担

合规指引

关于伤亡事故和职业病调查处理制度,企业应从本单位生产特点出发,完善事前预防机制,同时,为了落实生产安全责任制,企业应严格遵守法律法规落实事后的处理和调查机制,通过前述"事前预防 + 事后追究"措施来有效防止和减少生产安全事故,以及迅速处置已发生的生产安全事故。

合规依据

《安全生产法》

第十八条第六项　生产经营单位的主要负责人对本单位安全生产工作负有

下列职责：

……

（六）组织制定并实施本单位的生产安全事故应急救援预案；

……

合规要点78　特种作业人员持证上岗

合规风险指数　★★★★

特种作业是指容易发生人员伤亡事故，对操作者本人、他人的生命健康及周围设施的安全可能造成重大危害的作业。直接从事特种作业的人员称为特种作业人员。

特种作业的范围由特种作业目录规定，根据《特种作业人员安全技术培训考核管理规定》的规定，特种作业的范围有十类：（1）电工作业；（2）焊接与热切割作业；（3）高处作业；（4）制冷与空调作业；（5）煤矿安全作业；（6）金属非金属矿山安全作业；（7）石油天然气安全作业；（8）冶金（有色）生产安全作业；（9）危险化学品安全作业；（10）烟花爆竹安全作业。

因特种作业有着不同的危险因素，容易发生人员伤亡事故，对操作者本人、他人的生命健康及周围设施的安全可能造成重大危害。根据国家有关法律规定，特种作业人员必须接受与本工种相适应的、专门的安全技术培训、经安全技术理论考核和实际操作技能考核合格，取得特种作业操作证后，方可上岗作业。

合规指引

特种作业往往直接关系着企业的生产安全及职工生命健康安全，因此，对于从事特种作业的职工，企业应予以重点关注，加强特种作业人员的管理，建立特种作业人员名册档案并定期审查更新，确保特种作业人员已取得特种作业操作证，并且其特种作业操作证处于有效期内，督促相关特种操作人员及时对特种作业操作证进行复审。

不具备安全培训条件的企业，应当委托有条件的机构进行培训；具备安全培训条件的企业可以选择自主组织或委托有条件的机构进行培训。

此外，企业在招录特种作业人员时，应注意审查该人员的就职历史，对于持

有特种作业操作证,但已离开特种作业岗位6个月以上的人员,应当重新进行实际操作考试,经确认合格后方可上岗作业。

合规依据

《劳动法》

第五十五条　从事特种作业的劳动者必须经过专门培训并取得特种作业资格。

《安全生产法》

第二十七条　生产经营单位的特种作业人员必须按照国家有关规定经专门的安全作业培训,取得相应资格,方可上岗作业。

特种作业人员的范围由国务院安全生产监督管理部门会同国务院有关部门确定。

《特种作业人员安全技术培训考核管理规定》

第三条　本规定所称特种作业,是指容易发生事故,对操作者本人、他人的安全健康及设备、设施的安全可能造成重大危害的作业。特种作业的范围由特种作业目录规定。

本规定所称特种作业人员,是指直接从事特种作业的从业人员。

第三十二条　离开特种作业岗位6个月以上的特种作业人员,应当重新进行实际操作考试,经确认合格后方可上岗作业。

第三十四条　生产经营单位应当加强对本单位特种作业人员的管理,建立健全特种作业人员培训、复审档案,做好申报、培训、考核、复审的组织工作和日常的检查工作。

(二)职业健康检查

为了保护劳动者的健康权益,国家制定实施了《职业病防治法》和《职业健康检查管理办法》等保护职业健康的法律法规,规定了企业负有组织劳动者进行职业健康检查的责任和义务。

职业健康检查是为了及时发现劳动者的职业禁忌和职业性健康损害,企业应根据劳动者所接触职业病危害的情况,对劳动者进行有针对性的定期或不定期的健康体检。

合规要点 79　上岗前、在岗期间和离岗时检查

合规风险指数 ★★★★★

《职业病防治法》规定:“对从事接触职业病危害的作业的劳动者,用人单位应当按照国务院卫生行政部门的规定组织上岗前、在岗期间和离岗时的职业健康检查,并将检查结果书面告知劳动者。职业健康检查费用由用人单位承担。”

对于未经岗前职业健康检查的劳动者,由于不了解该劳动者的身体状况,法律规定企业不得安排其从事接触职业病危害的岗位作业,此外,未经职业健康检查,企业不得安排有职业禁忌的劳动者从事其所禁忌的作业。

对在职业健康检查中发现有与所从事的职业相关的健康损害的劳动者,企业应当调离原工作岗位,并对其妥善安置。

在离岗时,企业对未进行离岗前职业健康检查的劳动者不得解除或者终止与其订立的劳动合同。

值得注意的是,在司法实践中,对于未经职业健康检查且离岗后被检测出患上职业病的劳动者,司法、行政机关往往从有利于保护职业病职工合法权益的角度出发,认定其工伤系由原工作造成,除非企业能够证明两者之间不具有因果关系。

案　例

2008 年 2 月至 2009 年 12 月,潘某在广西玉林市茂林镇金茂制品有限公司从事打炉工作,工作岗位接触粉尘;2010 年 2 月至 11 月在天津市静海县金意德铁厂制品有限公司从事送料工作,工序中均存在粉尘。2012 年 6 月至 10 月、2013 年 2 月至 4 月,潘某先后两次在福建吴航不锈钢制品有限公司(以下简称吴航公司)炼钢配料工段从事吊钩工作,原料系块状废钢物体,且发生两次工伤。2014 年 3 月,潘某到福建省职业病防治院进行职业病诊断,2015 年 5 月福建省职业病防治院作出诊断结论:混合尘肺三期。之后,福建人社局认定潘某所患职业病为工伤。①

① (2019)闽 01 行终 258 号。

解　析

吴航公司虽否认潘某所患职业病系在吴航公司处造成,但其并未提供有效证据证明。相反,吴航公司并未按照《职业病防治法》第三十五条第一款的规定,对潘某上岗前、在岗期间、离岗时进行职业健康检查,以排除潘某并非在吴航公司处患病的可能,应承担相应的责任。吴航公司认为其并非潘某所患职业病的唯一责任主体,由吴航公司承担全部赔偿责任显失公平,但《工伤保险条例》的制定,是为了保障因工作遭受事故伤害或者患职业病的职工获得医疗救治和经济补偿,促进工伤预防和职业康复。工伤保险应优先保护受害职工的合法权益,保障患职业病的职工得到及时的医疗救治,达到基本的生活水平。本案中,潘某罹患职业病的事实清楚,在无法认定相关致害单位又无法辨别致害因果关系,而潘某与吴航公司之间劳动关系明确的情况下,为保护职业病职工的合法权益,福州市人社局依据相关《职业病诊断证明书》诊断鉴定结论认定吴航公司为工伤用人单位并无不当。

合规指引

常规健康检查与职业病健康检查是两个不同的概念,在从事接触职业病危害作业的劳动者上岗前、在岗期间和离岗时,企业应当组织其进行职业健康检查,这既是企业的法定义务,也能避免将患有职业病或存在禁忌的劳动者安排在不适应的工作岗位,从而预防、降低企业的用工风险。

此外,《劳动合同法》第四十二条第一项虽规定,从事接触职业病危害作业的劳动者未进行离岗前职业健康检查,用人单位不得依照本法第四十条、第四十一条的规定解除劳动合同,但《职业病防治法》却规定,对未进行离岗前职业健康检查的劳动者,企业不得解除或者终止与其订立的劳动合同。因此,即使劳动者与企业协商解除劳动合同,但若未进行离岗前的职业健康检查,企业仍面临着违法解除的风险。

合规依据

《劳动合同法》

第四十二条第一项、第二项　劳动者有下列情形之一的,用人单位不得依照本法第四十条、第四十一条的规定解除劳动合同:

(一)从事接触职业病危害作业的劳动者未进行离岗前职业健康检查,或者疑似职业病病人在诊断或者医学观察期间的；

（二）在本单位患职业病或者因工负伤并被确认丧失或者部分丧失劳动能力的。

《职业病防治法》

第三十五条　对从事接触职业病危害的作业的劳动者，用人单位应当按照国务院卫生行政部门的规定组织上岗前、在岗期间和离岗时的职业健康检查，并将检查结果书面告知劳动者。职业健康检查费用由用人单位承担。

用人单位不得安排未经上岗前职业健康检查的劳动者从事接触职业病危害的作业；不得安排有职业禁忌的劳动者从事其所禁忌的作业；对在职业健康检查中发现有与所从事的职业相关的健康损害的劳动者，应当调离原工作岗位，并妥善安置；对未进行离岗前职业健康检查的劳动者不得解除或者终止与其订立的劳动合同。

职业健康检查应当由取得《医疗机构执业许可证》的医疗卫生机构承担。卫生行政部门应当加强对职业健康检查工作的规范管理，具体管理办法由国务院卫生行政部门制定。

合规要点80　建立职业健康监护档案

合规风险指数　★★★★

根据《职业病防治法》的规定，企业应为劳动者建立职业健康监护档案，并按照规定的期限妥善保存。职业健康监护档案应当包括劳动者的职业史、职业病危害接触史、职业健康检查结果和职业病诊疗等有关个人健康资料。

当职工离开用人单位时，有权索取本人职业健康监护档案复印件，企业应当如实、无偿提供，并在所提供的复印件上签章。

对于未按照规定组织职业健康检查、建立职业健康监护档案以及未依照《职业病防治法》的规定，在劳动者离开企业时提供职业健康监护档案复印件的企业，应承担相应的法律责任。

案　例

某地安全生产监督管理局在执法中发现，江苏名和混凝土有限公司（以下简称江苏名和公司)存在配置的防尘口罩不符合职业卫生要求、未配置护听器,未落实职业健康体检,未建立职业健康监护档案等行为,遂依据《安全生产法》第九十六条第四项的规定,决定给予江苏名和公司7500元的罚款;依据《职业病防治法》第七十一条第四项的规定,决定给予江苏名和公司警告并处75,000元的罚款。以上两项合并处罚,决定给予江苏名和公司警告并处82,500元罚款的行政处罚。[①]

合规指引

建立职业健康监护档案,是企业的法定义务之一。企业应建立职工职业健康监护档案,并实现由专人严格管理,按规定妥善保存,动态管理和跟踪记录,将员工工种、岗位等调动情况、体检结果及医疗机构检查结果及时入档管理,实现一人一档,同时,企业也应注意记录作业工人的职业史,将其入岗前和各次定期体检资料一并归入其个人职业健康档案。而在职工离职时,务必做好离岗前的职业健康检查,并归入其职业健康档案,若职工离职时索取本人职业健康监护档案的,企业可提供其盖章的复印件。

合规依据

《职业病防治法》

第三十六条　用人单位应当为劳动者建立职业健康监护档案,并按照规定的期限妥善保存。

职业健康监护档案应当包括劳动者的职业史、职业病危害接触史、职业健康检查结果和职业病诊疗等有关个人健康资料。

劳动者离开用人单位时,有权索取本人职业健康监护档案复印件,用人单位应当如实、无偿提供,并在所提供的复印件上签章。

(三)硬件设施、防护措施和劳动防护用品

为保障劳动者的健康和安全,相关法律除规定企业应制定实施一系列有关劳动安全卫生的管理制度规范外,还在硬件设施、防护措施和劳动防护用品等方面对企业作出了要求。例如,《劳动法》规定:企业提供的劳动安全卫生设施必

---

① (2019)苏1112行审56号。

须符合国家规定的标准;企业必须为劳动者提供符合国家规定的劳动安全卫生条件和必要的劳动防护用品等,相应地,劳动者即享有“获得劳动安全卫生保护的权利”。

除法定性以外,企业还应充分认识到提供劳动保护的必要性,企业对安全生产足够重视、措施到位,确保劳动者享有安全、卫生的劳动条件,远离职业危害,自然可以极大地降低安全生产风险,避免事故发生、扩大的概率。

合规要点 81　执行国家标准或行业标准

合规风险指数 ★★★

《劳动法》第五十三条规定:“劳动安全卫生设施必须符合国家规定的标准。新建、改建、扩建工程的劳动安全卫生设施必须与主体工程同时设计、同时施工、同时投入生产和使用。”

根据《劳动法》《安全生产法》的规定,企业未履行劳动安全卫生义务的,可能面临罚款、停产整顿等行政处罚,若因此发生安全生产事故的,还可能被追究刑事责任;而依据《劳动合同法》的相关规定,此时劳动者有权单方解除劳动合同并主张经济补偿金。

案　例

戴某于 2003 年 5 月进入创艺公司药液室工作,并于 2013 年 1 月 1 日订立无固定期限劳动合同,劳动合同第五条第一款约定:“甲方(创艺公司)根据中国政府的有关安全生产、劳动保护、卫生健康等规定,为乙方(戴某)提供必要的劳动条件和劳动保护设施,保障乙方的安全和健康。”

2015 年 9 月 21 日,戴某与张某、李某以其为长期以来一直在公司的化验室工作,化验室的化学剂雾剂对其身体造成了一定损害等理由,共同向创艺公司发出解除劳动合同通知书,公司同意其辞职申请,但仅给付其应付的工资和社保,并未给付经济补偿金等费用。2015 年 10 月 21 日,戴某向太仓市劳动人事争议仲裁委员会申请仲裁,请求裁令创艺公司支付戴某特殊岗位津贴 31,500 元及经济补偿金77,350元。[1]

解 析

根据双方劳动合同约定和法律规定,创艺公司应提供必要的劳动条件和劳动保护设施,保障戴某的安全和健康。戴某在工作中接触的“异丙醇”“乙二醇甲醚”“氢氧化钾”均为有毒有害化学物质,而有毒有害化学物质对人身的伤害途径主要为吸入、食入、经皮吸收等。

创艺公司虽为戴某提供了一次性手套和口罩、防尘服,并没有针对戴某在工作中使用及可能会接触到的有毒有害化学物质如异丙醇、乙二醇甲醚、氢氧化钾等提供有效防护装备。××预防控制中心对戴某所做的职业健康检查,戴某虽尚未检查出患有××,但只能证明创艺公司未提供有效劳动保护尚未对戴某造成严重伤害,不能因此免除创艺公司提供具有针对性、有效性的防护措施的义务。

因此,创艺公司未针对戴某工作中使用及可能接触到的有毒有害化学药品提供必要的劳动保护,符合《劳动合同法》第三十八条第一款第一项、第四十六条第一款第一项规定的应支付经济补偿金之情形,法院最终支持了戴某要求支付经济补偿的诉求。

合规指引

企业应根据岗位的性质,以及可能存在的危险因素,为劳动者提供符合国家标准、行业标准且满足工作岗位需求的劳动防护用品,并监督、指导劳动者规范使用;提供符合国家标准,能防止和减少有毒有害物质造成的职业损害的劳动卫生设施;提供防止和减少伤亡事故发生所必需的劳动安全设施。上述国家规定的标准,主要是指劳动行政部门和各行业主管部门制定的一系列技术标准。

合规依据

《劳动法》

第五十三条 劳动安全卫生设施必须符合国家规定的标准。

新建、改建、扩建工程的劳动安全卫生设施必须与主体工程同时设计、同时施工、同时投入生产和使用。

---

① (2016)苏05民终6132号。

第五十四条　用人单位必须为劳动者提供符合国家规定的劳动安全卫生条件和必要的劳动防护用品，对从事有职业危害作业的劳动者应当定期进行健康检查。

第九十二条　用人单位的劳动安全设施和劳动卫生条件不符合国家规定或者未向劳动者提供必要的劳动防护用品和劳动保护设施的，由劳动行政部门或者有关部门责令改正，可以处以罚款；情节严重的，提请县级以上人民政府决定责令停产整顿；对事故隐患不采取措施，致使发生重大事故，造成劳动者生命和财产损失的，对责任人员依照刑法有关规定追究刑事责任。

《劳动合同法》

第三十八条第一款　用人单位有下列情形之一的，劳动者可以解除劳动合同：

（一）未按照劳动合同约定提供劳动保护或者劳动条件的……

《安全生产法》

第四十二条　生产经营单位必须为从业人员提供符合国家标准或者行业标准的劳动防护用品，并监督、教育从业人员按照使用规则佩戴、使用。

合规要点82　危险物品安全距离

合规风险指数 ★★★★

案　例

王某在志涵公司工作，志涵公司经营地址在昆明市度假区滇池卫城锦尚组团506号商铺，一楼商铺为志涵公司的办公经营场所，二楼为员工宿舍。某日，商铺发生火灾事故，致王某受伤，王某因此提起诉讼要求志涵公司赔偿医疗费用支出、误工费等费用。①

解　析

法院认为，《安全生产法》第三十九条第一款规定："生产、经营、储存、使用危险物品的车间、商店、仓库不得与员工宿舍在同一座建筑物内，并应当与员工

① （2017）云01民终7122号。

宿舍保持安全距离。”本案中,志涵公司经营的506号商铺是公司的办公经营场所,二楼为员工宿舍,志涵公司一楼经营场所存放的印刷材料属易燃危险物品,公司员工宿舍依法不得与经营场所在同一座建筑物内。志涵公司违反了国家禁止性规定,其经营场所发生火灾将在宿舍内的王某烧伤,志涵公司存在过错,该过错与王某的损害后果间存在因果关系。志涵公司虽称起火原因是由王某及同住的案外人王某祥抽烟引发,但并未提交有效证据证实其观点,故不予采纳,法院支持了王某要求志涵公司承担赔偿责任的诉请。

合规指引

对于业务涉及危险物品的生产、经营、储存或使用的企业,应注意危险物品贮存的仓库、厂房、车间等不得与职工宿舍在同一座建筑物内,同时应按照危险物品的性质,确定与劳动者休息处所保持的安全距离。

此外,在危险品生产或贮存的场所及职工休息的处所应以显著的标识标明紧急疏散通道的路口及路线,禁止锁闭、封堵上述场所的出口。

合规依据

《安全生产法》

第三十九条　生产、经营、储存、使用危险物品的车间、商店、仓库不得与员工宿舍在同一座建筑物内,并应当与员工宿舍保持安全距离。

生产经营场所和员工宿舍应当设有符合紧急疏散要求、标志明显、保持畅通的出口。禁止锁闭、封堵生产经营场所或者员工宿舍的出口。

合规要点83　生产经营场所规范

合规风险指数 ★★★★

案　例

桐乡市应急管理局检查发现,桐乡市某服饰公司作为劳动密集型的生产经营单位,在经营活动中未严格执行《安全生产法》,在生产期间锁闭北侧第二幢生产车间的二楼、三楼的安全出口,违反了《安全生产法》第三十九条第二款的规定,故依据该法第一百零二条第二项的规定,对该公司处以罚款1万元整的行政处罚。①

合规指引

生产经营场所不仅是企业开展经营活动、生产、加工产品的处所，同时是职工履行日常劳动义务的场所。企业生产经营场所的安全不仅关系着企业生产活动的安全平稳运行，还关系到企业职工的生命健康安全。因此，企业的生产经营场所的选址、施工设计、消防验收等须严格遵守国家有关法律规定，达到国家规定的安全标准。

对于涉及生产、储存、使用、经营和运输危险化学品等涉危产品的企业，其生产经营场所和有关设施、设备上，应设置明显的安全警示标志。同时，在施工建设时，涉危产品的厂房、车间、仓库等应单独建设，不得与宿舍等职工日常休息、活动的区域设置在同一座建筑物内。生产经营场所和员工宿舍应当设有符合紧急疏散要求、标志明显、保持畅通的出口。禁止锁闭、封堵生产经营场所或者员工宿舍的出口。

此外，在有较大危险因素的生产经营场所，企业应设置相应的监测、监控、通风、防晒、调温、防火、灭火、防爆、泄压、防毒、中和、防潮、防雷、防静电、防腐、防泄漏以及防护围堤或者隔离操作等安全设施、设备，并按照国家标准、行业标准或者国家有关规定对安全设施、设备进行经常性维护、保养，保证安全设施、设备的正常使用。同时，企业应委托具备国家规定资质条件的机构定期对涉危的生产经营场所进行安全评估，并将安全评价报告以及整改方案的落实情况向所在地县级人民政府安全生产监督管理部门备案。

合规依据

《安全生产法》

第三十二条　生产经营单位应当在有较大危险因素的生产经营场所和有关设施、设备上，设置明显的安全警示标志。

第三十九条　生产、经营、储存、使用危险物品的车间、商店、仓库不得与员工宿舍在同一座建筑物内，并应当与员工宿舍保持安全距离。

生产经营场所和员工宿舍应当设有符合紧急疏散要求、标志明显、保持畅通

① 案例来源：《2019 年安全生产违法行为　行政处罚案例曝光（第五批）》，载《嘉兴日报》2019 年 10 月 24 日。

的出口。禁止锁闭、封堵生产经营场所或者员工宿舍的出口。

《危险化学品安全管理条例》

第二十条　生产、储存危险化学品的单位,应当根据其生产、储存的危险化学品的种类和危险特性,在作业场所设置相应的监测、监控、通风、防晒、调温、防火、灭火、防爆、泄压、防毒、中和、防潮、防雷、防静电、防腐、防泄漏以及防护围堤或者隔离操作等安全设施、设备,并按照国家标准、行业标准或者国家有关规定对安全设施、设备进行经常性维护、保养,保证安全设施、设备的正常使用。

生产、储存危险化学品的单位,应当在其作业场所和安全设施、设备上设置明显的安全警示标志。

六、女工与未成年工

鉴于女性及未成年劳动者的身心特点,我国《劳动法》明确对女工及未成年工实行特殊保护,而《女职工劳动保护规定》《未成年工特殊保护规定》等法规,更进一步细化了对女工及未成年工的保障,以切实维护女性及未成年劳动者的身心健康和安全。

企业在用工过程中,应准确把握法律法规赋予女性及未成年劳动者的特殊保护,合理安排其工作岗位、工作内容及工作强度,避免“一刀切”的管理制度侵害女工及未成年工的合法权益,给企业带来合规风险。

(一)女职工特别保护

女职工特殊劳动保护是指根据妇女身体结构、生理机能的特点以及抚育子女的特殊需要,在劳动方面对妇女劳动权益进行的特殊保障。妇女有经期、孕期、生育期、哺乳期等生理阶段,如果在劳动过程中对妇女的这些情况不加保护,不仅会影响女职工自身的安全和身体健康,还可能影响下一代子女的身体和生理素质。

因此,企业对女职工进行管理时应特别注意法律法规对女职工的倾向性保护,把握法律法规在劳动禁忌、岗位调整、工作时间、解除及终止劳动合同等方面对女职工作出的特别规定,以实现企业用工管理的合规合法及劳资关系和谐,促进企业内部协同发展。

合规要点84　劳动禁忌范围

合规风险指数 ★★★★

现代社会，随着立法保护的加强，女性的就业地位已显著提升，在职场中，越来越多的女性扮演着关键性甚至是决策者的角色。然而，女性生理机能决定了女职工有月经、怀孕、生育、哺乳等生理变化，这也导致女职工在劳动作业能力上会发生一定变化，同时，女职工的身心健康与下一代的正常发育和成长有紧密联系，因此，企业应注意履行法律规定的义务，给予女职工特别保护，依法保护妇女在工作和劳动时的安全和健康，不得安排不适合妇女从事的工作和劳动。

案　例

2013年6月，徐某到聚大洋集团褐藻胶车间工作。2015年12月，徐某怀孕并于次年9月生育。2016年2月，徐某的车间主任冯某在与徐某之夫杨某的通话录音中称：徐某工作的车间内有甲醛、氯气，徐某看中哪个岗他都可以给调，但这几个岗位都有一定的危险性，徐某觉得危险性大就不要干，觉得危险性可以，看中哪个岗位就去哪个岗位。徐某要求单位给予安排适当工作岗位，但单位未予安排，故徐某未去上班。2016年4月，聚大洋集团通过宅急送快递向徐某邮寄解除劳动合同通知书，告知徐某该日起解除劳动合同。徐某提请劳动仲裁要求恢复劳动关系被驳回后诉至法院，一审、二审法院均支持了徐某的诉请。

裁判要点：法院认为，根据《劳动法》《劳动合同法》的相关规定，企业有义务为劳动者提供劳动安全卫生保障，创造安全的工作环境。《女职工禁忌从事的劳动范围》第三条第一项规定："女职工在孕期禁忌从事的劳动范围：（一）作业场所空气中铅及其化合物……氯、甲醛等有毒物质浓度超过国家卫生标准的作业。"本案中，徐某怀孕后因被告聚大洋集团工作的车间有甲醛、氯气，请求给予调整工作岗位，是合理的，聚大洋集团要求徐某回单位上班，就需给徐某调整新的工作岗位，或者提供检测机构的检测证明，以表明环境无害。聚大洋集团在无法证明室内空气质量符合国家职业卫生标准的情况下，徐某可以拒绝到单位上班，聚大洋集团不能以徐某旷工为由解除劳动合同。故聚大洋集团作出的解除劳动合同通知书应予撤销，法院依法支持了徐某要求恢复劳动关系、继续履行劳动合同的诉讼请求。[1]

合规指引

企业应当根据法律的相关规定,严格遵守有关女职工劳动禁忌的规定(见表2-14)。

表2-14　女职工劳动禁忌的规定

适用对象	禁忌范围
一般禁止从事的劳动范围(女职工普遍适用)	1. 矿山井下作业; 2. 体力劳动强度分级标准中规定的第四级体力劳动强度的作业; 3. 每小时负重6次以上、每次负重超过20公斤的作业,或者间断负重、每次负重超过25公斤的作业
经期禁忌从事的劳动范围	1. 冷水作业分级标准中规定的第二级、第三级、第四级冷水作业; 2. 低温作业分级标准中规定的第二级、第三级、第四级低温作业; 3. 体力劳动强度分级标准中规定的第三级、第四级体力劳动强度的作业; 4. 高处作业分级标准中规定的第三级、第四级高处作业
孕期禁忌从事的劳动范围	1. 作业场所空气中铅及其化合物、汞及其化合物、苯、镉、铍、砷、氰化物、氮氧化物、一氧化碳、二硫化碳、氯、己内酰胺、氯丁二烯、氯乙烯、环氧乙烷、苯胺、甲醛等有毒物质浓度超过国家职业卫生标准的作业; 2. 从事抗癌药物、己烯雌酚生产,接触麻醉剂气体等的作业; 3. 非密封源放射性物质的操作,核事故与放射事故的应急处置; 4. 高处作业分级标准中规定的高处作业; 5. 冷水作业分级标准中规定的冷水作业; 6. 低温作业分级标准中规定的低温作业; 7. 高温作业分级标准中规定的第三级、第四级的作业; 8. 噪声作业分级标准中规定的第三级、第四级的作业; 9. 体力劳动强度分级标准中规定的第三级、第四级体力劳动强度的作业; 10. 在密闭空间、高压室作业或者潜水作业,伴有强烈振动的作业,或者需要频繁弯腰、攀高、下蹲的作业
哺乳期禁忌从事的劳动范围	1. 孕期禁忌从事的劳动范围的第一项、第三项、第九项; 2. 作业场所空气中锰、氟、溴、甲醇、有机磷化合物、有机氯化合物等有毒物质浓度超过国家职业卫生标准的作业

① (2016)鲁0211民初13116号。

合规依据

《劳动法》

第五十九条　禁止安排女职工从事矿山井下、国家规定的第四级体力劳动强度的劳动和其他禁忌从事的劳动。

第六十条　不得安排女职工在经期从事高处、低温、冷水作业和国家规定的第三级体力劳动强度的劳动。

第六十一条　不得安排女职工在怀孕期间从事国家规定的第三级体力劳动强度的劳动和孕期禁忌从事的劳动。对怀孕七个月以上的女职工，不得安排其延长工作时间和夜班劳动。

第六十三条　不得安排女职工在哺乳未满一周岁的婴儿期间从事国家规定的第三级体力劳动强度的劳动和哺乳期禁忌从事的其他劳动，不得安排其延长工作时间和夜班劳动。

《妇女权益保障法》

第四十七条　用人单位应当根据妇女的特点，依法保护妇女在工作和劳动时的安全、健康以及休息的权利。

妇女在经期、孕期、产期、哺乳期受特殊保护。

《女职工劳动保护特别规定》

第四条第一款　用人单位应当遵守女职工禁忌从事的劳动范围的规定。用人单位应当将本单位属于女职工禁忌从事的劳动范围的岗位书面告知女职工。

合规要点85　岗位调整的限制

合规风险指数　★★★★

解　析

尽管劳动合同是劳资双方合意的体现，在符合劳动最低基准的前提下，劳动合同的条款可以由劳动关系当事人平等协商确定，这也为企业行使自主权留下了充分的余地。调岗作为企业行使用工自主权的方式之一，在调岗理由充分，调岗合情合理的情况下，可对职工的工作岗位进行合理调整，但由于“三期”女员工生理特征及健康的需要，法律对调整“三期”女职工的工作岗位作出了一定限制,主要体现在工作量增加、工作环境变更等可能给“三期”女职工身体造成不良影响的方面,且赋予了“三期”女职工为保护自己健康拒绝调岗的权利。

如前所述,“徐某诉聚大洋集团”一案,徐某认为聚大洋集团车间含有甲醛等有毒物质,其在孕期继续在该车间工作将对其身心健康造成不利影响,因此要求调换至无毒安全的工作岗位,在公司未提供其他能够证明无毒害的工作岗位后,徐某拒绝返岗工作,该行为并未被认定为旷工,企业不得以此视其违纪而与之解除劳动合同。若徐某不属于“三期”女职工,对于企业提供的合理的调岗,一般情况下其不得无理由不到岗,否则企业可记其旷工。上述案例也反映了企业在对“三期”女职工进行调岗时的限制。

合规指引

由于法律对企业调整“三期”女职工岗位作出了一定限制,企业在对“三期”女职工进行岗位调整时应把握以下要点:

1. 以医疗机构出具的证明作为调岗依据。根据《女职工劳动保护特别规定》的规定,女职工在孕期不能适应原劳动的,用人单位应当根据医疗机构的证明,予以减轻劳动量或者安排其他能够适应的劳动。

2. 调整岗位的工作内容应当合理。若与女职工协商一致的,在不违反法律强制性规定的前提下,应以达成的约定调整;未与女职工事先达成一致意见的,应征询女职工对于岗位调整的意见,并提供工作内容与其身体状况相适应的岗位。

3. 不得降低其工资待遇。“三期”女职工的岗位调整往往是降低其工作量,调整至工作强度更低的岗位,而单位此时不应以工作量减少而降低其薪资。

4. 不得给女职工履行合同增加障碍或难度。例如,调岗后的工作地点不应比调岗前的更远、工作环境比调岗前的更加恶劣等给女职工工作和生活带来不便。

总而言之,企业对女职工进行调岗之前,应充分征求及听取其意见,做好沟通,制作调岗确认书等书面文件,固定双方协商一致的证据,降低被主张单方不合理调岗的风险。

合规依据

《女职工劳动保护特别规定》

第六条　女职工在孕期不能适应原劳动的,用人单位应当根据医疗机构的证明,予以减轻劳动量或者安排其他能够适应的劳动。

对怀孕7个月以上的女职工,用人单位不得延长劳动时间或者安排夜班劳动,并应当在劳动时间内安排一定的休息时间。

怀孕女职工在劳动时间内进行产前检查,所需时间计入劳动时间。

合规要点86　工作时间的限制

合规风险指数　★★★★

对处于“三期”的女职工,其生理、精力、体力等均会受到不同程度的影响,因此,法律法规在工作时间方面给予“三期”女职工一定的特殊保护,限制企业延长“三期”女职工的工作时间且禁止安排其上夜班,赋予其工间进行产前检查、休息及工间哺乳的权利,同时,也赋予了“三期”女职工拒绝企业延长工作时间或安排夜班等行为的权利。

案　例

黎某为科雄精密机械公司文员。2016年3月,黎某产假结束后,因未与公司就其工作安排问题协商一致,故没有回公司工作。2016年9月,公司安排黎某在10月后到新岗位上班,工作时间由原来的8.5小时/天变更为9.5小时/天。2016年10月,黎某以新岗位工作时间长,且自己处于哺乳期为由,不同意公司的安排,希望与公司就上班时间协商,公司表示如黎某不接受就不要做了。黎某提请仲裁被驳回后诉至法院,一审、二审法院均支持了黎某要求支付违法解除赔偿金的诉求。①

解　析

根据《女职工劳动保护特别规定》第九条的规定,对哺乳未满1周岁婴儿的女职工,用人单位不得延长劳动时间或者安排夜班劳动。用人单位应当在每天的劳动时间内为哺乳期女职工安排1小时哺乳时间。本案中,黎某在产假结束后,仍处于哺乳期内,属于受劳动保护的女职工,但从双方协商新岗位工作时间的通话录音内容看,科雄精密机械公司负责人在黎某明确表示不同意在哺乳期

① (2018)粤01民终8814号。

内每天工作9.5小时、要求安排1小时/天哺乳时间的情况下,公司的负责人仍坚持该工作时间安排,并表示如黎某不接受就不要做了,故公司的行为违反了《女职工劳动保护特别规定》。虽然公司没有向黎某发出书面解除劳动合同通知,但在黎某提起本案仲裁前,公司仍没有依法安排黎某工作,结合双方的通话录音内容,二审法院认为公司以其实际行为表明了与黎某解除劳动合同的意思,黎某主张上诉人违法解除劳动合同,理由成立,二审法院予以采纳。

合规指引

《女职工劳动保护特别规定》明确规定,对怀孕7个月以上和哺乳未满1周岁婴儿的女职工,企业不得安排加班或夜班;应根据企业所在地相关政策规定给予孕期女职工进行产前检查的时间;对于怀孕7个月以上的女职工应当安排其工间休息,对于哺乳期的女职工,企业应当在每天的劳动时间内为其安排1小时的哺乳时间,生育多胞胎的女职工则相应增加哺乳时间。

值得企业注意的是,由于劳动法有较强的地域性,企业在对"三期"女职工进行工作时间特殊安排时,除关注全国范围内适用的劳动基准法的规定外,还应考量企业所在地的相关政策规定,准确履行企业的法定义务,遵守加班和夜班限制及孕期工间休息的限制性规定,防控法律风险。

合规依据

《女职工劳动保护特别规定》

第六条　女职工在孕期不能适应原劳动的,用人单位应当根据医疗机构的证明,予以减轻劳动量或者安排其他能够适应的劳动。

对怀孕7个月以上的女职工,用人单位不得延长劳动时间或者安排夜班劳动,并应当在劳动时间内安排一定的休息时间。

怀孕女职工在劳动时间内进行产前检查,所需时间计入劳动时间。

第九条　对哺乳未满1周岁婴儿的女职工,用人单位不得延长劳动时间或者安排夜班劳动。

用人单位应当在每天的劳动时间内为哺乳期女职工安排1小时哺乳时间;女职工生育多胞胎的,每多哺乳1个婴儿每天增加1小时哺乳时间。

(二)未成年工特别保护

未成年工是指年满16周岁、未满18周岁的劳动者。未成年工的特殊劳动保护是根据未成年工身体发育尚未定型的特点，对其在劳动方面实行的特殊保护。国家明令禁止使用未满16周岁的劳动者。

由于未成年工的身体和智力尚处于发育期，文化、技能和自我保护的能力还比较低，过重的体力劳动、不良的工作体位、过分紧张的劳动环境等都会对未成年工的发育造成损害，不利于其健康成长。为了保护未成年工的正常发育和安全健康，除改善一般的劳动条件外，需要在工作时间、工作场所等方面给予特殊保护。

合规要点87　未成年工登记

合规风险指数　★★

解　析

为加强对未成年工的保护，《未成年工特殊保护规定》明确了企业招收使用未成年工的登记义务。依法进行未成年工登记，便于有关部门对未成年工所在企业或部门进行有毒有害检查或检测，也有利于监管部门监督企业履行定期安排未成年工进行健康检查的法定义务。企业未依法履行该项义务的，将会受到行政处罚。例如，1999年5月，某县制线厂招用了10名未成年工，尽管制线厂对他们进行了安全卫生教育、培训、健康检查，并签订了劳动合同，但未对这些未成年工依法进行登记，后县劳动保障局据此对该厂作出处罚。

合规指引

企业招聘未成年工的，应要求其必须提供真实的身份证件，以核实其实际年龄，避免招用不满16周岁的童工。对于招用的未成年工，企业应及时向所在地的县级以上劳动行政部门办理登记，按照劳动行政部门的要求填写《未成年工健康检查表》《未成年工登记表》，依法领取《未成年工登记证》。劳动行政部门对未成年工的工作场所进行检查检测的，企业应积极配合。

合规依据

《未成年工特殊保护规定》

第九条　对未成年工的使用和特殊保护实行登记制度。

（一）用人单位招收使用未成年工，除符合一般用工要求外，还须向所在地的县级以上劳动行政部门办理登记。劳动行政部门根据《未成年工健康检查表》、《未成年工登记表》,核发《未成年工登记证》。

(二)各级劳动行政部门须按本规定第三、四、五、七条的有关规定,审核体检情况和拟安排的劳动范围。

(三)未成年工须持《未成年工登记证》上岗。

(四)《未成年工登记证》由国务院劳动行政部门统一印制。

合规要点 88　定期进行健康检查

合规风险指数 ★★★

未成年人正处于身体发育成长的重要阶段,为保障未成年工的身体健康。《劳动法》第六十五条规定:"用人单位应当对未成年工定期进行健康检查。"如果发现疾病或身体发育中的异常情况,应及时进行治疗。对未成年工进行定期的健康检查是用人单位的一项法定义务,用人单位不得以任何借口加以取消。

案　例

温州市人力资源和社会保障局(以下简称温州人社局)对温州帝邦鞋业有限公司未对未成年工定期进行健康检查的违法行为作出处罚,按照受侵害的劳动者每人 1000 元的标准计算,对被行政处罚人作出罚款 4000 元的处罚,该公司在法定期限内未申请行政复议或提起行政诉讼,故法院确认并准予了温州人社局强制执行的申请。[1]

合规指引

在安排未成年工工作岗位前、其工作满一年时以及其年满十八周岁并距前一次体检时间已超过半年时,企业应按照《未成年工特殊保护规定》中所附的《未成年工健康检查表》列出的项目,组织未成年工进行健康检查,并根据未成年工的健康检查结果安排其从事适合的劳动,对不能胜任原劳动岗位的,应根据医务部门的证明,予以减轻劳动量或安排其他劳动,依法保障未成年工的健康及安全。

① (2016)浙 0302 行审 304 号。

合规依据

《劳动法》

第六十五条　用人单位应当对未成年工定期进行健康检查。

《未成年工特殊保护规定》

第六条　用人单位应按下列要求对未成年工定期进行健康检查：

（一）安排工作岗位之前；

（二）工作满一年；

（三）年满十八周岁，距前一次的体检时间已超过半年。

合规要点 89　未成年工禁忌从事劳动范围

合规风险指数 ★★★

解　析

由于过重的体力劳动或恶劣的工作环境都可能对未成年工的发育及健康造成不良影响，因此法律规定了以下未成年工禁忌从事的劳动范围（见表 2－15）。

表 2－15　未成年工禁忌从事的劳动范围

适用范围	劳动禁忌范围	备注
未成年工普遍适用的职业禁忌	1.《生产性粉尘作业危害程度分级》国家标准中第一级以上的接尘作业； 2.《有毒作业分级》国家标准中第一级以上的有毒作业； 3.《高处作业分级》国家标准中第二级以上的高处作业； 4.《冷水作业分级》国家标准中第二级以上的冷水作业； 5.《高温作业分级》国家标准中第三级以上的高温作业； 6.《低温作业分级》国家标准中第三级以上的低温作业； 7.《体力劳动强度分级》国家标准中第四级体力劳动强度的作业； 8. 矿山井下及矿山地面采石作业；	患有某种疾病或具有某些生理缺陷（非残疾型）的未成年工，是指有以下一种或一种以上情况者： （一）心血管系统 1. 先天性心脏病； 2. 克山病； 3. 收缩期或舒张期二级以上心脏杂音。 （二）呼吸系统 1. 中度以上气管炎或支气管哮喘； 2. 呼吸音明显减弱； 3. 各类结核病； 4. 体弱儿，呼吸道反复感染者。 （三）消化系统 1. 各类肝炎； 2. 肝、脾肿大；

续表

<table>
<tr><th>适用范围</th><th>劳动禁忌范围</th><th>备注</th></tr>
<tr><td>未成年工普遍适用的职业禁忌</td><td>9. 森林业中的伐木、流放及守林作业;
10. 工作场所接触放射性物质的作业;
11. 有易燃易爆、化学性烧伤和热烧伤等危险性大的作业;
12. 地质勘探和资源勘探的野外作业;
13. 潜水、涵洞、涵道作业和海拔 3000 米以上的高原作业(不包括世居高原者);
14. 连续负重每小时在六次以上并每次超过 20 公斤,间断负重每次超过 25 公斤的作业;
15. 使用凿岩机、捣固机、气镐、气铲、铆钉机、电锤的作业;
16. 工作中需要长时间保持低头、弯腰、上举、下蹲等强迫体位和动作频率每分钟大于 50 次的流水线作业;
17. 锅炉司炉</td><td rowspan="2">3. 胃、十二指肠溃疡;
4. 各种消化道疝。
(四)泌尿系统
1. 急、慢性肾炎;
2. 泌尿系感染。
(五)内分泌系统
1. 甲状腺机能亢进;
2. 中度以上糖尿病。
(六)精神神经系统
1. 智力明显低下;
2. 精神忧郁或狂暴。
(七)肌肉、骨骼运动系统
1. 身高和体重低于同龄人标准;
2. 一个及一个以上肢体存在明显功能障碍;
3. 躯干 1/4 以上部位活动受限,包括强直或不能旋转。
(八)其他
1. 结核性胸膜炎;
2. 各类重度关节炎;
3. 血吸虫病;
4. 严重贫血,其血色素每升低于 95 克(<9.5g/dL)</td></tr>
<tr><td>患有某种疾病或具有某些生理缺陷(非残疾型)未成年工</td><td>除上述未成年工普遍适用的工职业禁忌外,还包括:
1.《高处作业分级》国家标准中第一级以上的高处作业;
2.《低温作业分级》国家标准中第二级以上的低温作业;
3.《高温作业分级》国家标准中第二级以上的高温作业;
4.《体力劳动强度分级》国家标准中第三级以上体力劳动强度的作业;
5. 接触铅、苯、汞、甲醛、二硫化碳等易引起过敏反应的作业</td></tr>
</table>

合规指引

企业安排未成年工工作时,既要严格把关,避免安排未成年人从事禁忌的劳动,也应当科学平衡供需关系,在满足企业对劳动力合理需求的同时,注重为未成年工提供能够发挥其能力、适合其身心特点的工作,以保障未成年劳动者的持续健康成长。

合规依据

《劳动法》

第六十四条 不得安排未成年工从事矿山井下、有毒有害、国家规定的第四级体力劳动强度的劳动和其他禁忌从事的劳动。

第四节 劳动合同

在一段新的劳动关系建立之初，劳动合同是最重要的法律文件。劳动合同是用人单位与劳动者之间确立劳动关系、明确双方权利义务的协议。在“倾斜保护劳动者”的立法现状下，签署一份完善且合法有效的劳动合同对用人单位意义重大，不仅可以完备员工管理体系，同时也有效避免了劳资争议的产生。

因此，在劳动合同合规管理过程中，从招聘录用到签订劳动合同，从劳动合同履行到劳动合同变更，从劳动合同解除终止到劳动合同续签，企业应实行全流程的合规管理模式。

一、招聘与录用

招聘和录用作为用人单位引进人才的第一步，是用人单位人力资源管理的起点，是建立劳动用工关系的第一步，承担着充分考察求职者的关键作用。实践中，用人单位往往认为其在招聘阶段最有主动权和掌控权，所以很容易忽视这一阶段的法律风险。

合规要点 90 就业歧视

合规风险指数 ★★★★

用人单位以节约招聘成本为目的，通常委托没有资质的公共就业服务机构或职业中介机构进行对外招聘，但未事先审查这些中介机构的资质是否合法，则可能因此存在合规风险。另外，用人单位发布的招聘信息是否包含歧视性内容，如招聘信息中是否限定了劳动者的民族、性别、籍贯甚至外貌长相等,都是用人单位应重点审查的内容。

案 例

23岁的小闫是河南人,两年前毕业于国内某大学法学专业。2019年7月,小闫在一家求职网站上看到,某度假村公司在招人,遂投递了简历,应聘该公司的"法务"和"董事长助理"两个职位。

后来,小闫收到了该公司的回复,称她不适合上述两个岗位,不适合原因一栏只写了"河南人"三个字。小闫经过慎重考虑决定起诉该公司,理由是该公司招聘人员存在地域歧视行为。

裁判要点:法院经审理认为,该公司构成对小闫地域歧视,侵害其平等就业权,法院当庭宣判该公司赔偿小闫精神损失费9000元,公证维权费1000元,口头及在《法治日报》书面向小闫赔礼道歉。

解 析

就业歧视问题一直是媒体和社会关注的焦点问题之一。

就业歧视,指用人单位没有向劳动者提供公平合理的工作机会。与此相反,反就业歧视则要求用人单位应当完全根据劳动者个人的工作能力和工作需要决定其聘用、报酬、培训机会、升迁、解职或退休等事务,不得有歧视。

我国《宪法》第三十三条第二款、第三款、第四款规定:"中华人民共和国公民在法律面前一律平等。国家尊重和保障人权。任何公民享有宪法和法律规定的权利,同时必须履行宪法和法律规定的义务。"各种类型的歧视行为直接违反了《宪法》的规定,需要通过具体立法予以禁止、反对。

上述案例是一起典型的地域歧视案件。该度假村公司用"河南人"对应聘者小闫进行了归类,进而按照此种归类给予小闫不合理的差别对待——不予考量录用可能性。《就业促进法》第三条第二款明确规定:"劳动者就业,不因民族、种族、性别、宗教信仰等不同而受歧视。"这里的"等"应当做扩大化解释,除列举的四种事由以外,本案中的地域因素也应当成为法律禁止性事由之一。该公司对这种歧视行为存在主观过错,具有可责难性,因此应当承担侵犯小闫一般人格权的法律责任,最终法院判决该公司赔偿其精神损失,向小闫赔礼道歉。

合规指引

无论是在《劳动法》还是在《就业促进法》中，对就业歧视都有明确的规定，其核心指向，就是要坚决杜绝用人单位的招聘歧视，实现公平用工。

根据《就业促进法》的规定，企业不得实施以下五类就业歧视行为：

1. 性别歧视。

《就业促进法》第二十七条第二款规定，用人单位招用人员，除国家规定的不适合妇女的工种或者岗位外，不得以性别为由拒绝录用妇女或者提高对妇女的录用标准。同时，第三款又进一步规定，用人单位录用女职工，不得在劳动合同中规定限制女职工结婚、生育的内容。

2019 年，人力资源社会保障部、司法部、卫生健康委、全国妇联、最高人民法院等九部门印发《关于进一步规范招聘行为促进妇女就业的通知》，对招聘环节中就业性别歧视的具体表现进一步作出“六个不得”的细化规定，明确要求各类用人单位、人力资源服务机构在拟定招聘计划、发布招聘信息、招用人员过程中，不得限定性别（国家规定的女职工禁忌劳动范围等情况除外）或性别优先，不得以性别为由限制妇女求职就业，不得询问妇女婚育情况，不得将妊娠测试作为入职体检项目，不得将限制生育作为录用条件，不得差别化地提高对妇女的录用标准。同时，强化人力资源市场监管，对用人单位、人力资源服务机构发布含有性别歧视内容招聘信息的，由人力资源社会保障部门给予责令改正、罚款、吊销人力资源服务许可证等处罚，依法实施失信惩戒。

2. 民族歧视。

《就业促进法》第二十八条第一款规定，各民族劳动者享有平等的劳动权利。

为了扭转少数民族的就业劣势，该法又规定，用人单位招用人员，应当依法对少数民族劳动者给予适当照顾。

3. 残疾歧视。

《就业促进法》第二十九条第一款、第二款规定，国家保障残疾人的劳动权利。各级人民政府应当对残疾人就业统筹规划，为残疾人创造就业条件。

2007 年 5 月，国务院制定的《残疾人就业条例》开始实施，规定禁止在就业中歧视残疾人；安排残疾人就业的比例不得低于本单位在职职工总数的 1.5%，达不到其所在省、自治区、直辖市人民政府规定比例的,应当缴纳残疾人就业保障金;用人单位在晋职、晋级、评定职称、报酬、社会保险、生活福利等方面歧视残疾人职工都属于违法行为。

4. 传染病歧视。

《就业促进法》第三十条规定,用人单位招用人员,不得以是传染病病原携带者为由拒绝录用。但是,经医学鉴定传染病病原携带者在治愈前或者排除传染嫌疑前,不得从事法律、行政法规和国务院卫生行政部门规定禁止从事的易使传染病扩散的工作。

《传染病防治法》也规定禁止传染病歧视,任何单位和个人不得歧视传染病病人、病原携带者和疑似传染病病人。同时,劳动部门的《就业服务与就业管理规定》又进一步规定,用人单位招用人员,除国家法律、行政法规和国务院卫生行政部门规定禁止乙肝病原携带者从事的工作外,不得强行将乙肝病毒血清学指标作为体检标准。

5. 农村户籍歧视。

《就业促进法》第三十一条规定,农村劳动者进城就业享有与城镇劳动者平等的劳动权利,不得对农村劳动者进城就业设置歧视性限制。

目前,很多地方都有限制外来从业人员就业的地方保护性政策。随着该法的实施,不但用人单位不得歧视农村户籍的劳动者,而且各地也必须清理那些限制外地人就业的政策。

为了保障反就业歧视的立法能够得到有效执行,《就业促进法》还规定了一系列的保障措施,即私人民事诉讼手段、政府体制保护手段、社会机构促进手段"三位一体"的保护体系。

因此,随着监管的日益加强,用人单位应更加重视招聘流程的合规性,注意招聘信息的语句和用词,避免包含歧视性内容,在与候选人反馈录用结果时,应避免将年龄、性别、地域等与劳动合同签订无关的事项作为不予录用的理由。

合规依据

《劳动法》

第十二条　劳动者就业,不因民族、种族、性别、宗教信仰不同而受歧视。

第十三条　妇女享有与男子平等的就业权利。在录用职工时,除国家规定的不适合妇女的工种或者岗位外，不得以性别为由拒绝录用妇女或者提高对妇女的录用标准。

《就业促进法》

第三条　劳动者依法享有平等就业和自主择业的权利。

劳动者就业，不因民族、种族、性别、宗教信仰等不同而受歧视。

《就业服务与就业管理规定》

第十九条　用人单位招用人员，不得以是传染病病原携带者为由拒绝录用。但是，经医学鉴定传染病病原携带者在治愈前或者排除传染嫌疑前，不得从事法律、行政法规和国务院卫生行政部门规定禁止从事的易使传染病扩散的工作。

用人单位招用人员，除国家法律、行政法规和国务院卫生行政部门规定禁止乙肝病原携带者从事的工作外，不得强行将乙肝病毒血清学指标作为体检标准。

第二十条　用人单位发布的招用人员简章或招聘广告，不得包含歧视性内容。

合规要点91　关键岗位缺少尽职调查

合规风险指数　★★★★

案　例

安徽银保监局筹备组皖银保监筹〔2018〕15号文件作出处罚决定，对北京立康保险代理有限公司及相关责任人的违规行为进行处罚。文件显示，北京立康保险代理有限公司存在聘任不具备任职资格的人员担任高级管理人员的行为，违反了《保险法》(2015年修正)第一百二十一条的规定。依据该法第一百六十七条，决定对其罚款6万元。同时，李某某时任该公司总经理(2018年2月27日被免职，3月离职)，对其任期内的违法行为应承担直接责任。依据《保险法》(2015年修正)第一百七十一条，决定对李某某警告并罚款4万元。

解　析

上述案例中的任职岗位均有相关法律法规规定了具体任职资格，对于此种类型的工作岗位，用人单位应当做好招聘前的员工背景尽职调查，保证规范用人。而对于没有法律法规规定任职资格要求的普通岗位，用人单位也应当履行主观能动性,积极审核劳动者的相关背景资料,并与劳动者约定提供虚假资料的法律后果,确保诚实信用原则贯穿用人单位人事管理的方方面面。

合规指引

实践中,常出现求职者伪造证书或其他必需的证明材料。若未进行事先的尽职调查将导致极高的招聘成本。为此,建议用人单位对以下岗位的人员实施尽职调查:(1)党员领导干部;(2)技术人员;(3)关键岗位工作人员;(4)外籍员工;(5)涉密岗位。

同时,企业还要注意合规尽职调查的范围应尽可能全面,常见关注点:是否存在竞业限制;是否不胜任该岗位的工作;是否存在犯罪或者违法违规记录;该岗位是否存在限制性的法律规定。

合规依据

《公司法》

第一百四十六条　有下列情形之一的,不得担任公司的董事、监事、高级管理人员:

(一)无民事行为能力或者限制民事行为能力;

(二)因贪污、贿赂、侵占财产、挪用财产或者破坏社会主义市场经济秩序,被判处刑罚,执行期满未逾五年,或者因犯罪被剥夺政治权利,执行期满未逾五年;

(三)担任破产清算的公司、企业的董事或者厂长、经理,对该公司、企业的破产负有个人责任的,自该公司、企业破产清算完结之日起未逾三年;

(四)担任因违法被吊销营业执照、责令关闭的公司、企业的法定代表人,并负有个人责任的,自该公司、企业被吊销营业执照之日起未逾三年;

(五)个人所负数额较大的债务到期未清偿。

公司违反前款规定选举、委派董事、监事或者聘任高级管理人员的,该选举、委派或者聘任无效。

董事、监事、高级管理人员在任职期间出现本条第一款所列情形的,公司应当解除其职务。

《首次公开发行股票并在创业板上市管理暂行办法》

第十九条　发行人的董事、监事和高级管理人员应当忠实、勤勉,具备法律、

行政法规和规章规定的资格,且不存在下列情形:

(一)被中国证监会采取证券市场禁入措施尚在禁入期的;

(二)最近三年内受到中国证监会行政处罚,或者最近一年内受到证券交易所公开谴责的;

(三)因涉嫌犯罪被司法机关立案侦查或者涉嫌违法违规被中国证监会立案调查,尚未有明确结论意见的。

合规要点92　录用通知未设置生效/失效条款

合规风险指数 ★★★★★

案　例

唐某原为某公司财务总监,通过猎头与橘韵公司取得联系,双方商讨招聘事宜。橘韵公司在查看唐某简历并亲自面试后于2016年10月25日向唐某发出《录用通知书》。通知书载明了唐某已经被录用,并约定了试用期工资、月薪以及其他福利补贴。并要求唐某邮件告知到岗时间,并在入职当天携带学历证书等证件前往橘韵公司签订劳动合同及岗位聘用书。同日,橘韵公司工作人员告知唐某入职时间为2016年12月1日。2016年10月28日,唐某向原工作单位提出辞职。此后,橘韵公司通过中国高等教育学生信息网查询得知,唐某存在修改学历(包括时间及专业)的行为。橘韵公司告知唐某不能再入职。2016年12月6日,唐某委托律师向橘韵公司出具《律师函》,称橘韵公司违反前合同义务,造成唐某单方离职及一定时间的失业状态,损失约22万元,要求赔偿损失。此后橘韵公司回函称唐某违背诚实信用原则,学历信息做假在先,致使公司无法与其签订劳动合同。双方就赔偿事宜协商不成,以致成诉。

裁判要点:法院认为本案的焦点在于橘韵公司通知唐某被录用后又因唐某简历学历造假为由不予录用,是否应当承担缔约过失责任。橘韵公司本应当在招聘之前秉持审慎原则考核录用人员的能力、调查录用人员的背景,但其却在录用后才进行背景调查,并违反《录用通知书》的约定决定不予录用造成唐某个人损失,应当承担相应的责任。而唐某作为财务总监,该职位级别高专业性强,对就职人员的品德要求自然也更高。而唐某不如实告知其具体专业等不诚信行为也是致使橘韵公司不履行录用通知的直接原因。最终法院按照20%及80%的比例要求橘韵公司与唐某各自承担责任。[①]

解　析

我国《民法典》合同编规定当事人在订立合同的过程中如有违背诚实信用原则给对方造成损失的,应当承担损害赔偿的缔约过失责任。在招聘环节中用人单位如无正当理由撤销录用,则需要承担相应法律责任。

合规指引

用人单位承担先合同义务,如果在发出录用通知之后出尔反尔,将给被录用者造成信赖利益的损失,用人单位需要赔偿被录用者的经济损失。

为了避免发生此种不必要的风险,用人单位在录用通知中可选择载明:(1)附条件生效条款,比如求职者须通过体检、背景调查后录用通知才生效;(2)失效条款,比如若收到录用通知书的应聘者未在指定期限内回签或提供的材料弄虚作假等,用人单位有权取消此职位或另聘他人;(3)无条件撤销条款,用人单位可在录用通知中载明,用人单位可无条件取消该录用通知。

此外,用人单位开展背景调查宜在候选人办理入职手续之前进行,与撤销录用通知相比,在候选人入职后解除劳动合同显然风险更高。

合规依据

《民法典》

第五百条　当事人在订立合同过程中有下列情形之一,造成对方损失的,应当承担赔偿责任:

(一)假借订立合同,恶意进行磋商;

(二)故意隐瞒与订立合同有关的重要事实或者提供虚假情况;

(三)有其他违背诚信原则的行为。

---

① (2019)湘01民终9595号。

合规要点 93　录用通知与劳动合同内容不一致

合规风险指数　★★★★

案　例

2017 年 6 月，王某通过了一家互联网公司的面试，该公司在面试后的一个星期向其发送了录用通知书，录用通知中约定了月工资为税前 25,000 元，工作满一年后，将在 2 个月内发放年度奖励，金额为一个月的工资。王某确认其内容与面试时告知的情况无误后，回复会按照约定的时间去公司报到。王某在正式入职的一周内与该公司签订了劳动合同，合同约定工资为 25,000 元，但没有载明年度奖励，王某见合同中未载明录用通知在合同签订之后失效，遂未对此提出异议。2018 年 9 月，王某未收到年度奖励，向公司人事确认，回复称劳动合同中未约定该条款，薪资待遇等均按照劳动合同履行，但王某认为录用通知书对双方均有效力，公司应当向其发放年度奖励。

裁判要点：法院认为劳动合同与录取通知书的内容并不冲突，录取通知书对用人单位也应当具有约束力，因此需要支付年度奖励。

解　析

劳动合同产生于录用通知之后，王某与该公司就劳动合同与录用通知的优先效力事先未进行约定。双方在录用通知中约定了年度奖励条款，而在劳动合同中没有相反的约定，录用通知的内容仍对双方具有约束力，公司应当向王某支付一个月的工资作为年度奖励。

合规指引

我们建议用人单位从以下两个方面着手进行合规性审查：

首先，审核录用通知与书面劳动合同的内容是否存在冲突。录用通知书作为用人单位单方发出的要约通知，其规定的内容在候选人作出承诺时立即生效。一般情形下，录用通知书中包含了部分劳动合同约定的内容，如工作地点、职位名称、薪酬福利等，与劳动关系建立后签订的劳动合同会出现内容上的重叠。因此，用人单位在设置劳动合同条款时，应当与录用通知进行比照，确保内容一致。

其次,约定录用通知书与劳动合同内容冲突的选择适用。如果出现劳动合同中没有约定但录用通知书上作了约定的情形,录用通知书记载的内容仍对双方具有约束力,但如果两者对同一事项作出不同的约定,则通常以后生效的文件为准。为了避免不必要的纠纷,用人单位可在录用通知书中注明,如相关内容与劳动合同不一致的,以劳动合同约定为准。

合规依据

《劳动合同法》

第十条　建立劳动关系,应当订立书面劳动合同。

已建立劳动关系,未同时订立书面劳动合同的,应当自用工之日起一个月内订立书面劳动合同。

用人单位与劳动者在用工前订立劳动合同的,劳动关系自用工之日起建立。

合规要点94　入职体检未明确体检费用承担

合规风险指数 ★★★★

案　例

马某于2014年进入神舟公司工作,担任电焊工。在职期间,马某提起劳动仲裁,要求神州公司支付包括年终奖差额、房租、入职体检费、工龄补贴等项目。其中,对于入职体检费的支付一事,马某认为体检是神州公司要求的,故应当由公司支付相关费用。而神州公司认为入职前的体检不能与职业病的体检混为一谈,且双方从未就体检费的承担有过约定,故公司不应当支付该笔费用。

裁判要点:法院认为有关入职体检费由谁来承担一事,由于本案中是马某主张公司支付体检费用,而其未提供证据证明双方约定入职体检费由公司承担的相关证据,故马某应承担举证不能的后果,最终法院没有支持马某的主张。[1]

解　析

入职体检是用人单位办理招录手续的前置流程之一,旨在通过体检保证入

① (2019)沪01民终8438号。

职员工的身体状况适合从事该专业工作，不会因其个人身体原因影响劳动合同的履行。入职体检阶段用人单位应注意和员工明确体检费用的承担主体。

合规指引

用人单位在实践中应注意避免如下误区：

1. 用人单位因没有明确具体的体检合格标准，导致以体检不合格为由拒绝招录劳动者无法举证证明。用人单位应当明确各个岗位体检需包含的项目，特别是岗位性质特殊情形的，确保与之相关的体检项目要充分，且应确定体检合格的标准并予以公示，留存体检报告。

2. 用人单位应避免安排涉及就业歧视类的体检项目，如安排乙肝病毒携带检查。

3. 用人单位因未明确体检费用的承担主体而导致双方就此发生争议。用人单位可在通知入职时与求职者约定：若体检合格，用人单位可报销；若体检不合格，则由求职者自行承担。

合规依据

《就业服务与就业管理规定》

第十九条第二款　用人单位招用人员，除国家法律、行政法规和国务院卫生行政部门规定禁止乙肝病原携带者从事的工作外，不得强行将乙肝病毒血清学指标作为体检标准。

《劳动部关于严禁用人单位录用职工非法收费的通知》

二、用人单位不得在招工条件中规定个人缴费内容，劳动行政部门要加强对用人单位招工启示、简章的审查，对违反规定的，应给予警告，并责令其改正。

二、劳动合同的订立

《劳动合同法》第三条第一款规定："订立劳动合同，应当遵循合法、公平、平等自愿、协商一致、诚实信用的原则。"根据劳动合同订立的原则，《劳动合同法》确立了劳动合同书面化、格式化等规范。

(一)劳动合同的新签

合规要点95　书面劳动合同的认定

合规风险指数 ★★★★

1. 电子劳动合同。

案　例

王某入职A公司,双方通过杭州某信息科技有限公司经营的第三方电子签名及存证平台"e签宝"签订了劳动合同。两个月后,王某因个人原因又使用"e签宝"提出了辞职。辞职后王某提起仲裁,要求A公司支付未签订纸质版劳动合同的双倍工资。

裁判要点:电子劳动合同符合《合同法》以及《电子签名法》的规定,其形式可以是有形地表现所载内容,且均为双方真实意思表示,故劳动仲裁没有支持王某的请求。①

解　析

随着科技的不断进步,"电子合同""电子签名"不断渗入人们的生活。最常见的便是人们在办理银行业务、保险业务或电信业务时所签订的合同。电子合同具有推动人力资源工作数字化、提高企业人力资源管理效率以及按照国家技术标准生成加密保护等优势。合同双方可以通过手机App或者智能电子签名交互终端签约,节约时间及空间成本。我国《电子签名法》第三条第一款、第二款规定:"民事活动中的合同或者其他文件、单证等文书,当事人可以约定使用或者不使用电子签名、数据电文。当事人约定使用电子签名、数据电文的文书,不得仅因为其采用电子签名、数据电文的形式而否定其法律效力。"鉴于《电子签名法》并未被明文禁止用于劳动合同的签订情形,司法实践中认可电子劳动合同法律效力的占据绝大多数。

① 西劳人仲案字(2017)第122号。

合规指引

尽管电子合同是法律认可的书面合同形式,但用人单位需要注意的是,电子合同的形成过程有赖于相应证据的证明。在签订电子合同时,诸如员工的身份认证、电子合同的形成时间、是否可能存在修改痕迹等都需要采取相应的技术手段,确保纠纷等发生时可以被检查、证实。

2. 人事经理未签订劳动合同的处理。

案　例

屈某入职A公司,职位为招聘副经理,具体负责A公司六大区门店人员招聘及后期指导等工作。双方一直没有签订劳动合同,但A公司为屈某缴纳了社会保险。一段时间后,A公司停用了屈某的办公OA系统,停止屈某工资的发放及社保的缴纳。屈某则要求A公司支付未签订书面劳动合同的双倍工资报酬。A公司认为屈某作为专门负责招聘等人事工作的人员,有意规避劳动合同的签订。

裁判要点:尽管屈某拥有一些人事权利,但并非A公司人事部门的工作人员,且A公司亦未提交证据证明屈某拥有与自己签订劳动合同的职权。因此,双方劳动关系存续期间未签订劳动合同系因A公司过错所致,故法院最终支持了屈某的请求。[①]

解　析

用人单位的人事主管在劳动人事业务领域通常具备较为专业的知识水平,但这并不意味着所有人事主管都天然承担起自身未签订书面劳动合同的法律责任。法院在审理此类案件的过程中仍然十分注重用人单位对"签订劳动合同是否属于该人事主管的工作职能范围"、"用人单位是否已尽到审查义务"以及"人事主管是否具有故意隐匿书面劳动合同等不良手段"等方面的审核。

合规指引

为实现合规化管理,避免不必要的纠纷,不论劳动者是否从事劳动人事岗位,用人单位都应当建立订立劳动合同的监督机制,及时审查劳动合同的签订情况并实时更新签订状态。对于总经理、人事经理等特殊岗位的劳动者,宜在入职

---

① (2018)豫01民终10703号。

时明确其岗位职责和工作权限,以便减轻争议发生时用人单位的举证责任。

合规依据

《劳动合同法》

第十条　建立劳动关系,应当订立书面劳动合同。

已建立劳动关系,未同时订立书面劳动合同的,应当自用工之日起一个月内订立书面劳动合同。

用人单位与劳动者在用工前订立劳动合同的,劳动关系自用工之日起建立。

《民法典》

第四百六十九条　当事人订立合同,可以采用书面形式、口头形式或者其他形式。

书面形式是合同书、信件、电报、电传、传真等可以有形地表现所载内容的形式。

以电子数据交换、电子邮件等方式能够有形地表现所载内容,并可以随时调取查用的数据电文,视为书面形式。

《上海市高级人民法院关于劳动争议若干问题的解答——上海高级人民法院民一庭调研指导(2010)34 号》

一、关于双倍工资的几个问题

5. 对于企业人力资源高管利用自身的工作或职务便利,故意造成未签订书面合同假象,如何处理的问题

对于一些企业经理、人事主管等负责企业人力资源管理的高管,通过隐匿书面劳动合同等不良手段,使用人单位无法提供已签订过的书面劳动合同,企业高管以此为由主张双倍工资差额的,我们认为,用人单位虽无法提供书面劳动合同的原件,但有其他证据证明双方已签订了书面劳动合同的,不属于《劳动合同法》第 82 条第 1 款关于用人单位未与劳动者订立书面劳动合同的情形,对其提出要求用人单位支付双倍工资差额的诉请不予支持。

《北京市高级人民法院、北京市劳动争议仲裁委员会关于劳动争议案件法律适用问题研讨会会议纪要(二)》

31. 用人单位法定代表人、高管人员、人事管理部门负责人或主管人员未与用人单位订立书面劳动合同并依据《劳动合同法》第八十二条规定向用人单位

主张二倍工资的,应否支持?

用人单位法定代表人依据《劳动合同法》第八十二条规定向用人单位主张二倍工资的,一般不予支持。

用人单位高管人员依据《劳动合同法》第八十二条规定向用人单位主张二倍工资的,可予支持,但用人单位能够证明该高管人员职责范围包括管理订立劳动合同内容的除外。对有证据证明高管人员向用人单位提出签订劳动合同而被拒绝的,仍可支持高管人员的二倍工资请求。

用人单位的人事管理部门负责人或主管人员依据《劳动合同法》第八十二条规定向用人单位主张二倍工资的,如用人单位能够证明订立劳动合同属于该人事管理部门负责人的工作职责,可不予支持。有证据证明人事管理部门负责人或主管人员向用人单位提出签订劳动合同,而用人单位予以拒绝的除外。

合规要点96　劳动合同的补签与倒签

合规风险指数　★★★

解　析

《劳动合同法》对劳动合同的签订时间作了明确的约定,即在用工之日起一个月内进行签订。用人单位需要严格把握劳动合同签订的时限,避免因合同延误签署造成双倍工资的支付甚至签订无固定期限劳动合同的法律后果。

合规指引

在用工过程中,用人单位只要发现存在超过一个月以上未签订书面劳动合同情形的,都应当立即停止并纠正此种违法行为,立刻与劳动者补签书面劳动合同及时止损。劳动者如不同意补签的,用人单位应及时终止劳动关系。

而对于同意补签劳动合同的劳动者,用人单位通常会选择采取倒签劳动合同的方式。但对于倒签劳动合同,司法实践中各地裁判口径差异较大。例如,四川省高级人民法院在相关判例中认为,在倒签固定期限劳动合同的情形下,劳动者主张实际用工之日后一个月起至实际补签合同之日的二倍工资的,应当予以支持。而深圳市中级人民法院的相关审判指导认为,只要劳资双方约定倒签的劳动合同期限中包括已经履行的事实劳动关系期间,则应视为双方自始签订了劳动合同,不再支持劳动者两倍工资的主张。

我们倾向性认为如果确实发生需要补签劳动合同的情形,应按实事求是的原则将合同开始期限改为实际签署日期。同时,用人单位可以在劳动合同中约定,劳资双方就劳动合同签署所涉及的权利义务已无争议。通过该方式规避未签订书面劳动合同期间的合规风险。

合规依据

《劳动合同法》

第八十二条第一款　用人单位自用工之日起超过一个月不满一年未与劳动者订立书面劳动合同的,应当向劳动者每月支付二倍工资。

合规要点 97　劳动合同的保管

合规风险指数 ★★★

案　例

何某向人民法院请求确认其与万明金公司之间存在劳动关系,并要求万明金公司向其支付未签订书面劳动合同的双倍工资。万明金公司认为其与何某之间是签订过劳动合同的,但何某本身就担任人事总务专员,日常工作便是负责公司劳动人事管理及包括其自身在内的所有公司人事档案的保存。诉讼前,何某偷偷盗走了属于公司的那份劳动合同原件。

裁判要点:万明金公司作为用人单位系员工劳动合同的保管者,同时也应当对双方劳动合同的签订情况举证予以证明。然而在庭审过程中,万明金公司提交的证据不足以证明双方签订了劳动合同,以及在已签订劳动合同的情况下何某自行取走了合同。此外,尽管何某系人事专员,但根据双方提交的证据法院无法直接认定何某具有签订劳动合同的职权。因此,万明金公司应承担举证不能的不利后果。[1]

解　析

劳动合同作为劳动关系成立的书面证明,对保护劳资双方的合法权益,规范

① (2017)京03民终8320号。

用人单位的用工管理起到至关重要的作用。需要注意的是,这里的劳动合同不仅包括书面劳动合同,还包括上文提到的电子劳动合同。

鉴于劳资双方地位不平等的原因,劳动纠纷中用人单位的举证义务往往要大于劳动者。上述案例中,无论是对何某作为人事总务专员的职权范围,还是对何某盗取劳动合同,用人单位均无法举证证明。因此应当承担举证不利的后果。

合规指引

尽管《劳动合同法》对用人单位保管劳动合同文本的法定期限规定为至少两年,但我们仍然建议用人单位尽可能长地保管劳动合同,因为劳动关系履行会是一个长期过程,而且很多争议的发生也都有一个长时间积累的过程。

为了防止上述案例情形的出现,我们建议用人单位建立健全公司档案管理制度,由专员负责员工档案的保管和日常管理,或采取电子合同的签订形式,以确保公司在发生劳动争议时不会因为劳动合同这一关键证据的缺失而导致举证不能,甚至败诉的风险。

合规依据

《劳动合同法》

第五十条第三款　用人单位对已经解除或者终止的劳动合同的文本,至少保存二年备查。

(二)劳动合同必备条款

合规要点98　劳动合同缺失必备条款

合规风险指数 ★★★★

案　例

余某与某钢铁公司签订劳动合同,合同中未约定工作岗位及劳动报酬。2017年12月26日,余某向该公司提出辞职。余某认为该公司与其签订的劳动合同缺乏工作内容、工资标准等必备条款,应向其承担赔偿责任。

裁判要点:法院认为,《劳动合同法》以第十七条就劳动合同必备条款的范围进行了规定,以第十八条、第八十一条就劳动合同缺乏必备条款的法律后果进行了规定。本案劳动合同虽缺少了工作岗位等内容,但上述第二十六条规定的法定情形中并不包含缺乏必备条款这种情形,余某以缺少必备条款为由,要求认定本案劳动合同无效,没有法律依据。经审查,本案劳动合同是双方当事人的真实意思表示,内容不违反法律规定,应为有效。遂驳回了余某的请求。

解　析

劳动合同虽然并不因为缺失必备条款而必然导致无效,但是根据《劳动合同法》第八十一条的规定,劳动行政部门可针对用人单位的此种情形责令其改正,若是给劳动者造成了损失,还应当承担赔偿责任。如果劳动合同必备条款严重缺失,一旦发生纠纷,实践中有可能被认为不符合劳动合同的形式要件,亦可能导致司法机关认定用人单位与劳动者未签订书面劳动合同,进而裁判用人单位承担未签劳动合同需支付二倍工资的责任。

合规指引

劳动合同缺少必备条款会对合同效力产生何种影响在实务中存在不同的处理观点。用人单位必须注意审查合同条款是否具备法律规定的必备条款(如劳动合同期限、工作内容等),确保合同的有效性。在审查时,用人单位首先应当注意必备条款的完整齐全,内容合法,再依据用人单位自身需求与聘用员工的特点进行深度“定制”。

用人单位也可选择以当地劳动行政部门公布的劳动合同制式版本为基础,加以修改及完善后作为本单位的劳动合同使用。2019 年 11 月 25 日,人力资源社会保障部发布了劳动合同示范文本的说明,可资借鉴。

合规依据

《劳动合同法》

第十七条　劳动合同应当具备以下条款:

(一)用人单位的名称、住所和法定代表人或者主要负责人;

(二)劳动者的姓名、住址和居民身份证或者其他有效身份证件号码;

(三)劳动合同期限;

(四)工作内容和工作地点;

(五)工作时间和休息休假;

（六）劳动报酬；

（七）社会保险；

（八）劳动保护、劳动条件和职业危害防护；

（九）法律、法规规定应当纳入劳动合同的其他事项。

劳动合同除前款规定的必备条款外，用人单位与劳动者可以约定试用期、培训、保守秘密、补充保险和福利待遇等其他事项。

第八十一条　用人单位提供的劳动合同文本未载明本法规定的劳动合同必备条款或者用人单位未将劳动合同文本交付劳动者的，由劳动行政部门责令改正；给劳动者造成损害的，应当承担赔偿责任。

合规要点 99　劳动合同条款有歧义

合规风险指数　★★★★

案　例

田某与艾奕康公司签订的《劳动合同》中有如下约定："双方签订本合同后，未经甲方同意，乙方不得在合同期内直接或间接地受聘于或服务于其他任何单位或与其他任何单位合作从事与公司或集团公司相同或类似或有竞争冲突的业务。"后双方对该条款产生争议。

公司主张该条款禁止以下两方面行为：一是在合同期内直接或间接地受聘或服务于其他任何单位；二是与其他任何单位合作从事与公司或集团公司相同或类似或有竞争冲突的业务。而员工则主张该条款应当理解为仅是禁止其不得从事或合作从事与公司或集团公司相同或类似或有竞争冲突的业务，并未禁止在其他无利益冲突的兼职行为。

裁判要点：二审法院认为，艾奕康公司与田某签订的劳动合同文本系艾奕康公司提供的格式合同，根据《合同法》第四十一条（《民法典》第四百九十八条）之规定，对条款有两种以上解释的，应当作出不利于提供方的解释，故该条款应当理解为用人单位禁止劳动者通过直接或间接地受聘或服务于其他任何单位或与其他任何单位合作形式，从事与公司或集团公司相同或类似或有竞争冲突的业务。上述解释亦符合文义解释原则和诚实信用解释原则，故该院认可田某对于双方《劳动合同》第十二条第二项理解的主张。[①]

解 析

劳动合同通常由用人单位拟定,合同条款若存在诸如工资标准不明确、工作内容不清晰等情况时,司法机关通常采纳不利于制定合同一方的解释。因此合同条款有歧义不仅可能对劳动者权益保护不利,对用人单位而言,也有可能因为约定不明或是有歧义而在诉讼仲裁中处于不利的地位。

合规指引

劳动合同的内容应简繁得当,对于国家法律、法规规定详细的内容,可以从简;对于国家法律、法规,没有具体规定的,应当尽量作出详细具体的规定。

劳动合同中的用语要力求准确、明白,避免使用引人误解或引发歧义的词句。另外,在签订劳动合同之前,用人单位应当如实告知劳动者工作内容、工作条件、工作地点、职业危害、安全生产状况、劳动报酬,以及劳动者要求了解的其他情况,以保障劳动者的知情权。

合规依据

《民法典》

第四百九十八条　对格式条款的理解发生争议的,应当按照通常理解予以解释。对格式条款有两种以上解释的,应当作出不利于提供格式条款一方的解释。格式条款和非格式条款不一致的,应当采用非格式条款。

(三)专项技术培训

合规要点 100　未明确专项技术培训范围

合规风险指数 ★★★★★

案 例

王某持有 A2 等级的驾驶证,于 2018 年 6 月应聘进入某汽车公司担任半挂

① (2018)粤 03 民终 4876 号。

牵引车驾驶员。王某经过汽车公司组织培训10天,并通过考试合格后正式上岗。其后,王某与汽车公司签订一份《劳动合同》,其中约定合同期限为两年。双方另签订一份《服务期协议》作为劳动合同附件,其中载明,“乙方(王某)于2018年6月进入甲方(汽车公司)担任驾驶员。因乙方以前没有开过半挂牵引车,不会倒车,经由甲方对乙方进行为期10天的专门培训,乙方掌握了相关驾驶技术,现乙方自愿为甲方服务两年,若乙方在服务期满前离职或辞职的,乙方自愿赔偿甲方在培训期间产生的车辆油料及车辆损耗费计人民币2500元作为违约金”。2018年9月,王某向汽车公司提出离职申请,后于2018年10月离开该公司。2018年11月,汽车公司向劳动争议仲裁委员会提起仲裁,请求裁决由王某支付违反服务期约定的违约金。

裁判要点:仲裁委员会经审理后认为,汽车公司对于王某进行的是职业培训,而并非专业技术培训,故不能约定服务期和违约金。对于汽车公司的仲裁请求,依法不予支持。

解　析

专项技术培训与入职培训、在职培训等不同,是指对履行岗位职责所需的专门知识、专业技能所作的培训,且专项技术培训的开展时间一般是在员工进入用人单位一段时间后,其作用是为了提升员工的专业技能。现行法律未明确定义专项技术培训的范围,若此时用人单位没有相关规定明确表示哪些培训属于专项技术培训,而法官囿于专业难以进行判断,可能作出对用人单位不利的判断。

合规指引

实践中,对培训的定性通常在法院审判服务期类的劳动纠纷案件常见的争议焦点。法官对于专项技术培训的范围无明确的法律依据,一般依据常识与举证情况进行裁判。企业在证明培训为专业技术培训时可以从以下几个方面进行举证:

一是培训的内容和目的。职业培训的内容一般以劳动者从事日常工作所需要的知识、技能为主,有时也涉及一些辅助性知识的学习,主要目的是提高劳动者的日常劳动效率和劳动质量。专业技术培训的内容则较为专业,一般都有很强的针对性。例如,单位成套引进设备后,需要培训专门的人员负责该设备的操作和维护;单位根据自身业务需要选送劳动者到相关机构进修,以获得相应的资质证书或从业资格;单位为拓展某项业务,选送劳动者进行有针对性地学习和训练,以掌握从事该新业务所必需的技能,等等;上述培训的内容一般是劳动者事前并未具备的知识或技能,或者劳动者虽然具有相应基础,但并未深入掌握以及尚无法熟练运用的特殊知识和技能,培训的目的是使劳动者能胜任更高层次或更加专业的工作。

二是培训的对象。职业培训的范围一般没有特殊限制,可能包括单位的全体劳动者或者从事某一工种的全体员工,是普及型的培训。专业技术培训的对象是个别的劳动者,而且通常都是用人单位经过严格挑选后确定的人员,是专业型和个体型的培训。

三是培训的费用。职业培训的费用应从用人单位纳入的日常职工教育经费中支出,具体分摊到每一名员工的金额一般都不会太高。专业技术培训所需要支付的培训费用通常较高,且用人单位可能还需要为此另外付出交通费、食宿费、培训津贴等附加的费用,上述培训费和开支需要用人单位纳入专项培训费用和预算进行开支。

对于企业管理中需要与员工明确的点可以包括:(1)与劳动者签订单独、正式的服务期协议;(2)知悉并确认培训目的和性质;(3)员工的岗位职责说明;(4)明确技术培训内容;(5)对应的员工职业规划;(6)详细的培训记录(包括但不限于培训课程表、员工签到、培训证书、培训总结等文件);(7)其他可以证明培训与岗位相符且具有针对性的证据。

合规依据

《劳动合同法》

第二十二条第二款、第三款　劳动者违反服务期约定的,应当按照约定向用人单位支付违约金。违约金的数额不得超过用人单位提供的培训费用。用人单位要求劳动者支付的违约金不得超过服务期尚未履行部分所应分摊的培训费用。

用人单位与劳动者约定服务期的,不影响按照正常的工资调整机制提高劳动者在服务期期间的劳动报酬。

合规要点 101　未签订专项培训协议

合规风险指数 ★★★

案　例

横县人民医院与彭某于 2015 年 3 月 31 日解除劳动关系，同日，横县人民医院向彭某出具《解除劳动合同证明》，因彭某进修后未服务满五年就辞职，经双方充分协商，彭某同意医院用其 2015 年 2 月和 3 月的工资抵扣违约金。后彭某就此向横县劳动人事仲裁委员会申请仲裁，仲裁委员会于 2016 年 6 月 24 日裁决医院返还彭某 15, 155 元。后横县人民医院起诉至法院，请求法院判令其不用返还。

裁判要点：法院认为，本案中对彭某到广西壮族自治区人民医院进修的事项，医院与彭某没有签订服务期协议，故医院以彭某进修后未服务满五年为由要求彭某支付违约金 15, 155 元无事实依据。医院虽然在庭审中对未签订服务期协议的原因作了说明，但医院作为用人单位，对劳动者进行专业技术培训是否要订立协议约定服务期，应承担更多的注意义务，现医院未与彭某签订服务期协议，应由医院自行承担未订立协议的后果，遂判决横县人民医院返还被告彭某 15, 155 元。①

解　析

用人单位与劳动者约定服务期的，应当签署服务期协议，且应包含服务期限、专业培训内容等。用人单位要求劳动者承担培训服务期违约金的前提是用人单位为劳动者提供专项培训费用，进行专业技术培训，并且签订有服务期的协议。原则上来说，在服务期内，劳动者不能任意提出离职，否则承担违约责任，应当按照法律规定支付相应的违约金，但如果双方未签订培训服务期协议，仅有劳动合同，则劳动者提前解除合同，无须支付违约金。

合规指引

企业为劳动者提供培训协议的，应当与其签订服务期协议。签订服务期协

① （2016）桂 0127 民初 1978 号。

议时应当注意以下事项:

1. 签约前提。协议须以真实的出资培训等提供特殊待遇为前提。企业有直接出资的(技术或专业技能)专业培训等特殊待遇,并有支付费用相关凭证的才能跟员工签订服务期协议,否则不能约定服务期。

2. 签约时间。服务期协议应当在专项技术培训开始前签订。否则,如果培训已经开始而劳动者不同意签署服务期协议的,企业将无法要求劳动者赔偿已经支出的培训费用。

3. 对象选择。试用期内的员工不受服务期约束,即使与其签订了服务期协议,试用期员工一旦辞职,也无须支付违约金。因此,尽量选择劳动年限长的核心岗位或高级岗位人才,并对其忠诚度和离职倾向进行综合评估,优先选择低离职率的员工。

4. 协议内容。培训服务期协议的内容一般应当包含培训时间、地点、培训内容、培训费、服务期、违约情形、违约责任等,其中培训内容、服务期和违约责任是核心。服务期限要合理,应综合考虑所提供专业技术培训的时间长短、费用等确定,通常 3 ~5 年在实践中较常见。违约金数额不能超过公司为员工支出的培训费用总额。

合规依据

《劳动合同法》

第二十二条　用人单位为劳动者提供专项培训费用,对其进行专业技术培训的,可以与该劳动者订立协议,约定服务期。

劳动者违反服务期约定的,应当按照约定向用人单位支付违约金。违约金的数额不得超过用人单位提供的培训费用。用人单位要求劳动者支付的违约金不得超过服务期尚未履行部分所应分摊的培训费用。

用人单位与劳动者约定服务期的,不影响按照正常的工资调整机制提高劳动者在服务期期间的劳动报酬。

第二十五条　除本法第二十二条和第二十三条规定的情形外,用人单位不得与劳动者约定由劳动者承担违约金。

(四)劳动合同无效

合规要点102 劳动合同无效的情形

合规风险指数 ★★★★

案 例

农村进城务工人员陈某在和公司订立劳动合同时表示不愿缴纳社会保险,希望公司将应缴纳的社保费连同工资支付给自己。公司与陈某在劳动合同中对此作了明确约定,陈某亦签署了保证不再要求公司缴纳社会保险费的承诺书。劳动合同到期后,在公司通知陈某不再续签劳动合同后,陈某却要求公司为其补缴社保。经劳动行政部门调处,责令该公司应为陈某补缴社保,陈某则应将已领取的社会保险费返还给公司。

解 析

这个案例涉及劳动合同无效制度。劳动合同无效或者部分无效的情形有以下几种:

1. 以欺诈、胁迫的手段或者乘人之危,使对方在违背真实意思的情况下订立或者变更劳动合同的。根据现有的司法实践,"欺诈"具体指一方当事人故意告知对方当事人虚假的情况,或者故意隐瞒真实的情况,诱使对方当事人作出错误意思表示的行为。比如,常见的有劳动者伪造学历、履历或者提供其他虚假情况以骗取与用人单位签订劳动合同;用人单位虚假承诺向劳动者提供福利待遇或夸大工资标准等。"胁迫"具体指以给公民及其亲友的生命健康、荣誉、名誉、财产等造成损失或者以给法人的荣誉、名誉、财产等造成损害为要挟,迫使对方作出违背真实意思表示的行为。"乘人之危"具体指一方当事人乘对方处于危难之际,为谋取不正当利益,迫使对方作出不真实的意思表示,严重损害对方利益的行为。

2. 用人单位免除自己的法定责任、排除劳动者权利的。由于劳动合同由用人单位提供,实务中可能出现用人单位利用其优势地位制定某些霸王条款。比如"合同存续期间不得恋爱、结婚和生育""对工伤概不负责""用人单位无需为劳动者缴纳社会保险/员工自愿放弃缴纳社会保险”等。

3. 违反法律、行政法规强制性规定的。这是一个兜底条款。主要包括:劳动合同订立主体资格不合法,如童工、非法用工主体;劳动合同内容不合法,如违反职业病防治法、安全生产法、卫生法、最低工资法等规定的约定内容;劳动合同的实施后果不合法,如双方恶意串通,损害国家、集体或者第三人利益,或者以合法形式掩盖非法目的,或者损害社会公共利益的。当然,还会有其他违反强制性规定的行为,主要是违反强制性劳动标准的行为。上述案件就属于这种情形。参加社会保险是用人单位的强制性义务,该义务不因当事人的任何约定而被排除或免除。

合规指引

违背法律法规强制性规定的劳动合同条款必然无效,所以当企业在制定劳动合同时应当谨慎审查各个条款是否有悖于法律法规的效力性强制性规定。用人单位应严格根据国家和地方法律法规规定确定劳动合同的内容,避免出现劳动合同条款因违法而导致无效的情形。

同时,用人单位应当向劳动者主动告知与其订立、履行劳动合同的相关内容,不得有隐瞒、欺诈之行为。用人单位在招用劳动者时,应对劳动者的身份进行必要、审慎的核实。但是如果劳动者违反诚实信用而隐瞒婚姻、生育情况等,而且该类信息与履行劳动合同不直接相关,尽管劳动者未如实说明,用人单位仍不得以严重违纪解除劳动者劳动合同或请求确认劳动合同无效。

此外,在合同条款或内容的拟定中,应注意利益平衡,避免出现“免除自己的法定责任、排除劳动者权利”情况。利益平衡的把握首先是要明确用人单位的权责范围,其次是按照“保护劳动者”利益的原则来衡量相关条款或内容的合理性,最后是注意倾听劳动者的意见或诉求,以避免无效情形的发生。

合规依据

《劳动合同法》

第二十六条　下列劳动合同无效或者部分无效:

(一)以欺诈、胁迫的手段或者乘人之危,使对方在违背真实意思的情况下订立或者变更劳动合同的;

(二)用人单位免除自己的法定责任、排除劳动者权利的;

（三）违反法律、行政法规强制性规定的。

对劳动合同的无效或者部分无效有争议的，由劳动争议仲裁机构或者人民法院确认。

第二十七条　劳动合同部分无效，不影响其他部分效力的，其他部分仍然有效。

第二十八条　劳动合同被确认无效，劳动者已付出劳动的，用人单位应当向劳动者支付劳动报酬。劳动报酬的数额，参照本单位相同或者相近岗位劳动者的劳动报酬确定。

合规要点 103　劳动合同无效的处理

合规风险指数 ★★★★

案　例

2018 年 5 月，李某通过招聘网站应聘某互联网用人单位的部门主管，李某在简历中写明其具有国内某知名大学的研究生学历并提交了相关证明材料，且声称曾在多家互联网创新用人单位担任过主管，并且虚构了曾参与多个大型项目的事实。公司与其签订了为期两年的劳动合同，但入职两个月后，发现其业务能力并不如其所述，其研究生学历存在造假的情况。随后用人单位解除劳动合同，向仲裁委提起仲裁，请求确认劳动合同无效，并要求李某返还用人单位支付的两个月的工资款。

裁判要点：仲裁委经过审理认为，李某系以欺诈的手段导致用人单位与其签订了劳动合同，属于法定无效情形，但是劳动合同无效并不代表劳动关系不存在，根据《劳动合同法》第二十八条的规定，用人单位仍应支付李某相应的劳动报酬。

合规指引

首先，关于因无效合同而产生的劳动关系的处理。如"以欺诈、胁迫的手段或者乘人之危，使对方在违背真实意思的情况下订立或者变更劳动合同的"而被认定为无效合同的，劳动合同适用解除的规定。其中，用人单位违反这一项规定，劳动者可以随时解除劳动合同，用人单位应当支付经济补偿金，违者应当支付二倍的赔偿金;劳动者违反这一项,用人单位可以随时解除劳动合同,不必支付经济补偿金。针对其他无效情形,劳动合同是适用解除还是自始无效,《劳动合同法》中没有作出规定,法律后果不清楚。笔者认为,在劳动者无过错的情形下,应该按照集体合同、同工同酬和相关国家标准保护劳动者的权利,并且从高适用标准。至于其他情形,依照当事人的过错大小以及造成的实际损失,由当事人协商,或者交由执法人员依法裁量。

其次,关于因履行无效劳动合同而产生的劳动报酬的处理。《劳动合同法》规定:"劳动合同被确认无效,劳动者已付出劳动的,用人单位应当向劳动者支付劳动报酬。劳动报酬的数额,参照本单位相同或者相近岗位劳动者的劳动报酬确定。"这里排除了当事人重新约定劳动报酬数额,或者按照已经履行的数额发放劳动报酬的空间。

另外,需要提醒注意的是,对劳动合同的无效或者部分无效有争议的,由劳动争议仲裁机构或者人民法院确认。劳动合同部分无效,不影响其他部分效力的,其他部分仍然有效。

合规依据

《劳动合同法》

第八条　用人单位招用劳动者时,应当如实告知劳动者工作内容、工作条件、工作地点、职业危害、安全生产状况、劳动报酬,以及劳动者要求了解的其他情况;用人单位有权了解劳动者与劳动合同直接相关的基本情况,劳动者应当如实说明。

第二十八条　劳动合同被确认无效,劳动者已付出劳动的,用人单位应当向劳动者支付劳动报酬。劳动报酬的数额,参照本单位相同或者相近岗位劳动者的劳动报酬确定。

《最高人民法院关于审理劳动争议案件适用法律问题的解释(一)》(法释〔2020〕26 号)

第四十一条　劳动合同被确认为无效,劳动者已付出劳动的,用人单位应当按照劳动合同法第二十八条、第四十六条、第四十七条的规定向劳动者支付劳动报酬和经济补偿。

由于用人单位原因订立无效劳动合同,给劳动者造成损害的,用人单位应当赔偿劳动者因合同无效所造成的经济损失。

三、劳动合同的续订

随着《劳动合同法》的普及，用人单位与劳动者未续签订书面合同的情况明显减少，但是否有必要与劳动者续订劳动合同，劳资双方何时续订劳动合同等方面的争议则仍然层出不穷。这些争议涉及确认劳资双方意思表示，续签劳动合同的类型以及未续签劳动合同所带来的法律后果等问题。

合规要点 104　未及时续签导致二倍工资的认定

合规风险指数　★★★★

案　例

刘某入职北京北海建材公司。入职时双方签订的劳动合同期限为 2013 年 2 月 16 日至 2014 年 2 月 15 日。后双方又续签了三年，期限至 2017 年 2 月 15 日。劳动合同期满后双方未进行续签，但刘某实际工作至 2017 年 6 月 15 日。刘某要求公司支付未及时续签劳动的合同的二倍工资差额。

裁判要点：双方劳动合同在 2017 年 2 月 15 日到期后，北海建材公司未通知刘某进行续签，事实上刘某也继续在北海建材公司工作。在北海建材公司不能证明未续签责任不在公司，也未能证明公司已按照法律规定书面通知刘某终止劳动关系的情形下，应承担未及时续签劳动合同导致支付二倍工资的法律后果。①

解　析

关于未签劳动合同二倍工资差额问题。经用人单位书面通知续签后，劳动者不与用人单位订立书面劳动合同的，用人单位应当书面通知劳动者终止劳动关系，无须向劳动者支付经济补偿。否则，应当承担未及时签订劳动合同的法律

① （2018）京 02 民终 1659 号。

后果。实践中,即便劳动者拖延续签劳动合同,用人单位也应及时作出终止劳动关系的处理,而非放任双方劳动关系存续直至争议发生。

合规指引

用人单位在劳动合同到期续签过程中,应注意避免以下操作误区:

1. 未能在劳动合同到期前确定双方的续签意向,导致劳动合同延误签署,从而带来二倍工资风险。用人单位应预留好一定的时间,提前通过书面、邮件等书面方式固定续签意见,以防止员工出尔反尔。

2. 在员工拖延续签或拒绝续签后,未及时终止劳动关系。在员工拒绝续签的情况下,原合同期满不仅属于合法终止而且无须支付补偿金。但如果用人单位放任致使合同逾期终止,则直接产生经济补偿金和二倍工资支付的双重风险。

3. 滥用劳动合同自动顺延条款。有些用人单位为了控制合同续签风险,直接在劳动合同中约定合同到期无异议的自动续签一年。该约定虽然能够规避二倍工资风险,但同时也增加了用人单位被要求续订无固定劳动合同的风险。同时自动续签后用人单位也丧失了及时终止劳动合同的权利。

合规依据

《劳动合同法》

第八十二条　用人单位自用工之日起超过一个月不满一年未与劳动者订立书面劳动合同的,应当向劳动者每月支付二倍的工资。

用人单位违反本法规定不与劳动者订立无固定期限劳动合同的,自应当订立无固定期限劳动合同之日起向劳动者每月支付二倍的工资。

合规要点 105　无固定期限劳动合同的认定

合规风险指数 ★★★★

案　例

赵某进入爱玛客上海分公司工作。2017 年 9 月 25 日,公司人事专员给赵某发送“合同到期不续签通知”的电子邮件,表明赵某劳动合同将于同年 10 月 13

日到期,且公司决定不再与其续签劳动合同。当日公司还通过 EMS 向赵某的住址寄送了与上述邮件内容相同的《劳动合同到期不续签通知书》。2017 年 9 月 30 日,赵某向孙某回复电子邮件,表示要和公司续签无固定期限劳动合同。2017 年 10 月 9 日,赵某通过快递向公司邮寄了"要求续签无固定期限劳动合同的函",其中载明赵某与爱玛客上海分公司已两次签订固定期限劳动合同的事实,要求签无固定期限劳动合同意愿。爱玛客上海分公司最终还是在 10 月 13 日终止了双方的劳动合同。

裁判要点:根据《劳动合同法》第十四条的规定,连续订立二次固定期限劳动合同续订劳动合同的,除劳动者提出订立固定期限劳动合同外,应当订立无固定期限劳动合同。该条规定的前提是双方都提出或同意续订劳动合同,而本案中,赵某并没有向法院提供爱玛客上海分公司续签无固定期限劳动合同的意思表示的相关证据,故法院没有支持赵某的请求。①

解 析

《劳动合同法》第十四条对无固定期限劳动合同的签订条件作出了规定。但有关这一规定的具体适用问题,各地裁审的口径并不一致。在上海地区,如果用人单位一开始就没有续订的意向直接要求终止合同的,则易被司法机关认定为不符合《劳动合同法》第十四条第三款规定的续订劳动合同的要求,无须签订无固定期限的劳动合同。而在北京等地区,用人单位的单方续订意向并非司法机关考量的重点要素。只要劳动者满足连续订立两次固定期限劳动合同的情况并提出续订要求,用人单位就应当与其订立无固定劳动合同。

合规指引

有关无固定期限劳动合同的签订问题,用人单位首先应充分掌握所在地方的司法审裁口径,确定劳动者应当签订无固定期限劳动合同的条件。除上海地区外,司法实践一般认为两次合同到期后,只要劳动者提出续订无固定期限劳动合同的,用人单位不得行使合同的终止权。

实践中,用人单位同意续订固定期限劳动合同并向劳动者征求意见,但劳动者为了保护自身的利益选择无固定期限的劳动合同的情况较为常见。此种情形

---

① (2018)沪 01 民终 13689 号。

下,即便是上海地区,用人单位也不再享有拒绝签订无固定劳动合同或是终止劳动合同的权利,而是必须与劳动者签订无固定期限劳动合同。

当然,如果经双方协商一致,用人单位亦可与劳动者签订固定期限合同。此种情形下,用人单位宜通过续签意见表等书面材料予以证据固定,以防止劳动者出尔反尔。

合规依据

《劳动合同法》

第十四条第二款、第三款　用人单位与劳动者协商一致,可以订立无固定期限劳动合同。有下列情形之一,劳动者提出或者同意续订、订立劳动合同的,除劳动者提出订立固定期限劳动合同外,应当订立无固定期限劳动合同:

(一)劳动者在该用人单位连续工作满十年的;

(二)用人单位初次实行劳动合同制度或者国有企业改制重新订立劳动合同时,劳动者在该用人单位连续工作满十年且距法定退休年龄不足十年的;

(三)连续订立二次固定期限劳动合同,且劳动者没有本法第三十九条和第四十条第一项、第二项规定的情形,续订劳动合同的。

用人单位自用工之日起满一年不与劳动者订立书面劳动合同的,视为用人单位与劳动者已订立无固定期限劳动合同。

四、劳动合同的履行与变更

劳动合同的履行是劳资双方依据劳动合同、规章制度以及法律规定各自行使权利、履行义务的过程。劳动合同的变更则是双方就劳动权利义务的具体内容进行动态调整的过程,二者共同维系劳动关系不断向前发展,这也是劳动合同作为继续性合同特点的重要体现。

(一)劳动合同的履行

《劳动合同法》第二十九条规定:“用人单位与劳动者应当按照劳动合同的约定,全面履行各自的义务。”即要求双方当事人预先将劳动关系履行过程中的内容完全以书面的形式详细约定,如有任何变化都应通过劳动合同的书面变更来进行。

换言之,《劳动合同法》确立了"全面履行书面合同的原则",但该原则与《劳动法》的规定不同。《劳动法》第十七条第二款规定:"劳动合同依法订立即具有法律约束力,当事人必须履行劳动合同规定的义务。"在实践中,一般理解《劳动法》将劳动合同视为双方当事人就劳动关系所约定的基础性内容,劳动关系中实际产生的权利义务可以高于但不能低于劳动合同所确立的内容。这一规定本身并未排除通过实际履行的方式,由此使劳动合同的内容在实践中得到不断丰富。

但是,立法者认为实践中很多劳动者的利益受损,其原因就是用人单位依靠自己强势地位,制定出不合理的规章制度,主要是劳动定额和劳动报酬制度,并且在劳动合同履行中,单方、强制改变劳动合同约定内容,进而导致劳动者更为弱势。

因此,《劳动合同法》大大强调了书面合同的作用,将劳动合同的履行完全视为履行书面劳动合同。在此基本原则指导下,《劳动合同法》又形成了一般履行制度和特殊履行制度。

合规要点 106　全面履行制度的适用

合规风险指数 ★★★

解　析

《劳动合同法》将劳动关系的履行过程视为书面劳动合同的履行过程,并将劳动关系的全部内容统统归入书面的规章制度、劳动合同。

《劳动合同法》考虑到劳动者的弱势地位,凡涉及劳动者的义务性内容主要归入规章制度整体约定,凡主要涉及劳动者权利性内容的归入劳动合同个别约定,特别重要的内容重复约定,从而形成两套书面化的文件。对此两套文件,当事人都必须完全遵照执行。

规章制度凡直接涉及劳动者切身利益的,应当经过职工代表大会或者全体职工讨论,并经与工会或职工代表协商确定,此外还必须公示或者告知劳动者;劳动合同由用人单位与劳动者协商一致,并经用人单位与劳动者在劳动合同文本上签字或者盖章生效,并由用人单位和劳动者各执一份。

当然,在没有约定、规定或约定、规定不明的情况下,依法履行劳动合同也是全面履行制度的应有之义。

合规指引

除按照劳动合同约定全面履行之外,需要提醒企业注意以下三点:

1. 由于劳动法法律体系较为庞杂,法律法规,规章制度,地方性法规甚至包括法院、仲裁院的裁判口径等数量繁多、各不相同,用人单位在具体履行劳动合同的过程中应当特别注意对国家层面,地方层面甚至各个仲裁院、法院处理口径的把握,以免陷入不必要的纠纷当中。

2. 同时,法律法规也存在随时施行、变更及废止的可能性。用人单位的相关规章制度、劳动合同等内容应根据法律法规、规章制度、地方性法规等的出台和变化适时作出调整,避免给劳动关系的依法履行带来负面影响。

3. 跨地区用工,有关合同的履行标准各地区有差异的,原则上按照履行地优先的原则来执行(主要是和劳动过程相关的标准),除非用人单位所在地的标准高于履行地标准并且双方协商一致选择用人单位所在地标准。

合规依据

《劳动合同法》

第三条第二款　依法订立的劳动合同具有约束力,用人单位与劳动者应当履行劳动合同约定的义务。

第二十九条　用人单位与劳动者应当按照劳动合同的约定,全面履行各自的义务。

《劳动合同法实施条例》

第十四条　劳动合同履行地与用人单位注册地不一致的,有关劳动者的最低工资标准、劳动保护、劳动条件、职业危害防护和本地区上年度职工月平均工资标准等事项,按照劳动合同履行地的有关规定执行;用人单位注册地的有关标准高于劳动合同履行地的有关标准,且用人单位与劳动者约定按照用人单位注册地的有关规定执行的,从其约定。

合规要点107　劳动报酬的履行

合规风险指数　★★★★★

解　析

获取劳动报酬，对于劳动者来说，是建立劳动关系的主要目的。全面履行书面合同的原则要求将劳动报酬的数额、支付方式、支付时间事先在规章制度或劳动合同中进行详细约定。一般来说，涉及劳动报酬的整体内容可以约定在集体合同和规章制度中，涉及劳动者的个别内容可以约定在劳动合同中。

劳动合同对劳动报酬一经约定，双方当事人必须严格依约履行。《劳动法》第五十条规定："工资应当以货币形式按月支付给劳动者本人。不得克扣或者无故拖欠劳动者的工资。"《劳动合同法》第三十条第二款规定："用人单位拖欠或者未足额支付劳动报酬的，劳动者可以依法向当地人民法院申请支付令，人民法院应当依法发出支付令。"

合规指引

实践操作中应注意以下四点：

1.《劳动合同法》以"拖欠"替代原《劳动法》中的"无故拖欠"。《劳动合同法》没有"无故"二字，因此，企业应避免以各种理由逾期不发工资。当然遇到2020年新冠肺炎、地震等不可抗力的情形，或者遇到其他客观障碍并且及时告知劳动者的情况，可以不视为拖欠。

2.《劳动合同法》以"未足额支付劳动报酬"替代原劳动法中"克扣"。《劳动合同法》不再强调"克扣"的主观过错，只强调未支付劳动报酬客观状态，并且特别强调一定要"足额"。这为用人单位的工资制度提出了极为苛刻的要求。

3. 如果对劳动报酬没有约定或约定不明，则需要按照如下原则来确定劳动报酬：首先，适用最低工资制度；其次，执行集体合同的约定；最后，没有集体合同，则按照同工同酬原则来确定。而同工同酬是指用人单位对于从事相同工作，付出等量劳动且取得相同劳绩的劳动者，应支付同等的劳动报酬。

4.《劳动合同法》引入"申请支付令"的有关规定。《劳动合同法》将这项制度移植到劳动领域。用人单位拖欠或者未足额支付劳动报酬的，劳动者可以依法向当地人民法院申请支付令,人民法院应当依法发出支付令。

此外,《劳动合同法》第八十五条还规定,用人单位未按照劳动合同的约定或者国家规定及时足额支付劳动者劳动报酬的、低于当地最低工资标准支付劳动者工资的、安排加班不支付加班费的,由劳动行政部门责令限期支付劳动报酬、加班费;劳动报酬低于当地最低工资标准的,应当支付其差额部分;逾期不支付的,责令用人单位按应付金额 50% 以上 100% 以下的标准向劳动者加付赔偿金。

合规依据

《劳动合同法》

第十一条　用人单位未在用工的同时订立书面劳动合同,与劳动者约定的劳动报酬不明确的,新招用的劳动者的劳动报酬按照集体合同规定的标准执行;没有集体合同或者集体合同未规定的,实行同工同酬。

第三十条　用人单位应当按照劳动合同约定和国家规定,向劳动者及时足额支付劳动报酬。

用人单位拖欠或者未足额支付劳动报酬的,劳动者可以依法向当地人民法院申请支付令,人民法院应当依法发出支付令。

合规要点 108　劳动定额的履行

合规风险指数 ★★★

解　析

劳动定额是指在一定的生产技术和生产组织条件下,为生产一定量合格产品或完成一定量的工作预先规定的劳动消耗标准,或是在单位时间内预先规定的完成合格产品数量的标准。劳动定额包括时间定额和产量定额两种形式,时间定额是指生产单位合格产品或完成一定工作所需要的时间;产量定额是指单位时间内应完成的合格产品的数量。在用人单位的劳动管理中,劳动定额具有重要作用,它是单位制订生产计划的重要依据,也是考核员工的重要指标。

对劳动定额的标准,《劳动法》规定要合理制定,按国家工时制度执行,即企业制定的劳动定额标准可以让员工在每日工作时间不超过 8 小时、平均每周工作时间不超过 40 小时的情况下完成。《劳动合同法》的规定对劳动定额制定及与劳动定额密切相关的计件工资制的加班待遇问题产生一定影响。

合规指引

1. 用人单位应当严格执行劳动定额标准。《劳动合同法》将劳动定额管理作为涉及劳动者切身利益的重大事项，要求职工代表大会或者全体职工讨论，提出方案和意见，与工会或者职工代表平等协商确定。劳动定额确定之后，用人单位应当严格执行劳动定额标准。

2. 用人单位安排加班的，应当按照国家有关规定向劳动者支付加班费。

3. 不得强迫或者变相强迫劳动者加班，否则劳动者提出可以立即解除劳动合同。

合规依据

《劳动合同法》

第三十一条　用人单位应当严格执行劳动定额标准，不得强迫或者变相强迫劳动者加班。用人单位安排加班的，应当按照国家有关规定向劳动者支付加班费。

合规要点 109　诚实信用原则的适用

合规风险指数　★★★★

案　例

饶某凭借其出色的工作经历进入中科财富公司担任市场总监，工资颇高。试用期内，公司发现饶某简历造假，遂与饶某解除了劳动合同。饶某不服，要求恢复与公司的劳动关系。

裁判要点：法院认为，“一个企业欲录用员工，通常首先要求员工必须具备诚实守信、团队精神、职业道德等品性，这是企业录用员工的共性条件；其次才是对员工岗位的个性要求”。饶某尽管在数十家企业任职，但入职时间大多仅为数月。这些实情并未向中科财富公司如实反映，甚至还对部分工作经历进行造假。试用期期间，用人单位有理由对劳动者进行更为严苛的考察。饶某的不诚信行为在先,中科财富公司有权与其解除劳动合同。[1]

解　析

司法实践中,诚实信用原则的贯彻和落实越来越被司法机关所关注。随着《劳动合同法》的深入实施,近年来,劳动者故意不签订书面劳动合同骗取双倍工资、身份造假、履历造假、违反劳动者基本职业道德等劳动纠纷层出不穷,其背后反映了劳动者不诚信行为的高发。而用人单位的规章制度并不能穷尽所有事项,法律规定也可能存在漏洞,故劳资双方的权利义务关系亟须引入诚实信用原则,通过司法判决予以正面引导。对于任何一方违反诚实信用原则的,法律都不应给予其利益保护。

合规指引

诚实信用原则是对用人单位和劳动者的共同要求。一方面,用人单位应当在劳动合同履行过程中遵循该原则,对于用人单位作出的单方承诺不得随意单方变更。如果用人单位自身不能兑现承诺或者严格按照有关约定履行义务,则很难苛求劳动者也完全坚守诚信原则。

另一方面,用人单位在制定劳动合同条款、规章制度条款时可列入诚实信用原则的相关内容,如规定劳动者在职期间不得提供虚假信息,不得从事损害公司利益的活动等,如有违反则按违纪处理,如造成公司损害的情形,则可能导致劳动合同解除。用人单位在入职前也可通过合法手段事先采集劳动者的个人工作履历等信息,以便事后核查。对于严重违反诚信的行为,用人单位可根据情节轻重,结合员工的解释说明、认错态度依照规章制度进行处理。

合规依据

《劳动合同法》

第三条第一款　订立劳动合同,应当遵循合法、公平、平等自愿、协商一致、诚实信用的原则。

(二)劳动合同的变更

劳动合同只是一纸静态的书面文件,很难全面规划和应对未来各种纷繁复

① (2017)沪02民终2877号。

杂的情况，这就产生了变更劳动合同的需要。劳动合同的变更通常是在劳动关系的内容须作某种调整时发生的，是对原劳动合同的内容作部分的修改、补充或废除。通过劳动合同的变更，使劳动法律关系主体双方的权利义务得到改变。

动态中出争议。实践中，大量的争议都是在劳动合同动态调整过程中发生的，因此劳动合同变更的合规问题是企业劳动人事管理的“重灾区”。

合规要点110　劳动合同变更的方法

合规风险指数　★★★★★

案　例

从事资深策划工作的杨某有一份不错的薪水待遇。但杨某怀孕后接到了人事部的一份换岗合同，要求她在薪资待遇不变的前提下，即日起从事清洁工的工作，负责清扫公司男、女厕所，负责地面、纸篓、马桶和洗手面盆等的清洁、消毒和卫生工作。

裁判要点：公司的调岗行为具有侮辱性、歧视性。工作内容明显不合理。该调岗行为公司系滥用管理自主权，应属无效。

解　析

很显然，用人单位知晓“三期”女职工的相关保护规定，所以没有解除与杨某之间的劳动关系，甚至还确保了她的工资待遇不变。但用人单位新安排的工作内容明显带有惩罚、侮辱性质，所从事的工作内容与劳动者原岗位差异过大，且不符合普通公众认知。最终法院对公司的调岗行为也作了否定评价。但是，实践中出现的各类情况是如何变更劳动合同的呢？劳动者不同意是不是就不可以变更劳动合同了呢？

按照《劳动法》及其配套的规定，劳动合同变更主要通过四种方式：一是实际变更，即通过单方面变更后，另一方接受并实际履行；二是书面变更，即双方协商一致签订变更协议；三是法定变更，即法定情况出现后的强制变更；四是替代变更，即将劳动合同短期化，以重新签订合同替代合同变更。其中，实际变更和书面变更本质上属于约定变更或者自愿变更。

但是，根据《劳动合同法》的规定，上述四种变更制度将面临不同的命运。

1. 实际变更被书面变更所取代。

《劳动合同法》第三十五条规定:"用人单位与劳动者协商一致,可以变更劳动合同约定的内容。变更劳动合同,应当采用书面形式。变更后的劳动合同文本由用人单位和劳动者各执一份。"这一条款有以下含义。

其一,双方当事人原来已经存在书面的劳动合同。没有一个已经生效的书面劳动合同,就谈不上《劳动合同法》意义上的合同变更。这是劳动合同变更的前提条件。

其二,劳动合同变更应当采取自愿变更形式,双方需要协商一致。

其三,《劳动合同法》将合同变更确定为书面形式。

其四,变更后的劳动合同文本应当由用人单位和劳动者各执一份。

《劳动合同法》只允许自愿的书面变更。这为当事人的实践操作提出了更高的要求。

2. 法定变更被最新立法所忽略。

从世界各国的劳动法来看,劳动合同的变更可以分为自愿变更和法定变更两类,我国目前主要是对前一类变更作规定。通过劳动合同所确立的劳动关系具有隶属性,劳动过程具有复杂性,各国立法除主要对约定变更规定外,还根据劳动者和用人单位在进行劳动过程时,遇到的实际情况,对法定变更作规定。法定变更是指在法律有明文规定的情况下,劳动合同关系可由于一方当事人的要求而变更,另一方当事人对这种变更要求不得拒绝。主要有以下三类规定:

其一,劳动者自身健康情况和生理变化导致的单方变更劳动合同。例如《日本劳动标准法》第六十五条规定:"怀孕女工如要求调换轻便工作,雇主应予以调换。"我国《女职工劳动保护条例》也作了类似的规定。此外,《劳动合同法》的第四十条第一项中有关"劳动者患病或者非因工负伤,在规定的医疗期满后不能从事原工作,也不能从事由用人单位另行安排的工作的"的规定,也可理解为一种法定变更。对于其他情况,《劳动合同法》未作规范。

其二,劳动者"不能胜任"工作,用人单位可以单方变更劳动合同。《劳动法》第二十六条第二项规定,劳动者不能胜任工作,经过培训或者调整工作岗位,仍不能胜任工作的,用人单位可以解除劳动合同。《劳动合同法》第四十条第二项也作了同样的规定。从上述规定来看,劳动者不能胜任工作,用人单位有权对员工进行培训,或者调整工作岗位。这就涉及法定变更制度。

其三,用人单位根据经营需要单方临时性变更合同。从表面来看,我国没有对临时性变更作出规范。在实际生活中,往往是由劳动部门作规定。在我国,生产性停工、延期支付等其实都是一种法定变更合同。例如,劳动部1994年在《工资支付暂行规定》第十二条规定:"非因劳动者原因造成单位停工、停产在一个工资支付周期内的,用人单位应按劳动合同规定的标准支付劳动者工资。超过一个工资支付周期的,若劳动者提供了正常劳动,则支付给劳动者的劳动报酬不得低于当地的最低工资标准;若劳动者没有提供正常劳动,应按国家有关规定办理。"

在《劳动合同法》没有明确固定法定变更,同时也没有完全否定法定变更的情况下,笔者认为,上述三种强制变更应当理解为仍可以继续执行。不过,笔者认为,强制变更应当是一种法定变更,否则强制变更会成为一种强者随意摆弄弱者的利器。

3. 替代变更将越来越难。

这次劳动合同立法中,为校正劳动合同短期化的问题,立法者作出了一系列的规定,这将导致替代变更越来越难以实施。这可以体现在以下几个措施:

其一,连续两次签订固定期限合同,如果没有法定情况出现,劳动者可以提出签订无固定期限劳动合同,此时用人单位不得拒绝。此时续签的劳动合同一般应维持原来的劳动合同条件。这种措施将导致替代变更往往只有一次机会,就是第二次签订劳动合同的时候。

其二,连续工作满十年,劳动者可以提出签订无固定期限劳动合同,此时用人单位也不得拒绝。这进一步将替代变更的范围缩小。

其三,如果用人单位实际用工一年后仍不签订劳动合同,此时的劳动关系视为无固定期限合同。这时,用人单位的替代变更机会将不复存在。

综上,在劳动合同变更上,《劳动合同法》与《劳动法》强调的重点不同。两相比较,《劳动法》是从内容的角度强调,理论上说这种变更可以体现在书面形式中也可以体现在其他形式中;《劳动合同法》则是从书面形式的角度强调变更,以至于被很多人理解成不允许其他形式的变更。但实践中劳动权利义务存在动态调整的可能,劳动合同相关要素调整缺乏书面形式的情况并不少见。比如,用人单位与劳动者就劳动报酬调整达成口头协议并实际履行,此种变更是否有效?

合规指引

近年来,司法实践不断出台的裁判口径和判例,实际上综合了《劳动法》与《劳动合同法》的规定,主要有以下三种处理思路:

1. 书面协商变更。

书面协商变更是《劳动合同法》确定的调岗方式,双方在书面协议上签署或签字认可即可,操作比较简单。只是所谓的“书面”形式问题,司法机关并不拘泥于人们所熟知的纸质形式,而是有所放宽。例如,上海市高级人民法院在2009年73号文中就明确:《劳动合同法》第三十五条规定,劳动合同变更的应当采取书面形式。这里的书面形式要求,包括发给劳动者的工资单、岗位变化通知等。因为随着劳动合同的持续履行,劳动合同双方的权利义务本身必然会不断变化。例如随着劳动者工作时间的增加,其休假、奖金标准发生的自然变化等,都属于劳动合同的变更。因此,对于劳动合同变更的事项,能够通过文字记载或者其他形式证明的,可以视为“书面变更”。

2. 口头协商变更。

实践中大部分变更都是通过口头协商变更方式进行的。《最高人民法院关于审理劳动争议案件适用法律问题的解释(一)》第四十三条规定,变更劳动合同未采用书面形式,但已经实际履行了口头变更的劳动合同超过一个月,且变更后的劳动合同内容不违反法律、行政法规以及公序良俗,当事人以未采用书面形式为由主张劳动合同变更无效的,人民法院不予支持。从这个规定来看,口头协商调岗的操作要领有三个:第一,企业与劳动者已经对调岗问题在口头上达成了一致意见;第二,调岗的内容不违反法律、行政法规、国家政策以及公序良俗;第三,双方实际履行调岗内容已经超过一个月。在这三个要领中,需要重点关注最后一个,即证明调岗事项已经实际履行超过一个月。至于口头是否协商成功,事后发生争议时,当事人往往难以举证,因此,在双方发生调岗争议时,司法机关往往会根据实际履行的状况来推定双方是否口头上已协商一致。由此,固定实际履行的证据则是强化调岗法律效力的关键。

3. 企业单方变更。

对于企业是否具有单方变更的权利实践中一直存在较大争议。笔者认为,企业单方变更的权利仍是被广泛认可的。从常见的调岗问题来说,单方调岗的方式可以分为两种类型:法定的单方调岗和约定的单方调岗。

(1)法定的单方调岗。

法定单方调岗的主要依据是《劳动合同法》第四十条,尽管这个法条是针对企业单方解除权而设置的,但其中隐含着企业单方调整岗位的权利。本条规定了以下三种情形:第一种,劳动者患病或者非因工负伤,在规定的医疗期满后不能从事原工作,也不能从事由用人单位另行安排的工作的,用人单位可以解除合同。这里实际上赋予企业在医疗期满后劳动者仍不能从事原工作的情况下的单方调整权,即"另行安排工作"。这里用的是"安排",显然不是要求协商一致才能调整工作岗位。第二种,劳动者不能胜任工作,经过培训或者调整工作岗位,仍不能胜任工作的,用人单位可以解除合同。这里也实际上赋予了企业在员工不能胜任原工作的情况下单方调整岗位的权利。当然,企业也可以安排不能胜任的员工接受培训。第三种,劳动合同订立时所依据的客观情况发生重大变化,致使劳动合同无法履行,经用人单位与劳动者协商,未能就变更劳动合同内容达成协议的,用人单位可以解除合同。尽管这个条款使用的是"用人单位与劳动者协商"的表述,但协商不成的后果是用人单位可以解除劳动合同,这等于是要求劳动者要么答应变更劳动合同或接受调岗,要么拿钱走人。所以,从性质上可以将此类调整归类于企业单方调整岗位。实践中,企业采用上述三种方式进行单方调整岗位时,切记要满足法律规定的条件:医疗期有无届满,劳动者是否真的不能胜任、不能从事原工作,劳动合同订立时的客观情况是否发生重大变化等。

(2)约定的单方调岗。

近年来,基于尊重当事人的意识自治、承认企业经营自主权或用工自主权的角度,越来越多的司法判例开始对约定的单方调岗予以积极、正面的评价。研究各种约定的单方调岗案例,总结下来有以下三种形式:第一种,事先在劳动合同中约定单方调岗的条件、程序和调整的内容。这种方式也可以归类于书面协商调岗范畴,但实践中往往很多约定是概括性的,这无异于单方赋予了企业调整权。第二种,在规章制度中明确调岗权利,主要是在员工的奖惩制度中予以明确,例如如何晋升、如何降职等。第三种,没有明确的合同依据和规章制度依据,但基于劳动合同签署时概括性的授权,即将劳动力支配权转让给用人单位,用人单位可以合理地调整员工的工作岗位。

合规依据

《劳动合同法》

第三十五条　用人单位与劳动者协商一致,可以变更劳动合同约定的内容。变更劳动合同,应当采用书面形式。

变更后的劳动合同文本由用人单位和劳动者各执一份。

第四十条　有下列情形之一的,用人单位提前三十日以书面形式通知劳动者本人或者额外支付劳动者一个月工资后,可以解除劳动合同:

(一)劳动者患病或者非因工负伤,在规定的医疗期满后不能从事原工作,也不能从事由用人单位另行安排的工作的;

(二)劳动者不能胜任工作,经过培训或者调整工作岗位,仍不能胜任工作的;

(三)劳动合同订立时所依据的客观情况发生重大变化,致使劳动合同无法履行,经用人单位与劳动者协商,未能就变更劳动合同内容达成协议的。

《最高人民法院关于审理劳动争议案件适用法律问题的解释(一)》(法释〔2020〕26号)

第四十三条　用人单位与劳动者协商一致变更劳动合同,虽未采用书面形式,但已经实际履行了口头变更的劳动合同超过一个月,变更后的劳动合同内容不违反法律、行政法规且不违背公序良俗,当事人以未采用书面形式为由主张劳动合同变更无效的,人民法院不予支持。

合规要点111　事先约定调岗调薪权利的效力

合规风险指数 ★★★★

解　析

事先约定根据企业经营状况、组织架构等对员工进行调岗调薪有效吗?

回答这个问题,首先需要厘清劳动合同无效制度。根据《劳动合同法》的规定,在以下三种情况下当事人的约定会被认定为无效:(1)违反法律、行政法规强制性规定的。因法律法规层面没有禁止用人单位调岗调薪的规定,所以调岗调薪的约定不会据此认定无效的。(2)以欺诈、胁迫的手段或者乘人之危,使对方在违背真实意思的情况下订立或者变更劳动合同的。关于调岗调薪的约定一般也不会存在此类无效情形。当然,如确有证据证明用人单位存在此类情形,员工可以向仲裁委员会或法院主张无效,在此之前也可以拒绝调整岗位。(3)用人单位免除自己的法定责任、排除劳动者权利的。这个规定被人们称为立法者给用人单位布的一个“口袋阵”。一般来说,事先约定调岗调薪的情况下,如果该约定清晰而明确,未来出现约定的情况时,用人单位将劳动者调整到事先约定好的具体岗位,应视为劳动合同履行,该条款应视为有效。例如,事先约定6个月后或某项工作任务完成后将被指派到新岗位工作,那么这个约定原则上是有效的。但是,如果调岗调薪的内容不清晰、不明确,则存在排除劳动者协商变更劳动合同权利的问题,司法实践往往会认定该条款无效或者要求用人单位就调岗调薪的充分合理性进行举证。

尽管《劳动合同法》规定调岗调薪原则上应当协商一致,但是企业生产经营活动是不断发展变化的,用人单位在劳动合同中约定可以根据经营情况调整劳动者岗位或薪酬,是行使劳动请求权的一种方式,符合《劳动法》原理。但是,在实际调岗调薪时还是经常引发劳动争议。用人单位认为既然劳动者已答应,就应无条件服从,而劳动者则认为这种约定显失公平,具体调整岗位多是报复劳动者,而非生产经营需要。针对此类争论,司法机关倾向认为,劳动关系成立时用人单位对劳动者即具有劳动请求权,劳动合同中的约定原则上应予认可。问题是任何权利的行使都应在合理范围内,单位拥有劳动请求权,并不意味着可以随心所欲地支配劳动者。实际发生的案件中,有的单位以经营需要为由,将技术工程师调整到门卫,将办公室文员调整到保洁岗位,明显地超过一般人可以接受的范围,引起劳动者的极大不满。因此,上海市高级人民法院就规定,用人单位和劳动者因劳动合同中约定,用人单位有权根据生产经营需要随时调整劳动者工作内容或岗位,双方为此发生争议的,应由用人单位举证证明其调职具有充分的合理性。用人单位不能举证证明其调职具有充分合理性的,双方仍应按原劳动合同履行。而北京市高级人民法院则明确,用人单位与劳动者约定可根据生产经营情况调整劳动者工作岗位的,经审查用人单位证明生产经营情况已经发生变化,调岗属于合理范畴,应支持用人单位调整劳动者工作岗位。用人单位与劳动者在劳动合同中未约定工作岗位或约定不明的,用人单位有正当理由,根据生产经营需要,合理地调整劳动者工作岗位属于用人单位自主用工行为。判断合理性应参考以下因素:用人单位经营必要性、目的正当性,调整后的岗位为劳动者所能胜任、工资待遇等劳动条件无不利变更。

合规指引

通过上述分析可见,事先约定调岗调薪原则上是有效的,但为防范劳动争议,用人单位应该重点把握以下操作要点:

第一,变合同变更为合同履行。也就是说,在事先约定中,如果能够对未来调岗调薪有清晰的预判和规划,就可以在协议里明确什么时间、什么情况下可以调整,调整到什么岗位,对应什么薪酬等。简单来说就是事先约定好调整路径,接下来根据这个规划操作即可。这种情况下,所谓的调岗调薪只是按照协议履行而已,司法机关原则上都会对这样的约定予以认可。

第二,概括性的约定调岗调薪,应在决定调整前,重点审查调整理由是否充分合理。所谓的充分合理可以结合用人单位经营必要性、目的正当性,调整后的岗位为劳动者所能胜任,工资待遇等劳动条件无不利变更,是否对劳动者的工作、生活有重大影响,是否对劳动者具有侮辱性、歧视性等方面进行综合分析和判断。例如,广东省高级人民法院规定,企业因自身发展规划进行的搬迁,属于劳动合同订立时所依据的客观情况发生重大变化,用人单位应与劳动者协商变更劳动合同内容。未能就变更劳动合同内容达成协议的,劳动者要求解除劳动合同以及用人单位支付解除劳动合同的经济补偿金的,予以支持。但如果企业搬迁未对劳动者造成明显的影响,且用人单位采取了合理的弥补措施(如提供班车、交通补贴等),劳动者解除劳动合同理由不充分的,用人单位无须支付解除劳动合同的经济补偿金。

第三,应注意调整程序上的规范性和公正性。实践中很多调岗调薪的事由并不能界定为"客观情况发生重大变化"进而可以依法调整,或者该事由主要是企业内部的变化,如股权调整、组织结构调整等,难以证明其调整的充分合理性。这种情况下,建议用人单位尽量通过程序方面的工作来弥补。例如,组织架构调整,可以通过上级公司的决策,本公司内部的股东会、董事会的决议,公司发布的相关通知、通告,与员工的协商、沟通记录等来证明充分合理性。实体和程序如能相互配合,将相得益彰。

合规要点112　调岗能否降薪

合规风险指数 ★★★★★

案　例

张某在仲氏公司工作，担任上海分公司所长。双方签订的劳动合同约定张某应当服从公司正常的工作调动，工资随岗调整。2019年仲氏公司下发人事变动通知，称由于张某工作业绩不佳，被调整至生产管理科担任副科长。一个月后张某领到工资并发邮件给公司高层，称其并未同意降薪。随后提交了辞职信，并提起劳动仲裁要求支付工资差额和经济补偿金。

裁判要点：公司与劳动者对调岗调薪有明确约定，但用人单位不可滥用此权利单方对劳动合同做不利变更。尽管仲氏公司以张某调岗已满一个月为由，主张张某认可调岗调薪，但实际上由于工资发放周期的原因，张某在次月才收到工资，并在收到后的第三天就提出了异议，因此无法认定张某对调薪事宜认可。因此，仲氏公司应当支付张某的工资差额。①

解　析

司法实践中，用人单位应对调岗调薪的合法性及合理性负有举证责任。用人单位在运用《最高人民法院关于审理劳动争议案件适用法律若干问题的解释（四）》第十一条②，即实际履行原则时，也应当注意留存劳动者知晓调岗调薪的相关证据，避免因举证不利承担败诉风险。

合规指引

岗位和薪酬都是劳动合同的必备条款，也是建立和维持劳动关系的核心要素。调岗能否降薪，关键在于是否按照如下四个原则来操作，即约定优先、薪随岗变、同工同酬、合理适当。

第一个原则“约定优先”。尽管调岗的类型有很多种，原因也多样，但基于意识自治的原则，如果用人单位和劳动者能够就调岗后的薪酬达成一致意见，无

① （2019）鲁10民终3151号。

② 对应法释〔2020〕26号第四十三条。

论是事先约定好标准,还是事后达成协议,司法机关原则上都会肯定其法律效力。但约定优先并不意味着可以违背最低工资这一强制性规定,否则用人单位应该补发与最低工资的差额。不过,理想是美好的,现实是残酷的,很多情况下企业与劳动者并不能就调岗后的薪酬达成协议,没有约定的情况下,薪酬该如何确定呢?

这就要适用第二个原则,即薪随岗变。这个原则实际上就是按劳分配原则的具体内容之一。按劳分配原则是我国《宪法》和《劳动法》共同确立的基本原则。劳动者在不同岗位上付出的劳动是有区别的,无论是在工作时间还是劳动强度抑或劳动效率上。因此,实践中人们普遍接受这样的说法"以岗定薪""岗变薪变""薪随岗变",上述说法实际上也获得了各级司法机关的认可。因此,如果企业对劳动者岗位调整是合法的话,在双方无法达成协议的情况下,那么劳动者的薪酬也会因为岗位的确定而确定。但问题又来了,新岗位的薪酬怎么来定呢?薪酬的确定,我国《劳动法》首先规定,用人单位可以根据本单位的生产经营特点和经济效益,依法自主确定本单位的工资分配方式和工资水平。因此,绝大部分情况下,岗位的薪酬都是由企业决定的。

不过,我国《劳动法》对企业制定薪酬标准也有限制,这个限制就是调岗降薪中所要遵循的第三个原则"同工同酬"。按照《关于劳动法若干条文的说明》(劳办发〔1994〕289号)的解释,"同工同酬"是指用人单位对于从事相同工作、付出等量劳动并且取得同等劳动业绩的劳动者,支付其相同的劳动报酬。根据这个解释,"同工"有三个标准:从事相同工作、付出等量劳动、取得同等业绩,符合这三个标准才"同酬"。同工同酬不等于同岗位同劳动报酬。例如,上海市高级人民法院就明确,由于劳动者存在个体差异,因此不能简单以不同劳动者是否在相同岗位工作作为"同工"的标准,而应综合考虑劳动者的个人工作经验、工作技能、工作积极性等特殊因素,允许用人单位依此对相同工作岗位的劳动者在劳动报酬方面有所差别。在实践中,把握同工同酬原则还有一个操作难题,即用人单位安排的这个岗位并无其他同类岗位,无法比较是否符合同酬。实践中,司法机关一般会根据《劳动合同法》的立法精神"参照用人单位所在地相同或相近岗位劳动者的劳动报酬确定"。也就是说,在没有企业标准的情况下,就按照社会标准来衡量,这个社会标准可以是各地劳动行政部门发布的平均工资、工资指导线、行业协会发布的工资标准、社会上具有公信力的薪酬调查报告等。

当然,实践中仍然会出现按照上述三个原则还是无法确定岗位薪酬的问题。此时,司法实践中遵循的原则是“合理适当”。例如,上海市规定,劳动合同中明确约定调整工作内容与工资报酬的有关条件,当事人可按约定履行。劳动合同中虽有工作内容和工资报酬调整的约定,但调整的条件和指向不明确的,用人单位应当提供充分证据证明调整的合理性,用人单位不能证明调整合理性的,劳动者可以要求撤销用人单位的调整决定。北京市规定,“用人单位在调整岗位的同时调整工资,劳动者接受调整岗位但不接受同时调整工资的,由用人单位说明调整理由。应根据用人单位实际情况、劳动者调整后的工作岗位性质、双方合同约定等内容综合判断是否侵犯劳动者合法权益”。天津市规定,企业单方调整劳动者的岗位,要审查“调整后的工作岗位的劳动待遇水平与原岗位基本相当,但根据《劳动合同法》第四十条第一项、第二项,因劳动者患病或者非因公负伤,在规定的医疗期满后不能从事原工作而被调整岗位,或者因劳动者不能胜任工作而调整岗位的除外”。

合规依据

《劳动法》

第四十七条 用人单位根据本单位的生产经营特点和经济效益,依法自主确定本单位的工资分配方式和工资水平。

《工资支付暂行规定》

第十七条 用人单位应根据本规定,通过与职工大会、职工代表大会或者其他形式协商制定内部的工资支付制度,并告知本单位全体劳动者,同时抄报当地劳动行政部门备案。

合规要点113 拒绝调岗的处理

合规风险指数 ★★★★

合规指引

首先,对于书面协商一致的调岗,很少存在事后反悔的问题。一旦出现这种情况,直接会被认定为不诚信,也会被认定为违约行为,企业完全可以根据合同约定和规章制度行使管理权,其中,视情节给予违纪处分就是顺理成章的事情了。

其次,对于口头协商一致的调岗,实践中经常出现员工在新岗位工作一段时间后又拒绝继续工作的情况。根据《最高人民法院关于审理劳动争议案件适用法律问题的解释(一)》第四十三条的规定,这里要注意把握一个时间界限,也就是说,在一个月内,如员工拒绝调整,则应重新协商处理,除非单位能够证明员工确实违背了承诺;而不应直接简单粗暴地认定员工的拒绝调岗行为属于违约行为或者违纪行为;如超过一个月,则视为双方已经协商变更了劳动合同,双方当事人都应当严格按照调整后的岗位内容来履行劳动合同,违反者可以给予必要的纪律处分。

再次,对于法定的单方调岗要区别处理。针对医疗期满的调岗,首要的是判断劳动者是不是属于不能从事原工作的情况,然后再审视新安排的岗位是否与劳动者的身体状况、职业技能、劳动报酬相适应,如果上述条件都成就的话,员工原则上不可以拒绝调岗。如员工拒绝调岗,用人单位可以采取两种措施,一种是视为其不能从事用人单位另行安排的工作,可以解除劳动合同,并给予其经济补偿金,这种方式比较柔和,一般也不会激化矛盾;另一种是视为违纪行为,针对各种情节给予必要的纪律处分,这种措施比较激烈,一般容易激化矛盾,甚至引发劳动争议。建议遇到此类情况时,应慎重选取违纪处分这种方式。在实践中,为了维持利益平衡,司法机关往往会要求用人单位证明这种纪律处分是否有依据,具体的调岗行为是否存在不合法、不合理的情形,如此高标准的审判尺度往往会产生对用人单位不利的法律后果。针对不能胜任的调岗,在操作上与医疗期满的调岗情形具有相似性,在符合不能胜任的前提下,用人单位同样可以采取一手软一手硬的措施来行使管理权或解雇权。只不过,在具体的案件审理过程中,司法机关对用人单位进行违纪处分的审查标准相对会宽松一些,毕竟不能胜任状况的出现主要责任在劳动者个人,不宜对用人单位提出更高的要求。针对客观情况发生重大变化的调岗,《劳动合同法》的要求是协商变更劳动合同,既然是协商,员工当然就可以拒绝,在员工拒绝的情况下,用人单位只能够行使解除权,而不应该行使纪律处分权。

最后,对于约定的单方调岗,实践中经常产生拒绝调岗的情形。对于此类调岗情形,如用人单位确实能够证明调岗行为充分合理性的话,原则上可以参照上述法定的单方调岗建议来操作。尽管如此,我们也不可以就此得出"如果单方调岗不具有充分合理性，用人单位不可以给予员工纪律处分”的结论。正确的做法是要根据员工拒绝调岗后的行为性质来确定。例如，上海市高级人民法院就认为，实践中，一些用人单位根据生产经营需要对劳动者的工作岗位进行调整，劳动者对此未明确拒绝仅表示需要考虑。之后劳动者既未到新的工作岗位报到，也未到原岗位出勤，用人单位遂以旷工为由解除劳动合同，后经法院审查认为用人单位的调岗不具有合理性。部分法院对用人单位是否违法解除有不同意见：第一种意见认为，用人单位未与劳动者协商一致单方变更劳动合同，且该调岗不具有合理性，用人单位有错在先，劳动者旷工系用人单位未按约定提供工作条件所致，故用人单位解除劳动合同不具有合法性。第二种意见认为，接受用人单位的指挥和管理是劳动者的基本合同义务，用人单位调岗虽不具有合理性，但双方应当积极协商，劳动者不应以旷工的方式进行消极对抗，如依照相关规章制度规定劳动者旷工属严重违反劳动纪律的，用人单位可依法解除劳动合同。针对这两种截然不同的意见，上海市高级人民法院给出以下倾向性的指导意见：虽《劳动合同法》规定用人单位与劳动者协商一致可以变更劳动合同，但也不可否认用人单位因生产结构、经营范围进行调整或外部市场发生变化的情况下行使经营管理自主权，在合法、合理的前提下对劳动者岗位进行适当调整，对此劳动者应当予以配合，这也是劳动关系人身从属性的具体体现。如劳动者对调整工作岗位有异议，应当采用协商的方式解决，而不应当以消极怠工的方式进行抵制或对抗。故如果劳动者既未到新的工作岗位报到也未到原岗位出勤的，按照用人单位规章制度规定确属严重违纪的，用人单位可以与劳动者解除劳动合同。

另外，建议在按照上述意见处理员工时，仍要从人性化的角度，及时通知员工并给员工必要的申辩机会。

合规依据

《广东省高级人民法院、广东省劳动人事争议仲裁委员会关于审理劳动人事争议案件若干问题的座谈会纪要》

第二十二条　用人单位调整劳动者工作岗位，同时符合以下情形的，视为用人单位合法行使用工自主权，劳动者以用人单位擅自调整其工作岗位为由要求解除劳动合同并请求用人单位支付经济补偿的，不予支持：

(1)调整劳动者工作岗位是用人单位生产经营的需要；

(2)调整工作岗位后劳动者的工资水平与原岗位基本相当;

(3)不具有侮辱性和惩罚性;

(4)无其他违反法律法规的情形。

用人单位调整劳动者的工作岗位且不具有上款规定的情形,劳动者超过一年未明确提出异议,后又以《劳动合同法》第三十八条第一款第(一)项规定要求解除劳动合同并请求用人单位支付经济补偿的,不予支持。

《天津市高级人民法院关于印发〈天津法院劳动争议案件审理指南〉的通知》

19.【用人单位单方调整工作岗位的合法性审查】用人单位对劳动者的工作岗位进行调整,应当同时具备以下条件:

(1)符合劳动合同的约定或者用人单位规章制度的规定;

(2)符合用人单位生产经营的客观需要;

(3)调整后的工作岗位的劳动待遇水平与原岗位基本相当,但根据《中华人民共和国劳动合同法》第四十条第一项、第二项,因劳动者患病或者非因公负伤,在规定的医疗期满后不能从事原工作而被调整岗位,或者因劳动者不能胜任工作而调整岗位的除外;

(4)调整工作岗位不具有歧视性、侮辱性;

(5)不违反法律法规的规定。

用人单位因生产经营状况发生较大变化,经济效益出现下滑等客观情况,对内部经营进行调整,属于用人单位经营自主权的范畴,由此导致劳动者岗位变化、待遇水平降低,劳动者主张用人单位违法调整工作岗位、降低待遇水平的,不予支持。

用人单位主张调整劳动者工作岗位合法,应承担举证证明责任。

(三)劳动合同的承继

合规要点114　合并分立的认定标准

合规风险指数 ★★★★

解　析

我国《公司法》第九章对公司的合并与分立进行了明确规定。公司合并分为两种:一种是吸收合并,即 A 公司吸收 B 公司,B 公司解散;另一种是新设合并,即 A 公司与 B 公司合并设立 C 公司,A 公司、B 公司各自解散。不论是吸收合并还是新设合并,合并各方的债权债务均由存续公司或新设公司予以承继。

同样,公司的分立也存在两种情形,一种是存续分立,即 A 公司的一部分被单独分立出来,形成 B 公司,而 A 公司仍然存续。另一种是解散分立,即 A 公司分立为 B 公司、C 公司,A 公司不再存续。不论是存续分立还是解散分立,分立后的公司应当对分立前公司的债务承担连带责任,但公司在分立前即与债权人达成债务清偿书面协议的除外。

合规指引

虽然合并分立可能导致部分法人主体需进行工商注销登记,但基于《劳动合同法》的明文规定,劳动者的劳动合同仍应当由合并或分立后的主体承继履行,用人单位不得以合并分立为由直接行使劳动合同解除权。同样,劳动者也不能仅以公司发生合并分立而向公司主张经济补偿金。

特殊情形下,如用人单位合并分立的同时带来公司组织架构发生变化(如部门或岗位的撤销等),公司则可根据具体情况研判是否构成《劳动合同法》上"客观情况发生重大变化"的事由,与受影响的员工协商变更劳动合同或解除劳动合同。确符合法律规定的单方解除条件的,用人单位应当在履行相应程序后依法解除劳动合同并支付相应的经济补偿金。

合规依据

《公司法》

第一百七十二条　公司合并可以采取吸收合并或者新设合并。

一个公司吸收其他公司为吸收合并,被吸收的公司解散。两个以上公司合并设立一个新的公司为新设合并,合并各方解散。

《劳动合同法》

第三十三条　用人单位变更名称、法定代表人、主要负责人或者投资人等事项,不影响劳动合同的履行。

第三十四条　用人单位发生合并或者分立等情况,原劳动合同继续有效,劳动合同由承继其权利和义务的用人单位继续履行。

五、劳动合同的解除

劳动合同的解除在《劳动合同法》中占据的条款最多,同时也是劳动争议案件的“重灾区”。尽管劳动者与用人单位都具有单方解除劳动合同的权利,但是如何合法有效地行使该权利,是每个用人单位必须面对和思考的问题。

本章主要指引用人单位单方解除劳动合同的操作流程及注意事项,并特别区分员工过错解除和员工无过错解除情形下用人单位需要特别关注的环节,以规避因劳动合同解除操作不当产生法律风险。

表 2-16 员工过错解除和无过错解除的比较

比较项目	过错解除	无过错解除
解除原因	员工存有过错行为(试用期不符合录用条件、严重违纪、严重失职等)	一方情势的变化(患病医疗期满、不胜任工作、部门撤销、公司搬迁、公司分立合并、公司经营发生严重困难)
解除时间	即时解除,无提前通知期	预告解除,须提前通知或支付相应“代通知金”
支付补偿	无经济补偿金	有经济补偿金
适用对象	所有员工	除解雇保护群体外的所有员工

(一)劳动者过错解除

用人单位在劳动者存在过错的情况下提前解除劳动合同,属于用人单位的法定权利,也是用人单位管理自主权的充分体现。但用人单位并非对劳动者的任何过错都可以行使解除劳动合同的权利,只有在符合《劳动合同法》第三十九条规定的六种情形时才能解除劳动合同。除试用期不符合录用条件解除外,过错解除的适用对象包括所有在职员工。

合规要点 115　试用期不符合录用条件解除

合规风险指数 ★★★

案　例

蒋某入职某公司从事行政主管工作,双方签订为期三年的劳动合同,合同约定六个月试用期,蒋某入职时签收了《录用条件确认书》。《录用条件确认书》载明了蒋某的岗位具体录用条件及考核指标,“如员工不得提交虚假材料、迟到早退不超过 2 次/月,请假不超过 2 次/月;若试用期员工所在部门或小组 5 人以上经民主、公开评议,有 2/3 以上其他员工认为试用期员工团队协作、配合能力差等情形,均属于不符合录用条件”。

某公司在试用期内通过电子邮件告知蒋某解除劳动合同,解除原因为蒋某不符合《录用条件确认书》规定的录用条件。蒋某申请仲裁,要求某公司恢复劳动关系。①

解　析

在劳动合同中约定试用期,对用人单位和劳动者而言是双向选择权,该约定从用人单位的角度考察劳动者是否具有职务的适合性、是否能够满足工作需求。试用期内用人单位可以解除劳动合同,但是该解除权的行使有严格条件限制,并非允许用人单位滥用试用期解除权。用人单位对劳动者作出的试用期评价结论应当有事实依据并提供有效的证据予以证实,同时应向劳动者明确说明理由。

本案中,首先,某公司已提供员工签字的《录用条件确认书》,表明蒋某已清楚知晓所应聘岗位的录用条件及考核指标。其次,蒋某确存在不符合录用条件的事实,如填写的应聘/入职信息表提交虚假材料或工作经历与事实不符、请事假超过 4 天、未及时提交试用期总结报告超过 5 个工作日等。所以蒋某存在多项不符合录用条件的事实,虽然行政主管的工作内容难以量化,但根据分解后的

---

① (2019)沪 02 民终 9317 号。

工作职责及相应权重占比,对员工进行考核具有合理性。某公司向蒋某告知试用期考核不达标的结果及不符合录用条件的理由。最终法院认定某公司已告知蒋某录用条件,并且在对蒋某进行考评后告知了蒋某不符合录用条件的结论,并附有相应事实依据,某公司据此解除与蒋某的劳动合同,并无不妥,驳回了蒋某的全部诉讼请求。

合规指引

用人单位如要解雇试用期内的劳动者,评判标准是劳动者在试用期内是否符合“录用条件”,需要注意把握以下合规问题:

1. 违法约定试用期。

《劳动合同法》第十九条第一款规定:“劳动合同期限三个月以上不满一年的,试用期不得超过一个月;劳动合同期限一年以上不满三年的,试用期不得超过二个月;三年以上固定期限和无固定期限的劳动合同,试用期不得超过六个月。”这是法律强制性规定,用人单位与劳动者约定试用期只能参照此法定标准,超出法定标准约定的试用期无效。

2. 重复约定试用期。

同一用人单位与同一劳动者只能约定一次试用期。也就是说,就同一个劳动者,无论与用人单位是第几次签署劳动合同,试用期只能约定一次。有的单位在试用期满或劳动合同期满续签时又重复约定试用期,该做法显然是无效的。

3. 录用条件约定不明。

用人单位在录用员工过程中应尽量明确界定何为“录用条件”,如在员工手册、劳动合同中对“录用条件”作清晰的约定。用人单位可以要求员工在入职同时签署岗位职责说明书、目标责任书、考核指标、工作指令、工作计划等一项或多项类似考核性文件,最佳方式是将这些文件作为劳动合同的附件。

除明确约定录用条件外,如何固定不符合“录用条件”就显得特别重要,企业可以从以下证据着手:

(1)各阶段的考核表/评估表(需同步搜集员工签字或告知员工的证据);

(2)直线经理的工作反馈记录(直线经理指出员工工作瑕疵或工作不足等);

(3)平行部门或其他同事的反馈记录(指出员工工作瑕疵或未积极配合等);

(4)来自第三方的反馈记录(客户的投诉信、行政机关的处罚决定等);

(5)员工工作汇报记录(如工作邮件中存在工作延时、不符合要求等);

(6)与员工相关的数据、报告(财务、销售等数据统计报告、审计报告等);

(7)试用期面谈记录等。

在有些案例中用人单位仅搜集到一份试用期评估表就草率作出解雇决定,在随后发生的劳动争议案件中常有司法机关要求用人单位对评估表记载内容的相关事实进行举证的情形,用人单位由于举证不能而导致败诉。因此,不断跟踪员工试用期的表现(提出工作要求、给予工作反馈、要求改进等)并固定证据,是控制试用期解除劳动合同风险最有力的手段。

4. 解雇不说明理由。

试用期内以不符合录用解雇员工需说明理由亦是《劳动合同法》的强制性要求。一旦员工不符合录用条件,很多用人单位会直接发出解雇通知并在通知中描述不符合录用条件的理由。但是,如在解除合同之前(发出解雇通知前)便能说明理由,给予员工申辩的机会,不仅有利于争议的化解(有时员工可能接受自行辞职),即使发生争议,也可以佐证公司解雇程序上的规范操作。在此过程中企业可注意保全以下证据:

(1)试用期面谈记录表(如果员工拒绝在记录表上签字,仍可事后通过邮件、录音、录像等方式告知面谈的时间、地点和内容,以佐证面谈实际发生的事实);

(2)已送达的试用期考核评估表(如果员工拒绝签字,仍建议直线经理将评估表通过邮件、录音、录像等方式送达员工,以证明在解除前公司曾告知员工试用期不符合录用条件理由);

(3)对员工提出申诉的反馈记录(员工可能对试用期评估的全部内容或部分内容提出异议,直线经理可研究其提出的异议是否成立,如不成立建议给予员工书面反馈)。

合规依据

《劳动合同法》

第十七条第二款　劳动合同除前款规定的必备条款外,用人单位与劳动者可以约定试用期、培训、保守秘密、补充保险和福利待遇等其他事项。

第十九条第一款　劳动合同期限三个月以上不满一年的,试用期不得超过一个月;劳动合同期限一年以上不满三年的,试用期不得超过二个月;三年以上固定期限和无固定期限的劳动合同,试用期不得超过六个月。

第二十一条　在试用期中,除劳动者有本法第三十九条和第四十条第一项、第二项规定的情形外,用人单位不得解除劳动合同。用人单位在试用期解除劳动合同的,应当向劳动者说明理由。

合规要点116　严重违纪解除

合规风险指数 ★★★★★

案　例

谭某在纺织印染有限公司处工作,岗位为染厂染色间料房组长。公司召开职工代表大会审议通过公司《员工手册》,其中第三章第三节第一条规定:解除和终止劳动合同按国家相关法规及公司相关规定办理,具有下列情况之一的,公司可以随时解除劳动合同:……C.因员工严重违反公司规章制度或劳动纪律的……2017年谭某与公司员工张某在车间发生冲突。次日,公司与工会联合召开职工代表大会,按严重违纪作出解除与谭某劳动合同的决定。[①]

解　析

本案中,公司管理制度规定"殴打同仁,或相互斗殴按严重违纪(违规)处理"。但同时公司在管理制度中又规定"员工间严禁打架斗殴,如有违反轻者通报批评、警告,重者作严重违纪处理或移送公安机关",也就是说,公司的规章制度对存在打架斗殴情形的后果并非仅为按严重违纪处理这一种处理方式,而规章制度又未对何种打架斗殴构成严重违纪进行明确规定。从双方的冲突视频来看,冲突行为并未造成特别严重的后果,法院经审理后认为这一冲突行为并不必然属于公司规定之严重违纪情形。最终判决公司违法解除。

合规指引

劳动者严重违反用人单位的规章制度的,用人单位可以解除劳动合同。是否违纪应当以劳动者本人有义务遵循的劳动纪律及用人单位规章制度为准,违

① (2018)浙06民终1393号。

纪是否严重一般应当以劳动法律所规定的限度和用人单位内部规章制度关于严重违纪行为的具体规定作为衡量标准。用人单位在适用严重违纪解除时需要注意把握以下合规问题：

1. 规章制度存在效力风险。

用人单位如要适用严重违纪解雇员工，一个重要的前提是用人单位具备一套合法有效的“规章制度”，规章制度是认定员工违反什么纪律最直接有利的证据。规章制度的内容应当明确具体，符合法律的规定。

用人单位制定规章制度应履行民主程序，征求职工代表或全体职工意见。对规章制度的制定程序违法问题，法律给予劳动者提出异议的空间，并且要求劳动行政管理部门落实监督检查和行政处罚责任等。就个案来讲，用人单位尽量做到让每个员工知晓并签收规章制度如员工手册等，以避免因规章制度违反程序带来违法解除劳动合同的风险。关于如何制定一套行之有效的规章制度合规指引请参考本书第二章第二节内容。

2. 未固定违纪行为、难以证明违规行为。

在作出解雇员工的决定前，用人单位需要非常谨慎地收集固定涉案证据，尤其是部分特殊员工可能需要长达数月来准备和收集证据。由于违纪行为一般发生在过去，因此获得直接证据的概率较低，必须通过对违纪行为的调查、违纪行为产生的后果、对违纪行为的处理等多方面搜集和固定证据，并使之形成证据链。固定违纪事实搜集证据大致包括以下几个方面：

(1)违纪行为实际发生的证据，包括考勤记录(通常须结合工资发放记录予以印证)、伪造的病假单、虚假报销记录、打架斗殴的录音录像、向供应商透露报价的电子邮件、报警记录、员工签字确认的过失单、悔过书、自认违纪事实的录音资料等。需要提醒注意的是，用人单位的在职员工作出的证人证言，证明效力非常弱，一般不会被司法机关采纳。

(2)对违纪行为进行调查的证据，包括当事员工面谈记录、其他员工访谈记录、会议通知、各项会议纪要(如纪律委员会、管理层的会议纪要、决议)、申诉会议通知、会议纪要、审计报告、违纪调查报告、工商登记查询(发生利益冲突时)、交易合同等。在违纪调查环节中，建议设置员工申诉的程序，保留员工提出的书面异议及公司对异议的回复，这将有利于固定相关证据。

(3)对违纪行为进行管理的证据，包括向员工发出的书面警告函、要求给予书面解释的函、要求限期提交材料的通知、工资发放记录(扣发工资奖金)等。

(4)违纪行为产生负面影响的证据,包括证明经济损失的证据、媒体负面报道、客户投诉、取消订单、公司运营受影响等。

(5)违纪处分决定送达员工的证据,包括员工签收确认单、录音录像、EMS寄送的快递底单(重要的案件应向快递公司索要员工签收的回单或证明)及签收查询记录、电子邮件等。

3. 未对严重程度进行评估。

有的用人单位对员工的过错或违纪行为采取零容忍态度,不分青红皂白直接解除劳动合同。对于员工的违纪行为是否达到"严重"程度未做充分评估或考量。大多数用人单位通过制定规章制度明确规定员工严重违纪的类型,但尽管如此也不意味着用人单位就可以随意根据员工的违纪行为作出解除决定。当发生劳动争议时,司法机关不仅有权审查规章制度的具体内容、制定程序是否合法,而且还会审查规章制度的合理性。对一个违纪行为是否达到严重的程度,用人单位可以结合以下因素来判断:

(1)违纪行为是否属于违反职业操守范畴(如偷盗、虚假报销、性骚扰、伪造文件等);

(2)违纪行为发生的次数以及公司是否采取批评教育措施;

(3)违纪行为产生的损害后果(是否造成损失或产生负面影响);

(4)员工的职位高低及具体职责范围。

4. 消极对待员工的不当行为、构成默许或放弃处置,导致员工的错误认识。

当劳动者发生严重违纪行为,用人单位一定要及时处理。超过合理期限容易构成对违纪行为的默许或认可,由此导致劳动者的错误认识,影响司法机关对严重违纪行为的认定,同时也不利于用人单位有效管理其他劳动者。

合规依据

《劳动合同法》

第四条　用人单位应当依法建立和完善劳动规章制度,保障劳动者享有劳动权利、履行劳动义务。

用人单位在制定、修改或者决定有关劳动报酬、工作时间、休息休假、劳动安全卫生、保险福利、职工培训、劳动纪律以及劳动定额管理等直接涉及劳动者切身利益的规章制度或者重大事项时，应当经职工代表大会或者全体职工讨论，提出方案和意见，与工会或者职工代表平等协商确定。

在规章制度和重大事项决定实施过程中，工会或者职工认为不适当的，有权向用人单位提出，通过协商予以修改完善。

用人单位应当将直接涉及劳动者切身利益的规章制度和重大事项决定公示，或者告知劳动者。

第三十九条第二项　劳动者有下列情形之一的，用人单位可以解除劳动合同：

……（二）严重违反用人单位的规章制度的……

案　例

郑某系霍尼韦尔公司渠道销售经理，霍尼韦尔公司建立有工作场所性骚扰防范培训机制，郑某接受过相关培训。郑某上级邓某（已婚）对郑某下属女职工任某进行性骚扰，郑某得知后不仅未积极采取措施帮助解决，反而积极促成自己的下级与上级发展不正当关系。在任某明确表示对邓某性骚扰的抗拒后，郑某通过向人事经理提出任某性格不合群希望公司能解除与任某的劳动合同的方式对其进行打击报复，且在公司内部调查中做虚假陈述。公司认为郑某未尽经理职责，严重违纪，据此解除了与郑某的劳动合同。郑某认为公司解除违法应支付违法解除赔偿金，先后提起仲裁、一审、二审，皆未得到支持。①

解　析

本案的争议焦点在于郑某是否存在足以解除劳动合同的严重违纪行为。霍尼韦尔公司《商业行为准则》规定：经理和主管应确保下属提出担忧或问题时能够专业并及时帮助解决，不能进行打击报复；《员工手册》规定：对他人实施性骚扰、违反公司《商业行为准则》、在公司内部调查中做虚假陈述的行为均属于会导致立即辞退的违纪行为。上述规章制度在实施前经过该公司工会沟通会议讨论。郑某明知以上规定，但在得知其上级对下级进行骚扰时未采取合理有效措施予以阻止，还纵容上级性骚扰行为，对下级进行打击报复，在公司内部调查中做虚假陈述，干扰对性骚扰行为的调查。郑某的行为显然有悖其作为霍尼韦尔

---

①　（2021）沪01民终2032号。

公司部门主管应尽之职责,也有违公序良俗,因此公司解除郑某的行为合法合理。

合规指引

根据《民法典》的规定,用人单位有义务预防和制止性骚扰行为。故在用工管理过程中,用人单位宜制定禁止性骚扰的相关规章制度,包括纪律调查以及相关的处分规定,如将从事性骚扰行为纳入违纪行为。在性骚扰案件的调查中应注意保护当事人隐私,履行保密义务,避免处置不当带来的侵权风险。

合规依据

《劳动法》

第三条　劳动者应当完成劳动任务,提高职业技能,执行劳动安全卫生规程,遵守劳动纪律和职业道德。

《民法典》

第一千零一十条　违背他人意愿,以言语、文字、图像、肢体行为等方式对他人实施性骚扰的,受害人有权依法请求行为人承担民事责任。机关、企业、学校等单位应当采取合理的预防、受理投诉、调查处置等措施,防止和制止利用职权、从属关系等实施性骚扰。

《女职工劳动保护特别规定》

第十一条　在劳动场所,用人单位应当预防和制止对女职工的性骚扰。

合规要点 117　严重失职解除

合规风险指数 ★★★★

案　例

贺某在哈金森公司从事生产工段长工作,哈金森公司的《员工手册》对工段长的职能作了特别定义,同时载明了严重失职给公司造成 1000 元以上损失的,公司可以解除劳动合同。此外,哈金森公司还组织过工艺纪律红色底线学习培训,声明违反工艺纪律红色底线行为的将受到严肃处罚。某日贺某管理的下属员工杨某因违规操作,在规定的 8 分钟内未进行气压检测的情形下直接给产品打上气检合格的标志,导致部分产品存在质量缺陷,引发多起客户投诉。贺某本应当在杨某实施上述操作期间当班巡检，但贺某不在现场也毫不知情，哈金森公司以贺某严重失职为由解除了劳动合同关系。贺某不服公司决定诉至法院。①

解　析

劳动者应当遵守劳动纪律和职业道德，劳动者严重失职给用人单位造成重大损害的，用人单位可以解除劳动合同。用人单位以"严重失职"为由解除劳动合同时，需要从该员工的具体工作职责、事故发生的因果关系以及是否造成重大损害这三方面予以考量。本案中，贺某的工作岗位为生产工段长，虽然肩负管理好包括杨某在内的生产员工之职责，但贺某并非未遵守公司标准生产操作规范之流程的行为主体，其下属杨某的违规操作时间也较短，客观上发现的难度较大，将不合格品归结于贺某的巡视失职未免太过严苛。本案中，哈金森公司直接将上级管理人员一并处以最高惩戒等级的连带责任是有失妥当的。管理人员同样作为劳动者，应当根据事故中主观恶性、管理水平、因果关系以及造成的损失等要素，对管理人员处以包括降薪、调岗等不同层级的处分。哈金森公司也并无证据证明贺某存在主观玩忽职守给公司造成损失的情形，法院最终认定公司违法解除劳动合同。

合规指引

严重失职多为非主观故意的过失行为，员工主观上"疏忽大意或者轻信能够避免"，因此因失职解雇不但要求具备"失职需严重"，而且用人单位还需要举证造成了"重大损害"。营私舞弊则不一样，系员工主观上有意为之，比较常见的案例是员工以自己或直系亲属的名义开公司与任职的公司进行交易，从中谋取不当利益。但员工如以非直系亲属名义牟利的行为在实践中很难认定构成营私舞弊，这也是很多大型企业合规中常见又难以处理的无奈之处。在适用"严重失职"解除劳动合同时需注意以下合规问题：

1. 员工的工作职责不明。

认定员工的行为是否构成严重失职，首先须搜集员工的工作职责、工作内容等证据，其载体可能包括劳动合同、岗位说明书、物品领用单（涉及财物遗失等案件）等，关于工作职责的合规建议请参见本书"试用期不符合录用条件"的内容。

---

① (2019)鄂01民终3493号。

2. 重大损害的标准不明。

重大损害的具体情形一般由用人单位通过规章制度加以明确,如无规定则需要由司法机关行使自由裁量权。通常情况下损害后果不局限于经济利益,也包括严重损害生产经营秩序、被媒体报道给用人单位造成不良影响、被行政机关行政处罚等。

3. 固定严重失职或营私舞弊行为的事实。

和固定员工不符合录用条件或严重违纪的事实一样,用人单位需要在解除劳动合同前及时、谨慎收集固定员工严重失职或营私舞弊的事实,可以从以下角度着手:

(1)过失或营私舞弊行为直接发生的证据,包括错误的报价、错误的付款、员工自认过失的材料、涉及不当关联交易的公司工商背景调查等资料;

(2)对过失或营私舞弊进行调查的证据,包括会议通知、会议纪要、调查报告等;

(3)对过失行为进行管理的证据,包括要求给予解释/要求赔偿的函件,书面警告等。

4. 固定造成重大损害的事实。

仅有失职行为或营私舞弊行为并不必然导致劳动合同应当解除,此时应进一步分析相关行为给公司造成的影响,是否已经达到"严重损害"的程度,损害的严重程度一般结合以下方面判断:

(1)劳动合同或规章制度对"严重损害"的定义;

(2)实际已经产生的负面影响或给公司造成经济损失或商誉损失的证据;

(3)损失金额大小的证据(审计报告、生效判决或法律文书、公司转账记录、媒体报道、互联网文章阅读量点击率等)。

通常,间接损失(如因调查而产生的调查费、律师费等)在劳动争议案件中往往不会被司法机关认同。

5. 混淆严重违纪和严重失职。

严重违纪注重情节,只要有严重违纪的情节,用人单位即可依法解除劳动合同。而严重失职外观表征有时和严重违纪容易混淆,区分是否是严重失职的情形,需要判断员工是否存在主观上"疏忽大意或轻信能够避免",是否给用人单位造成重大损害。

合规依据

《劳动合同法》

第三十九条　劳动者有下列情形之一的，用人单位可以解除劳动合同：

……（三）严重失职，营私舞弊，给用人单位造成重大损害的……

合规要点118　不当兼职解除

合规风险指数 ★★★

案　例

文某就职于贝福慧公司，贝福慧公司的《应聘须知》第五条规定："应聘者被本公司聘用的，在职期间不得在其他单位任职、兼职或从事与公司形成竞业性质的活动，否则公司可视本人为严重违反规章制度，解除劳动合同。"

经查，文某在贝福慧公司工作期间，同时担任三馨服务公司的股东、法定代表人及总经理，三馨服务公司的经营范围为家政服务、提供婚姻介绍信息服务（不含涉外婚姻）、保健按摩等。贝福慧公司的经营范围为家政服务，代收干洗衣物，提供代驾、陪驾服务等。

贝福慧公司以文某存在不当兼职，经营同业竞争业务企业为由解除了与文某的劳动关系。①

解　析

劳动者同时与其他用人单位建立劳动关系，对完成本单位的工作任务造成严重影响，或者经用人单位提出，拒不改正的，用人单位有权解除劳动合同。经法院审理查明，文某在入职贝福慧公司时，已经注册并经营三馨公司，该公司与贝福慧公司的经营范围中均包括家政服务，两家公司存在竞争关系。文某提交的证据不足以证明三馨公司确无实际经营。其次，文某在入职时签收了贝福慧公司的《应聘须知》，证明文某明确知晓贝福慧公司不同意员工兼职。贝福慧公司据此解除劳动合同，符合法律规定和贝福慧公司规章制度的规定。因此，对于文某要求支付违法解除劳动合同赔偿金的请求，法院不予支持。

---

① （2019）粤0305民初9754号。

合规指引

在互联网用工平台大热的今天,员工兼职成为许多用人单位头疼的问题之一。究其原因,往往是因为员工兼职具有隐蔽性,往往只有对本单位工作任务造成严重影响时才现端倪,如何固定员工兼职的事实成为用人单位的一大难题,需注意以下合规问题:

1. 兼职的界定不清晰。

员工兼职通常比较隐蔽,建议用人单位在劳动合同或规章制度里明确员工不得兼职或者不允许在工作时间内兼职的情形及相应的处理规则。当发现员工不当兼职的情形时,用人单位可以从员工的实际出勤情况、访谈记录着手,进一步对兼职单位做调查,结合相关证据等综合认定员工的兼职行为。

2. 未区分工作时间之内的兼职和非工作时间的兼职。

当劳动者与用人单位建立劳动关系后,其工作时间属于用人单位,不应再与其他用人单位建立劳动关系。除非员工与用人单位达成一致意见,工作时间内用人单位可禁止员工在外兼职。但员工在非工作时间兼职,则另当别论,如果没有影响本职工作也未对用人单位的工作任务造成严重影响的,不宜以兼职为由解雇员工。如果用人单位的规章制度里明确员工不得在工作时间之外兼职的,特别是一些保密要求高的职位,如涉及利益冲突等特殊情形,用人单位可根据具体情形作出处理。

3. 未能证明造成严重影响或拒不改正。

因员工兼职解除合同的另一要素是给用人单位工作任务造成严重影响或要求改正而拒不改正,不能一发现兼职就解雇。可以从员工工作的错误率增加、经常迟到早退、因兼职给用人单位带来利益上的损失等情形认定。另外,用人单位可以通过员工手册等规章制度明确规定关于员工兼职不利影响的详细情形。如要求员工改正,应当送达改正通知,在通知有效送达的情况下,再行固定员工拒不改正的证据,进而据之解除劳动合同。

合规依据

《劳动合同法》

第三十九条　劳动者有下列情形之一的,用人单位可以解除劳动合同:

……(四)劳动者同时与其他用人单位建立劳动关系,对完成本单位的工作任务造成严重影响，或者经用人单位提出，拒不改正的……

合规要点 119　合同欺诈解除

合规风险指数 ★★★★

案　例

2004 年秦某入职三星上海分公司从事销售工作，秦某填写的《人事登记表》载明其毕业于河海大学，大专学历。双方此后多次续订劳动合同。三星公司员工手册规定："员工报到时应递交学历证书原件供审查，公司留存复印件；有欺诈和弄虚作假的行为、通过提供虚假或隐瞒学历等手段进入公司的，公司有权立即解除劳动合同并不支付任何补偿。"直至 2015 年，三星公司发现秦某伪造学历，验证查询结果显示其学历证书系伪造。三星公司遂以秦某提供虚假学历为由解除了与秦某之间的劳动关系。法院最终没有支持秦某的主张。①

解　析

一方当事人故意告知对方虚假情况，或者故意隐瞒真实情况，诱使对方当事人作出错误意思表示的，可以认定为欺诈行为。上述案件中由于秦某入职时所提交的学历信息为虚假信息，有违劳动合同关系中最基本的诚实信用原则，虽然时隔多年，法院仍认为三星公司解除双方之间的劳动合同并无不当。

合规指引

实践中，用人单位与劳动者签署或变更劳动合同时，一般不会出现员工对用人单位或用人单位对员工采用"胁迫"或"乘人之危"之情形，因此，本书仅就因劳动者欺诈行为导致劳动合同解除的情形作出指引，需用人单位注意以下用工管理环节：

1. 未设置入职程序。

认定劳动者是否有欺诈行为的前提是用人单位需要设置入职程序，要求劳动者在入职时填写工作经历、职业资质、是否遭受行政处罚、有无犯罪记录等与订立劳动合同相关的信息，这些信息的载体可能包括：

① (2016)沪 01 民终 12926 号。

(1)录用确认单、入职登记表;

(2)个人简历;

(3)劳动合同(包括变更劳动合同协议);

(4)确认书、承诺函;

(5)聘用合同;

(6)岗位调整申请书、评估表;

(7)员工学历证书、技能资质证书等。

2.未将虚假信息或被隐瞒真实信息与真实信息进行对比。

除劳动者自认可以直接推断劳动者曾经提供的信息是虚假的外,用人单位可以向有关单位、个人去核实劳动者的真实信息,主要证据包括:

(1)背景调查报告;

(2)档案审计报告;

(3)官方网站的查询结果(如常见的学历证书造假);

(4)劳动者本人的悔过书、道歉信等(应有员工亲笔签名);

(5)有关真实情况的录音、录像、电子邮件等。

3.未评估欺诈行为是否足以导致劳动合同解除。

用人单位需要评估不实信息与劳动合同订立的相关程度,合同欺诈解除还需要审查该欺诈的情形是否足以导致订立或变更劳动合同的基础发生改变。通常情况下,如劳动者的欺诈行为涉及公司明确的录用条件、聘用条件和其他禁止性的规定,可以认为符合合同欺诈解除的条件。但需要注意的是,在一般情况下,即使劳动者虚构或隐瞒下列信息,也只能界定为一般不当行为,用人单位可以给予适当的纪律处分,但不建议直接解除该劳动者的劳动合同。这些情形通常包括:

(1)婚姻信息;

(2)个人家庭住址;

(3)个人联系方式。

合规依据

《劳动合同法》

第三十九条　劳动者有下列情形之一的,用人单位可以解除劳动合同:

……(五)因本法第二十六条第一款第一项规定的情形致使劳动合同无效的……

合规要点 120　被追究刑事责任解除

合规风险指数 ★★★★

案　例

金某系某公司员工。2013 年金某因驾驶机动车发生重大交通事故被判决犯交通肇事罪,对其处以有期徒刑三年缓刑三年的刑事处罚。在交通事故发生后至法院判决期间,金某向单位请假办理长期病休,于羁押措施解除后复工回到工作岗位。直至 2018 年 5 月,某公司收到公检法系统反馈并到法院核查时才知道金某被追究刑事责任,三个月后某公司据此解除了与金某之间的劳动合同。金某申请仲裁,认为在其被判处缓刑时,某公司未解除劳动合同,甚至还续订了新的无固定期限劳动合同,时隔三年半后某公司以其被判刑罚为由解除劳动合同,是对诚实信用原则的违反,也超过了作出解除决定的合理期限。①

解　析

本案历经一审、二审和再审程序,再审法院最终支持了用人单位的解除劳动合同的主张。再审法院认为,金某从一开始就没有披露真实情况,而是以病假为由不再出勤。直至某公司收到公检法系统反馈之前,金某无法证明某公司知道或已经知道金某被追究刑事责任的事实。而某公司在举证证明知晓此事后,在 3 个月内便作出了解除的决定,无论是参照仲裁时效还是行使撤销权期限等规定来看,某公司均在合理期限内行使了解除权。

这里需要提醒用人单位对于被依法追究刑事责任的劳动者,用人单位应当在一定时间内行使劳动合同解除权。尽管《劳动合同法》没有规定解除的期限,但参考已废止的《职工奖惩条例》第二十条第一款“审批职工处分的时间,从证实职工犯错误之日起,开除处分不得超过五个月,其他处分不得超过三个月”的内容来看,用人单位还应在合理期限内行使解除权,确保劳动关系处于确定状态。

① (2019)吉民申 2049 号。

合规指引

根据《劳动合同法》的规定,劳动者被依法追究刑事责任的,用人单位可以解除劳动合同且无须支付经济补偿金。在实际操作过程中,用人单位往往操之过急,发现劳动者被羁押时便急于作出解雇决定。适用这一规定解除劳动合同需注意以下合规问题:

1. 混淆行政拘留、刑事立案、审查起诉等同于刑事责任。

劳动者被依法追究刑事责任是指人民法院认定劳动者行为构成犯罪且判处员工刑罚或免予刑事处分的情形,除此之外,尽管劳动者因刑事立案或检察院审查起诉阶段被刑事羁押或被公安机关处以行政拘留等情形均不构成被追究刑事责任,用人单位不能在法院判决前直接解除劳动合同。

2. 解除劳动合同的时机错误。

实践中,在法院判决前如发生劳动者被公安机关拘留、立案侦查或检察院审查起诉阶段、法院审理阶段被采取刑事羁措施的情形,用人单位不能以劳动者被追究刑事责任为由直接解除劳动合同。

但用人单位可以将上述情形列入规章制度,即因劳动者的过错出现上述人身自由被限制情形进而导致劳动者本人无法出勤构成旷工进而构成严重违纪或给用人单位造成经济损失等,用人单位有权解除劳动者的劳动合同;如劳动者无过错,用人单位应继续履行劳动合同,如劳动合同确实无法继续履行,可以与劳动者协商变更劳动合同,协商不成的,可根据本书关于“客观情况发生重大变化解除”来操作。

无论用人单位以何种理由解除劳动者的劳动合同,都应在具体案件的刑事判决书生效后再行决定。在刑事判决生效前,劳动者被公安、检察、法院采取相关羁押措施期间,虽然用人单位不可以立即解除劳动合同,但可以采取如下中止劳动合同的措施:

(1)暂停支付劳动报酬;

(2)封存社保账户,暂停缴纳社保(视情况);

(3)向劳动者或家属发出暂停支付劳动报酬、缴纳社保的书面通知;

(4)在涉案结案劳动者前,公司可以根据规章制度作出相应的违纪处分(原则上不建议解除劳动合同),并通知员工或家属。

合规依据

《劳动合同法》

第三十九条　劳动者有下列情形之一的，用人单位可以解除劳动合同：

（一）在试用期间被证明不符合录用条件的；

（二）严重违反用人单位的规章制度的；

（三）严重失职，营私舞弊，给用人单位造成重大损害的；

（四）劳动者同时与其他用人单位建立劳动关系，对完成本单位的工作任务造成严重影响，或者经用人单位提出，拒不改正的；

（五）因本法第二十六条第一款第一项规定的情形致使劳动合同无效的；

（六）被依法追究刑事责任的。

（二）劳动者无过错解除

在劳动合同履行过程中，劳动者虽然主观上没有过错，但存在《劳动合同法》第四十条、第四十一条规定的情形时，如医疗期满不能从事原工作、劳动者经过培训或换岗仍不能胜任工作或客观情况发生重大变化等情形，用人单位仍可以提前30日通知劳动者或支付1个月工资作为代通金而解除劳动合同。除《劳动合同法》第四十二条规定的解雇保护群体外，无过错解除形式适用其余所有在职劳动者。

合规要点121　医疗期满情形下的解除

合规风险指数　★★★★★

案　例

成某系阳光公司员工，2018年4月成某连休病假9天，又在同年5月开始连休病假3个月。阳光公司以成某医疗期满不能从事原工作为由解除了与成某之间的劳动关系。成某不服，遂提起仲裁和诉讼。[①]

---

① （2019）京02民终13428号。

解　析

《劳动合同法》规定,劳动者患病,在规定的医疗期满后不能从事原工作,也不能从事由用人单位另行安排工作的,用人单位可以解除劳动合同。在劳动关系中,无论劳动者从事原工作或从事另行安排的工作,其中一个必要条件就是劳动者具备能够到岗工作的身心健康条件。不具备该条件而要求劳动者工作的,不仅会有损劳动者本人的身心健康,与保护劳动者合法权益的立法目的、价值取向亦相悖。本案中,尽管成某曾在庭审笔录当中承认过公司有向其询问过返岗时间,但是法院认为阳光公司并未后续证明在医疗期满后给成某另行安排工作,故阳光公司的解除行为违法。

合规指引

当劳动者患病或者非因工负伤,在规定的医疗期满后不能从事原工作,也不能从事由用人单位另行安排的工作的,用人单位可以提前30日通知或支付1个月代通金提前解除劳动合同。但用人单位适用医疗期满解除劳动合同仍需注意具体操作细节。

1. 医疗期限长短判断错误。

用人单位适用医疗期满解除劳动合同需要确定劳动者医疗期的长短,这当中又分为一般疾病和特殊疾病的医疗期。

(1)一般疾病医疗期的认定。

按照劳动部有关规定,医疗期根据员工在本单位工作年限和社会工作年限综合确定,具体如表2-17所示。

表2-17　医疗期限对照

社会工作年限	本单位工作年限	医疗期限	计算周期
10年以下	5年以下	3个月	6个月
	5年以上	6个月	12个月
10年以上	5年以下	6个月	12个月
	5~10年	9个月	15个月
	10~15年	12个月	18个月
	15~20年	18个月	24个月
	20年以上	24个月	30个月

但在上海地区,医疗期计算仅与本单位工作年限相关,劳动者在本公司工作第1年,医疗期为3个月,以后工作每满1年,医疗期增加1个月,但不超过24个月。

(2)特殊疾病医疗期的认定。

如劳动者患某些特殊疾病(如癌症、精神病、瘫痪等),只要未痊愈,部分地区司法实践中可直接认定劳动者享有24个月医疗期(江苏、上海等地),而不考虑其工作年限,但在广东、浙江、山东等地则作不同理解,仍坚持按照工作年限核定医疗期。

此外,上海市还增加一种情形,即经劳动能力鉴定委员会鉴定为完全丧失劳动能力但不符合提前退休退职条件的,同样至少享受24个月的医疗期。

2. 混淆病假和医疗期的概念,未评估劳动者病假时间是否超过医疗期。

(1)连续病假的计算方法。

如果病假开始于某月首个日历天数(每月1日),则按自然月计算医疗期月份的经过,如劳动者享有3个月医疗期,2月1日开始病假,至4月30日视为医疗期届满;如果病假开始于非首个日历天数,则以连续计算30天视为1个月的经过。请注意医疗期包含公休日、法定节假日。

(2)零星病假的计算方法。

确定病休期间当月应出勤的日历天数(剔除法定节假日和周休日)→根据应出勤的日历天数统计累计病休天数→将上述病休天数相加,以21天折算为1个月医疗期的经过。如3个月医疗期,应折算为63个工作日的病休天数。

请注意上海以外省、市还应考虑计算周期的限制,如果计算周期内医疗期没有届满,则待第一个计算周期结束后下一次病休开始时重新确定计算周期,并统计新的周期内的累计病休时间是否超过医疗期,此时医疗期存在"循环计算"的状况。

3. 医疗期满后武断解雇。

确定劳动者医疗期满后,用人单位不能直接解雇劳动者,而应书面告知劳动者(如发出《医疗期满通知书》)告知其医疗期已经届满;询问是否可返回工作岗位工作,要求限期答复;告知如未返回工作的,视为医疗期满不能从事原工作等内容。如能取得证据证明劳动者不能从事原工作,用人单位需要给劳动者另行安排其他工作,需要注意给劳动者进一步发出书面通知。告知其新的工作岗位

(一般比原有工作岗位更轻松,但应具有一定的合理性;询问劳动者是否可从事该岗位;同时提醒劳动者如不同意或逾期未回复,将视为不能从事单位另行安排的其他工作)。

如劳动者符合上述医疗期届满情形,用人单位单方解除劳动合同的条件已经基本成就。但为了进一步降低公司风险,仍可考虑以协商解除劳动合同的方式终结劳动关系。协商解除的操作参见本书“协商解除劳动合同”一节的内容。

合规依据

《劳动合同法》

第四十条　有下列情形之一的,用人单位提前三十日以书面形式通知劳动者本人或者额外支付劳动者一个月工资后,可以解除劳动合同:

(一)劳动者患病或者非因工负伤,在规定的医疗期满后不能从事原工作,也不能从事由用人单位另行安排的工作的……

合规要点 122　不能胜任工作情形下的解除

合规风险指数　★★★★★

案　例

祁某系方正软件公司销售人员。2017 年祁某签订了《2017 年销售岗位责任书》,约定 2017 年绩效考核周期为 2017 年全年;考核指标为新签合同额及纯收入额等;如销售人员连续两个季度未签单或无结转收入,则公司有权解除劳动关系。2017 年 1 月至 10 月,祁某新签合同额和新签纯收入完成率均未达标。

2018 年方正软件公司向祁某出具《解除劳动合同通知单》,载明祁某 2017 年年底各项考核指标均未达标。尽管公司后期采取积极措施,但截至 2018 年第一季度祁某仍无任何业绩,公司认为祁某已经不能胜任工作,遂与之解除了劳动合同。祁某不服最终诉至法院。①

① (2019)京 01 民终 219 号。

解　析

用人单位以劳动者不能胜任工作而解除劳动合同的，需要把握好“胜任工作的标准”“不能胜任情形下的调岗和培训”这两个要点。本案中，尽管方正软件公司制定有《2017年激励及绩效考核规则》及《2017年销售岗位责任书》，但这两份文件当中都没有具体明确不能胜任的情形，而结合祁某的销售业绩统计排名情况，公司无法证明祁某不能胜任。另外，方正软件公司还主张给祁某进行了两次培训，但这两次培训中一次是部门会议，另一次是团建活动，都并非针对祁某的专门培训。因此法院认定方正软件公司系违法解除。

合规指引

劳动者不能胜任工作时，用人单位不能直接解除劳动合同，需要对劳动者进行培训或调整工作岗位，如果劳动者仍然不能胜任工作的，方可提前30日或支付1个月工资作为代通金解除劳动合同。有些用人单位为了解除劳动合同而进行短暂的培训或将劳动者调整到与原岗位毫无关联或不合理的岗位，从而草率解除劳动合同因此导致败诉。如要合法解除劳动合同，用人单位在适用劳动者不胜任工作解除劳动合同时，应有长远计划、耐心实施不胜任解除步骤。用人单位在适用不胜任解除时需要注意以下常见合规问题：

1.不能胜任工作的标准不清晰。

证明劳动者不胜任工作标准一定要明确，一般从绩效评估结果、劳动者的日常工作表现方面着手：

（1）绩效评估的依据：其载体主要包括劳动合同（约定工作内容）、岗位说明书、岗位职责描述邮件、主管下达的工作目标/工作计划/工作指示等；上述证据应有劳动者的签字记录或告知记录。

（2）劳动者的实际绩效表现：主要载体包括绩效评估考核表、日常工作中主管对劳动者的工作反馈（指出工作瑕疵）、平行部门或其他员工的工作反馈（指出或者印证工作瑕疵）、来自第三方的反馈记录（客户的投诉信、行政机关的处罚决定等）、劳动者自行制作的工作报告（如自我绩效评估报告）、工作汇报（反映自身工作失误等）、相关数据/报告（财务数据、销售数据、审计报告、各项统计报告等）、绩效面谈记录等。

2. 不能胜任工作的证据不足。

不能胜任工作通常可以通过绩效考核或日常工作表现来评估,首要任务是对劳动者绩效或日常工作表现尽量跟踪管理并保存相关证据,这些证据主要包括绩效改进通知书、工作辅导指示、PIP 计划通知书、劳动者对绩效结论提出的异议、用人单位对劳动者异议的反馈、工资发放记录(扣发奖金等)。

不断跟踪劳动者的绩效表现,且在日常工作中由直线经理给予劳动者及时反馈(如及时指出不足)是降低“不胜任解除”风险的主要手段。

3. 培训和调岗安排不当。

在搜集足够的证据证明员工第一次不能胜任工作岗位后,用人单位应按照法定程序履行培训或调岗程序。通常培训引发的争议要小于调岗(因调岗存在岗位合理性争议),因此无论培训或调岗,均应满足以下要求:

(1)不胜任培训应与日常培训区分,应发出具体的培训通知,通知中描述培训性质、周期和内容;培训的时间建议不短于两周,内容应与劳动者的绩效表现相关,具有针对性。培训效果如果不能达到预期,不建议直接认定劳动者符合解除劳动合同的条件,但可以作为调岗的依据。

(2)调岗应注意岗位合理性,通常要求劳动者还能沿用过去的知识、经验、技能,所以尽可能在本部门或相关部门范围内进行工作岗位调整;调岗后可以根据员工新的岗位调整其薪资,但仍应注意调整幅度不宜过大(如大于 50% 的降薪将被认定缺乏合理性),且符合“同工同酬”原则。

合规依据

《劳动合同法》

第四十条　劳动者不能胜任工作,经过培训或者调整工作岗位,仍不能胜任工作的,用人单位提前三十日以书面形式通知劳动者本人或者额外支付劳动者一个月工资后,可以解除劳动合同……

合规要点 123　客观情形发生重大变化情形下的解除

合规风险指数 ★★★★

案　例

陆某在天克公司工作超过 10 年，双方签订有无固定期限劳动合同。天克公司股东要求天克公司调整组织架构、优化工作流程，撤销冗余岗位。工会及代表进行讨论后表示支持公司的决定。天克公司向全员发出通知表示公司将进行组织架构调整。随后天克公司董事会通过决议，同意天克公司继续进行组织机构重组的事宜。

天克公司为此取消陆某等员工 5S 专员的岗位，并提供陆某面试 EHS 岗位的机会，陆某未面试成功。天克公司向陆某提供生产部普工岗位，并告知陆某调岗后薪资待遇不变，陆某不同意调岗。天克公司因此与陆某就调整岗位或协商解除劳动合同经济补偿方案多次协商，陆某均不同意。天克公司向陆某出具劳动合同变更协商函，要求陆某在收到函件之日起 3 日内对变更岗位予以回复。陆某回复仍表示不同意调岗及经济补偿方案。天克公司向陆某出具解除劳动合同通知书，以公司组织架构调整，陆某的岗位取消，双方签订劳动合同时所依据的客观情况发生重大变化，经协商未能就变更岗位达成协议，致使劳动合同无法继续履行为由解除劳动合同。①

解　析

天克公司通过股东会决议、董事会决议、与工会代表讨论调整组织架构，程序合法，陆某原先从事的 5S 专员岗位被撤销可以认定为客观情况发生重大变化。天克公司通过各种方式竭尽所能地为陆某安排新的工作岗位，与陆某协商变更劳动合同，在陆某不同意调岗的情况下，提出协商解除劳动合同给予经济补偿，然而陆某均不予接受。在此情况下，天克公司无奈解除与陆某之间的劳动关系，同时依法支付经济补偿金和“代通金”，符合双方之间劳动合同的约定和法

---

① （2019）沪 0114 民初 9775 号。

律规定。陆某要求天克公司支付违法解除劳动合同赔偿金的诉讼请求,缺乏事实和法律依据,法院难以支持。

合规指引

当劳动合同订立时所依据的客观情况发生重大变化,致使劳动合同无法履行,经用人单位与劳动者协商,未能就变更劳动合同内容达成协议时,用人单位可提前30日通知或支付1个月代通金提前解除劳动合同。实践中因客观情况发生重大变化解除劳动合同产生的争议占很大比例,用人单位在解除过程中未充分进行论证及未做好证据准备收集工作也是导致最终败诉的重要原因,因此在适用客观情况发生变化解除劳动合同时充分注意以下的合规内容显得尤为重要。

1. 情况变化不客观。

只有当客观情况发生变化才是解除劳动合同的要件之一。实践中用人单位将撤销单个岗位、企业内部出于商业经营目的进行组织架构调整导致人员冗余等情形不属于客观情况发生变化,如果以此为由解除劳动合同存在较大的法律风险。

2. 客观情况变化不重大。

客观情况发生重大变化一般指向整体性的变化,在司法实践中发生重大变化主要包括以下几种情形:

(1)公司搬迁到较远的地方;

(2)部门撤销或合并导致岗位消失;

(3)业务外包、业务关闭、业务置换导致岗位消失;

(4)办事处、分支机构被撤销;

(5)根据公司法、公司章程的规定对公司进行的组织结构调整。

3. 未协商变更劳动合同。

当客观情况发生重大变化时,为保障劳动者的知情权,司法实践中要求用人单位告知劳动者客观情况发生重大变化的事实,如果涉及人数较多(如公司搬迁等),还应履行民主程序。接下来才能启动与劳动者协商变更劳动合同的程序。协商变更劳动合同系法定程序,因此必须固定与劳动者协商变更劳动合同的证据。例如,用人单位可以发出变更劳动合同征求意见函,并要求在指定期限内回复并告知逾期未回复的后果（视为双方不能就变更劳动合同达成一致意见）。

4. 协商变更条件不合理。

协商变更合同可以是很多方面，包括待岗、岗位调整、薪资调整、工作地点变化等，操作中应考虑变更的合理性，尤其要注意避免出现明显不能或不适合劳动者从事的岗位安排。例如，将高管变更至文秘甚至清洁工的岗位等。

5. 客观情况发生重大变化后武断解雇。

当协商变更合同达不成一致的，才能启动解除或者劝退面谈（视情形）的程序。在本解除形式中，用人单位应避免出现下列行为：

（1）未开展变更劳动合同的协商；

（2）以协商解除劳动关系代替协商变更劳动合同内容；

（3）以协商变更劳动合同主体代替协商变更劳动合同。

请注意，如果公司评估前述步骤的证据存在瑕疵或缺陷，也可启动协商解除。

合规依据

《劳动合同法》

第四十条　有下列情形之一的，用人单位提前三十日以书面形式通知劳动者本人或者额外支付劳动者一个月工资后，可以解除劳动合同：

……（三）劳动合同订立时所依据的客观情况发生重大变化，致使劳动合同无法履行，经用人单位与劳动者协商，未能就变更劳动合同内容达成协议的……

合规要点 124　经济性裁员

合规风险指数 ★★★★★

案　例

久邦公司因门户网站业务持续经营亏损决定裁员28名员工，久邦公司以说明会形式向工会人员陈述裁员原因及裁员方案、实施步骤等，工会签署了会议纪要并同意裁员方案。久邦公司同时向劳动行政部门办理了经济性裁员报告备案。实施过程中，久邦公司决定补充增加裁员5人，郑某是其中一员。久邦公司再次向劳动行政管理部门补充提交一份包括郑某的裁员名单,但未同时提交《裁员补充方案》及相关的会议纪要。后久邦公司以经济性裁员为由解除郑某的劳动合同,郑某认为久邦公司涉嫌违法解除劳动合同,遂提起仲裁。[①]

解　析

经济性裁员需要同时符合裁员条件与裁员程序,如提前30日向工会或全体职工说明情况、向政府部门报备等。本案中,久邦公司虽然在第一次裁员过程中向人社局提交了裁员方案、会议纪要和裁员名单,但在补充裁员时仅向人社局报备了补充裁员名单,未进一步报备补充裁员方案和会议纪要。两审法院均认定久邦公司未充分举证证明就裁员补充方案按法律规定向劳动行政部门报告备案,久邦公司对郑某进行经济性裁员不符合《劳动合同法》第四十一条的规定,属于违法解除劳动关系。

合规指引

当用人单位发生破产、重大经济困难或转产等情形,需要依法裁减人员且经过法定程序的,可以裁减人员。由于裁员影响的劳动者面积大,劳动者之间互通信息,实施裁员方案需要历经听取工会或职工代表意见,最终需要向行政主管部门报告等情况,裁员更容易引发罢工、上访等群体性事件。因此更多用人单位在需要裁减数十名以上劳动者时,通常会选择通过单独与劳动者协商谈判、各个突破的方式逐一解除劳动合同。对于不得不裁员的用人单位,请密切关注以下常见合规误区:

1. 裁员标准判断有误,需确定是否符合经济性裁员的实体条件。

可以实施经济性裁员的事由主要包括以下情形:

(1)依照《企业破产法》的规定进行重整的;

(2)生产经营发生严重困难的;

(3)企业转产、重大技术革新或者经营方式调整,经变更劳动合同后,仍需裁减人员的;

(4)其他因劳动合同订立时所依据的客观经济情况发生重大变化,致使劳

① (2017)粤01民终1348号。

动合同无法履行的。

通常,生产经营发生严重困难要求用人单位出具财务审计报告予以证明并符合地方性法规、规章、规范性文件确定的“严重困难”的认定标准。

2. 裁员规模把握不准。

经济性裁员是个别劳动关系中的集体劳动关系,通常有人数要求,根据《劳动合同法》第四十一条的规定,只有在裁减人员20人以上或者裁减不足20人但占企业职工总数10%以上的情况方可执行经济性裁员。

3. 未注意裁员的程序条件限制。

用人单位裁员需严格遵守《劳动合同法》规定的程序性限制,第一步是出具裁减人员方案草案,提前30日向工会或全体职工说明情况,然后由工会或职工代表出面收集员工的反馈意见,最后公司再与工会或职工代表协商修改裁员方案。裁员方案的内容大体包括:

(1)裁员依据的法定情形;

(2)裁员范围、裁员数量和比例;

(3)被裁减人员的选择标准;

(4)裁员时间及实施步骤;

(5)被裁减人员经济补偿方式和标准。

向劳动者说明情况或协商等环节通常建议采用会议形式,所有协商会议应形成会议通知、会议纪要等书面证据。协商会议并不要求与会者一致同意或者多数出席代表同意,关键是要履行这个民主程序。

4. 未注意解雇保护。

用人单位实施裁员过程中要避免随意确定被裁减人员名单,应当优先留用与本单位订立较长期限的固定期限劳动合同人员、与本单位订立无固定期限劳动合同人员以及家庭无其他就业人员,有需要扶养的老人或者需要抚养的未成年人的人员。同时根据《劳动合同法》第四十二条的规定,用人单位不得以经济性裁员为由解除受特殊保护的劳动者,具体包括以下人员:

(1)从事接触职业病危害作业的劳动者未进行离岗前职业健康检查,或者疑似职业病人在诊断或者医学观察期间的;

(2)在本单位患职业病或者因工负伤并被确认丧失或者部分丧失劳动能力的;

(3)患病或非因工负伤,在规定的医疗期内的;

(4)女职工在孕期、产期、哺乳期内;

(5)在本单位连续工作满15年,且距法定退休年龄不足5年的;

(6)法律、行政法规规定的其他情形。

5.未向政府劳动行政部门报备。

尽管经济性裁员方案报告程序并非行政审批事项,但用人单位实施裁员仍应向劳动行政管理部门进行备案,在取得劳动行政部门的回执后方可实施经济性裁员。裁员报告一般在向工会或全体职工说明情况后的30日后才能报送给劳动行政部门。不过,个别劳动行政部门会要求公司提前递送相关资料,为保持裁员效率,建议实施前走访有关劳动行政部门。

给劳动行政管理部门的裁员报告内容大体包括以下内容:

(1)裁员方案;

(2)依据裁员方案确定的被裁减人员名单;

(3)提前说明情况、听取工会或者职工意见情况以及工会或者职工意见等材料;

(4)已经采取的减少裁员、稳定岗位的措施等。

6.忽略裁员后优先招用员工的规定。

根据《劳动合同法》第四十一条第二款的规定,用人单位裁减人员后的6个月内如重新招用人员的,应当通知被裁减的人员,并在同等条件下优先招用被裁减的人员。

合规依据

《劳动合同法》

第四十一条　有下列情形之一,需要裁减人员二十人以上或者裁减不足二十人但占企业职工总数百分之十以上的,用人单位提前三十日向工会或者全体职工说明情况,听取工会或者职工的意见后,裁减人员方案经向劳动行政部门报告,可以裁减人员:

(一)依照企业破产法规定进行重整的;

(二)生产经营发生严重困难的;

(三)企业转产、重大技术革新或者经营方式调整,经变更劳动合同后,仍需裁减人员的；

（四）其他因劳动合同订立时所依据的客观经济情况发生重大变化，致使劳动合同无法履行的。

裁减人员时，应当优先留用下列人员：

（一）与本单位订立较长期限的固定期限劳动合同的；

（二）与本单位订立无固定期限劳动合同的；

（三）家庭无其他就业人员，有需要扶养的老人或者未成年人的。

用人单位依照本条第一款规定裁减人员，在六个月内重新招用人员的，应当通知被裁减的人员，并在同等条件下优先招用被裁减的人员。

（三）劳动者主动/被动辞职

劳动者辞职分为主动辞职和被动辞职。主动辞职分为两种情况：其一，劳动者提前30日以书面形式通知用人单位，可以解除劳动合同；其二，劳动者在试用期内提前3日通知用人单位，可以解除劳动合同。被动辞职主要是指用人单位以暴力、威胁或者非法限制人身自由的手段强迫劳动者劳动的，或者用人单位违章指挥、强令冒险作业，危及劳动者人身安全的，劳动者可以无须事先告知用人单位即可解除劳动合同。

合规要点125　劳动者主动辞职的认定

合规风险指数 ★★★★

案　例

姚某与恩平公司协商解除劳动合同，双方协商同意姚某提交辞职报告后恩平公司向姚某支付18,000元经济补偿，该事实部分有录音为证。协商当日姚某未向恩平公司提交书面辞职报告，恩平公司也未向姚某支付补偿金。第二天，姚某反悔声称自己已经怀孕，要求继续履行原劳动合同。恩平公司拒绝了姚某的要求，认为姚某已提出辞职并且双方已经口头达成了一致协议，并要求姚某不要再上班并办理了退工手续等。姚某申请仲裁，要求恢复双方之间的劳动关系。①

解　析

劳动者及用人单位都应当为自己的真实意思表示负责。本案中,劳动者未提交书面辞职报告,用人单位不能证明与姚某提出解除劳动关系的具体时间节点,且用人单位也没有支付相应补偿、办理退工手续。故法院认定双方协商过程中姚某提出反悔意见时,双方仍存在劳动关系,恩平公司在未确认姚某提出辞职的前提下单方办理退工手续,构成违法解除双方劳动关系。

合规指引

劳动者的辞职权系形成权,劳动者一旦作出辞职表示就发生30日后的次日解除劳动合同的法律效力。因此,劳动者提出辞职后是否经过单位批准,是否办理交接手续,是否符合用人单位的辞职流程等因素均与辞职行为是否生效无关。如果劳动者已经提出辞职,即使其没有提前30日书面通知或在试用期内提前3日通知或公司在内部程序上不予批准、不办理退工、社会保险转移等手续,均不影响双方劳动关系的消灭。用人单位需要注意以下合规事项:

1. 未及时办理劳动者离职审批手续。

在劳动关系消灭后,如果用人单位未能依法办理社会保险转移手续,导致劳动者再就业受到影响的,还应赔偿劳动者的再就业损失(如劳动者不能提供证据证明损失标准,则一般按工作地失业保险金标准进行赔偿)。因此劳动者提出辞职后,公司应尽快办理离职审批程序。

2. 未审查劳动者的最后工作日。

劳动者提出书面辞职请求后,除非双方对劳动关系的解除时间协商一致并达成书面约定,用人单位一般不能要求员工立刻离职,往后的第30天视为员工的最后工作日,在此期间双方应当继续履行劳动合同。如果用人单位要求劳动者立即离职,则转化为用人单位单方解除劳动合同,并可能承担相应的法律后果。对于确需配合用人单位进行工作交接、离职审查的劳动者,可以与劳动者协商一致延长辞职预告期,通过协商一致的方式确定最后工作日。

① (2015)沪一中民三(民)终字第2447号。

3. 未重视特殊辞职情况管理。

实践中,不少劳动者在未向用人单位说明的情况下不辞而别且超过30天,这种情形下一般不能认定其为自动离职,而应当书面通知其在规定的时间内回来上班,或办理相关离职手续。如劳动者未回应的,在此基础上方可认定未归劳动者为自动离职。当然,用人单位也可以严格考勤制度管理,对于不辞而别的劳动者按照旷工处理,构成严重违纪的可以依法单方解除劳动合同。

4. 武断扣除劳动者的薪资用以补偿经济损失。

劳动者如果未履行提前通知义务,给用人单位而造成损失的,应承担赔偿责任。有的用人单位直接扣除劳动者的薪资用以补偿其所谓的经济损失,显然有违法律规定。如用人单位确有损失的,应注意固定、收集相关证据,主要包括:

(1)招收录用该劳动者所支付的费用;

(2)为其支付的培训费用;

(3)对生产、经营和工作造成的直接经济损失。

即便用人单位因劳动者未履行提前通知义务遭受经济损失的,也不可直接扣除劳动者的薪资或延迟办理离职手续,而是需要与劳动者协商赔偿方案,将赔偿事项以书面形式固定。如劳动者不同意赔偿的,也不可强行扣除薪资,需要通过劳动仲裁或诉讼等合法途径主张。

合规依据

《劳动合同法》

第三十七条　劳动者提前三十日以书面形式通知用人单位,可以解除劳动合同。劳动者在试用期内提前三日通知用人单位,可以解除劳动合同。

合规要点126　劳动者被动辞职的标准

合规风险指数 ★★★

案　例

王某主张其在鸿益公司工作期间,公司一直存在未按照劳动合同约定提供劳动保护或者劳动条件,未及时足额支付劳动报酬(包括年休假工资等)、超时加班以及未依法缴纳社会保险的行为。虽然鸿益公司近期都予以了整改,但王某认为没有法律法规规定即使用人单位存在长期未及时足额支付劳动报酬的行为,只要在最后进行纠正了就不属于"未及时足额支付劳动报酬",因此王某单方解除了劳动合同并要求公司支付相关经济补偿。[①]

解　析

《劳动合同法》第三十八条赋予了劳动者在用人单位出现法定过错的情形下,单方解除劳动合同而无须通知用人单位的特别解除权。上述案件中,法院对未支付劳动报酬、未支付社会保险以及超时加班三个项目分别进行了解读。首先,关于长期未及时足额发放工资这一点,根据调查鸿溢公司在王某提出解除劳动合同时已足额支付了其工资报酬,并未存在拖欠工资情形。虽然鸿溢公司曾存在部分月份拖欠工资的行为,但公司在王某提出解除劳动关系前已全额补足,故王某据此理由单方解除劳动合同并提出解除劳动合同的经济补偿法律依据不足。其次,关于未支付社会保险这一点,根据公司相关保险缴纳证明表明,鸿益公司已经缴纳了自2008年5月以来的社会保险,不存在从未依法缴纳社保费的情形。王某以此理由要求经济补偿金也缺乏依据。最后,超时加班并不属于用人单位应当向劳动者支付经济补偿的情形,故法院没有支持王某的主张。

合规指引

《劳动合同法》第三十八条赋予了劳动者在用人单位出现法定过错的情形下,单方解除劳动合同而无须提前通知用人单位的特别解除权。由于法律所规定的劳动者单方解除事由具有普遍性(如未及时足额支付劳动报酬、未依法缴纳社会保险等),易出现群体性解除事件,给用人单位的生产经营造成重大影响,用人单位应关注劳动者被动离职所产生各类法律风险。

1. 未按照劳动合同约定提供劳动保护或者劳动条件的。

用人单位应对劳动者提供的必要保护条件。例如,一些特殊工种需提供工作服、安全帽、口罩、手套等。实践中,工作地点、工作岗位、工作时间等都是广义上的"劳动条件"范畴,如用人单位无故变更工作地点、工作岗位、工作时间等,如不能与员工协商一致,员工可以选择拒绝变更。如用人单位执意变更的,劳动

① (2017)粤0608民初193号。

者可依《劳动合同法》第三十八条提出解除劳动关系，并要求单位支付相应的经济补偿金。

2. 未及时足额支付劳动报酬、未及时缴纳社会保险。

以用人单位未向劳动者及时足额支付劳动报酬、缴纳社会保险为例，这是用人单位的基本义务，如用人单位未及时足额履行这一义务的，员工可以解除劳动合同。但并非所有不及时足额支付工资、不缴纳社保的情形都会被纳入《劳动合同法》第三十八条的调整范围。只有当用人单位存在主观恶意情形的，劳动者才能够以此为理由解除劳动合同。而诸如以客观原因导致的迟延支付、计算错误、社保中断缴纳等事项要求解除劳动合同的，法院通常不予以支持。

合规依据

《劳动合同法》

第三十八条　用人单位有下列情形之一的，劳动者可以解除劳动合同：

（一）未按照劳动合同约定提供劳动保护或者劳动条件的；

（二）未及时足额支付劳动报酬的；

（三）未依法为劳动者缴纳社会保险费的；

（四）用人单位的规章制度违反法律、法规的规定，损害劳动者权益的；

（五）因本法第二十六条第一款规定的情形致使劳动合同无效的；

（六）法律、行政法规规定劳动者可以解除劳动合同的其他情形。

用人单位以暴力、威胁或者非法限制人身自由的手段强迫劳动者劳动的，或者用人单位违章指挥、强令冒险作业危及劳动者人身安全的，劳动者可以立即解除劳动合同，不需事先告知用人单位。

第四十六条　有下列情形之一的，用人单位应当向劳动者支付经济补偿：

（一）劳动者依照本法第三十八条规定解除劳动合同的……

合规要点127　辞职申请的撤销

合规风险指数　★★★★

案　例

徐某就职于某化学品公司近18年，徐某在最近一年里先后两次以微信形式向其上级提出辞职,公司对其进行挽留后,徐某继续在公司工作。

后徐某父亲患重疾,徐某请假两个月陪护。正值公司与另一家企业合并,公司不得不因工作原因多次联系徐某。徐某再次以微信形式向上级提出辞职,公司当月开始重新招募员工,但一直未对徐某的辞职作出正面回应。直至1个月后,徐某因父亲去世再次请假半个月办理丧事。公司此时发出书面通知,告知徐某因其辞职,双方劳动关系已于徐某辞职后1个月时正式解除。徐某表示拒绝,认为上级口头对其进行挽留,双方已通过协商一致的形式继续履行劳动合同,其辞职行为已被撤销。徐某提起劳动仲裁,要求公司支付违法解除劳动合同赔偿金,仲裁委支持了徐某诉请。公司不服提起诉讼。①

解　析

劳动者的辞职权系形成权,劳动者一旦作出辞职表示就发生30日后的次日解除劳动合同的法律效力。我国《劳动法》规定劳动者辞职应提前30日,是给予用人单位充足时间为即将解除劳动关系劳动者的工作岗位找到合适的替代人员,以免因劳动者解除劳动关系而影响用人单位的生产经营,是对劳动者行使单方解除权的最低限制,而非用人单位的法定义务。因此,劳动者提出辞职后是否经过用人单位批准,是否办理交接手续,是否符合用人单位的辞职流程等因素均与辞职权是否生效无关。因此本案中徐某所称的辞职已被撤销的观点不能成立,法院最终认定徐某的辞职已经于其辞职后30日的次日生效,双方劳动合同即解除,公司无须向其支付工资、赔偿金等。

合规指引

如劳动者提出辞职后以各种原因主张反悔或者否认的,原则上司法机关不会给予支持,因为劳动者书面的辞职请求送达用人单位,其辞职行为便已成立。如其已正式离职,更无法撤回辞职。不过,笔者也注意到有司法判例援引《合同法》的重大误解事由来判定劳动者可以撤销辞职行为,但这类案件并不具有普遍性。

需要注意的是,实践中劳动者提出辞职后,用人单位长期未能回应且双方继续履行合同,用人单位在若干个月后再行要求办理离职手续,该类案件也有被裁审机构支持劳动者的案例。故劳动者提出辞职后,用人单位需要在1个月内给

---

① (2019)沪0115民初13440号。

予反馈确认,为劳动者办理离职手续,要求劳动者办理交接手续等。

合规依据

《劳动合同法》

第三十七条　劳动者提前三十日以书面形式通知用人单位,可以解除劳动合同。劳动者在试用期内提前三日通知用人单位,可以解除劳动合同。

(四)协商解除劳动合同

依据《劳动合同法》第四十六条第二项的规定,用人单位提出解除劳动合同并与劳动者协商一致解除劳动合同的,用人单位必须依法向劳动者支付经济补偿金;而由劳动者提出解除劳动合同动议并与用人单位协商一致解除劳动合同的,用人单位不需要向劳动者支付经济补偿金。

合规要点 128　协商主体资格确认

合规风险指数 ★★

案　例

卢某系宁波太平货柜有限公司员工,被诊断为抑郁症。2016 年 4 月 26 日,卢某与太平货柜有限公司签订《协商解除劳动合同协议书》,约定:"1. 双方协商一致同意于 2016 年 4 月 26 日解除双方的劳动关系,此后双方不再有任何关系;……7. 本协议为双方平等、自愿协商的结果,是双方的真实意思表示。"后卢某诉至法院,主张其签订《协商解除劳动合同协议书》时正在进行抑郁症治疗,受药物影响思维严重受限,对签订协议并不知情,要求撤销该份协议书。法院最终没有支持卢某的主张。①

解　析

在劳动者患有精神类疾病的情形下,其意思表示是否真实有效是困扰用人单位的一大难题。本案中法院认为卢某仅提供了一次治疗抑郁症的门诊记录,对于其抑郁症患病的具体表现、后果等均未提供证据予以证实,单凭门诊记录诊

① (2017)浙 0212 民初 450 号。

断为抑郁症并无法证实其与公司在签订协议书时无法表达自己的真实意思。法院最终没有支持卢某的主张。

合规指引

协商解除劳动合同一定要与劳动者本人进行协商并签署相关解除文件,除非劳动者本人已被确定为丧失民事行为能力。笔者承办的员工患有抑郁症案例中,有的用人单位与劳动者的配偶、父母或朋友进行协商并签署协议,但并无劳动者本人签名,其协商内容对劳动者并无约束力,一旦发生争议,用人单位存在败诉风险。

合规要点 129 协商解除前未履行法定义务

合规风险指数 ★★★★

案 例

张某进入某劳务公司处工作,双方最后一份合同期限至 2014 年 6 月,其间张某被派遣至某工业公司处工作,担任电焊工。2014 年 1 月,张某与劳务公司签订《协商解除劳动合同协议书》。张某离职后经某区职业病诊断鉴定委员会鉴定为电焊工尘肺一期,同时经市劳动能力鉴定委员会鉴定为职业病致残程度七级。

随后张某申请仲裁,要求恢复劳动关系并要求赔偿相关待遇。张某表示是劳务公司提出解除劳动合同的,也未给张某做离职体检。后二审法院认定双方协商解除劳动合同的行为系真实的意思表示,但张某为职业病致残程度七级,协商过程中未对此作出约定,因此认定双方恢复劳动关系至伤残等级鉴定结论作出之日。

解 析

用人单位安排从事接触职业疾病危害作业的劳动者进行离岗职业健康检查是其法定义务,该项义务并不因劳动者与用人单位协商一致解除劳动合同而当然免除。用人单位对未进行离岗前职业健康检查的劳动者不得解除或者终止与其订立的劳动合同。本案中,双方在《协商解除劳动合同协议书》并未明确张某已经知晓并放弃了进行离岗前职业健康检查的权利，且张某于事后也通过各种途径积极要求劳务公司为其安排离岗职业健康检查。因此，张某并未放弃对该项权利的主张，劳务公司应当为其安排离岗职业健康检查。在张某的职业疾病鉴定结论出来之前，双方的劳动关系不能当然解除。因此，鉴于双方签订的劳动合同先行到期，而张某被鉴定为“职业病致残程度七级”在后，依据《工伤保险条例》的规定，张某与劳务公司恢复劳动关系至张某的伤残等级鉴定结论作出之日。

故无论是单方解除还是协商解除，用人单位应依法为员工履行上岗、在岗、离岗职业健康检查，避免不必要的风险。

合规指引

为了避免违法解除劳动合同、承担经济补偿金，协商解除劳动合同通常被用人单位当成“万金油”广泛运用。在协商解除过程中，要注意协商内容不得低于法定标准，掌握协商解除的策略。劳动者不仅关注补偿金额，还关注启动协商解除的原因、协商解除时间等要素。通常协商解除方案再辅以变更劳动合同或单方解除劳动合同方案时能起到更好的效果，明确告知劳动者协商解除的截止期限也是一种较好的施压方式。

关于协商解除的补偿标准不得低于法定标准，一般可结合以下因素确定：

(1)法定的经济补偿金标准(每工作满1年支付1个月的工资)；

(2)过往公司执行协商解除的一般标准；

(3)同行业企业的协商解除补偿标准；

(4)协商解除的动因和各方过错；

(5)单方解除的条件是否具备及实施单方解除的补偿标准；

(6)违法解除劳动合同的赔偿金标准。

通常情况下，如实施涉及多人的协商解除，可以考虑与劳动者分开谈判，分别签署解除协议等策略。补偿标准一旦确定即不能修改，否则可能因内部不公导致群体性争议。用人单位在执行协商解除时也应诚心沟通，不得有欺诈和胁迫情形，向劳动者说明利害关系，并应考虑协商不一致时如何处理的问题(包括变更合同、单方解除劳动合同等)。

合规要点 130 协商程序不规范

合规风险指数 ★★★★

案 例

张某系小安公司的员工。2019 年 5 月 24 日,小安公司向包括张某在内的部分员工发出《离职手续办理通知》,内容为:"亲爱的各位同仁:面临严峻的经济形势和市场环境,公司新增业务全面停滞……基于以上原因,请您即日内到人力资源部签署《协商解除协议书》,并在完成工作交接后办理离职手续;不愿签署协议的也请接到本通知后于即日内办理完工作交接和离职手续。公司将于即日起停止对您的考勤,关闭邮箱和系统权限,工资统一计算至本月底在下月正常发放,签署《协商解除协议书》的将按照协议执行……"张某与小安公司顺利进行工作交接并办理离职手续,但张某未签署《协商解除协议书》,后张某主张小安公司违法解除劳动合同。①

解 析

本案法院认为,小安公司发出的《离职手续办理通知》载明"不愿签署协议的也请接到本通知后于即日内办理完工作交接和离职手续",该内容表明小安公司已单方作出解除劳动合同的意思表示,不论员工是否同意,均需于即日内办理完工作交接和离职手续。此外,小安公司向张某出具的《离职证明》均载明系小安公司单方提出解除劳动合同,没有经双方协商一致的相关内容,被告也未举证证明双方曾就解除劳动关系补偿事宜进行过协商,其他员工签署的协商解除劳动合同协议书,无法证明系原告、被告协商一致解除劳动合同。法院据此认定小安公司属于违法解除劳动合同,依法应支付张某解除劳动合同的赔偿金。

合规指引

1. 未签署书面文本以证明双方协商一致解除劳动合同。

协商解除过程中,协议文本原则上应是书面的,且要保证劳动者本人亲笔签署。通常在协商达成一致意见时需要立即签署,以免横生枝节导致劳动者反悔。

① (2019)粤 0305 民初 20008 号。

如签署书面协议有困难，也可以采取电子邮件、传真等可以证明协商内容的方式，但这类形式往往难以固定相关证据，并可能导致不被司法机关接受的情况，建议尽量不要采用，即使采用也应事后予以补签书面协商解除协议。协商解除协议的文本应大致包括以下核心内容：

（1）解除方式（谁提出的协商解除）；

（2）最后工作日和离职日期；

（3）工资支付截止日、社会保险/公积金缴纳截止月；

（4）剩余法定带薪年休假、加班费（如有）、奖金、公司福利（如商业保险、年金等）等结算；

（5）各项补偿金的税前或税后标准（注意个税扣缴，建议明确公司代扣代缴的权利）、支付条件和时限；

（6）工作交接和物品交接事项；

（7）离职后的保密义务与竞业限制义务（是否放弃）；

（8）违反协商解除协议的违约责任；

（9）离职清算条款（表明双方就劳动关系项下所有权利义务包括工资、奖金、加班费、经济补偿金、年休假、各类法定福利等均已全部了结，公司不再负有任何支付义务，双方再无其他争议）；

（10）其他个性化条款。

2. 需设置办理工作交接的前提条件。

请注意，协商解除过程中应将办结工作交接作为支付经济补偿金的前置性条件（而非明确具体的支付日期），避免劳动者不配合办理工作交接给公司带来经营或法律风险。

合规依据

《劳动合同法》

第三十六条　用人单位与劳动者协商一致，可以解除劳动合同。

六、劳动合同的终止

《劳动法》和《劳动合同法》都对劳动合同终止有明确、简洁的规范，以至于很多企业都忽略了其中隐藏的法律问题。

(一)退休终止

合规要点 131　劳动者退休年龄的认定

合规风险指数 ★★★★

案　例

张某(女性)于 1997 年入职某电子公司,离职前岗位为应付会计。2017 年 5 月 30 日,张某年满 50 周岁,公司为其办理退休手续。张某称自己属于管理(干部)岗位拒绝配合,导致公司无法为其办理养老金领取手续。张某拒绝退休而提起劳动仲裁,要求恢复劳动关系,理由是其为管理岗位,且为财务专业技术人员,应当 55 周岁退休。

公司辩称,张某在职期间的岗位应付会计是财务部门最基础的岗位,张某不管理下属,不具备管理职能,双方也未约定张某为管理人员或属于管理岗位,张某提供的多张会计专业证书仅为上岗资格证,不能证明其为专业技术人员,故张某应当 50 周岁退休。

仲裁委和一审法院、二审法院均认为本案争议焦点为张某的岗位性质是否属于管理岗位,该类案件不属于劳动案件受理范围,故驳回了张某的请求。①

解　析

判断女职工的法定退休年龄一般可参考以下几点:一是劳动者的人事档案中是否有干部履历表,如有,则劳动者年满 55 周岁方可退休;二是劳动者与公司是否明确约定其属于管理人员(管理岗位)或专业技术人员,如有此类约定,则劳动者年满 55 周岁退休;三是劳动者是否属于工会主席或负有管理职能的特殊劳动者,如是,则劳动者年满 55 周岁可退休。

① (2018)沪 02 民终 10607 号。

合规指引

以年龄为标志的退休认定在实务中遇到最多的是女性劳动者退休年龄的认定问题。尽管“延迟退休”的政策信号被不断释放,但法定退休年龄仍然没有以法律修订的形式被加以改变。因此,区分女性劳动者的退休年龄标志——区分何为“女干部”“管理人员”“技术岗位”在现阶段仍具有十分重要的意义。随着工人和干部身份的逐渐取消,如今的民营企业当中几乎不存在“女干部”这一职称了。更多的是根据地方规定对何为女性管理人员存在界定不清的情形。

由于法律并没有对“管理人员”作出规定,故用人单位可以按照自身企业机构设置员工职位级别来规定“管理人员”的范围。换句话说,“管理人员”的范围取决于用人单位自身的决定。我们建议用人单位在规章制度中将“管理人员”与“技术岗位”加以明确规定,防止因企业与员工对岗位认知的不同在退休年龄问题的认定上发生争议。

合规依据

《劳动合同法实施条例》

第二十一条　劳动者达到法定退休年龄的,劳动合同终止。

《劳动和社会保障部办公厅关于企业职工“法定退休年龄”涵义的复函》

“国家法定的企业职工退休年龄”,是指国家法律规定的正常退休年龄,即:“男年满60周岁,女工人年满50周岁,女干部年满55周岁”。

合规要点132　领取养老保险待遇的认定

合规风险指数 ★★★★

问　题

领取养老保险待遇是导致劳动合同终止的情形之一。实践中容易出现的是劳动者达到法定退休年龄,但由于保险缴纳等原因暂未享受基本养老保险待遇的,是否可以终止劳动合同的问题。

合规指引

上述问题在司法实践中存在一定争议,用人单位应当加以考虑各地司法实践差异。在上海,无论是退休年龄的达到还是领取养老保险待遇均可作为劳动合同的终止标志,两者之间不相互冲突。但是在山东,部分法院认为劳动者虽已达到退休年龄,但尚未领取养老保险的情形不属于劳动合同自然终止的法定情形。

此外,在出现临近法定退休年龄的员工,如果用人单位决定终止劳动合同,应及时书面通知员工,该终止劳动合同的行为不违反法律规定,无须支付经济补偿金。但如果用人单位选择继续使用劳动者,在上海、山东、河北等多地的司法实践中会认为双方劳动关系继续存续,其间应当遵守劳动法的各项规定(包括继续缴纳各项社会保险费),如用人单位任意提前解除劳动关系,仍应支付经济补偿金或者承担违法解除劳动关系的法律责任。

合规依据

《劳动合同法》

第四十四条第二项　有下列情形之一的,劳动合同终止:

……(二)劳动者开始依法享受基本养老保险待遇的……

(二)劳动合同到期终止

合规要点 133　劳动合同到期的认定及通知

合规风险指数 ★★★★

案　例

刘某与无忧公司的劳动合同于2018年7月21日到期。无忧公司提前10日开始与刘某商谈续签劳动合同,维持各项劳动条件不变,但原劳动合同到期前刘某一直拒绝签署新合同。原劳动合同到期后,刘某继续到公司上班,而无忧公司既没有收回刘某的办公电脑,也没有取消被告在考勤机打卡的资格,并且还试图与刘某继续协商续订劳动合同。一个多月后,在刘某“不知情”的情况下,无忧公司认为刘某不愿续订,停用了刘某所有的工作密码及考勤资格,并称双方之间的劳动关系已经在2018年7月21日终止。刘某遂提起仲裁要求裁决无忧公司违法解除劳动合同。[①]

解　析

用人单位与劳动者在劳动合同到期后终止劳动关系的，除用人单位维持或提高劳动合同条件，劳动者拒绝续签劳动合同的情形外，应由用人单位向劳动者支付经济补偿金。本案中无忧公司称出于“好意”提前10日向刘某发出续约通知，但在庭审中并未提交任何证据证明这一点。法院没有采信无忧公司的抗辩，判决无忧公司违法解除劳动合同并支付经济赔偿金。

合规指引

劳动合同到期前1个月至3个月，用人单位需要及时确认劳动合同的确切到期日，并根据用工情况提前确定续订或终止意向，与劳动者续订劳动合同或终止劳动合同。用人单位需注意以下合规事项：

1. 未提前通知劳动者合同到期日及续订意向。

用人单位有与劳动者续签合同意向的情形下，建议用人单位提前1个月左右书面通知劳动者劳动合同到期日及明确表示是否续签的意向，避免劳动者在合同到期前无谓的等待而影响后续工作交接安排。在通知劳动者终止合同这一问题上应当注意各个地方的司法口径。例如，北京地区明确要求劳动合同终止情形的应当提前30日书面通知劳动者，未通知的应当以劳动者上月日平均工资为标准，每延迟1日支付1日赔偿金。

2. 未固定劳动者续订意向。

在用人单位同意续订劳动合同的前提下，劳动者不同意续订合同，用人单位终止劳动合同无须支付经济补偿金。但用人单位需要注意的是，实务中发生纠纷时“劳动者是否同意续订”“用人单位是否维持原劳动合同条件续订”等均需用人单位承担举证责任。用人单位应当保管好相关决定续签合同的证据，将续订通知书或者拟定好的劳动合同送达劳动者本人，并明确逾期未回复视为不同意续订合同。如果双方就新的合同条款协商不一致，用人单位应及时在合同期满前发出终止通知；如果因条款磋商不一致导致原劳动合同逾期，用人单位可以劳动者拒签劳动合同为由终止劳动关系，但应向劳动者支付经济补偿金。

---

① (2019)京0114民初493号。

3. 未重视合同期满后形成的事实劳动关系。

因用人单位疏忽导致劳动合同到期时未终止劳动关系,而劳动者此后继续提供劳动,则双方形成事实劳动关系。此时用人单位再以合同期满为由终止合同存在较大的法律风险。如果逾期未签订劳动合同超过一年的,则视为双方已经订立了无固定期限劳动合同。用人单位不得再以拒签合同为由终止劳动关系。

合规依据

《劳动合同法》

第四十四条　有下列情形之一的,劳动合同终止:

(一)劳动合同期满的……

《北京市劳动合同规定》

第四十条　劳动合同期限届满前,用人单位应当提前30日将终止或者续订劳动合同意向以书面形式通知劳动者,经协商办理终止或者续订劳动合同手续。

第四十七条　用人单位违反本规定第四十条规定,终止劳动合同未提前30日通知劳动者的,以劳动者上月日平均工资为标准,每延迟1日支付劳动者1日工资的赔偿金。

合规要点134　未甄别法定延续事由

合规风险指数　★★★★

案　例

汪某在A公司从事外贸销售工作。合同到期前一个月,A公司书面通知汪某劳动合同到期终止不再续签,公司将支付经济补偿。汪某同意与公司终止合同,并在当月底办好了所有移交手续工作。公司清退了汪某社保公积金等手续。但几天后汪某身体不适前往医院就诊,发现自己已经怀有两个月的身孕。考虑怀孕不易找工作,汪某重新找到A公司要求恢复劳动关系。A公司认为双方之间的劳动关系早已终止,不愿恢复。汪某遂提起劳动仲裁,仲裁支持了汪某的主张。

解　析

本案中,尽管用人单位确实无法提前知晓劳动者怀孕的事实,主观上也并不存在恶意终止劳动合同的情形，但根据《劳动合同法》第四十五条的规定，劳动者怀孕的事实确实发生在劳动关系存续期间，故用人单位不能因合同期满而终止双方劳动关系。即便已经作出终止的决定，如果劳动者要求恢复劳动关系的，法院也予以支持。

合规指引

劳动合同终止时，经常会遇到劳动者突然请病假、怀孕等事项发生，何种情形下用人单位是否需要和劳动者延长劳动合同，是否需要与劳动者续订劳动合同都是企业人事经常遇到的问题。未审查是否存在劳动合同期满不得终止情形是劳动合同到期常见的合规问题。

除无固定期限劳动合同外，劳动合同一般均会明确具体的终止日期，劳动合同期满终止并不依赖于当事人的意思表示而发生法律效力，双方不再继续履行劳动合同。但根据《劳动合同法》第四十五条的规定，即使劳动合同期限已经届满用人单位仍不得直接终止合同，用人单位需要审查劳动者是否具有以下情形：

1. 从事接触职业病危害作业的劳动者未进行离岗前职业健康检查，或者疑似职业病病人在诊断或者医学观察期间的；

2. 工伤职工停工留薪期未届满或者虽然停工留薪期已经届满但被鉴定为1～6级的；

3. 女职工在孕期、产期、哺乳期内；

4. 患病或者非因工负伤，在规定的医疗期内的；

5. 在本单位连续工作满15年，且距法定退休年龄不足5年的；

6. 工会主席、副主席、工会委员在任期内；

7. 集体协商代表在履行集体协商职责期间。

如果上述情形下用人单位直接通知劳动者终止合同，将构成违法终止行为。但需要提醒用人单位的是，用人单位可以转化离职形式，通过与劳动者协商解除来避免解雇保护风险。

合规依据

《劳动合同法》

第四十五条　劳动合同期满，有本法第四十二条规定情形之一的，劳动合同应当续延至相应的情形消失时终止。但是，本法第四十二条第二项规定丧失或者部分丧失劳动能力劳动者的劳动合同的终止,按照国家有关工伤保险的规定执行。

合规要点 135　未甄别签订无固定期限劳动合同的情形

合规风险指数 ★★★★

问　题

除了上述法定延续事由外,劳动合同到期后,是否就可以与劳动者终止劳动合同,这其中还有无固定期限劳动合同签订的问题,企业稍不注意就会忽视这一重要的合规要点。特别是实践中不同地方对无固定劳动合同签订的问题存在不一样的司法口径,这更需要用人单位予以高度关注。

合规指引

并非所有劳动合同到期后即行终止,根据《劳动合同法》的规定,在劳动合同期满时,用人单位需要甄别是否存在以下必须继续签订无固定期限劳动合同的情形:

1. 劳动者在该用人单位连续工作满 10 年的;

2. 用人单位初次实行劳动合同制度或者国有企业改制重新订立劳动合同时,劳动者在该用人单位连续工作满 10 年且距法定退休年龄不足 10 年的;

3. 连续订立二次固定期限劳动合同,且劳动者没有本法第三十九条和第四十条第一项、第二项规定的情形,续订劳动合同的。

当出现以上情形时,只要劳动者提出或者同意续订、订立劳动合同的,除劳动者提出订立固定期限劳动合同外,用人单位均应当无条件订立无固定期限劳动合同。

关于订立无固定期限的劳动合同,还需要注意的是,如用人单位自用工之日起满 1 年不与劳动者订立书面劳动合同的,视为用人单位与劳动者已订立无固定期限劳动合同。

合规依据

《劳动合同法》

第十四条　无固定期限劳动合同,是指用人单位与劳动者约定无确定终止时间的劳动合同。

用人单位与劳动者协商一致，可以订立无固定期限劳动合同。有下列情形之一，劳动者提出或者同意续订、订立劳动合同的，除劳动者提出订立固定期限劳动合同外，应当订立无固定期限劳动合同：

（一）劳动者在该用人单位连续工作满十年的；

（二）用人单位初次实行劳动合同制度或者国有企业改制重新订立劳动合同时，劳动者在该用人单位连续工作满十年且距法定退休年龄不足十年的；

（三）连续订立二次固定期限劳动合同，且劳动者没有本法第三十九条和第四十条第一项、第二项规定的情形，续订劳动合同的。

用人单位自用工之日起满一年不与劳动者订立书面劳动合同的，视为用人单位与劳动者已订立无固定期限劳动合同。

合规要点 136　避免逾期终止劳动合同

合规风险指数 ★★★

案　例

高某于 2017 年 4 月 5 日入职芯盾公司，双方签订有自 2017 年 4 月 5 日起至 2020 年 4 月 4 日止的劳动合同。2020 年 4 月 21 日，芯盾公司向高某发送《不续签劳动合同通知书》，告知其双方劳动合同延长至 2020 年 5 月 21 日终止。高某据此申请仲裁，要求芯盾公司向其支付 2020 年 4 月 6 日至 2020 年 5 月 30 日未签订书面劳动合同二倍工资差额以及违法解除劳动合同赔偿金。

解　析

关于未签劳动合同二倍工资差额，双方劳动合同于 2020 年 4 月 4 日到期，基于诚实信用原则以及劳动者需要合理的再就业时间，芯盾公司应当在劳动合同到期前的合理期限内通知高某合同到期不续签一事。然而合同到期前，芯盾公司未通过任何形式告知高某合同将不续签，直至 2020 年 4 月 21 日才向高某发送《不续签劳动合同通知书》，故芯盾公司应向高某支付 2020 年 4 月 6 日至 2020 年 5 月 21 日未签劳动合同二倍工资差额。

关于劳动关系处理,相关司法解释规定,“劳动合同期满后,劳动者仍在原用人单位工作,原用人单位未表示异议的,视为双方同意以原条件继续履行劳动合同。一方提出终止劳动关系的,人民法院应予支持”。本案中,芯盾公司于2020年4月21日向高某发送《不续签劳动合同通知书》,决定不再续订劳动合同,该终止劳动合同的行为符合司法解释的规定,属合法终止,故芯盾公司无需向其支付违法解除劳动合同赔偿金;就终止劳动合同的经济补偿,高某可依法另行主张。

合规指引

用人单位在劳动合同期满后方通知员工不予续签劳动合同,即逾期终止劳动合同的情形下,视为双方同意以原条件继续履行劳动合同。尽管相关司法解释明确用人单位可以提出终止劳动关系,但并未免除用人单位应当与劳动者签订书面劳动合同的法定责任,员工据此主张用人单位支付延期终止期间的二倍工资可获得支持。

合规依据

《最高人民法院关于审理劳动争议案件适用法律问题的解释(一)》(法释〔2020〕26号)

第三十四条第一款　劳动合同期满后,劳动者仍在原用人单位工作,原用人单位未表示异议的,视为双方同意以原条件继续履行劳动合同。一方提出终止劳动关系的,人民法院应予支持。

(三)主体资格丧失终止

合规要点137　劳动者死亡、失踪

合规风险指数　★★★★

案　例

2005年胡某到元邦公司上班。2018年胡某在工作时突发疾病被送往医院,通过治疗后,胡某于若干月后出院。2019年1月10日,胡某委托代理人向当地劳动人事争议仲裁委员会提起仲裁,要求元邦公司支付其医疗保险损失、医疗期工资以及解除劳动合同的经济补偿金。但是,2019年1月13日,胡某突然因病死亡。2019 年 1 月 17 日，仲裁委依法终止了案件的审理。后胡某的法定继承人诉至法院，要求元邦公司支付解除劳动合同的经济补偿金。①

解　析

由于劳动者死亡属于《劳动合同法》第四十四条规定的劳动合同法定终止事由，故元邦公司与胡某之间的劳动合同已经终止。另外，《劳动合同法》所规定的支付经济补偿金的情形并不包括劳动者死亡的情形，本案中胡某因死亡双方劳动关系终止，显然不符合享受经济补偿金的情形，故对原告的该项诉讼请求不予支持。

合规指引

当劳动者死亡或者被人民法院宣告死亡或者宣告失踪的，劳动合同即行终止，用人单位应及时办理退工手续及停止缴纳社保的手续。这种情形下用人单位无须向劳动者的继承人支付补偿金，但可以从人道主义角度支付丧葬费和适当的抚恤金等。

合规依据

《劳动合同法》

第四十四条　有下列情形之一的，劳动合同终止：

……（三）劳动者死亡，或者被人民法院宣告死亡或者宣告失踪的……

合规要点 138　用人单位破产清算、提前解散

合规风险指数　★★★★

案　例

2014 年 2 月，沃尔玛常德分店决议撤销，向员工提供两种转职安置方案，如果员工未同意转职而选择离开的，沃尔玛常德分店将依法支付相应的经济补偿及额外支付员工 1 个月工资和一次性签约额外奖励等。在沃尔玛常德分店规定的反馈意见期限届满后，仍有刘某等 18 名员工未给予反馈意见。3 月底，沃尔

① （2019）赣 0323 民初 563 号。

玛常德分店作出决议“因经营不善,撤销沃尔玛常德分店,并办理工商注销手续”。同时沃尔玛常德分店依据《劳动合同法》第四十四条规定作出终止刘某等18人劳动合同的决定,并以短信、邮寄的方式告知,工资结算至决议解散当日。刘某等18人不同意沃尔玛常德分店的决定,申请仲裁要求裁决沃尔玛常德分店违法解除劳动合同并支付经济补偿金。常德市劳动人事争议仲裁委员会及法院经过审理,均以沃尔玛常德分店已注销的事实,认定刘某等人起诉时沃尔玛常德分店不是适格主体,裁定驳回刘某等人的起诉。后刘某等人再以沃尔玛常德分店的上级机构即沃尔玛公司为被申请人再次提起仲裁及诉讼,要求沃尔玛公司承担沃尔玛常德分店的法律责任。[①]

解　析

经过两次仲裁和法院审理程序,裁决机关均认为沃尔玛常德分店在终止与刘某等人的劳动合同的过程中,无论是使用了“停止营业”还是“闭店”或“提前解散”,其真实意思是沃尔玛常德分店不再进行经营活动。沃尔玛公司也作出撤销其分支机构沃尔玛常德分店的决议。客观事实也是沃尔玛常德分店全面停止了经营活动,并已在仲裁过程中依法进行了注销登记。根据《劳动合同法》第四十四条第四项、第五项关于有下列情况之一的,劳动合同终止的规定:“(四)用人单位被依法宣告破产的;(五)用人单位被吊销营业执照、责令关闭、撤销或者用人单位决定提前解散的”。沃尔玛常德分店作为用人单位,在被上级公司撤销不再进行经营活动的情况下,终止与刘某等人的劳动合同并不违反《劳动合同法》的规定,故沃尔玛公司不应向刘某等人支付沃尔玛常德分店终止劳动合同的赔偿金。

合规指引

当用人单位发生被依法宣告破产的、吊销营业执照、责令关闭、撤销或者用人单位决定提前解散等情形的,劳动合同将加速到期终止。在企业主体资格即将消失的情况下,用人单位有责任主动依据《劳动合同法》第四十四条第五款之规定与职工终止劳动合同。如企业进入破产清算程序的,清算组最迟应当在人民法院宣告企业破产之时与职工终止劳动合同,并依据《劳动合同法》第四十六

① (2015)常民一终字第314号。

条等规定，向员工支付各项补偿金。

合规依据

《劳动合同法》

第四十四条 有下列情形之一的，劳动合同终止：

……（四）用人单位被依法宣告破产的；

（五）用人单位被吊销营业执照、责令关闭、撤销或者用人单位决定提前解散的……

（四）约定条件终止

合规要点139 约定终止条件无效

合规风险指数 ★★★★

问 题

实务中，经常会有企业人事向律师咨询有关劳动合同约定终止的相关问题。其依据是《劳动法》第二十三条"劳动合同期满或者当事人约定的劳动合同终止条件出现，劳动合同即行终止"的规定。那么，企业究竟是否可以与劳动者约定劳动合同终止的条件呢？

合规指引

《劳动合同法实施条例》第十三条明确规定，除《劳动合同法》规定的终止条件外，用人单位不得与劳动者约定其他终止条件。故即便劳资双方当事人秉持着意思自治为原则进行了约定，该约定也会因为违反法律强制性规定而被认定为无效。

合规依据

《劳动合同法实施条例》

第十三条 用人单位与劳动者不得在劳动合同法第四十四条规定的劳动合同终止情形之外约定其他的劳动合同终止条件。

七、解雇保护制度

相较于欧美国家普遍推行的解雇自由原则,我国采取的是“解雇保护”制度,即对于身体状况或身份较为特殊的劳动者,用人单位不得随意单方解除或终止劳动合同,特定情况下,协商解除劳动合同的法律效力也会因劳动者身份特殊而受到解雇保护的限制。在我国的劳动法体系下,解雇保护对象主要分为七类,集中规定于《劳动合同法》第四十二条,零散见于《工会法》等法律、法规或地方性规定中。

合规要点 140　未甄别接触职业病危害作业的劳动者

合规风险指数 ★★★★★

职业病是指劳动者在提供劳动的过程中,因接触粉尘、放射性物质和其他有毒有害物质而引起的疾病。与普通疾病相比,职业病具有隐匿性、迟发性、不可逆、难治愈、伤害大、致残率高等特点,因此,我国立法对接触或患有职业病的劳动者的权益进行特别保护,对于在职期间因工作原因接触职业病危害作业或被诊断为疑似职业病、患有职业病的劳动者,《劳动合同法》规定用人单位不得随意终止或解除劳动合同,而应对其负有更多法律义务。

案　例

陈某自 2010 年开始在某公司从事胶印工作,与公司签有无固定期限劳动合同。陈某在职期间,公司每年均安排其进行职业健康检查。2016 年,陈某在职期间的最后一份职业健康检查表显示其接触毒害工龄 6 年。2017 年 12 月,公司以经营效益差、经济性裁员为由解除与陈某的劳动合同。陈某提起仲裁,要求公司支付违法解除劳动合同赔偿金,劳动仲裁委、一审法院及二审法院均支持了陈某的请求。

解　析

本案中,陈某所从事岗位接触有毒有害物质,且职业健康检查表也显示其接触毒害物质,故陈某属于接触职业病危害作业的劳动者。根据《职业病防治法》的规定,对未经离岗前职业健康检查的劳动者,用人单位不得以《劳动合同法》第四十一条为由解除劳动合同,因此,即使公司确实存在经济效益较差、不得不经济性裁员的情况,也不能免除提供离岗前职业健康检查的法定义务,故公司的解除行为违法。

合规指引

用人单位对接触职业病危害作业的劳动者,应提供上岗前、在岗时及离岗前的职业健康检查,以及时确定劳动者的健康状况,履行法定义务。对未经离岗前职业健康检查的劳动者,以及在疑似职业病病人诊断或者医学观察期间,用人单位不得以《劳动合同法》第四十条、第四十一条为由解除劳动合同,也不得以合同期满为由终止劳动关系。但对于主动辞职或存在严重违纪情形的劳动者,法律并未限制用人单位单方解除劳动合同的权利。尽管《劳动合同法》并未限制用人单位与患有职业病的劳动者协商解除劳动合同,但如果协商解除的员工离职前未执行职业健康检查,协商解除协议可能因显失公平被法院撤销,用人单位仍面临恢复劳动关系风险。

合规依据

《劳动合同法》

第四十二条　劳动者有下列情形之一的,用人单位不得依照本法第四十条、第四十一条的规定解除劳动合同:

(一)接触职业病危害作业的劳动者未进行离岗前职业健康检查,或者疑似职业病病人在诊断或者医学观察期间的;

(二)在本单位患职业病或者因工负伤并被确认丧失或者部分丧失劳动能力的;

(三)患病或者非因工负伤,在规定的医疗期内的;

(四)女职工在孕期、产期、哺乳期的;

(五)在本单位连续工作满十五年,且距法定退休年龄不足五年的;

(六)法律、行政法规规定的其他情形。

《工伤保险条例》

第三十五条　职工因工致残被鉴定为一级至四级伤残的,保留劳动关系,退

出工作岗位,享受以下待遇:

(一)从工伤保险基金按伤残等级支付一次性伤残补助金,标准为:一级伤残为27个月的本人工资,二级伤残为25个月的本人工资,三级伤残为23个月的本人工资,四级伤残为21个月的本人工资;

(二)从工伤保险基金按月支付伤残津贴,标准为:一级伤残为本人工资的90%,二级伤残为本人工资的85%,三级伤残为本人工资的80%,四级伤残为本人工资的75%。伤残津贴实际金额低于当地最低工资标准的,由工伤保险基金补足差额;

(三)工伤职工达到退休年龄并办理退休手续后,停发伤残津贴,按照国家有关规定享受基本养老保险待遇。基本养老保险待遇低于伤残津贴的,由工伤保险基金补足差额。

职工因工致残被鉴定为一级至四级伤残的,由用人单位和职工个人以伤残津贴为基数,缴纳基本医疗保险费。

第三十六条　职工因工致残被鉴定为五级、六级伤残的,享受以下待遇:

(一)从工伤保险基金按伤残等级支付一次性伤残补助金,标准为:五级伤残为18个月的本人工资,六级伤残为16个月的本人工资;

(二)保留与用人单位的劳动关系,由用人单位安排适当工作。难以安排工作的,由用人单位按月发给伤残津贴,标准为:五级伤残为本人工资的70%,六级伤残为本人工资的60%,并由用人单位按照规定为其缴纳应缴纳的各项社会保险费。伤残津贴实际金额低于当地最低工资标准的,由用人单位补足差额。

经工伤职工本人提出,该职工可以与用人单位解除或者终止劳动关系,由工伤保险基金支付一次性工伤医疗补助金,由用人单位支付一次性伤残就业补助金。一次性工伤医疗补助金和一次性伤残就业补助金的具体标准由省、自治区、直辖市人民政府规定。

第三十七条　职工因工致残被鉴定为七级至十级伤残的,享受以下待遇:

(一)从工伤保险基金按伤残等级支付一次性伤残补助金,标准为:七级伤残为13个月的本人工资,八级伤残为11个月的本人工资,九级伤残为9个月的本人工资,十级伤残为7个月的本人工资;

(二)劳动、聘用合同期满终止,或者职工本人提出解除劳动、聘用合同的,由工伤保险基金支付一次性工伤医疗补助金,由用人单位支付一次性伤残就业补助金。一次性工伤医疗补助金和一次性伤残就业补助金的具体标准由省、自治区、直辖市人民政府规定。

《职业病防治法》

第三十五条第一款、第二款　对从事接触职业病危害的作业的劳动者，用人单位应当按照国务院卫生行政部门的规定组织上岗前、在岗期间和离岗时的职业健康检查，并将检查结果书面告知劳动者。职业健康检查费用由用人单位承担。

用人单位不得安排未经上岗前职业健康检查的劳动者从事接触职业病危害的作业；不得安排有职业禁忌的劳动者从事其所禁忌的作业；对在职业健康检查中发现有与所从事的职业相关的健康损害的劳动者，应当调离原工作岗位，并妥善安置；对未进行离岗前职业健康检查的劳动者不得解除或者终止与其订立的劳动合同。

第五十五条　医疗卫生机构发现疑似职业病病人时，应当告知劳动者本人并及时通知用人单位。

用人单位应当及时安排对疑似职业病病人进行诊断；在疑似职业病病人诊断或者医学观察期间，不得解除或者终止与其订立的劳动合同。

疑似职业病病人在诊断、医学观察期间的费用，由用人单位承担。

合规要点141　未甄别工伤职工

合规风险指数　★★★★★

对于在本单位因公负伤并被确认丧失或者部分丧失劳动能力的劳动者，因其在职期间为用人单位作出了贡献并因工作原因受伤甚至致残，故法律规定用人单位须给予其更多帮助，并可受到解雇保护。如果用人单位在劳动者发生工伤后或停工留薪期内，随意解除或终止劳动合同，极有可能被认定为违法解除或违法终止，进而承担相关法律责任。

案　例

杨某与某公司签订的劳动合同临近期满，恰在工作时受伤，公司为其提出工伤认定申请。但双方在未得到工伤认定结论、劳动能力鉴定结论的情况下，某公司与杨某私下签订了“工伤私了协议”,约定杨某放弃工伤认定和伤残等级鉴定,由公司一次性补偿其5万元,双方到期终止劳动合同。该协议履行完毕后,杨某被确定为工伤,并被鉴定出五级伤残,杨某遂提起仲裁要求撤销“工伤私了协议”、恢复劳动关系。劳动仲裁委、一审法院及二审法院均支持了杨某的请求。

解　析

本案中,公司与杨某签订“工伤私了协议”时并无工伤认定结论及伤残等级鉴定作为依据,且杨某最终被鉴定为大部分丧失劳动能力,公司不得以期满为由终止劳动合同,双方约定的补偿金额亦显著低于五级伤残的法定赔偿标准,故该协议显失公平,司法机关予以撤销并判决双方恢复劳动关系。

合规指引

自事故伤害发生之日起的1个月内,用人单位须及时为员工提出工伤认定申请,且在工伤认定结论及伤残等级鉴定结论出具之前,不得随意终止劳动合同,也不得以《劳动合同法》第四十条、第四十一条为由解除劳动合同。但对于主动辞职或存在严重违纪情形的劳动者,法律并未限制用人单位单方解除劳动合同的权利。尽管《劳动合同法》并未限制用人单位与工伤职工协商解除劳动合同,但正如上述案例的判决结果,协商解除协议也可能被司法机关认定为无效,故建议用人单位严格按照《劳动合同法》《工伤保险条例》等法律的规定处理与工伤员工的劳动关系。

合规依据

《劳动合同法》

第四十二条　劳动者有下列情形之一的,用人单位不得依照本法第四十条、第四十一条的规定解除劳动合同:

(一)接触职业病危害作业的劳动者未进行离岗前职业健康检查,或者疑似职业病病人在诊断或者医学观察期间的;

(二)在本单位患职业病或者因工负伤并被确认丧失或者部分丧失劳动能力的;

(三)患病或者非因工负伤,在规定的医疗期内的;

(四)女职工在孕期、产期、哺乳期的;

(五)在本单位连续工作满十五年,且距法定退休年龄不足五年的;

（六）法律、行政法规规定的其他情形。

合规要点 142　未甄别医疗期内的劳动者

合规风险指数 ★★★★★

对于非因工负伤或患病的劳动者，法律给予其一定的解雇保护期，即医疗期。在此法定期限内，用人单位非因法定事由，不得随意解除或终止医疗期劳动者的劳动合同。我国现行的医疗期制度较为复杂，就医疗期期限来说，可分为普通医疗期与特殊医疗期，上海地区按其本地规定计算劳动者的普通医疗期，上海以外的地区则按照原劳动部颁布的《企业职工患病或非因工负伤医疗期规定》来确定普通医疗期。同时，《劳动部关于贯彻〈企业职工患病或非因工负伤医疗期规定〉的通知》又规定了特殊疾病（如癌症、精神病、瘫痪等）的特殊医疗期。司法实践中，用人单位与劳动者因医疗期期限、特殊医疗期的享有及医疗期解除劳动合同发生的争议越来越多，用人单位如果未能精确认定劳动者的医疗期就终止或解除劳动合同，极易引发争议。

案　例

鲁某与上海某公司签订的最后一份劳动合同于 2018 年 5 月 31 日到期。鲁某于 2017 年 8 月查出甲状腺癌，并于 2017 年 9 月入院治疗，至 2018 年 2 月，一直病休。2018 年 2 月底，鲁某的普通医疗期满，鲁某未再提供病假单，并正常工作，但在 2018 年 2 月至 4 月，鲁某申请带薪年休假，并在请假系统中标注请假理由为“癌症复查”。2018 年 5 月 31 日，公司以劳动合同期满为由终止劳动合同。鲁某提起仲裁，要求恢复劳动关系，并在一审开庭前完成劳动能力鉴定，鉴定结果为大部分丧失劳动能力。仲裁委对鲁某的请求不予支持，一审法院改判双方恢复劳动关系，二审法院维持原判。

解　析

本案中，尽管公司主张鲁某的普通医疗期已满，鲁某既未提交病假单，也未停工休息，不符合医疗期的认定条件，且鲁某在离职前也未提供劳动能力鉴定结论，但一审法院认为鲁某已在休假系统中标注其仍在复查癌症，公司应对患病员工给予更多人道关怀,且员工一审时提交的劳动能力鉴定结论显示其大部分丧失劳动能力,公司依法不得与其终止劳动合同。

合规指引

在上海地区,普通医疗期的计算较为简单,按照N(员工在本单位工作年限)+2来计算,医疗期期限在3~24个月之内确定。上海以外地区的普通医疗期计算则较为复杂,需结合员工在本单位的工作年限与实际工作年限来计算。而针对患有精神疾病或其他重疾的劳动者,则可能适用特殊医疗期的规定,且各地对于特殊医疗期的享有条件又有不同的裁审口径。例如,有的地区认为患有特殊疾病的员工不当然享有24个月的特殊医疗期,需要劳动能力鉴定等,如上海、广东、浙江等;有的地区则不需要劳动能力鉴定,只要劳动者患有特殊疾病,司法机关直接认定劳动者享有24个月医疗期,如江苏;还有的地区对特殊医疗期设置了批准程序,劳动者经用人单位和/或劳动行政部门批准后方可享受特殊医疗期,如四川。医疗期的起始时间与长短直接关系着用人单位何时才可终止或解除劳动合同,当然,如果劳动者主动辞职、双方协商一致解除或用人单位以《劳动合同法》第三十九条为由解除劳动合同,则不受医疗期之限,否则,用人单位在处理医疗期员工时,需要慎之又慎地甄别、判断。此外,用人单位在使用《劳动合同法》第四十条规定解除劳动合同时,须履行法律规定的程序,即劳动者医疗期满不能从事原工作,也不能从事用人单位另行安排的其他工作的,用人单位须提前30日书面通知或者支付1个月工资的代通知金,并将解除决定告知工会后,方可解除劳动合同,还需向劳动者支付经济补偿金。

合规依据

《上海市人民政府印发修订后的〈关于本市劳动者在履行劳动合同期间患病或者非因工负伤的医疗期标准的规定〉的通知》

二、医疗期按劳动者在本用人单位的工作年限设置。劳动者在本单位工作第1年,医疗期为3个月;以后工作每满1年,医疗期增加1个月,但不超过24个月。

《劳动部关于贯彻〈企业职工患病或非因工负伤医疗期规定〉的通知》

二、关于特殊疾病的医疗期问题

根据目前的实际情况,对某些患特殊疾病(如癌症、精神病、瘫痪等)的职工,在24个月内尚不能痊愈的,经企业和劳动主管部门批准,可以适当延长医疗期。

合规要点143　未甄别“三期”女职工

合规风险指数　★★★★★

“三期”是指处于孕期、产期、哺乳期。因女性担负着繁衍后代的家庭与社会责任,且在整个生育、哺乳期间需要得到更多的照顾,因此,立法、司法对于“三期”女职工均会给予更多保护。在《劳动合同法》已推行多年的今天,大部分用人单位都知道不得随意处置与“三期”女职工的劳动关系,但不少用人单位对“三期”的起算与终结时间仍有疑问,如果用人单位未能及时、准确地甄别“三期”女员工的身份而单方解除或终止劳动合同,很可能承担违法解除或终止劳动合同的法律责任。

案　例

某公司规章制度规定员工若遇急病,可通过电话向上级主管请假,或委托同事请假,事后需及时补办请假手续。刘某于2018年1月怀孕,2月时因感冒去医院就诊,医生建议病休5天,刘某遂委托同事请假,同事打电话给刘某的主管,但未接通。刘某在病休期间以短信形式向主管请假,未得到回复。病休结束后,刘某复诊,医生再次建议病休1周。刘某在病休期间,尚未来得及补办请假手续,就收到了公司的解除通知,解除理由为无故旷工。刘某提起仲裁,要求恢复劳动关系,劳动仲裁委、一审法院及二审法院均支持了刘某的请求。

解　析

本案中,刘某处于孕期且公司也知晓,根据医生诊断,刘某确需病休,且刘某已通过委托同事、短信的方式请假,已基本满足公司规章制度要求,即使公司没有收到请假申请,也应当给予刘某申辩机会,而不应草率解除劳动合同。

合规指引

就孕期而言,司法机关一般以医学机构出具的诊断证明来确定女员工是否处于孕期,而医学上孕期的起算是从妇女末次月经的第一天开始起算,而非精确到实际怀孕日期,故医学诊断的怀孕日期一般早于实际怀孕日期,从法律上来说,这对于女职工的保护也更有利,故孕期可理解为从妇女末次月经的第一天开始到女职工终止妊娠之时(含生产、流产)。产期是指女职工因生产或流产享受产假的期间,根据现行《女职工劳动保护特别规定》,女职工生育享受 98 天产假,其中产前可以休假 15 天,难产或生育多胞胎的可根据情况获得更多休假天数,故产期需从女职工申请产假之日起计算至少 98 天。哺乳期是指女职工哺乳未满 1 周岁婴儿的期间,一般从女职工分娩当日起算 1 年,至婴儿满 1 周岁为止。用人单位可参考以上方式判断"三期"。

从解除理由来看,我国劳动法仅限制用人单位不得以《劳动合同法》第四十条、第四十一条为由解除劳动合同,也不得以合同期满为由终止劳动合同,但并未限制协商解除劳动合同、过错性解雇以及女职工辞职。因此,如果双方解除劳动合同后,女职工发现自己解除劳动合同前已经怀孕并据此要求恢复劳动关系或违法解除、终止劳动合同赔偿金的,如果解除理由为协商解除劳动合同、过错性解雇以及女职工以《劳动合同法》第三十七条提出的辞职,则司法机关一般不会支持女职工的请求;但如果用人单位是以《劳动合同法》第四十条、第四十一条为由解除劳动合同或以合同期满为由终止劳动合同的,则极有可能被认定为违法解除或违法终止。在合法的基础上,因"三期"女职工的特殊性,用人单位在处理劳动关系时,还需充分注意处理手段的合理性与合情性。

合规依据

《劳动合同法》

第四十二条　劳动者有下列情形之一的,用人单位不得依照本法第四十条、第四十一条的规定解除劳动合同:

(一)接触职业病危害作业的劳动者未进行离岗前职业健康检查,或者疑似职业病病人在诊断或者医学观察期间的;

(二)在本单位患职业病或者因工负伤并被确认丧失或者部分丧失劳动能力的;

(三)患病或者非因工负伤,在规定的医疗期内的;

(四)女职工在孕期、产期、哺乳期的;

(五)在本单位连续工作满十五年,且距法定退休年龄不足五年的;

(六)法律、行政法规规定的其他情形。

合规要点 144　未甄别“15 + 5”员工

合规风险指数 ★★★★★

对于在本单位连续工作满 15 年、距离法定退休年龄不满 5 年的老员工，因其为用人单位工作时间长、劳动贡献较大且岁数较大、再就业能力相对较弱，因此我国劳动法也给予其特殊的解雇保护，即用人单位不得以《劳动合同法》第四十条、第四十一条为由解除劳动合同，也不得以期满为由终止劳动合同。如果用人单位违反相关规定，很有可能被司法机关认定为违法解除，进而承担不利的法律后果。

案　例

张某与肯德基上海公司自 1997 年 1 月 1 日起建立劳动关系，双方签有无固定期限劳动合同。至 2013 年 10 月，张某已在肯德基连续工作满 15 年。张某因病休假，病休天数已超过其法定医疗期，但拒绝返岗工作，肯德基与其协商多次但无果，遂与张某解除劳动合同，并依法支付经济补偿金、医疗补助金。张某主张其已满足在肯德基连续工作满 15 年，且距法定退休年龄不足 5 年，故肯德基不得以医疗期满为由解除劳动合同。肯德基则主张张某离职前是餐厅副经理，属于管理岗位，应当年满 55 周岁退休，故不满足“距法定退休年龄不足五年”的条件，公司的解除行为合法。

解　析

法院经审理后认为，肯德基提供的规章制度已明确规定张某所在岗位属于管理岗位，且张某已签收规章制度，故张某应年满 55 周岁退休，不满足“15 + 5”条件，肯德基以医疗期满为由与其解除劳动合同并无不当。

合规指引

甄别“15 + 5”员工，关键在于甄别员工是否满足“在本单位连续工作满 15 年”“距离法定退休年龄不满 5 年”这两点。就“在本单位连续工作满 15 年”而言，如劳动者非因本人原因在关联公司之间被调动，其在所有关联公司连续工作的时间也可能被司法机关认定为“在本单位连续工作满 15 年”，用人单位对此类劳动者须多加注意,在终止或解除劳动合同时,需要进一步核实当地司法机关对于该问题的认定口径。关于"距离法定退休年龄不满5年"的判断,用人单位需要注意判断女职工的退休年龄是50周岁还是55周岁,以避免对"不满5年"判断错误。

在解除理由上,除《劳动合同法》第四十条、第四十一条以外,对于劳动者以《劳动合同法》第三十七条提出辞职、双方协商一致解除劳动合同以及用人单位以《劳动合同法》第三十九条为由解除劳动合同,均是可行的。

合规依据

《劳动合同法》

第四十二条　劳动者有下列情形之一的,用人单位不得依照本法第四十条、第四十一条的规定解除劳动合同:

(一)接触职业病危害作业的劳动者未进行离岗前职业健康检查,或者疑似职业病病人在诊断或者医学观察期间的;

(二)在本单位患职业病或者因工负伤并被确认丧失或者部分丧失劳动能力的;

(三)患病或者非因工负伤,在规定的医疗期内的;

(四)女职工在孕期、产期、哺乳期的;

(五)在本单位连续工作满十五年,且距法定退休年龄不足五年的;

(六)法律、行政法规规定的其他情形。

第四十五条　劳动合同期满,有本法第四十二条规定情形之一的,劳动合同应当续延至相应的情形消失时终止。但是,本法第四十二条第二项规定丧失或者部分丧失劳动能力劳动者的劳动合同的终止,按照国家有关工伤保险的规定执行。

合规要点145　违法解除或终止与工会主席、委员的劳动合同

合规风险指数 ★★★★★

按照我国《工会法》的定义,工会是职工自愿结合的工人阶级的群众组织,

代表职工的利益,依法维护职工的合法权益。工会的宗旨与成立目的决定了工会成员的身份具有特殊性:一方面,工会成员是劳动者,需要接受用人单位的管理、服从工作安排;另一方面,工会成员是工会及职工代表,需要维护职工权益、监督用人单位,其身份的双面性、矛盾性,决定其经常会面临两难境地,故立法需对其进行一定的保护。很多用人单位知道工会主席身份特殊、受解雇保护,但实际上受到解雇保护的工会成员不仅限于工会主席,还包含副主席及工会委员,且立法对于专职与非专职工会成员的解雇保护力度也有所不同,如果用人单位未及时、准确地甄别受解雇保护的工会成员的身份,很可能引起不必要的争议。

案　例

温某于2016年1月1日当选为某公司的工会主席,任期3年。温某与某公司签订的最后一份劳动合同于2017年12月31日到期。某公司于2017年12月18日向温某发送劳动合同到期不续签通知,并于2017年12月22日办结离职交接手续。此后,某公司于2017年12月30日召开工会会议,以温某拒绝履行工会主席职能为由,以无记名投票形式通过罢免温某的工会主席职务,但公司未能证明罢免已征得上级工会组织的同意。温某提起仲裁,要求公司支付违法终止劳动合同赔偿金。

解　析

本案中,温某因担任工会主席,其劳动合同应顺延至2018年12月31日,但某公司在2017年12月18日已通知温某劳动合同到期终止,并办结离职交接手续,又在此后召开工会会议罢免温某的工会主席职务,且公司的罢免程序不符合法律规定,故公司实际是在温某的工会主席任期内违法终止劳动合同,应当向温某支付赔偿金。

合规指引

专职及非专职的工会主席、副主席、工会委员均属于解雇保护对象,在此前提之下,专职工会主席、副主席及工会委员自任职之日起,劳动合同期限自动延长,延长期限相当于其任职期间,即前述专职人员的劳动合同期限为工会职务任期+原劳动合同剩余的期限,两期限累计计算;而非专职工会主席、副主席及工会委员的劳动合同在其工会职务任期内期满的,合同自动延长至任期期满,任期与劳动合同期限重合,不累计计算。但是,不论专职或非专职,如果上述工会成员在任职期间存在个人严重过失或达到法定退休年龄,用人单位仍可解除或终止劳动合同,但个人严重过失需要用人单位举证。

此外,部分地区还对工会成员的解雇保护作出了进一步的规定。例如,《上海市〈企业工会主席合法权益保护暂行办法〉实施细则》规定,工会主席因依法履职被用人单位无正当理由解除或终止劳动合同的,用人单位需要继续履行劳动合同、恢复原岗位、补发被解除劳动合同期间的劳动报酬,或者在支付经济补偿金的同时还需支付本人年收入两倍的赔偿。因此,用人单位处理与工会成员的劳动关系时,需格外谨慎,准确甄别身份,以免引起争议。

合规依据

《工会法》

第十八条　基层工会专职主席、副主席或者委员自任职之日起,其劳动合同期限自动延长,延长期限相当于其任职期间;非专职主席、副主席或者委员自任职之日起,其尚未履行的劳动合同期限短于任期的,劳动合同期限自动延长至任期期满。但是,任职期间个人严重过失或者达到法定退休年龄的除外。

《最高人民法院关于在民事审判工作中适用〈中华人民共和国工会法〉若干问题的解释》

第二条　根据工会法第十八条规定,人民法院审理劳动争议案件,涉及确定基层工会专职主席、副主席或者委员延长的劳动合同期限的,应当自上述人员工会职务任职期限届满之日起计算,延长的期限等于其工会职务任职的期间。

工会法第十八条规定的"个人严重过失",是指具有《劳动法》第二十五条第(二)项、第(三)项或者第(四)项规定的情形。

《上海市〈企业工会主席合法权益保护暂行办法〉实施细则》

企业工会主席,因依法履行职责,被企业无正当理由解除或终止劳动合同的,上级工会要督促企业依法继续履行其劳动合同,恢复原岗位工作、补发被解除劳动合同期间应得的报酬,或给予本人年收入两倍的赔偿,并给予解除或终止劳动合同时的经济补偿金。企业拒不改正的,上级工会要提请劳动行政部门责令该企业改正,直至支持权益受到侵害的工会主席向劳动仲裁委员会提起申诉或向人民法院提起诉讼。企业工会主席因依法履行职责,遭受企业解除或终止劳动合同,本人不愿意继续在该企业工作,导致失业的,上级工会要为该工会主席提供就业帮助,需要就业培训的,要为其免费提供职业技能培训。在该工会主席失业期间,上级工会要按本人原岗位工资收入给予补助,享受期限最多不超过六个月。

合规要点 146　违法解除或终止与职工代表的劳动合同

合规风险指数 ★★★

解　析

除国务院于 1986 年颁布实施、现行有效的《全民所有制工业企业职工代表大会条例》之外,我国目前尚无全国统一的、更新版本的职工代表大会条例,但部分省、市已经颁布地方性规定,给予职工代表一定的解雇保护。对设有职工代表大会的用人单位,建议最好进一步确认当地是否有地方性的职工代表大会规定,如果其中明确职工代表受到解雇保护,则用人单位需谨慎处理劳动合同。

合规指引

例如,2008 年 2 月 1 日生效的《辽宁省职工代表大会规定》明确:职工代表的劳动合同在其任期内期满的,经职工代表本人同意,劳动合同期限可以延长至任期期满,用人单位非法定理由,不得解除其劳动合同;职工代表有权拒绝依法应经过职代会讨论且未经平等协商的事项,用人单位不得因职工代表拒绝的行为而解除劳动合同。对于职工代表的解雇保护,在国家立法层面虽无明确规定,但不同地区对此可能有不同规定,用人单位需要及时确认公司注册地或劳动合同履行地对此有无特别规定,以确定职工代表是否享受解雇保护。

合规依据

《辽宁省职工代表大会规定》

第十四条　职工代表依法行使权利,任何组织和个人不得阻挠和打击报复。

职工代表在任期内尚未履行的劳动合同期限短于任期的,经征得本人同意,劳动合同期限可以延长至任期届满,企业、事业单位不得变更或者解除其劳动合同,但有法律、法规规定情形的除外。

第三十二条　依法应当经职代会讨论或者审议的事项而未提交职代会,或者对职代会的决议、决定不予落实,并且未进行平等协商的,对企业、事业单位就该事项单方面做出的决定,工会和职工有权拒绝接受,并可以提请上级工会和有关部门依法处理。对职工拒绝接受该决定的行为,企业、事业单位不得给予纪律处分或者采取调动岗位、下调工资、解除聘用等方式进行打击报复。

《山东省企业职工代表大会条例》

第十三条　职工代表依法行使民主权利,任何组织和个人不得压制、阻挠和打击报复。

职工代表在任职期间内非因法定事由,企业不得与其解除劳动合同。

合规要点 147　用人单位不得随意解雇隔离期员工

合规风险指数 ★★★

案　例

杨某与某精密光学仪器有限公司(以下简称公司)于 2018 年 3 月 25 日建立劳动关系。2020 年 1 月 22 日公司春节放假,杨某与其配偶曾某二人回村过年,随着新冠疫情形势的发展,杨某所在村于 2 月 1 日开始封村封路、设点设卡,阻止村内外人员流动,于 2 月 20 日撤卡,二人在疫情期间无咳嗽,无发烧,且无外出。经村委会证明,上述情况属实。2020 年 1 月 27 日公司通知杨某 2 月 3 日上班,后又于 2 月 4 日通知杨某 2 月 10 日上班。同年 2 月 24 日,公司向杨某发出自动离职通知,杨某确认收到该通知。双方确认劳动关系于 2020 年 2 月 24 日解除。①

根据《人力资源社会保障部办公厅关于妥善处理新型冠状病毒感染的肺炎疫情防控期间劳动关系问题的通知》的相关规定,杨某因所在地实施紧急措施无法按时返岗,不能提供正常劳动期间,公司应当支付此期间的工作报酬,并不

① (2020)沪 01 民终 13086 号。

得解除与杨某的劳动合同。

解　析

在上述案例中，杨某因所在地区封控导致无法至公司上班，公司依照《员工手册》的相关规定解除与杨某的劳动合同被法院认定为违法解除。受疫情影响，各地可能会采取不同程度的防疫措施，劳动者可能会因为所在地区的防疫政策而导致无法正常至公司上班。在这种情况下，劳动者自身并无过错，而系不可抗力导致无法正常出勤。公司若以劳动者未按照公司要求至公司上班为由主张解除与劳动者的劳动合同系违法解除，需要向劳动者支付违法解除劳动合同赔偿金。

合规指引

1. 对新型冠状病毒感染的肺炎患者、疑似病人、密切接触者在其隔离治疗期间或医学观察期间以及因政府实施隔离措施或采取其他紧急措施导致不能提供正常劳动的企业职工，企业应当支付职工在此期间的工作报酬，并不得依据《劳动合同法》第四十条（无过失性辞退）、第四十一条（经济性裁员）与职工解除劳动合同。在此期间，劳动合同到期的，分别顺延至职工医疗期期满、医学观察期期满、隔离期期满或者政府采取的紧急措施结束。

2. 根据《传染病防治法》等相关规定，由医疗机构或政府依法对新冠肺炎患者、无症状感染者、密切接触者等实施隔离措施，导致劳动者不能提供正常劳动的，企业按正常劳动支付其在隔离期间的工资。隔离期结束后，对仍需停止工作进行治疗的劳动者，企业按照职工患病的医疗期有关规定支付其工资。

合规依据

《人力资源社会保障部办公厅关于妥善处理新型冠状病毒感染的肺炎疫情防控期间劳动关系问题的通知》（人社厅明电〔2020〕5号）

一、对新型冠状病毒感染的肺炎患者、疑似病人、密切接触者在其隔离治疗期间或医学观察期间以及因政府实施隔离措施或采取其他紧急措施导致不能提供正常劳动的企业职工，企业应当支付职工在此期间的工作报酬，并不得依据劳动合同法第四十条、四十一条与职工解除劳动合同。在此期间，劳动合同到期的，分别顺延至职工医疗期期满、医学观察期期满、隔离期期满或者政府采取的紧急措施结束。

《关于做好新型冠状病毒感染肺炎疫情防控期间稳定劳动关系支持企业复工复产的意见》(人社部发〔2020〕8号)

(三)指导规范用工管理。

在疫情防控期间,要指导企业全面了解职工被实施隔离措施或政府采取的紧急措施情况,要求企业不得在此期间解除受相关措施影响不能提供正常劳动职工的劳动合同或退回被派遣劳动者。

第五节 人才流动

一、服务期合规管理

"服务期",是指劳动者接受用人单位出资的专项培训,并同意为用人单位服务一定时间的期限,"服务期条款"则是《劳动合同法》仅有的两条规定劳动者支付违约金的条款之一。在执行专项培训及服务期的过程中,部分用人单位在细节上仍有不合规之处,主要问题在于服务期限与违约金的约定,笔者梳理如下。

合规要点148 未明确约定服务期

合规风险指数 ★★★★

案例

2009年1月,王某入职上海某航空有限公司,担任飞行员。双方签订有《劳动者培训协议书》,约定公司为王某出资参加培训,王某需为公司服务一定年限。双方另签订有67万元的《借款合同》,约定借贷期限20年,在借贷期内,王某通过为公司提供飞行服务的方式冲抵借款。2014年11月13日,王某以某航空公司克扣工资为由解除劳动合同,之后公司提起劳动仲裁要求王某返还培训费(数额含67万元借款)。

《劳动者培训协议书》未明确约定服务期限,故某航空公司以违反服务期约定要求王某返还培训费的请求，缺乏依据，仲裁不予支持。

解　析

上述案例由笔者协助办理，除培训费外，上海某航空公司与王某还有关于办理退工手续、延迟退工损失等一系列案件，是一起经典的飞行员离职纠纷。双方最后达成和解，王某按"市场价"向公司支付了超过培训费的和解款。所谓的"市场价"即飞行员希望航空公司配合办理"转飞"手续而支付的对价，如果排除此因素，将培训费案件进行到底，笔者预估公司很难获得支持，原因是《劳动者培训协议书》未明确约定服务期限和违约金。这也提醒各用人单位，在与劳动者订立专项培训合同时，应注意明确约定服务期。

合规指引

1. 在专项培训协议中明确约定服务期。

上述案例中，用人单位虽在《劳动者培训协议书》约定劳动者应服务一定时间，但未明确具体期限，而在非培训协议中约定"服务年限"且未明确其为"服务期"的做法也不可取，建议用人单位在与劳动者签订培训协议时，明确约定服务期限，且最好在培训开始前、出资前做好约定，降低劳动者承诺难度。

2. 明确约定服务期起算时间。

由于培训往往持续一段时间，有时甚至长达数年（如在职 MBA），服务期的起算时间也较为重要，否则可能面临培训结束而服务期也将结束的情况，无法达到用人单位挽留人才、提供服务的目的。建议在培训协议中明确约定服务期起始时间，如从劳动者结束培训且取得合格证书之日起计算。

3. 约定服务期要遵循公平合理原则。

虽然法律并未明确规定服务期时间的上下限，但公平合理是民事活动的基本原则，服务期也不例外，用人单位应与员工约定与专项培训出资额大小相匹配的服务期，而不宜约定过长服务期，否则分摊到每年的违约成本也会越低。例如，培训费 2000 元，服务期却为 10 年，显然不合理。

合规依据

《劳动合同法》

第二十二条第一款　用人单位为劳动者提供专项培训费用，对其进行专业技术培训的，可以与该劳动者订立协议，约定服务期。

合规要点 149　服务期期限与劳动合同期限衔接问题

合规风险指数 ★★★

案　例

2013 年 1 月 23 日,平谷中医院与彭某签订《关于参加北京地区普通专科医师培训的协议》,平谷中医院送彭某到北京地区普通专科医师规范化培训基地进行培训,为期 2 年;培训结束后,彭某回院工作。自培训结束时开始,彭某在平谷中医院服务期限不少于 10 年;彭某违反本协议关于服务期约定的,应全额返还培训费用和培训期间全部工资福利待遇等,并按照每少服务一年支付 2 万元的标准向医院支付违约金或赔偿损失。培训结束后,彭某回到平谷中医院工作,2016 年 6 月,彭某因个人原因提出辞职,平谷中医院未批准。此后,彭某继续在平谷中医院工作。2016 年 12 月,彭某再次提出辞职,平谷中医院也未批准。2017 年 1 月 16 日,彭某向平谷中医院发出解除合同通知书。此后,平谷中医院对彭某做了社会保险减员手续。

根据《劳动合同法实施条例》第十七条的规定:“劳动合同期满,但是用人单位与劳动者依照劳动合同法第二十二条的规定约定的服务期尚未到期的,劳动合同应当续延至服务期满;双方另有约定的,从其约定。”对于劳动者与用人单位约定的服务期长于劳动合同期限的,劳动合同应当续延至服务期满,现系彭某单方提出辞职,并非平谷中医院拒绝履行劳动合同,故彭某的服务期期间并不以双方签订的劳动合同期限为限制,而应当以双方对服务期的约定为准。[①]

解　析

在上述案例中,彭某不仅取得了有限的医疗培训机会,还在培训期间享受了与其他员工同等的工资及福利待遇,本应履行服务期之约定,然而,彭某在培训结束后不久即提出辞职,且反复多次辞职,违反基本的诚信原则,法院判令其不得以合同期满为由提前结束服务期,体现了公平合理原则。

---

① (2014)沪二中民三(民)终字第 1192 号。

合规指引

用人单位在实际操作中需注意约定劳动合同到期但服务期尚未到期的，劳动合同应当续延至服务期满。虽然法律已对劳动合同期满但服务期未满时的顺延作了明确规定，但仍建议用人单位在与员工签订的培训协议中明确约定，且注意此处表述与法条有不同之处，双方劳动合同期满但服务期尚未到期的，“可以”顺延，而并非“应当顺延”。“续延至服务期满”立法目的在于保护用人单位，有利于用人单位回收培训成本，用人单位自然可以放弃此项利益，在劳动合同到期时行使单方终止权。

合规依据

《劳动合同法实施条例》

第十七条　劳动合同期满，但是用人单位与劳动者依照劳动合同法第二十二条的规定约定的服务期尚未到期的，劳动合同应当续延至服务期满；双方另有约定的，从其约定。

合规要点150　违规约定违约金

合规风险指数 ★★★★★

案　例

2017年10月16日，孙某某向国货航公司邮寄《解除劳动合同通知书》，要求国货航公司为其出具解除劳动关系证明并办理相关档案的移交手续。案件经过仲裁及诉讼，最终由北京市第三中级人民法院终审判决，判令双方于2017年11月16日解除劳动合同。后国货航公司至顺义区仲裁委要求裁决孙某某返还培训费1,708,000元、违约金409,256.39元等。顺义区仲裁委裁决孙某某支付国货航公司培训费1,703,000元，驳回了国货航公司的其他仲裁请求。一审庭审过程中，国货航公司和孙某某均认可孙某某应向国货航公司支付培训费1,703,000元。国货航公司主张孙某某还应支付违约金。孙某某主张其无须支付违约金。

国货航公司在提出要求孙某某支付培训费用补偿的同时，另行要求孙某某支付违约金，构成重复主张，在支持国货航公司关于培训费诉讼请求的情况下，对国货航公司要求支付的违约金不再重复予以支持。

解　析

上述案例中,用人单位除培训费外,另行主张违约金,是为了行使违约金的惩罚性作用,但根据《劳动合同法》第二十五条之规定,除本法第二十二条和第二十三条规定的情形外,用人单位不得与劳动者约定由劳动者承担违约金,而第二十二条规定违约金的数额不得超过用人单位提供的培训费用,因此公司请求未能得到法院支持。

实践中,用人单位违规约定违约金的情况屡见不鲜,如某公司与员工约定服务期3年,违约金为未履行的服务期内的全部工资,该约定显然与法定标准不符,属于无效约定,但不超过服务期尚未履行部分所应分摊的培训费用的部分,可能会被支持。

合规指引

1. 违反服务期的违约金不得超过用人单位提供的培训费用,也不得超过服务期尚未履行部分所应分摊的培训费用。

这是法律的明确规定,用人单位应当遵守,且建议在培训协议中列明培训费标准及具体项目,即使无法确认具体数额的也要填写预估金额,并保留好培训费凭证,以免发生争议时没有凭据。

2. 约定服务期自培训结束起算的,应另行约定培训期内的违约金问题。

如服务期不含培训期,则存在培训期和服务期的衔接问题,劳动者可能在培训期间就辞职、因过错被用人单位单方解除,或者因其他个人原因无法完成培训、无法取得合格证书。对此,可以在培训协议中约定,如果发生此类情形,则劳动者应自行承担全部培训费(相当于1天服务期也没有履行),避免用人单位损失。

3. 明确约定"未履行部分"的计算方式。

服务期可以按年、月、日计算,不同的计算方式可能导致不同的违约金数额,选用"月"为计算单位较为便利,并可以在培训协议中明确约定违约金计算公式,如违约金=未履行月份÷服务期总月份×培训费。

合规依据

《劳动合同法》

第二十二条　用人单位为劳动者提供专项培训费用,对其进行专业技术培训的,可以与该劳动者订立协议,约定服务期。

劳动者违反服务期约定的,应当按照约定向用人单位支付违约金。违约金的数额不得超过用人单位提供的培训费用。用人单位要求劳动者支付的违约金不得超过服务期尚未履行部分所应分摊的培训费用。

用人单位与劳动者约定服务期的,不影响按照正常的工资调整机制提高劳动者在服务期期间的劳动报酬。

合规要点151　未准确区分违约金支付情形

合规风险指数 ★★★★

案　例

2017年2月15日,某公司与员工签订《工作协议》,约定双方劳动合同签订后6个月内公司向员工支付50万元,员工承诺在公司服务3年。2017年2月23日,员工入职公司担任创意定制部经理,获得股权激励40万股。员工于2018年10月18日离职,并提起仲裁请求,经调解,双方达成协议:公司向员工支付工资、经济补偿金等共计170,000元。

员工系因公司未按时足额发放工资而被迫解除劳动合同,并非员工主动离职,员工未能在公司处服务3年的过错不在员工,最终判决员工无须支付违约金。

解　析

用人单位与劳动者可能因不同的原因解除劳动合同,不同的解除原因对服务期违约金的支付与否有直接影响,用人单位在实践中应准确区分解除原因,而不能"一刀切"地要求未满服务期的劳动者支付违约金。

合规指引

1. 用人单位依据以下情形解除劳动合同的,可以要求劳动者支付违约金:

(1)劳动者严重违反用人单位的规章制度的;

(2)劳动者严重失职,营私舞弊,给用人单位造成重大损害的;

(3)劳动者同时与其他用人单位建立劳动关系,对完成本单位的工作任务

造成严重影响,或者经用人单位提出,拒不改正的;

(4)劳动者以欺诈、胁迫的手段或者乘人之危,使用人单位在违背真实意思的情况下订立或者变更劳动合同的;

(5)劳动者被依法追究刑事责任的。

2.用人单位有以下情形,劳动者要求解除劳动合同的,用人单位不得要求其支付违约金:

(1)未按照劳动合同约定提供劳动保护或者劳动条件的;

(2)未及时足额支付劳动报酬的;

(3)未依法为劳动者缴纳社会保险费的;

(4)用人单位的规章制度违反法律、法规的规定,损害劳动者权益的;

(5)因本法第二十六条第一款规定的情形致使劳动合同无效的;

(6)法律、行政法规规定劳动者可以解除劳动合同的其他情形。

合规依据

《劳动合同法实施条例》

第二十六条　用人单位与劳动者约定了服务期,劳动者依照劳动合同法第三十八条的规定解除劳动合同的,不属于违反服务期的约定,用人单位不得要求劳动者支付违约金。

有下列情形之一,用人单位与劳动者解除约定服务期的劳动合同的,劳动者应当按照劳动合同的约定向用人单位支付违约金:

(一)劳动者严重违反用人单位的规章制度的;

(二)劳动者严重失职,营私舞弊,给用人单位造成重大损害的;

(三)劳动者同时与其他用人单位建立劳动关系,对完成本单位的工作任务造成严重影响,或者经用人单位提出,拒不改正的;

(四)劳动者以欺诈、胁迫的手段或者乘人之危,使用人单位在违背真实意思的情况下订立或者变更劳动合同的;

(五)劳动者被依法追究刑事责任的。

二、特殊待遇合规管理

《劳动合同法》并未规定特殊待遇的定义及分类,特殊待遇一般应与工作具有一定关联性，单纯的借贷、支付对价购买产品不属于特殊待遇。

个别地方性规定涉及特殊待遇相关劳动争议的处理。例如，2017 年 4 月 24 日北京市高级人民法院与北京市劳动人事争议仲裁委员会发布的《关于审理劳动争议案件法律适用问题的解答》就规定了特殊待遇的范围，将其定义为用人单位除向劳动者支付正常劳动报酬外，还特别给予劳动者如汽车、房屋、住房补贴等经济方面的待遇。

用人单位给予劳动者特殊待遇的根本目的在于挽留人才、激励人才，一般会同时要求劳动者承担一定义务，包括竞业限制、最低服务年限等，如果约定不清，或者劳动者违反约定，可能引发纠纷，产生合规风险。

合规要点 152　给付主体交叉问题

合规风险指数 ★★★★

案　例

裕隆公司在临江工业园区注册成立全资子公司某置业公司，负责开发建设裕隆公司员工福利住宅——“临江东裕华庭”。后裕隆公司与来某某约定，来某某以员工身份认购“临江东裕华庭”，且必须在裕隆公司工作满 5 年，否则裕隆公司授权某置业公司要求原价回购房屋或要求来某某在员工优惠价的基础上额外支付 1000 元/平方米的差额。

因裕隆公司战略部署变化，2017 年 9 月 29 日，来某某与某置业公司、裕隆公司签订《协议书》，约定来某某与裕隆公司间原《劳动合同》解除，由某置业公司继续聘用来某某。来某某于 2018 年 7 月 4 日离职。因购房合同中约定有仲裁条款，2018 年 8 月 20 日，来某某向杭州仲裁委员会申请仲裁，请求裁决：某置业公司立即交付临江街道“临江东裕华庭”2 幢 2 单元 1801 室，并协助办理房产登记手续。某置业公司提起反请求，请求来某某、陈某某按照 1000 元/平方米支付差价，被杭州仲裁委员会在开庭当日驳回。

后某置业公司又于 2018 年 11 月 7 日再次向杭州仲裁委员会提起仲裁申请，请求来某某按 1000 元/平方米的价格向某置业公司支付差价，合计 89, 850 元。2018 年 12 月 4 日，杭州仲裁委员会作出（2018）杭仲（萧）裁字第 184 号裁决书,裁决某置业公司于裁决书送达之日起 10 日内向来某某交付房屋,并协助办理房产登记手续。

某置业公司认为来某某的仲裁请求与某置业公司的仲裁请求具有关联关系,在来某某支付差价之前,某置业公司有权拒绝交付房屋,且自来某某离职之日起,应停止计算迟延交付房屋违约金,而杭州仲裁委员会在受理某置业公司的仲裁请求后,未审理申请人某置业公司的仲裁请求前,即对来某某的仲裁请求单独作出裁决,系程序违法,请求法院撤销杭州仲裁委员会(2018)杭仲(萧)裁字第 184 号裁决。

某置业公司上述理由明显无法律依据,上述仲裁裁决亦不存在违背社会公共利益之情形,故仲裁认为某置业公司申请撤销上述仲裁裁决的理由不能成立。①

解　析

上述案例涉及关联公司给付特殊待遇问题。笔者认为,用人单位有权直接起诉劳动者要求其支付购房款差价,案由应为劳动争议纠纷,而不是就房屋买卖合同纠纷提起仲裁。某置业公司与员工之间并无关于提前离职应返还购房款差价的直接约定,而是依据原用人单位裕隆公司的权利转移追究员工违约责任,但是,即使转移有效,某置业公司也应当基于用人单位本身的诉权向法院提起诉讼,而不能基于与员工的《商品房买卖合同》所约定的仲裁条款提起仲裁,因为二者并非同一法律关系。

合规指引

建议各用人单位在通过关联公司在授予劳动者特殊待遇时,明确履约对象和追责主体,以免发生法律适用“错位”问题。

合规依据

《北京市高级人民法院、北京市劳动人事争议仲裁委员会关于审理劳动争议案件法律适用问题的解答》

14. 在不属于《劳动合同法》第三十八条规定的情况下,劳动者违反劳动合同约定的期限提前解除合同,用人单位拒绝继续履行约定的正常劳动报酬、福利

① (2019)浙 01 民特 2 号。

外的经济方面的特殊待遇,或者要求劳动者返还正常劳动报酬、福利外的经济方面的特殊待遇,如何处理?

用人单位除向劳动者支付正常劳动报酬外,还特别给予劳动者如汽车、房屋、住房补贴等经济方面特殊待遇,双方对特殊待遇与约定工作期限的关联性有明确约定的按约定;虽无明确约定,但能够认定用人单位系基于劳动者的工作期限给予劳动者特殊待遇的,由于劳动者未完全履行合同,用人单位可以就劳动者未履行合同对应部分拒绝给付特殊待遇,对已经预先给付的,可以按照相应比例要求返还。

合规要点 153　特殊待遇性质约定不明

合规风险指数　★★

案　例

员工原系某汽车公司第九事业部产品开发部员工。2012 年 1 月,某汽车公司为解决公司员工住宿问题的福利房“亚迪二村”开始销售,要求员工自签订《商品房买卖合同》之日起必须连续在公司工作 12 年。某汽车公司与员工签订编号为 BYDEC—76266 的《商品房买卖合同》,约定某汽车公司以成本价3290.85元/平方米的价格将“亚迪二村”某房屋出售给员工。员工于 2015 年 4 月 28 日因个人发展原因向公司提出离职申请,公司经挽留无效后,于 2015 年 9 月 18 日批准了员工的离职申请。在员工办理离职手续的过程中,某汽车公司要求员工协助将其所购买的“亚迪二村”公司福利房过户返还,双方因此发生争议。

公司商品房管理规定明确规定,只有同时满足包括在公司服务满一定工作年限等条件时,公司员工才具有购房资格,并制定了相应的购房人积分计算方法。双方签订的《商品房买卖合同》附件四也约定,买受人自签订《商品房买卖合同》之日起必须服务 12 年,也即涉案房屋购房者的范围并非普通社会民众,而是限于被上诉人公司满足条件的劳动者,且约定了限制条款,使得涉案《商品房买卖合同》不同于平等民事主体之间的民商事合同,带有一定的人身附属性质。且双方在庭审中也确认该房的出售价格低于当时的市场价格。由此可见,涉案房屋买卖、交付、过户,是被公司作为用人单位与劳动者之间所签订的、给予劳动者一定特殊福利待遇的劳动合同。依照《劳动争议调解仲裁法》第二条的规定,基于劳动者福利待遇产生的纠纷,属于劳动争议范畴。

解 析

上述案例是一起典型的用人单位与劳动者之间因特殊待遇、违约责任问题发生的纠纷,一审法院认定案由为"商品房预售合同纠纷",二审法院则将案由改为"劳动争议"。由于我国现行法律法规对此类案件的性质、案由及合同有效性尚无明确规定,各地司法实践存在一定差异。

根据员工服务期未满即离职、公司向员工追索违约责任等关键信息,我们进行了案例检索研究,发现全国范围内有30余起类似案件(其中17起案件涉及购房优惠或房补,另外13起案件为落户、奖金、车补等特殊待遇),案由和裁判结果情况见图2-1。

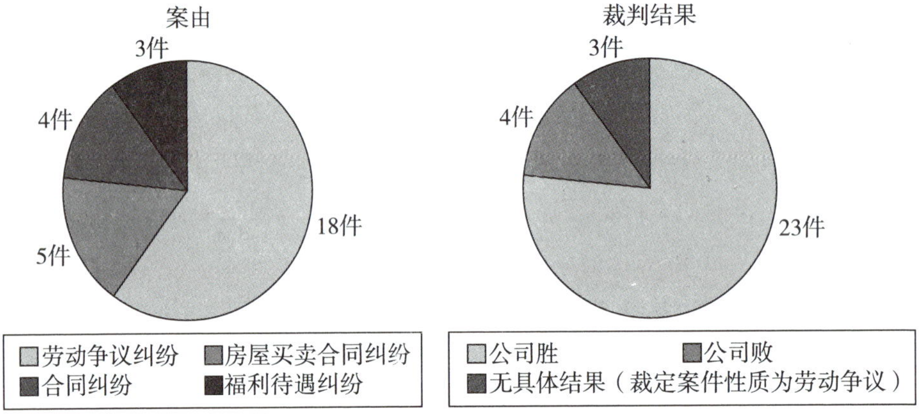

图2-1　服务期劳动争议案例分析

合规指引

无论是劳动争议还是民事争议,对用人单位而言,并无绝对的优劣之分,应根据个案的具体问题再作研判。但如果用人单位希望在给予特殊待遇的同时对劳动者附加与劳动关系履行相关的义务(如竞业限制、最低服务期限等),则建议用人单位可以在与劳动者签订的特殊待遇协议中明确约定该协议具有劳动合同性质或属于劳动合同的一部分,以便发生争议时可以依据劳动法律法规追究劳动者违约责任,否则双方可能单就案由性质产生极大争议,不利于权利救济和争议解决。

合规依据

《劳动合同法》

第十七条第二款　劳动合同除前款规定的必备条款外，用人单位与劳动者可以约定试用期、培训、保守秘密、补充保险和福利待遇等其他事项。

《劳动争议调解仲裁法》

第二条第四项　中华人民共和国境内的用人单位与劳动者发生的下列劳动争议，适用本法：……（四）因工作时间、休息休假、社会保险、福利、培训以及劳动保护发生的争议。

合规要点 154　违约责任追责问题

合规风险指数　★★★★★

案　例

孙某某于 2012 年 7 月 11 日入职合康变频公司，任研发工程师。2012 年 9 月 4 日，合康变频公司（甲方）与孙某某（乙方）签订《劳动合同补充协议》，载明："甲方协助乙方办理在北京的落户手续，乙方保证在甲方的服务年限不低于五年；如乙方不能连续工作五年，甲方可以按照国家的相关规定将乙方户口返回原籍或不予协助乙方办理相关的户口转出手续，除非乙方将乙方提前离职给甲方造成的实际损失（不低于 20 万元人民币）在离职前支付给甲方。"后合康变频公司为孙某某办理了北京户口。2016 年 12 月 12 日，孙某某向合康变频公司提交辞职申请。合康变频公司申诉至北京经济技术开发区劳动争议仲裁委员会，要求：孙某某向合康变频公司赔偿损失 20 万元。

裁判要点：孙某某所享有的进京落户指标属于稀缺资源，办理进京落户手续并非合康变频公司的法定义务，属于用人单位为劳动者提供特殊待遇的范畴，双方订立《劳动合同补充协议》其中关于五年最低工作年限及孙某某提前离职所需要承担的损失赔偿责任的约定应当参照适用《劳动合同法》第二十二条之规定。现孙某某在明知双方存在五年服务期之约定的情况下，仍然选择在工作约四年半之时提前离职，且从未表达将户口迁回原籍的意思表示，表明其基于谋求更高待遇等想法自愿选择了最后一种方式,理应向合康变频公司予以赔偿。[①]

解　析

在用人单位为员工提供特殊待遇的情况下,如果员工提前离职或有其他违约行为,特殊待遇应如何返还与处理?结合上述具有代表性的案例,笔者就特殊待遇违约责任追责相关问题,分析如下:

1. 关于特殊待遇的返还问题。

在本案中,北京地区法院认为,在用人单位为劳动者提供足以与专业技术培训相对等的特殊待遇的情况下,应当参考适用《劳动合同法》第二十二条之规定,并据此确定用人单位与劳动者的权利义务。《上海市高级人民法院关于适用〈劳动合同法〉若干问题的意见》第七条规定:“用人单位给予劳动者价值较高的财物,如汽车、房屋或住房补贴等特殊待遇的,属于预付性质。劳动者未按照约定期限付出劳动的,属于不完全履行合同。根据合同履行的对等原则,对劳动者未履行的部分,用人单位可以拒绝给付;已经给付的,也可以要求相应返还。因此,用人单位以劳动者未完全履行劳动合同为由,要求劳动者按照相应比例返还的,可以支持。”

但各地司法口径存在差异,如果本案在其他地区审理,公司要求员工支赔偿损失的主张有可能不被支持。

2. 关于服务期。

服务期是用人单位和劳动者约定的,劳动者应当与用人单位维持劳动关系的期限。《劳动合同法》第二十二条第一款规定:“用人单位为劳动者提供专项培训费用,对其进行专业技术培训的,可以与该劳动者订立协议,约定服务期”,属于授权性规范,即用人单位有权选择是否与员工约定服务期,但并不只有提供专业技术培训时才能约定服务期。如果简单粗暴地认定除专项技术培训以外的服务期无效,不符合公平原则。因此,在用人单位为员工提供了足以与专业技术培训相对等的特殊待遇的情况下,认定服务期约定有效,符合意思自治和公平原则。

---

① (2018)京02民终1285号。

3. 关于违约金。

虽然《劳动合同法》第二十五条规定："除本法第二十二条（专业技术培训）和第二十三条（竞业限制）规定的情形外，用人单位不得与劳动者约定由劳动者承担违约金"，但并未规定其法律后果，应属于管理性强制性规定，违反该规定并不必然导致合同无效。

总之，实践中，在劳动合同履行过程中，用人单位通过提供住房、汽车、现金补贴等方式与劳动者约定服务期、违约金时，只要相关条款在未明显违反公平合理原则的情况下，应为合法有效，用人单位的目的和行为应当受到法律的保护。

合规指引

笔者认为，只要特殊待遇协议不存在欺诈胁迫等情形，则可以体现双方当事人的真实意思表示，如果违约责任的约定并不违反法律、行政法规的强制性规定，且符合公平合理原则，应对双方具有效力。

退一步而言，无论特殊待遇相关的违约责任约定是否有效，均建议用人单位事先与劳动者作明确约定，以免发生争议时无据可依。

三、知识产权合规管理

近年来，互联网、人工智能、大数据、云计算等新兴行业事物方兴未艾，知识产权作为无形资产和竞争工具的作用日益凸显，知识产权工作与企业经营活动关系日趋紧密，知识产权风险亦日益成为企业顺利"走出去"的桎梏。然而，知识产权风险不仅来源于外部，如侵权或被侵权；也来自内部，如劳动者发明权属认定不清以及因劳动者离职导致企业商业秘密泄露等。显然，劳动人事合规管理和知识产权保护有了越来越多的交叉和跨界。正所谓"攘外必先安内"，笔者拟从"职务发明"和"商业秘密"两个维度论述企业知识产权合规管理体系建立，破局企业知识产权保护之难点及痛点。

（一）职务发明合规问题

职务发明既保有其作为发明创造所具有的排他性等知识产权的专有特性，又与劳动者的职务行为息息相关。由于劳动者在创造过程中受到本单位工作命令、工作任务及单位物质条件等的约束,故职务发明带有一定的被动性,其产生的权属问题和价值问题有别于一般发明创造。根据《专利法》及《专利法实施细则》的规定,一项发明创造被认定为职务发明,应当同时具备以下两个条件:第一,发明人或设计人是与本单位之间存在雇佣关系的员工;第二,该发明创造应当是在执行本单位的任务或是主要利用本单位物质技术条件所完成的。但是,将条件所含内容逐一拆解来看,何为"存在雇佣关系",何为"本职工作",何为"主要利用本单位的物质条件",在实践中存在不少争议。

合规要点 155　雇佣关系的认定

合规风险指数 ★★★

案　例

马某投资设立了 A 金属软管厂。后王某应聘至 A 厂的分条车间工作。在职期间,A 厂组织包括王某在内的人员对设备进行技术改造,完成了多项技术成果。2015 年 1 月,马某通过收到法院的诉讼文书,得知王某早在 3 年前就擅自将上述技术成果申请了发明专利,并取得专利号。马某认为该专利的归属权属于 A 厂,加之其在 2013 年 8 月已注销了 A 厂,故马某请求人民法院确认该职务发明属于马某个人所有。而王某认为其与 A 厂之间非劳动雇佣关系,而是合作关系,故该发明创造应属于王某本人。①

解　析

从 A 厂为王某支付劳动报酬及缴纳工伤保险等证据可以认定王某自 2010 年 5 月至 2013 年 1 月在 A 厂工作。而王某提交的用于证明其自身在 A 厂完成技术改造的视频证据也正好说明了其利用单位生产条件完成本职工作,故争议发明创造系职务发明。

合规指引

在职务发明范畴中,雇佣关系被赋予了更广阔的定义范围。除符合传统劳动法定义上的劳动关系外,《专利法实施细则》还将退休、调离原单位后或者劳

---

① (2016)冀民终 273 号。

动、人事关系终止后1年内作出的，与其在原单位承担的本职工作或者原单位分配的任务有关的发明创造，都归为职务发明的范畴。根据本书的分类，除标准劳动关系外，劳动关系还包括非标准劳动关系和非劳动关系两大领域。基于这两大领域而产生的借调、兼职等雇佣模式，只要符合职务发明的其他认定要素，都应当视为职务发明。用人单位可与劳动者明确约定职务发明的范畴，特别是对劳动关系期间、雇佣关系期间的发明归属于谁，最好作出明确约定。

合规依据

《专利法》

第六条　执行本单位的任务或者主要是利用本单位的物质技术条件所完成的发明创造为职务发明创造。职务发明创造申请专利的权利属于该单位；申请被批准后，该单位为专利权人。该单位可以依法处置其职务发明创造申请专利的权利和专利权，促进相关发明创造的实施和运用。

非职务发明创造，申请专利的权利属于发明人或者设计人；申请被批准后，该发明人或者设计人为专利权人。

利用本单位的物质技术条件所完成的发明创造，单位与发明人或者设计人订有合同，对申请专利的权利和专利权的归属作出约定的，从其约定。

《专利法实施细则》

第十二条　专利法第六条所称执行本单位的任务所完成的职务发明创造，是指：

（一）在本职工作中作出的发明创造；

（二）履行本单位交付的本职工作之外的任务所作出的发明创造；

（三）退休、调离原单位后或者劳动、人事关系终止后1年内作出的，与其在原单位承担的本职工作或者原单位分配的任务有关的发明创造。

专利法第六条所称本单位，包括临时工作单位；专利法第六条所称本单位的物质技术条件，是指本单位的资金、设备、零部件、原材料或者不对外公开的技术资料等。

合规要点 156 本职工作的认定

合规风险指数 ★★★

案 例

B 公司与张某签订劳动合同,约定张某的工作内容分别为"设计制作;画图、机械设计;设计"。2015 年 5 月张某向 B 公司提交辞职信,公司向张某出具的离职证明中载明张某入职 B 公司以来一直担任设计部技术主管岗位。在职期间,张某向国家知识产权局申请了锁紧链接装置有关的专利。B 公司认为张某所申请的专利系公司在设计研发时讨论过的技术方案。尽管最终未被采用,但也属于公司的技术储备。张某也参加该讨论,故该发明应当属于张某在本职工作中做出的发明创造,属于职务发明。而张某则认为其本职工作是设计显示屏,没有参与该技术方案的设计,也没有利用 B 公司的物质技术条件。故张某申请的系争专利不属于其本职工作的内容,不构成职务发明。①

解 析

首先,B 公司与张某之间的劳动合同载明张某的工作内容为设计,张某提供的 B 公司出具的离职证明中也载明其担任设计部技术主管岗位。其次,张某曾在在职时分别向 B 公司发送与本案技术方案有关的三维立体图和专利附图。可见,张某在 B 公司处的工作是设计,并参与了 B 公司对锁紧连接装置技术方案的研发设计。最后,从张某申请的系争专利的摘要、说明书中记载的背景技术、要解决的技术问题等内容可以看出,该专利属于同类锁紧连接装置的技术方案。因此,张某申请的系争专利与其在 B 公司处的关于设计锁紧连接装置的本职工作部分相同,应当认定系职务发明。

合规要点

在界定职务发明时,如用人单位与劳动者就岗位工作范围、性质有明确的界定,有利于减少此类争议。建议用人单位将"工作岗位"及"工作内容"作为必备条款写入劳动合同。实践中,许多用人单位出于方便管理的目的,采取制定岗位

① (2016)沪民终 260 号。

说明书等方式,以防在调岗调薪、证明劳动者能力不足等方面因本职工作界定不清晰而导致劳动纠纷发生,岗位说明书也可作为界定职务发明的工具与证据。

合规要点157 “主要利用本单位物质技术条件”的认定

合规风险指数 ★★★

案 例

C公司是一家专业生产各种锁具的企业。2013年蔡某应聘到C公司处从事技术工作,主要工作内容为负责研发各类锁具新产品、设计制图。2016年,C公司拟将蔡某研发的一种新型叶片锁进行制模、生产,并委托案外人对该产品的配件进行制模、生产。折叠钥匙及其他配件由C公司自行制模及生产,模具图纸制作及验收工作由蔡某完成。此后,C公司发现蔡某已经自行将其研发的该新型叶片锁申请实用新型专利。C公司认为,涉案实用新型专利系蔡某在原告处担任本职工作中做出的发明创造,并利用了原告资金、生产设备、原材料、人力成本等物质条件。该专利与C公司主要生产、销售的锁具产品同类,故该专利应属于职务发明。①

解 析

首先,C公司仅向蔡某支付劳务报酬,该资金并非蔡某为完成涉案专利所使用的资金;其次,公司并未对该物质技术条件需对完成发明创造技术方案的设计发挥了主要的或实质性的事前贡献,而仅仅是在技术方案完成后实施了该项技术,这并不属于专利法意义上主要利用本单位物质技术条件的情况。因此,C公司主张诉争专利技术是主要利用本单位的物质技术条件完成的发明创造,据理不足。

《专利法实施细则》对何为本单位物质技术条件作了指引性规定,即应当包括本单位的资金、设备、零部件、原材料或者不对外公开的技术资料等内容。实践中,劳动者利用用人单位已公开的技术、专项技术研发实施后的技术改进或是

① (2017)粤73民初3346号。

劳动者利用自身多年工作经验所做出的发明创造等,均不应当被看作职务发明。

合规指引

鉴于实务中职务发明的法律认定要素较为模糊,为了减少用人单位与被雇佣者就职务发明的归属产生争议,维护企业知识产权利益(但约定职务发明归属于被雇佣者的除外),用人单位应当着重把控如下几个方面的合规内容:

首先,对于难以界定是否属于雇佣关系或仅是基于借调、兼职、实习等临时雇佣关系的员工,建议通过签订包含明确职务发明归属于公司的《劳动合同》《兼职协议》等方式,就雇佣关系及雇佣关系项下职务发明的权属问题进行直接约定。对于已经脱离原用人单位的员工,企业应当在1年之内对这些员工所做出的发明创造持续追踪,以确保公司的知识产权不受侵犯。

其次,针对不同员工的岗位和级别,有针对性地对其所从事的工作进行证据保存。需要说明的是,司法实践对"本职工作"的认定不仅局限于劳动合同等书面约定,还包括对企业经营范围、对员工实际工作内容的认定上。因此,证据保存的范围应当不拘泥于书面劳动合同或《岗位说明书》等,凡是员工实际工作的成果,均可作为证明员工本职工作内容的证据。

最后,职务发明归根结底属于知识产权的一种,因此轻微性技术改进很有可能不会被认定为职务发明。职务发明权属纠纷的诉讼时效适用一般时效,用人单位要求确认涉案专利属于职务发明的,应当及时提出并承担相应的举证责任。

合规依据

《专利法》

第六条　执行本单位的任务或者主要是利用本单位的物质技术条件所完成的发明创造为职务发明创造。职务发明创造申请专利的权利属于该单位;申请被批准后,该单位为专利权人。该单位可以依法处置其职务发明创造申请专利的权利和专利权,促进相关发明创造的实施和运用。

非职务发明创造,申请专利的权利属于发明人或者设计人;申请被批准后,该发明人或者设计人为专利权人。

利用本单位的物质技术条件所完成的发明创造,单位与发明人或者设计人订有合同,对申请专利的权利和专利权的归属作出约定的,从其约定。

《专利法实施细则》

第十二条　专利法第六条所称执行本单位的任务所完成的职务发明创造，是指：

（一）在本职工作中作出的发明创造；

（二）履行本单位交付的本职工作之外的任务所作出的发明创造；

（三）退休、调离原单位后或者劳动、人事关系终止后1年内作出的，与其在原单位承担的本职工作或者原单位分配的任务有关的发明创造。

专利法第六条所称本单位，包括临时工作单位；专利法第六条所称本单位的物质技术条件，是指本单位的资金、设备、零部件、原材料或者不对外公开的技术资料等。

合规要点158　职务发明奖励和报酬

合规风险指数 ★★★★

案　例

3M中国有限公司与3M创新公司分属于3M公司的关联公司及全资子公司。三方签订协议约定，3M中国有限公司的知识产权统一转让给3M公司或3M创新公司进行管理，知识产权的使用需要3M公司或3M创新公司的统一许可。张某就职于3M中国有限公司。任职期间，张某率先提出了DBEF-D反射偏振片产品在液晶电视应用中遇到黄化问题时的解决技术方案，并被纳入专家组。2010年，3M中国有限公司通知张某"3M中国职务发明奖金计划"将正式实施，按此计划张某仅能获得极少报酬，张某不满该规定，后提出辞职。

离职后张某调查得知，自2006年起，包括3M中国有限公司在内的3M集团成员在全球范围实施该职务发明成果，大量生产使用该技术改进后的DBEF-D2系列产品，取得巨大成功和经济效益。张某认为其理应获得合理的报酬。遂向法院请求确认3M中国有限公司与3M创新公司侵犯其职务发明报酬权，要求两家公司支付职务报酬共计440万元。

庭审中双方就报酬计算方式发生争议，法院经审理后认为，本案中涉及的"3M中国职务发明奖金计划"是在公司员工广泛讨论的基础上形成并公布的，属于3M中国有限公司制定的规章制度。但其中规定的报酬计算方式中的0.01%系数与《专利法实施细则》第七十八条规定的“每年应当从实施该项发明或者实用新型专利的营业利润中提取不低于2%”相比仍然相去甚远,这足以见得该奖金制度不合理。而张某和3M公司所主张的计算方式均没有足够证据支撑,故法院在结合本案实际情况的情形下,酌情确定涉案职务发明报酬为20万元。①

解　析

由于职务发明具有“被动性”创造发明这一特殊性,在没有约定的情形下职务发明的所有权是归属于企业的。为了褒奖发明人发明创造,鼓励更多职务发明的产生,职务发明奖励和报酬制度应运而生。它的存在为发明人增加了收入的砝码,在保障发明人经济收益的同时也能够起到激励发明人积极从事职务发明创造事业的作用,从而平衡企业与发明人之间的利益分配问题,推动企业科技创新的步伐。

职务发明奖励与职务发明报酬分别属于两种不同情境下的支付款项。从《专利法》第十六条的规定不难看出,职务发明奖励并不以发明创造被实际实施为支付条件,而职务发明报酬则完全相反,它以发明创造被实施为前提,根据实施后所获取的收益由用人单位发放给雇员合理性报酬。

职务发明奖励与职务发明报酬的支付数额标准分为约定标准和法定标准两种。约定优先原则是司法领域中的一项重要原则,它代表当事人之间意思自治的精神,但是在特殊情形下,司法机关可对具体报酬数额进行公平合理的调整。

合规指引

用人单位可以采取单独与雇员约定职务发明奖励和报酬的方式具体约定发放标准,也可以规章制度的形式进行规定。但应当注意的是,尽管在实务中约定支付标准低于法定支付标准的并非完全无效,但约定标准显著低于法定标准的,易被认定为约定标准不合理,由司法机关适当调整职务发明奖励和报酬数额。此外,用人单位也可通过增加假期、职务晋升、培训等作为奖励方式,以提升各类奖励措施的合理性。

---

① (2012)沪一中民五(知)初字第240号。

合规依据

《专利法》

第十五条　被授予专利权的单位应当对职务发明创造的发明人或者设计人给予奖励;发明创造专利实施后,根据其推广应用的范围和取得的经济效益,对发明人或者设计人给予合理的报酬。

国家鼓励被授予专利权的单位实行产权激励,采取股权、期权、分红等方式,使发明人或者设计人合理分享创新收益。

《专利法实施细则》

第七十六条　被授予专利权的单位可以与发明人、设计人约定或者在其依法制定的规章制度中规定专利法第十六条规定的奖励、报酬的方式和数额。

企业、事业单位给予发明人或者设计人的奖励、报酬,按照国家有关财务、会计制度的规定进行处理。

(二)商业秘密的认定及保护

实践中,商业秘密往往由劳动者创造、掌握和应用,商业秘密的创造者、使用者或者经手人往往成为商业秘密的人格化载体,这使人才流动和商业秘密保护的矛盾日趋尖锐。从实践中侵害商业秘密案件的常见现象来看,(跳槽)员工窃取(原)用人单位的商业秘密提供给新/其他单位,是商业秘密侵权中最典型、多发的行为。然而,受限于商业秘密的无形化、保密性等特点,企业通常面临“防范难、取证难、维权难”等困境,实施有效的商业秘密保护始终是企业发展的“顽疾”。

目前,我国尚未专门出台商业秘密保护法,对商业秘密的保护散见于《反不正当竞争法》和其他各类法律法规中。例如,《劳动法》对商业秘密的规定主要是从合同约定的角度进行设计,具体为两种方式:一是用人单位和劳动者约定保密义务;二是用人单位可以和劳动者约定竞业限制义务。两者主要有五点区别:其一,保护范围不同,前者主要是保护用人单位的商业秘密;而后者既能保护商业秘密,又可以约束劳动者的就业机会或者防止竞争对手挖人,确保用人单位的竞争优势。其二,产生的基础不同,保密义务的产生基于法定,是劳动合同的附随义务,无论双方是否有明示的约定,劳动者在职期间和离职后均应承担保守用人单位商业秘密的义务;而竞业限制义务则来源于双方的约定,无约定则无义务。其三,约束期限不同,保密义务的存在没有期限限制,即商业秘密存在,劳动者的保密义务就一直存在;但竞业限制的期限一般由双方约定,且最长不得超过二年。其四,支付补偿要求不同,用人单位无须因劳动者承担保密义务向其支付保密费;而对于受竞业限制义务约束的劳动者,用人单位则需要支付合理的补偿费用。其五,法律责任不同,违反保密义务的劳动者,应承担相应的民事责任,情况严重的则可能构成犯罪,会被追究相应的刑事责任;而违反竞业限制义务的劳动者一般只需要承担相应的民事责任。尽管保密义务如上所述具有法定性、无限期、零补偿等优势,但企业若疏于保密制度的设立及保密义务的设计,商业秘密保护亦犹如无源之水,无本之木。本章笔者着重从保密合规管理来论述商业秘密保护。

合规要点 159　商业秘密的认定

合规风险指数 ★★★★★

案　例

张某在 A 公司技术部工作,双方在《劳动合同》中约定张某应当保守 A 公司的商业秘密。同时,张某还签收确认了 A 公司制定的《员工手册》。《员工手册》对商业秘密的范围、员工应当如何保守商业秘密及侵犯商业秘密的惩罚措施作了明确具体的规定。为了进一步强化员工的保密意识,A 公司甚至每月向张某支付"保密费"。张某在职期间申请了两项实用新型专利,A 公司认为这两项实用新型专利的技术要件与 A 公司的商业秘密完全相同,遂以侵犯商业秘密为由向法院起诉要求张某支付 300 万元违约损失。

法院认为,首先,双方未就保密的内容和范围作具体的约定。其次,A 公司在庭审中提交的证据仅为产品设计图纸,单凭此不足以证明系争对象属于商业秘密。最后,劳动者违反保密义务的行为主要表现为披露、使用或者允许他人使用用人单位的商业秘密。本案中用人单位并未举证证明张某在职期间掌握了 A 公司的商业秘密,也未能举证证明张某在专利中使用了 A 公司的商业秘密。故法院驳回了 A 公司的诉请。[1]

---

① (2014)佛中法民四终字第 426 号。

解　析

我国《反不正当竞争法》第九条第四款对商业秘密的定义作了规定:"本法所称的商业秘密,是指不为公众所知悉、具有商业价值并经权利人采取相应保密措施的技术信息、经营信息等商业信息。"据此,构成商业秘密应当具备三项要素:第一,秘密性,即不能从公开渠道直接获取的;第二,价值性,即具有商业价值,能够为拥有者带来经济利益或使其获得竞争优势;第三,保密性,即权利人采取了合理的保密措施,在正常情况下可以使该商业信息得以保密。在具体诉讼过程中,证明所诉信息构成商业秘密是诉讼主张被支持的基本前提。

综上,不是所有的企业信息都可以被认定为商业秘密而受到法律保护。例如,商业秘密中的客户名单不是客户名称和地址的简单列举,而应当是客户的综合信息,包括在与客户长期交易过程中形成的价格承受能力、需求类型、交易习惯,甚至项目负责人的联络方式及性格特点等全面信息。由于这些特殊的客户信息有可能处于动态,难以直接明确地通过某种方法予以固定,一般可以通过分析权利人开发客户投入的时间与人力、物力成本以及双方长期稳定的交易往来等情况来判断该客户信息是否区别于从公共渠道容易获得的企业名录,是否构成"不为公众所知悉"的信息。除此之外,还要结合公司是否就该等客户名单采取了合理的保密措施以防止商业秘密信息泄露。例如,与员工明确保密义务的内容及范围,设定接触人员职级等。用人单位在付出了时间、资金和劳动基础上形成的客户名单,可以节约交易成本,增加交易机会,为客户名单的拥有者带来经济利益,因而获得法律的保护。

因此,若商业秘密仅依赖于劳动者的道德操守及职业信用,而缺乏有效的保密制度体系予以支撑,则无异于"水中月,镜中花"。另外,实践中,尽管有的用人单位将劳动者负有保密义务写入劳动合同当中,但疏于对保密的具体内容进行明确,仅作诸如"客户名单、公司规章制度、财务数据"等一般概述性表述,导致在发生争议时很难得到法院的支持。

合规指引

1. 加强保密制度建设,强化制度合规性及合理性。

所谓"保密制度的合规性",即确保制度"内容合法、程序民主、公示告知"三者缺一不可;而"保密制度的合理性"则指保密内容的明晰准确,明示权利,做到

防微杜渐。具体而言,可以在规章制度中明确本企业商业秘密的具体内容及范围,设定可以接触各类商业信息的人员范围及职务级别,将接触秘密信息的人员限制在“必须知晓”的基础上,并建立商业秘密载体管理制度,如对跟踪和检索包含敏感信息的文件拷贝加以制度规制,以此向法院证明采取了保密措施。同时,合法合理的保密制度内容还要依法履行民主程序,并送达劳动者本人,以此作为法院审判的依据。

当然,有些用人单位会采取直接与劳动者签订保密协议或在劳动合同中加入保密条款的形式对其商业秘密进行保护,对此,我们建议这些保密义务约定仍需要详述保密的对象及范围,明确是否支付保密补偿及保密期限的范围,确定保密信息交接流程,强化违约责任等内容。

2. 强化企业自我保密。

商业秘密作为一种特殊的知识产权,是一种要求权利人首先采取自我保密措施后才能进一步获得法律保护的权利。与其他一般知识产权相比,权利人享有的仅仅是禁止他人采用不正当手段披露、使用或允许他人使用商业秘密的权利,而非“排他权”。因此,在商业秘密的保护过程中,采取前期自我保密措施是十分必要的。就物理保护层面而言,实践中可考虑以下几点:(1)确定保密等级。例如,在保密区域或设备、文件上应有明显的保密标记,并区分保密级别(绝密/机密/秘密)。(2)对商业秘密进行“分区域”保护,有意识地将秘密区域细化,安排不同的人员分别负责开发、操作、管理该商业秘密的不同部分,保证尽可能少的员工掌握商业秘密的整体或部分。(3)是否对接近保存信息的设备作出限制。(4)进入经过计算机处理的秘密信息或数据库是否要求特定的口令或密码。(5)雇员离职之前是否必须归还载有秘密信息的文件等。(6)在招聘员工时,应对其是否与原所在单位签署技术秘密保护协议的情况进行调查了解,以避免不必要的法律责任。

3. 增强保密意识、强化责任观念。

员工的保密意识及泄露秘密可能遭受的法律责任意识是不会凭空产生的。商业秘密是员工在工作过程中创造并形成的,也是由具体员工所使用的,因此,对员工进行商业秘密保护措施、侵犯商业秘密的法律责任的专题培训势在必行。

但是,一旦发生侵害商业秘密的纠纷,实务当中最难处理的便是商业秘密的价值认定问题。我国《反不正当竞争法》第十七条规定了两种损害赔偿数额的计算方式:一是按照实际损失进行赔偿;二是在实际损失难以估量时,按照侵权人因侵权所获取的利益计算。用人单位在发生商业秘密侵权诉讼时,可以按照前述两种计算方式进行积极举证。对此,建议企业设计保密义务制度或签订保密协议应明确违约赔偿条款。例如,制定违约金额或损失赔偿的计算方式等。

合规依据

《劳动法》

第二十二条　劳动合同当事人可以在劳动合同中约定保守用人单位商业秘密的有关事项。

《劳动合同法》

第二十三条　用人单位与劳动者可以在劳动合同中约定保守用人单位的商业秘密和与知识产权相关的保密事项。

对负有保密义务的劳动者,用人单位可以在劳动合同或者保密协议中与劳动者约定竞业限制条款,并约定在解除或者终止劳动合同后,在竞业限制期限内按月给予劳动者经济补偿。劳动者违反竞业限制约定的,应当按照约定向用人单位支付违约金。

《反不正当竞争法》

第九条　经营者不得实施下列侵犯商业秘密的行为:

(一)以盗窃、贿赂、欺诈、胁迫、电子侵入或者其他不正当手段获取权利人的商业秘密;

(二)披露、使用或者允许他人使用以前项手段获取的权利人的商业秘密;

(三)违反保密义务或者违反权利人有关保守商业秘密的要求,披露、使用或者允许他人使用其所掌握的商业秘密;

(四)教唆、引诱、帮助他人违反保密义务或者违反权利人有关保守商业秘密的要求,获取、披露、使用或者允许他人使用权利人的商业秘密。

经营者以外的其他自然人、法人和非法人组织实施前款所列违法行为的,视为侵犯商业秘密。

第三人明知或者应知商业秘密权利人的员工、前员工或者其他单位、个人实施本条第一款所列违法行为,仍获取、披露、使用或者允许他人使用该商业秘密的,视为侵犯商业秘密。

本法所称的商业秘密,是指不为公众所知悉、具有商业价值并经权利人采取相应保密措施的技术信息和经营信息。

《刑法》

第二百一十九条　有下列侵犯商业秘密行为之一,给商业秘密的权利人造成重大损失的,处三年以下有期徒刑或者拘役,并处或者单处罚金;造成特别严重后果的,处三年以上七年以下有期徒刑,并处罚金:

(一)以盗窃、利诱、胁迫或者其他不正当手段获取权利人的商业秘密的;

(二)披露、使用或者允许他人使用以前项手段获取的权利人的商业秘密的;

(三)违反约定或者违反权利人有关保守商业秘密的要求,披露、使用或者允许他人使用其所掌握的商业秘密的。

明知或者应知前款所列行为,获取、使用或者披露他人的商业秘密的,以侵犯商业秘密论。

本条所称商业秘密,是指不为公众所知悉,能为权利人带来经济利益,具有实用性并经权利人采取保密措施的技术信息和经营信息。

本条所称权利人,是指商业秘密的所有人和经商业秘密所有人许可的商业秘密使用人。

《最高人民法院关于审理侵犯商业秘密民事案件适用法律若干问题的规定》(法释〔2020〕7号)

第一条　与技术有关的结构、原料、组分、配方、材料、样品、样式、植物新品种繁殖材料、工艺、方法或其步骤、算法、数据、计算机程序及其有关文档等信息,人民法院可以认定构成反不正当竞争法第九条第四款所称的技术信息。

与经营活动有关的创意、管理、销售、财务、计划、样本、招投标材料、客户信息、数据等信息,人民法院可以认定构成反不正当竞争法第九条第四款所称的经营信息。

前款所称的客户信息,包括客户的名称、地址、联系方式以及交易习惯、意向、内容等信息。

第六条　具有下列情形之一,在正常情况下足以防止商业秘密泄露的,人民法院应当认定权利人采取了相应保密措施:

(一)签订保密协议或者在合同中约定保密义务的;

（二）通过章程、培训、规章制度、书面告知等方式，对能够接触、获取商业秘密的员工、前员工、供应商、客户、来访者等提出保密要求的；

（三）对涉密的厂房、车间等生产经营场所限制来访者或者进行区分管理的；

（四）以标记、分类、隔离、加密、封存、限制能够接触或者获取的人员范围等方式，对商业秘密及其载体进行区分和管理的；

（五）对能够接触、获取商业秘密的计算机设备、电子设备、网络设备、存储设备、软件等，采取禁止或者限制使用、访问、存储、复制等措施的；

（六）要求离职员工登记、返还、清除、销毁其接触或者获取的商业秘密及其载体，继续承担保密义务的；

（七）采取其他合理保密措施的。

第七条　权利人请求保护的信息因不为公众所知悉而具有现实的或者潜在的商业价值的，人民法院经审查可以认定为反不正当竞争法第九条第四款所称的具有商业价值。

生产经营活动中形成的阶段性成果符合前款规定的，人民法院经审查可以认定该成果具有商业价值。

第十二条　人民法院认定员工、前员工是否有渠道或者机会获取权利人的商业秘密，可以考虑与其有关的下列因素：

（一）职务、职责、权限；

（二）承担的本职工作或者单位分配的任务；

（三）参与和商业秘密有关的生产经营活动的具体情形；

（四）是否保管、使用、存储、复制、控制或者以其他方式接触、获取商业秘密及其载体；

（五）需要考虑的其他因素。

四、竞业限制合规管理

根据《劳动合同法》的规定，竞业限制是指对原用人单位负有保密义务的劳动者，离职后在约定的期限内，不得生产、自营或为他人生产、经营与原用人单位有竞争关系的同类产品及业务，也不得在具有竞争关系的用人单位任职。

近年来,竞业限制运用越来越广泛,相关争议频发。面对司法实践缺乏统一裁判标准的现状,尽管竞业限制对于跳槽员工是“达摩克利斯之剑”,但如果用人单位只是简单地套用模板、盲目地设定条件,缺乏精心的制度设计和具有针对性的法律评估,忽略方案演练和应急预案,竞业限制制度将流于形式,导致用人单位的核心人才、商业资源与商业秘密等遭遇竞争对手的“围猎”。

笔者结合多起竞业限制纠纷办案经验,就用人单位在适用竞业限制制度时存在的问题、疑问以及合规要点梳理如下。

合规要点 160　未准确区分竞业限制适用对象

合规风险指数 ★★★

案　例

2017 年 2 月 10 日,某公司与员工签订劳动合同,约定员工担任舞蹈教学主管岗位,月基本工资为 3000 元。同日,双方签订了《保密及竞业禁止合同》《知识产权归属合同》《培训协议书》。

《劳动合同法》规定,竞业限制的人员限于用人单位的高级管理人员、高级技术人员和其他负有保密义务的人员。员工担任舞蹈教学主管岗位,并非高级管理人员或高级技术人员。公司未举证证明员工接触到的舞蹈教案和课程体系系法律意义上的商业秘密,也未举证证明员工能够接触到原告法律意义上的商业秘密,故员工不属于负有保密义务的主体。双方签订的竞业禁止条款限制了劳动者的就业权利,明显排除劳动者的合法权益,属于无效条款。①

解　析

《劳动合同法》对竞业限制义务的主体有明确约定,仅限于以下三类人员:用人单位的高级管理人员、高级技术人员和其他负有保密义务的人员。在实践中,用人单位经常采用“一刀切”的模式,不加区分地与全体劳动者签订竞业限制协议,或者任意扩大人员范围,对明显不应负有保密义务的人员设定

① (2019)浙 0108 民初 3979 号。

竞业义务，在司法实践中很有可能不会得到法院的支持，也不必要地增加了企业管理成本。

合规指引

1. 用人单位应注意将竞业限制适用范围限制在法定的三类主体。

在员工入职、晋升时，主动识别员工是否属于需要实施竞业限制义务的人员，将没有此类需求的员工排除在外，并针对不同员工设置不同类型的协议文本，避免"一刀切"。

2. 运用其他手段协助划分竞业限制主体。

在确定适用对象后，如不确定其是否属于法定主体的，用人单位可通过一系列文件、约定该员工纳入上述三类主体范围。例如，"高级管理人员"，《劳动合同法》中虽无定义，但《公司法》明确规定"高级管理人员是指公司的经理、副经理、财务负责人，上市公司董事会秘书和公司章程规定的其他人员"，因此，用人单位可通过公司章程对高级管理人员的范围加以定义。再如，"负有保密义务的人员"，用人单位可结合劳动者岗位、实际工作内容、接触的商业秘密信息等，通过《保密协议》明确约定劳动者属于负有保密义务的人员。

合规依据

《劳动合同法》

第二十四条第一款　竞业限制的人员限于用人单位的高级管理人员、高级技术人员和其他负有保密义务的人员。

合规要点161　约定竞业限制范围和地域过广

合规风险指数　★★★

案　例

沈某某于2010年6月23日入职奎克公司，2017年8月31日离职。双方订立有《保密与竞业限制协议》一份，其中第1.7.1条明确约定沈某某为负有保密义务的人员，第7.3条规定，沈某某自离职后为期2年内应遵守竞业限制义务，第7.4条列明福斯公司及其关联公司为与奎克公司具有竞争关系的公司。

《保密与竞业限制协议》对与奎克公司单位有竞争关系的公司进行了列举,其中包括福斯公司。根据福斯公司与奎克公司的经营范围以及根据奎克公司提供的其他证据,两家公司在业务上确实存在竞争关系,奎克公司将该公司列为其员工竞业限制的公司之一,并无不妥。根据法律规定,竞业限制针对的是与本单位生产或者经营同类产品、从事同类业务的有竞争关系的其他用人单位,沈某某进入奎克公司的竞争单位工作,违反竞业限制约定。综上所述,沈某某确已违反竞业限制约定,应当继续履行竞业限制义务,并应支付违反竞业限制义务违约金。[1]

解　析

《劳动合同法》规定用人单位可以与劳动者约定竞业限制的范围和地域,这保障了当事人意思自治的权利,但并非代表用人单位可以随意扩大竞业限制范围和地域。

竞业限制范围主要指劳动者离职后不得以任何方式所从事的行业,如果用人单位所约定的限制范围超出其营业执照登记的经营范围,也无法证明实际经营情况,超出范围的约定极有可能被认定为无效。如果用人单位经营范围本身太过广泛,如“互联网”,而其实际仅从事某项特殊业务,如网络安全管理,则其限制劳动者不得在任何互联网行业工作的约定也可能被认定为无效。

竞业限制地域指劳动者离职后不得从事竞争业务的地点与区域。法律并无明确的地域限制标准,实践中主要考量原用人单位的实际经营地、业务辐射地、劳动者主要工作地等要素合理界定。如果一家经营范围仅限于某县城的公司要求离职员工不得在全球范围内从事同类业务,显然超出了合理的范畴。

合规指引

用人单位应结合自身工商登记的经营范围、实际业务领域,对劳动者离职后竞业限制范围作合理约定。如有明确的市场竞争对手,可在竞业限制协议中列明劳动者离职后不得提供服务的公司清单。

---

① (2018)沪02民终7497号。

合规依据

《劳动合同法》

第二十四条第一款　竞业限制的范围、地域、期限由用人单位与劳动者约定，竞业限制的约定不得违反法律、法规的规定。

合规要点 162　未约定竞业期限或约定超过两年的竞业期限

合规风险指数　★★★

案　例

潘某某于2011年11月入职绿研食品公司，从事烘焙工作。2011年12月1日双方签订了《劳动合同》，约定：潘某某在解除劳动关系后3年内不得从事（直接、间接参与或生产或经营）与绿研食品公司有竞争相关的任何工作，合同未对竞业限制补偿作出明确约定。

《劳动合同》中约定潘某某在解除劳动合同关系后3年内不得从事与绿研食品公司有竞争相关的任何工作，依照《劳动合同法》第二十四条规定，竞业限制期限不得超过2年，因此该条款超出2年期限的部分无效。[①]

解　析

根据《劳动合同法》的规定，竞业限制期限最长不得超过2年，2年期限从员工离职之日开始计算。如果用人单位与劳动者约定的竞业限制期限超过2年，法律后果很明确：超出2年的部分无效，自员工离职满2年后将不再受竞业限制的约束。

另外，如果用人单位未与劳动者约定竞业限制期限，并不必然导致竞业限制无效，但一旦发生争议，双方将对竞业限制期限长短各执一词，在此情况下，公司很难实现通过竞业限制保护商业秘密的初衷。

合规指引

在签订竞业限制条款时，用人单位应对竞业限制期限作明确约定，且不得超

① (2014)厦民终字第898号。

过 2 年。但直接将竞业限制期限约定为“两年”并非一劳永逸之举,竞业限制的期限也并不是宜长不宜短,而要根据产品更新换代率、劳动者所掌握的商业秘密价值等情况进行综合评估。

合规依据

《劳动合同法》

第二十四条第二款　在解除或者终止劳动合同后,前款规定的人员到与本单位生产或者经营同类产品、从事同类业务的有竞争关系的其他用人单位,或者自己开业生产或者经营同类产品、从事同类业务的竞业限制期限,不得超过二年。

合规要点 163　未约定竞业限制补偿金

合规风险指数 ★★★★

案　例

潘某某于 2011 年 11 月入职绿研食品公司,从事烘焙工作。2011 年 12 月 1 日双方签订了《劳动合同》,约定:潘某某在解除劳动关系后 3 年内不得从事(直接、间接参与或生产或经营)与绿研食品公司有竞争相关的任何工作,合同未对竞业限制补偿作出明确约定。

裁判要点:潘某某与绿研食品公司在劳动合同中对竞业限制作出约定,虽然未就竞业限制补偿金作出明确约定,但是根据《最高人民法院关于审理劳动争议案件适用法律若干问题的解释(四)》第六条①的规定,劳动者仍应履行竞业限制义务,故潘某某以未约定竞业限制补偿金为由拒绝履行竞业限制义务,没有法律依据,不予采纳。②

解　析

补偿金是用人单位在适用竞业限制时疑问最多的板块,也是争议最多发的区域,实践中存在以下常见三类不合规情形:

① 对应法释〔2020〕26 号第三十六条。
② (2014)厦民终字第 898 号。

1. 未约定补偿金或约定不清。

对于未约定补偿金的竞业限制协议，司法实践的主流观点是不轻易否定其效力，以便用人单位通过竞业限制制度来保护商业秘密。

但是，即使没有约定补偿金，劳动者仍享有补偿金的权利，其在履行竞业限制义务后向用人单位主张经济补偿的，一般会得到支持。根据相关司法解释，此时用人单位应根据劳动者离职前12个月平均工资的30%按月支付补偿金（且不得低于劳动合同履行地最低工资标准）。

2. 约定补偿金低于最低工资标准。

竞业限制补偿金数额并无全国范围内的统一标准，实践中通常遵循"有约定从约定"的标准，但一般应将最低工资标准作为补偿金的下限。在笔者曾代理的某竞业限制案件中，某公司按每月1000元的标准向离职员工支付竞业限制补偿金，但1000元尚不足当时最低工资标准的50%，用人单位需承担支付差额的风险。

个别地区明确规定了竞业限制补偿金的下限，如江苏、深圳等，如低于该地区约定的下限标准，也存在补足差额的风险。

3. 补偿金支付时间、形式等问题。

《劳动合同法》规定用人单位可以约定在解除或者终止劳动合同后，在竞业限制期限内按月给予劳动者经济补偿。上述规定将竞业限制的对价限定为"按月支付""经济补偿"，通常理解为在劳动者离职后以货币形式按月支付经济补偿金。

但是，在实践中，用人单位支付竞业限制补偿金的方式可谓多种多样：（1）提前支付，即用人单位直接在工资结构中设定"竞业限制补偿金"，并在劳动者在职期间便按月支付该款项；（2）延后支付，如竞业限制期届满后，一次性支付补偿金；（3）变更支付方式，即给付非金钱形式的补偿，作为要求劳动者履行竞业限制义务的对价，常见的非金钱形式包括股票、期权等。此类支付形式均存在被认定为无效的风险，届时用人单位可能需要按月支付补偿金，如超过3个月未支付的，还可能被劳动者要求解除竞业限制义务。

合规指引

1. 合理约定竞业限制补偿金标准。

竞业限制补偿金应合法合理，既要保障劳动者离职后的基本生存权，也要充分考虑用人单位成本。除非可以通过财务计算，评估出某种对用人单位而言最优的补偿标准,笔者建议直接以劳动者离职前12个月平均工资的30%为补偿金支付标准。如地区规定的下限标准更高的,则还应当结合地方性规定确定补偿金的具体数额或标准。

2. 尽量选用离职后按月以货币形式支付的方式。

一次性支付、提前支付虽是实践中常见的支付手段,但在劳动者离职后以货币形式按月支付补偿金无疑是争议最小,最不会被挑战的方式。如果将竞业限制补偿款与劳动报酬或者其他福利、补贴混淆,则极容易引发争议,既起不到竞业限制的保护作用,还可能导致不必要的成本和损失。

合规依据

《最高人民法院关于审理劳动争议案件适用法律问题的解释(一)》(法释〔2020〕26号)

第三十六条　当事人在劳动合同或者保密协议中约定了竞业限制,但未约定解除或者终止劳动合同后给予劳动者经济补偿,劳动者履行了竞业限制义务,要求用人单位按照劳动者在劳动合同解除或者终止前十二个月平均工资的30%按月支付经济补偿的,人民法院应予支持。

前款规定的月平均工资的30%低于劳动合同履行地最低工资标准的,按照劳动合同履行地最低工资标准支付。

《江苏省劳动合同条例》

第二十八条第一款　用人单位对处于竞业限制期限内的离职劳动者应当按月给予经济补偿,月经济补偿额不得低于该劳动者离开用人单位前十二个月的月平均工资的三分之一。

《深圳经济特区企业技术秘密保护条例》

第二十四条　竞业限制协议约定的补偿费,按月计算不得少于该员工离开企业前最后十二个月月平均工资的二分之一。约定补偿费少于上述标准或者没有约定补偿费的,补偿费按照该员工离开企业前最后十二个月月平均工资的二分之一计算。

合规要点164　违约金约定不明或标准过高

合规风险指数 ★★★★★

案　例

员工于2007年7月13日与外服公司建立劳动关系,并被派遣至某公司处工作。同日,员工与某公司签订入职确认书,约定员工的保密义务及具体的保密规则,并约定,竞业限制期限为派遣合同终止或解除之日起1年;若雇员违反本协议第二条规定的,应(1)退还公司已经支付的补偿费;(2)立即停止违约行为;(3)支付违约金,金额为派遣合同终止或解除前雇员年工资收入的200%。

关于涉案竞业限制协议约定的违约金数额是否显著过高,竞业限制制度在保护用人单位商业秘密和与知识产权相关秘密的同时,也对劳动者的就业权和劳动权进行了限制,故个案中需对双方的权益进行平衡。双方涉案竞业限制协议约定,劳动者违反竞业限制义务后,除需退还已领的经济补偿外,还应按离职前1年工资收入200%的标准支付违约金。综合考量双方约定的竞业限制的期限(1年)、每月支付的竞业限制经济补偿数额占原月工资收入的比例(30%)、竞业限制经济补偿总额占违约金数额的比例(15%)等,双方约定的年收入200%的违约金数额明显过高,员工请求调整,法院酌情确定员工应当支付某公司竞业限制违约金331,675.20元(23,033×12×200%×60%)。员工违反竞业限制义务,即失去领取竞业限制经济补偿款的基础,故应按约返还已领的竞业限制经济补偿款48,369.30元。[①]

解　析

违约金条款是竞业限制协议的核心条款,也是追究违约劳动者法律责任的核心方式,但长期以来竞业限制违约金并没有明确的法律标准,导致违约金约定不明,出现相关争议:

---

① (2014)浦民一(民)初字第29250号。

1. 没有约定违约金数额或计算方法。

《劳动合同法》规定,劳动者违反竞业限制约定,应当按照约定向用人单位支付违约金,给用人单位造成损失的,应当承担赔偿责任。因此,违约金的数额或计算方法首先应由双方自行约定,如果未约定,用人单位只能要求劳动者赔偿所造成的损失,此时需要对损失数额、因果关系等承担较大的举证责任。

2. 违约金计算方式约定不明。

笔者代理的腾讯与离职员工竞业限制案之所以引起广泛关注,除了涉及互联网龙头企业、知名手机游戏等因素外,还因其判赔金额创下了劳动争议案件判赔金额全国之最,但该案双方事先约定的违约金标准并不十分明确,如何计算违约金是案件最大的争议焦点之一。

该案中,双方对离职员工违反竞业限制违约责任的约定可概括为"返还所有因行使限制性股票所生之收益,以采取法律行动当日股票市值计算,除非员工可证明实际收益"。协议未进一步约定"收益"的具体计算方式,双方产生争议:员工认为应以股票过户当天的市场价值或者应纳税所得额作为收益;腾讯则认为员工应举证其所有收益,否则应以公司提起仲裁时的股票价值作为收益。因腾讯提起仲裁之日的股票价格远高于股票过户时的价格,不同时间节点所得出的违约金数额显然天差地别。一审法院按过户当日的市场价计算违约金,二审法院则改判支持了腾讯的主张。

3. 违约金约定过高。

在实践中,高额甚至天价的违约金约定屡见不鲜,如"违约金标准为10倍年收入",或者用人单位每月仅支付几千元补偿金,却要求员工支付百万元违约金等。

合规指引

法律法规对竞业限制违约金的具体数额并无明确限制,但在司法实践中,法院一般会结合《合同法》(《民法典》合同编)有关调整违约金的相关规定及公平合理原则,对于约定标准过高的违反竞业限制义务违约金酌情调整。《上海市第一中级人民法院竞业限制纠纷案件审判白皮书》披露,法院通常会结合劳动者的工资、补偿金数额及用人单位的实际损失等因素,酌情判定违约金数额是否合理。但违约金数额的合理区间则又见仁见智,目前审判实践中尚未统一标准。

1. 要有明确的违约金约定。

发生劳动争议时,用人单位要求违约员工支付违约金的举证责任明显小于要求其赔偿损失的证明责任,因此,建议事先在《保密协议》或《竞业限制协议》中明确约定违约金数额或计算方式,以便追究违约责任时有据可依,避免陷入"有约定无约束"或"有约束不适用"的局面。

2. 合理约定违反竞业限制的违约金。

从促成劳动者履行竞业限制义务的角度看,违约金既不能过低,亦不宜过高,约定标准"宜高不宜低",但要在合理限度内,可参考支付经济补偿金或离职前月收入的一定倍数确定。违约金的数额或计算方法应比例适当、明确具体。在以金钱形式支付竞业限制补偿款的情况下,用人单位可综合考虑劳动者的工作年限、工资标准、竞业限制补偿金的数额、劳动者接触本单位保密信息的程度等因素,约定适当的违约金。对授予劳动者股票的上市企业而言,由于股票期权的实际价值处于不断变化中,还可以将违约金与股价挂钩。

3. 可约定违约劳动者有义务返还竞业限制补偿金。

理论上,竞业限制协议是双务合同,在劳动者未履行义务的情况下,用人单位支付补偿金的给付义务应消灭,劳动者应返还补偿款。但在实践中,在双方没有约定返还补偿款的情况下,法院可能仅判决员工支付违约金,而不会同时判令返还竞业限制补偿金。很多用人单位忽略该风险点,只约定高额违约金,却遗漏了劳动者返还补偿款的责任,应当及时补正。

合规依据

《劳动合同法》

第二十三条第二款　……劳动者违反竞业限制约定的,应当按照约定向用人单位支付违约金。

第九十条　劳动者违反本法规定解除劳动合同,或者违反劳动合同中约定的保密义务或者竞业限制,给用人单位造成损失的,应当承担赔偿责任。

《民法典》

第五百八十五条　当事人可以约定一方违约时应当根据违约情况向对方支付一定数额的违约金,也可以约定因违约产生的损失赔偿额的计算方法。

约定的违约金低于造成的损失的,人民法院或者仲裁机构可以根据当事人的请求予以增加;约定的违约金过分高于造成的损失的,人民法院或者仲裁机构可以根据当事人的请求予以适当减少。

当事人就迟延履行约定违约金的,违约方支付违约金后,还应当履行债务。

合规要点 165 竞业限制承继、衔接约定不明

合规风险指数 ★★★★

1. 未续签《竞业限制协议》导致竞业限制义务消失。

案 例

某员工于2013年入职A汽车公司,与A汽车公司订立了《劳动合同》,《劳动合同》明确约定《竞业限制协议》是劳动合同的附件,且形式上竞业限制协议文本作为附件在《劳动合同》正文之后。2016年《劳动合同》期满后双方续约,此时公司已采用新的《劳动合同》模板,但新模板正文中没有任何关于竞业限制的约定,附件也不含《竞业限制协议》。

2018年,该员工因个人原因辞职,此后A汽车公司发现他高调地入职某竞争单位B汽车公司工作,经交涉,该员工认为《竞业限制协议》已随第一份《劳动合同》到期而终止,续签劳动合同时没有续签《竞业限制义务》,可见其离职后不负有竞业限制义务,可以到竞争对手处工作。该案仲裁结果为公司败诉,仲裁员采纳了员工的意见,认为A汽车公司未明确告知员工《竞业限制义务》在第一份《劳动合同》到期后继续有效,员工无需履行竞业限制义务。该案一审结果为公司胜诉,员工需继续履行竞业限制协议并向公司支付违约金。

解 析

竞业限制的承继、衔接是竞业限制话题中较少被讨论到的角度,上述案例为笔者主办,系双方因对义务承继衔接约定不明而引发的案例,案件结果尚无定论,但值得用人单位警醒。

2. 劳动合同主体变更,未约定《竞业限制协议》权利义务承继,员工违约恐难追责。

案　例

某化工企业曾向笔者咨询：收到某竞争对手乙公司发出的警告信，要求不得录用某对该公司有竞业限制义务的候选人，是否需要撤销已发出的Offer？笔者经审查相关材料，发现候选人实际上对前单位乙公司并无竞业限制义务，因此回复化工企业：风险低，无须取消录用。后来该候选人顺利入职化工企业，乙公司再未有任何反馈。

解　析

候选人的前单位在股权变更、劳动关系转移时未做好《竞业限制协议》的承继工作，导致对员工到竞争对手处工作的行为无计可施：候选人与甲公司订立有《劳动合同》《竞业限制协议》（形式上独立文本，非附件），数年后甲公司被乙公司的母公司收购，候选人与甲公司协议解除《劳动合同》，与乙公司重新订立《劳动合同》，并约定候选人应遵守与甲公司原《劳动合同》项下的所有义务。在协商转移劳动关系的过程中，候选人对甲公司的竞业限制义务随着《劳动合同》的解除而解除，甲、乙虽是关联公司，但属于不同的用人单位主体，候选人在与乙公司建立劳动关系时并未重新订立《竞业限制协议》，自然对乙公司不再负有竞业限制义务。

合规指引

1. 注意约定竞业限制义务不因劳动合同续签、解除或终止而无效。

笔者曾审阅某大型国企的《竞业限制协议》，由于该集团旗下公司众多，劳动者经常在关联企业间调动、转移劳动关系，《竞业限制协议》对此类情形的义务承继作了明确约定，短短两句话便完全免除了上述案例中约定不明带来的风险，可供各用人单位参考："《劳动合同》全部或者部分条款无效，不影响本协议的效力；《劳动合同》解除或终止后，本协议继续有效。"

2. 劳动关系变更时，注意约定竞业限制义务承继事宜。

方法有两种：其一，在劳动合同转移的《三方协议》中明确约定，劳动者应继续对新用人单位履行包括但不限于竞业限制、保密、保护知识产权等义务；其二，在新用人单位与劳动者订立《劳动合同》时，同时订立竞业限制条款或竞业限制协议。

合规依据

《劳动合同法》

第三十三条　用人单位变更名称、法定代表人、主要负责人或者投资人等事项,不影响劳动合同的履行。

第三十四条　用人单位发生合并或者分立等情况,原劳动合同继续有效,劳动合同由承继其权利和义务的用人单位继续履行。

合规要点 166　竞业限制的履行、免除与提前终止程序

合规风险指数 ★★★★★

案　例

喻某某于 2010 年 10 月 1 日进入联胜公司从事纺织印染化学品部设备管理负责人,双方签订《聘用合同》一份,喻某某工作报酬分为工资、年终奖及竞业限制补偿金三部分,联胜公司第一年度(12 个月)支付给喻某某的年终奖及竞业限制补偿金总额不低于 15,000 元,以后每年至少递增 5000 元。

双方解除劳动关系时联胜公司并未明确免除喻某某所负的竞业限制义务,联胜公司提交的员工手册在劳动仲裁阶段并未提交,且喻某某对此不予认可,一审法院对该证据不予采纳,故联胜公司应按照聘用合同的约定向喻某某支付 2013 年度的年终奖及竞业限制补偿金。[①]

解　析

在竞业限制履行、免除和提前终止程序中的隐患,用人单位常常会犯"默认"的错:

1. 竞业限制生效条件不明。

某医疗器械公司在设计竞业限制制度时,曾向笔者咨询:"如约定员工离职后第 1 个月发薪日未收到竞业限制补偿金的,视为公司自动免除竞业限制义务,是否有效？如有效,公司是否需要额外支付 3 个月补偿金?"这个问题可以说颇为"刁钻",根据现行法律法规和司法实践,很难有确切答案。笔者的观点是,约定有效,但需要额外支付 3 个月补偿金,得不偿失,应将通知员工是否需免除竞业限制义务的时间节点卡在离职前或离职时。

---

① (2016)苏 05 民终 9836 号。

2. 未书面通知履行或免除义务。

某公司与全体员工签订的《劳动合同》均有竞业限制条款，在一次访谈中HR告知笔者，由于人员流动量大，只对需要履行竞业限制义务的小部分人在其离职前再次提醒履行竞业限制义务，而没有收到通知的大部分人，则视为默认免除竞业限制义务。

此种"默认免除"的做法不可取，主要风险：有竞业限制协议的情况下，即使用人单位未明确告知劳动者需要履行竞业限制义务，劳动者仍负有竞业限制义务；如果用人单位决定豁免竞业限制义务，应当明确告知劳动者，否则离职劳动者实际履行了竞业限制义务的，可以要求前单位支付竞业限制补偿金，需支付的时间段可长达2年。

3. 未明确通知免除，导致事后需支付补偿金。

笔者曾代理多起竞业限制案件，其中一案的用人单位可谓十分"冤枉"：基本背景仍然是劳动者与用人单位订有《劳动合同》和《保密、知识产权与竞业限制协议》，《保密、知识产权与竞业限制协议》是《劳动合同》的附件，劳动者因违纪被开除，用人单位在《解除通知书》载明："免除你在《劳动合同》项下的一切权利义务（除保密、知识产权义务外）"，随后双方因是否需支付竞业限制补偿金发生争议。

用人单位从主从合同的关系（《劳动合同》解除，《保密、知识产权与竞业限制协议》作为从合同自然一并解除），文字语义表述（仅需履行保密、知识产权，竞业限制义务自然无须履行）等角度论述用人单位已免除员工的竞业限制义务，但法院最终仍以未明确书面告知劳动者免除竞业限制义务为由，判令用人单位向劳动者支付竞业限制补偿金。

合规指引

1. 在劳动者离职前告知其是否需要履行竞业限制义务。

根据司法实践，除非有特殊约定或明确通知免除，劳动者离职后便开始进入竞业限制期，其间，用人单位有权免除劳动者的竞业限制义务，但应额外支付3个月补偿金。因此，建议用人单位在劳动者离职前即审查是否有必要要求其履行竞业限制义务，且在劳动者离职前便发出通知，告知其离职后是否需履行竞业限制义务，此时竞业限制义务未生效，从公平合理的角度，也未对劳动者就业权造成太大影响,用人单位一般无须额外支付3个月竞业限制补偿金。故为了降低成本,如确无必要的,可及时免除劳动者的竞业限制义务。

2. 保留书面送达凭证,特别是劳动者辞职时。

实践中不少劳动者会不告而别,或者因与公司有矛盾不愿办理离职交接手续,对于此类劳动者,如果需要其履行竞业限制义务的,应通过EMS快递、电子邮件、微信、短信等多种方式书面通知。

另外,对全员均签订《竞业限制协议》且离职人数较多的单位而言,如果单独通知每个离职劳动者是否需要履行竞业限制义务,会花费较多时间精力,建议可将"是否需履行竞业限制"作为劳动者离职交接表单中的一小项,勾选是否需要履行后交给劳动者签字,即可视为已书面通知劳动者。

3. 协商解除时明确离职后是否需履行竞业限制义务。

协商解除时明确离职后是否需履行竞业限制义务具有一定必要性:其一,《协商解除协议》文本一般会有权利义务结清、再无劳动争议的兜底条款,如未对竞业限制义务作明确约定,可能引发争议;其二,对于需要协商解除的劳动者,要求其履行竞业限制的必要性不大,但可将竞业限制作为推进与劳动者协商解除的筹码,如对于看重再就业的劳动者,告知其协商解除可免除竞业限制义务,否则将启动竞业限制。

合规依据

《最高人民法院关于审理劳动争议案件适用法律问题的解释(一)》(法释〔2020〕26号)

第三十七条　当事人在劳动合同或者保密协议中约定了竞业限制和经济补偿,当事人解除劳动合同时,除另有约定外,用人单位要求劳动者履行竞业限制义务,或者劳动者履行了竞业限制义务后要求用人单位支付经济补偿的,人民法院应予支持。

第三十八条　当事人在劳动合同或者保密协议中约定了竞业限制和经济补偿,劳动合同解除或者终止后,因用人单位的原因导致三个月未支付经济补偿,劳动者请求解除竞业限制约定的,人民法院应予支持。

第三十九条　在竞业限制期限内,用人单位请求解除竞业限制协议的,人民法院应予支持。

在解除竞业限制协议时，劳动者请求用人单位额外支付劳动者三个月的竞业限制经济补偿的，人民法院应予支持。

合规要点167　违反竞业限制义务追责问题

合规风险指数 ★★★★★

解　析

如发现劳动者违反竞业限制义务，用人单位需要选择合适的救济手段，追究劳动者违约责任，笔者处理过竞业限制追责相关的以下咨询，均是用人单位在此阶段常有的困惑与难点：

1. 劳动者未提交新单位任职证明，可否停发补偿金？

部分用人单位竞业限制管理较为严格，会要求劳动者定期提交新单位任职证明，但如果劳动者未提交，是否可以停发竞业限制补偿金？对此，笔者认为事先的约定很重要，如双方曾明确约定劳动者有义务提交任职证明、提交任职证明是发放补偿金的前提条件、未提交的可暂停发放等，则用人单位有权停发补偿金，否则应慎重停发。

2. 如发现员工疑似到竞争对手处工作，可否停发补偿金？

在实践中，用人单位常常会通过举报、客户反映等途径了解到离职劳动者在竞争对手处工作，但短时间内很难再进一步掌握相关证据，此时是否可以停发补偿金？笔者认为，如果没有充分的关于劳动者违约的证据，贸然停发补偿金将有以下风险，应慎重停发：其一，停发补偿金容易打草惊蛇，增加进一步调查的困难；其二，劳动者可能以用人单位3个月未发补偿金为由，要求解除竞业限制协议。

3. 违约行为认定问题：如何判断员工是否到竞争对手处工作？

根据《劳动合同法》规定，劳动者违反竞业限制义务的行为一般包括两类：一是到与前单位生产或者经营同类产品、从事同类业务的有竞争关系的其他用人单位任职；二是劳动者自行投资、设立与前单位有竞争关系的企业，生产或者经营同类产品、从事同类业务。

我国现行法律法规尚无明确的关于认定企业间“竞争关系”的标准,司法实践中法院在判断劳动者离职后是否从事与原用人单位有竞争关系的“同类产品、同类业务”时,往往通过对比营业执照记载的经营范围作出认定。但是,许多用人单位工商登记的经营范围可能既广又杂,而实际仅从事一种或数种主营业务,单纯对比经营范围的认定方法是否足够科学合理,目前存在较大争议。

4. 违约行为认定问题:如何判断劳动者是否有任职、投资或经营行为?

劳动者违约的方式可谓多种多样,既可能直接到竞争对手处任职,也可能通过劳务派遣、挂靠等隐蔽性更强的方式从事竞争活动,还可能以他人的名义开设公司、代持股份、从事同行业投资活动等。通过企业信息公示系统可以进行初步查询,但如果劳动者采取隐蔽方式就业,往往给用人单位的调查取证、后续仲裁诉讼带来极大困难。

5. 何时应提起仲裁,如何计算时效?

根据法律规定,劳动争议申请仲裁的时效期间为 1 年,从当事人知道或者应当知道其权利被侵害之日起计算。腾讯诉离职员工竞业限制案中,由于腾讯公司提起劳动仲裁的时间是员工离职满 3 年前的最后一天,双方围绕着提起仲裁是否超过劳动争议时效作了多次辩论,最终法院采纳了笔者一方的观点,认为用人单位在 2 年竞业限制期满后的 1 年内提起劳动仲裁,未超出规定的时效。

6. 劳动者再次违约,是否可以再次提起仲裁追责?

竞业限制制度的主要立法目的是保护用人单位的商业秘密,但劳动者支付违约金、从竞争对手处离职并不意味着前用人单位可以高枕无忧。劳动者有一次违约行为的,在竞业限制期限内仍然可能实施新的、多次的违约行为,导致用人单位权益受损,商业秘密仍存在泄露的风险。根据相关司法实践,在竞业限制期内,劳动者再次违约的,用人单位再次追责的,法院将依法予以支持。

合规指引

1. 明确约定是否违约、竞争关系、任职的认定标准以及员工的举证义务。

用人单位可以在协议中列明竞争对手名单,并列明公司主营业务,要求劳动者不得到从事同类业务公司工作。此外,还应当将劳动者以亲朋好友名义从事竞争活动也纳入禁止范围,以便对劳动者以此种方式隐蔽就业的行为进行追责。

竞业限制义务本质上是消极义务,如发生争议,用人单位对劳动者有违约行为应承担举证责任，但可以通过事先协议约定让劳动者也承担一定的责任，如明确约定劳动者有义务在离职后定期报告就业情况、提交相关证明（在职证明、劳动合同、社保记录等），且约定提交任职证明是发放补偿金的前提条件，未提交的公司有权暂停发放等。

2. 慎用停发补偿金的手段，即使停发，应反复催告确认。

由于《最高人民法院关于审理劳动争议案件适用法律问题的解释（一）》明确规定因用人单位的原因导致3个月未支付经济补偿的，劳动者可以请求解除竞业限制，因此用人单位应当慎用停发补偿金的手段。对于有义务汇报就业情况的劳动者，如果其未履行汇报义务的，应当反复催告、提醒，如果员工仍未汇报的，再暂时停发补偿金。

3. 最晚在竞业限制期满后1年内追责。

虽然腾讯案件中用人单位在时效问题上获得了支持，但不意味着所有的用人单位都拥有长达3年的时间来决策是否对违约员工提起仲裁，用人单位一旦发现劳动者有违约行为，应及时开展追责活动，最晚在竞业限制期满后1年内提起仲裁，必要时向劳动者发函、提起仲裁等方式中断时效。

4. 可以再次提起仲裁，或对违约金进行合理设置（与劳动者违约时段挂钩）。

如发现劳动者再次违约的，用人单位可以再次提起仲裁，要求劳动者继续履行竞业限制协议。且可以事先设置分段违约金，如离职后短时间内就违约的违约金高于离职后长时间才违约的违约金，再次违约的违约金高于初次违约金，再次违约的劳动者主观恶性更为明显和严重，设置更高的违约金具有一定合理性。

合规依据

《最高人民法院关于审理劳动争议案件适用法律问题的解释（一）》（法释〔2020〕26号）

第三十八条　当事人在劳动合同或者保密协议中约定了竞业限制和经济补偿，劳动合同解除或者终止后，因用人单位的原因导致三个月未支付经济补偿，劳动者请求解除竞业限制约定的，人民法院应予支持。

第四十条　劳动者违反竞业限制约定，向用人单位支付违约金后，用人单位要求劳动者按照约定继续履行竞业限制义务的，人民法院应予支持。

五、离职流程合规管理

用人单位与劳动者解除、终止劳动关系时,除需要劳动者办理工作交接之外,还会涉及社会保险关系转移、物品归还、报酬或补偿结算等一系列离职流程。离职流程是涉及多个法律合规要点的动态流程。

合规要点 168　权利义务清偿

合规风险指数 ★★★★

解　析

在离职手续的办理过程中,劳资之间权利义务的落实不仅是双方关注的焦点,处理不当不但会转化为劳动争议,用人单位还有可能受到来自行政机关的行政处罚。

通常情况下,用人单位会事先将与离职有关的手续事项写入规章制度中,并在实际操作时与劳动者签订离职清算确认单。清算确认单中最常见的便是对"各类费用"的约定,其中,工资、经济补偿金、代通金、医疗补助金、竞业限制补偿金以及专项培训违约金是用人单位离职流程管理中常见的几种费用类型。

鉴于竞业限制补偿金以及专项培训违约金在本书的其他章节当中已详细说明,此处就不再多作分析。

(一)经济补偿金

经济补偿金是指用人单位依法解除或终止劳动合同时,依照《劳动合同法》等有关规定向劳动者支付的一次性经济补偿,其作用在于补偿劳动者因劳动合同的解除或终止对现阶段生活造成的影响。用人单位在经济补偿金的支付问题上应掌握两点:一是何时需要支付经济补偿金;二是如何计算经济补偿金的数额。

1. 何时需要支付经济补偿金?

用人单位需要向劳动者支付经济补偿金的情形主要有五种,分别被规定在

《劳动合同法》的第三十六条、第三十八条、第四十条、第四十一条以及第四十四条当中。

（1）协商解除劳动合同的情形。

需要注意的是，此处的协商解除应限定为用人单位主动提出协商解除的情形。

（2）劳动者因用人单位的下列原因而单方解除劳动合同的情形：

①未按照劳动合同约定提供劳动保护或者劳动条件的；

②未及时足额支付劳动报酬的；

③未依法为劳动者缴纳社会保险费的；

④用人单位的规章制度违反法律、法规的规定，损害劳动者权益的；

⑤因《劳动合同法》第二十六条第一款规定的情形致使劳动合同无效的；

⑥法律、行政法规规定劳动者可以解除劳动合同的其他情形。

（3）无过失性辞退劳动者的情形：

①劳动者患病或者非因工负伤，在规定的医疗期满后不能从事原工作，也不能从事由用人单位另行安排的工作的；

②劳动者不能胜任工作，经过培训或者调整工作岗位，仍不能胜任工作的；

③劳动合同订立时所依据的客观情况发生重大变化，致使劳动合同无法履行，经用人单位与劳动者协商，未能就变更劳动合同内容达成协议的。

（4）经济性裁员的情形。

（5）劳动合同终止的部分情形：

①劳动合同期满的（用人单位维持或者提高劳动合同约定条件续订劳动合同，劳动者不同意续订的情形除外）；

②用人单位被依法宣告破产的；

③用人单位被吊销营业执照、责令关闭、撤销或者用人单位决定提前解散的。

2. 如何计算经济补偿金的数额？

经济补偿金的计算主要依据《劳动合同法》以及《劳动法》。计算经济补偿金时应当把握好三个计算要素：一是经济补偿金的计算基数；二是经济补偿金的工作年限；三是封顶计算规则（基数封顶和年限封顶规则）。最后，经济补偿金的计算还要兼顾各地差异。

首先,经济补偿金的计算基数为劳动者劳动合同解除或终止前12个月的平均工资。工作未满12个月的,以实际工作月数为准。在计算平均工资时应当注意将此处的工资理解为包括个人缴纳的社会保险、个人所得税等在内的劳动者应得工资,亦包括奖金、津贴和补贴等货币性收入。另外,在上海地区的司法实践当中据实结算的加班费并不包含在经济补偿金的计算基数当中。

其次,关于工作年限的计算。证明工作年限的证据包括劳动合同、社保缴纳记录等。非因劳动者本人原因从原用人单位被安排到新用人单位工作的,劳动者在原用人单位的工作年限合并计算为新用人单位的工作年限。根据相关司法解释,该类情形主要包括:

(1)劳动者仍在原工作场所、工作岗位工作,劳动合同主体由原用人单位变更为新用人单位;

(2)用人单位以组织委派或任命形式对劳动者进行工作调动;

(3)因用人单位合并、分立等原因导致劳动者工作调动;

(4)用人单位及其关联企业与劳动者轮流订立劳动合同;

(5)其他合理情形。

再次,关于封顶规则。按照《劳动合同法》的规定,经济补偿金计算基数即离职前12个月平均工资最高不超过用人单位所在直辖市、设区的市级人民政府公布的本地区上年度职工月平均工资3倍。需要注意的是,随着国家和地方统计规则的修改和社保改革趋势,"上年度职工平均工资"的概念逐步调整为"全口径城镇单位就业人员平均工资""法人单位平均工资"等概念,经济补偿封顶数也未必与社会保险缴费基数上限一致。例如,上海在2019年6月公布《关于本市人社领域涉及2018年度城镇单位就业人员平均工资相关事项的说明》,明确平均工资为8765元/月,但社保缴费基数确定的平均工资仍为8211元。北京人社局则公告不再发布职工平均工资数据,取而代之的是"将统计部门发布的北京市法人单位从业人员平均工资,作为《劳动合同法》规定的由当地政府公布的全市职工平均工资来计算经济补偿的封顶基数"。

除了基数存在封顶规则外,如果劳动者离职前月平均工资超过当地的封顶值,则其补偿月份也执行12个月封顶,即使工作超过12年,其补偿月份也只能按照12个月执行。

最后,鉴于各地存在执法差异,跨地区经营的用人单位需要同时兼顾经济补偿金的地区差异。比如,涉及 2008 年以前入职的劳动者,其经济补偿金是否需要分段计算的问题(2008 年以前的工作年限是否不受基数封顶的限制),目前广东地区明确无须分段,而上海、北京地区仍在执行分段计算。但由于《违反和解除劳动合同的经济补偿办法》已被废止,在此背景下,简化、统一补偿金的计算越来越被接受,这也意味着分段计算的这一争议较大的问题可能会缩小适用的空间。

(二)代通知金

代通知金即《劳动合同法》第四十条对用人单位无过失性辞退劳动者的情形所规定的支付 1 个月工资作为代替用人单位提前 30 日书面通知劳动者义务的替代性手段。就实际操作而言,更多用人单位愿意在以《劳动合同法》第四十条为理由辞退劳动者时选择支付 1 个月的代通金。其理由是劳动合同的解除作为必然发生的事实一定会对劳资间的信任关系产生影响,而多支付 1 个月的代通知金能够起到避免员工在剩余 1 个月之内出现孕假、病假等事宜影响劳动关系解除的作用。

另外需要特别提醒用人单位注意的是,在劳动合同终止的情形下,除以北京为典型代表的地区外,绝大部分地区的用人单位均无须提前 30 日通知劳动者,更无所谓“代通知金”问题。但在北京地区,劳动合同终止的情形下未提前 30 日通知劳动者的,用人单位每延迟 1 日需要支付 1 日的工资作为赔偿金。因此,用人单位应当密切关注各地的地方性法律法规,做好离职流程的合规化管理。

最后,代通知金属于离职补偿范畴,可与经济补偿金汇总按照“补偿金”科目纳税。具体计税方法可参见《财政部、国家税务总局关于个人与用人单位解除劳动关系取得的一次性补偿收入征免个人所得税问题的通知》(财税〔2001〕157 号)。

(三)医疗补助金

随着《违反和解除劳动合同的经济补偿办法》的废止,医疗补助金的支付与否也成为令用人单位头疼的问题。根据原《违反和解除劳动合同的经济补偿办法》的规定,劳动者患病或者非因工负伤,经劳动鉴定委员会确认不能从事原工作,也不能从事用人单位另行安排的工作而解除劳动合同的,用人单位在发放经济补偿金的同时还应发给不低于6个月工资的医疗补助费。对于患重病和绝症的劳动者还应增加医疗补助费。由此可见,医疗补助费的本质是一种福利保障,它的适用条件有三点:一是劳动者应当具有患病或非因工负伤的情形;二是劳动鉴定委员会鉴定无法从事原工作与新安排的工作;三是劳动合同因医疗期满无法从事原工作,也无法从事用人单位新安排的工作而解除。

另外,《劳动部关于实行劳动合同制度若干问题的通知》还补充了一种适用情形。根据该文的解释,合同期满的劳动者终止劳动合同时,医疗期满或者医疗终结被劳动鉴定委员会鉴定为5～10级的,用人单位应当支付不低于6个月工资的医疗补助费。鉴定为1～4级的,应当办理退休、退职手续,享受退休、退职待遇。

那么《违反和解除劳动合同的经济补偿办法》的废止是否意味着用人单位不用再支付医疗补助金了?笔者认为并非如此。医疗补助金作为一个体系性概念,不仅出现在《违反和解除劳动合同的经济补偿办法》当中,还出现在其他现行有效的部门规章以及地方性法律法规的内容当中。比如,《上海市劳动合同条例》就对医疗补助金的发放进行了规定。从《违反和解除劳动合同的经济补偿办法》废止后的相关判例来看,上海并没有受其影响修改《上海市劳动合同条例》的相关规定,对因医疗期满不能从事原工作,也不能从事新安排工作的劳动者仍需支付医疗补助金。与之相同的还有北京。在(2019)京03民终4748号判决当中,北京市第三中级人民法院也支持了劳动者医疗补助金的发放请求。

综上所述,在医疗补助金的发放问题上,建议用人单位参照各地地方性法律法规判断是否应当发放给劳动者,当然,如果用人单位坚持认为无须支付医疗补助金的,也可以等待劳动者提起劳动争议,最后再执行生效的法律裁判文书的内容。

(四)离职清算条款

解 析

离职清算条款是指劳资双方就劳动关系项下包括支付工资、奖金、加班费、经济补偿金、带薪年休假、代通知金、医疗补助金以及其他各项法定福利项目等权利义务均已全部了结完毕,用人单位不再负有任何支付义务,双方再无其他争议的条款。离职清算条款的设置可以厘清劳资双方之间债权债务关系,防止劳动合同解除、终止后仍发生纠纷。

合规指引

实务中,用人单位宜在单位规章制度当中对离职时的权利义务清偿进行相关条款的设定,如“经济补偿金应当在劳动者履行完所有离职交接手续后方才予以支付”,在双方协商解除劳动合同的情形下,可以在双方签订的《协商解除劳动关系协议书》中约定双方之间不存在债权债务关系。特别是在协商解除的过程当中,建议用人单位将办结工作交接作为支付经济补偿金的前置条件,避免因劳动者不配合办理工作交接而给公司带来法律风险。

另外,在设置权利义务清偿的相关条款时,用人单位应当充分注意地方司法口径的相关规定,避免在离职的权利义务清偿阶段出现不合法合规的操作。例如,《广东省工资支付条例》就明确要求劳动者的工资应当在劳动合同终止或解除的当日进行结清,不能拖延支付。

合规依据

《劳动合同法》

第四十七条　经济补偿按劳动者在本单位工作的年限,每满一年支付一个月工资的标准向劳动者支付。六个月以上不满一年的,按一年计算;不满六个月的,向劳动者支付半个月工资的经济补偿。

劳动者月工资高于用人单位所在直辖市、设区的市级人民政府公布的本地区上年度职工月平均工资三倍的,向其支付经济补偿的标准按职工月平均工资三倍的数额支付,向其支付经济补偿的年限最高不超过十二年。

本条所称月工资是指劳动者在劳动合同解除或者终止前十二个月的平均工资。

第五十条第二款　劳动者应当按照双方约定,办理工作交接。用人单位依照本法有关规定应当向劳动者支付经济补偿的,在办结工作交接时支付。

《广东省工资支付条例》

第十三条　用人单位与劳动者依法终止或者解除劳动关系的,应当在终止或者解除劳动关系当日结清并一次性支付劳动者工资。

合规要点 169　离职手续的办理

合规风险指数 ★★★

案　例

周某因个人原因向 A 公司递交辞职信。A 公司收到辞职信后也不再为周某支付工资缴纳社保,但在周某离职后的 7 个月中,A 公司一直以周某工作未完全交接清楚,其负责的成都分公司账户上尚有应付款未支付给集团公司为由要求周某到公司将上述账目核实清楚,停办离职手续。

劳动者提前 30 日以书面形式通知用人单位,可以解除劳动合同。本案中周某已于 2013 年 2 月提交了书面辞职报告,A 公司收到报告后也停发了周某的工资并停止缴纳社会保险。这一举措应当认定 A 公司同意了周某的辞职,双方的劳动关系已经解除。劳动合同解除后,用人单位应当在解除劳动关系时出具解除劳动关系的证明,并在 15 日内为劳动者办理档案和社会保险关系转移手续。A 公司以周某属于中层干部未进行离任审计为由暂停办理周某的离职手续没有法律依据,依法不予支持。①

解　析

《劳动合同法》第五十条对用人单位在劳动合同解除、终止时的所要做的离职手续作出了明确规定。在解除或终止劳动合同无争议的情况下,用人单位应当履行这一法定义务,及时办理和出具相关手续,避免因延迟办理或不予办理造成不必要的劳动纠纷。

合规指引

离职手续的办理从时间上可以分成两个部分。一个是劳动关系尚未终止、解除前,另一个则是劳动关系已经终止、解除后。对于前者,用人单位应当关注相关权利义务清偿以及关键岗位的离职审计等内容;而对于后者,用人单位应当特别注意档案以及社保关系手续的转移办理、出具解除或终止劳动合同的证明以及落实相关文件的送达程序。

---

① (2013)扬邗民初字第 3419 号。

离职证明是劳动者办理失业保险或是寻求再就业所需文件。在实践中，许多用人单位拒绝为部分违纪违规劳动者出离职证明的行为显然有违相关法律规定。如劳动者诉请要求单位支付再就业损失，用人单位将可能面临败诉后果。此外，社保的及时转出也直接影响劳动者是否能够在后续就业中正常缴纳社保，用人单位应履行自身法定义务避免产生争议。

最后，相关法律文件的送达应注意留存证据，避免在发生争议时无法举证。用人单位可通过邮件、短信、快递等多种方式进行送达，将风险降到最低。

合规依据

《劳动合同法》

第五十条第一款　用人单位应当在解除或者终止劳动合同时出具解除或者终止劳动合同的证明，并在十五日内为劳动者办理档案和社会保险关系转移手续。

合规要点170　离职审计

合规风险指数 ★★★

案　例

2014年3月25日，许某因个人原因向所在用人单位光大银行提出解除劳动合同。光大银行先免去许某资产保全部经理职务，又在同年5月4日发出对许某进行离职审计的公示。公示期间，许某要求光大银行为其办理退工手续，光大银行予以拒绝。许某不服，以致成诉。

劳动合同解除的意思表示到达对方即产生解除的法律效力。许某已提前30日通知光大银行解除劳动合同，应认定双方的合同于2014年4月24日解除。而依法为劳动者办理退工手续是用人单位的法定义务，用人单位不得以离职审计为由拒绝劳动者办理退工手续的请求。[①]

解　析

离职审计，是指被审计对象任期、合同期限届满，或是因提升、调任等原因需

① (2015)沪一中民三(民)终字第122号。

要离开现任岗位时,用人单位按照法律或内部规章制度对被审计对象的经济行为、管理行为等进行审计监督的活动。离职审计的意义主要体现在两个方面:一是能够及时察觉该岗位及该人员的异常问题甚至腐败现象,减少用人单位的损失,确保岗位在未来顺利正常运行和发展;二是可以作为用人单位监督环节的一部分,增强人员在岗期间的责任感,减少决策性失误。

根据用人单位的性质不同,离职审计可划分为两种类型。一种是受到《党政主要领导干部和国有企业领导人员经济责任审计规定》《保险公司董事及高级管理人员审计管理办法》《中国人民银行领导干部离职审计制度》等法律规范制约的党政机关、银行及保险等企事业单位、金融机构。另一种是一般企业法人内部制定的离职审计规章制度。本合规要点主要解析后一种类型的离职审计制度。

我国《劳动合同法》中并没有对"离职审计"作出规定。在实践中,离职审计的相关规定常散见于公司章程、规章制度和劳动合同等制度、协议中。适用对象包括公司董事、监事、高级管理人员、财会人员、工会主席等重要岗位人员。根据经验,离职审计的内容大体可分为三类情形:一是管理责任审计;二是财会责任审计;三是法纪责任审计。围绕这三类情形,用人单位主要围绕被审计人员离职时交接的工作任务、在职期间是否尽到忠实勤勉义务、是否有损害公司利益的行为、是否有触犯相关法律法规行为等为中心进行审计。

合规指引

1. 完善离职审计的内容。

用人单位在设计离职审计制度的内容时,可以从以下四个方面着手和完善相关内容:

(1)该岗位人员在离职时期与公司有关的债权债务是否计算清楚、工作移交是否完整。这一点同一般劳动者离职时进行的权利义务清算。用人单位应当特别注意对股权激励、利润奖励等部分进行审计。

(2)该岗位人员在岗时所负经济责任的落实情况,即利用公司年度报告等核查该岗位人员的具体业绩以及责任。

(3)明确是否需要与该岗位人员签订《竞业限制协议》或《保密协议》,确保用人单位的商业秘密及竞争地位不被破坏。

(4)用人单位可以根据公司经营情况及公司特点安排其他事项的审计。

审计可以由内设机构自主进行,也可以委托外部第三方机构执行。

2. 落实离职审计的时间。

鉴于不同岗位的性质及所承担工作种类的不同,离职审计所耗费的时间也不尽相同。在非用人单位原因致使劳动者离职的情况下,用人单位应当迅速开展离职审计工作。在没有法律授权或者协议约定的情形下,离职审计不应成为劳动者依法办理离职审计的障碍,否则用人单位需要承担延迟退工的法律责任。

3. 履行审计职能的机构。

针对不同部门及不同岗位的离职审计工作,用人单位应当秉持公正客观的原则选择履行审计职能的机构。建议有条件的用人单位可以专门成立审计职能部门。用人单位也可以通过聘请外部律师事务所、会计师事务所或咨询公司履行离职审计职能。

合规要点 171 档案管理

合规风险指数 ★★★★

案 例

李某1969年4月参加知青下乡活动。1975年12月进入北京建材局某铸石厂当工人。后因犯罪被撤销户口,开除公职,接受劳教。劳改期满回京后,李某因办理社保事宜到原单位和原单位所在地派出所等相关部门寻找档案,但一直查找不到。而铸石厂在李某劳改期间已被金隅科技公司收编。但金隅科技公司也无法提供李某的档案或去向。李某因没有档案致使其无法缴纳社保及办理工龄接续造成损失为由,对金隅科技公司提起诉讼。

用人单位有义务妥善保管劳动者的人事档案并在与劳动者解除劳动关系后及时为劳动者办理档案转移手续。考虑到20世纪70年代经济体制的性质及录用正式职工的手续及档案管理的情况,可以推定出铸石厂接收了李某的人事档案资料。后金隅科技公司收编铸石厂,根据《劳动合同法》"用人单位发生合并或者分立等情况,原劳动合同继续有效,劳动合同由承继其权利和义务的用人单位继续履行"的规定,金隅科技公司理应提供李某档案是否转出的证据。在金隅科技公司无法举证的情形下,应当对李某档案丢失给其造成生活及就业的不便承担法律责任。最终法院酌情判决金隅科技公司赔偿李某档案丢失损失2万元。[①]

解析

档案,是指个人或组织在过去的社会实践中所形成的具有完整记录作用的固化信息。就法律体系的角度而言,《档案法》作为我国的档案管理法律规范最高位阶的法律,在档案的收集、管理、保护、利用方面起到了原则性指导的作用。此外,根据档案性质及内容的不同,我国也分别修订了诸如《会计档案管理办法》《流动人员人事档案管理暂行规定》《律师业务档案管理办法》等具体档案的管理办法。本合规要点主要谈论劳动人事领域的档案管理问题。

劳动人事领域的档案可分为两种类型:人事档案与职工档案。所谓人事档案,是指记录了个人经历、政治面貌、品德作风等内容的文件材料,它具有凭证、依据和参考的作用。人事档案对劳动者本人的社保缴纳、工龄计算、职称评选、公务员资格、出国等方面都产生影响。所谓职工档案,《企业职工档案管理工作规定》第二条将其定义为“企业劳动、组织、人事等部门在招用、调配、培训、考核、奖惩、选拔和任用等工作中形成的有关职工个人经历、政治思想、业务技术水平、工作表现以及工作变动等情况的文件材料”。通常情况下,人事档案的保管期限远长于职工档案。

需要强调的是,鉴于劳动关系中的用人单位与劳动者属于管理与被管理关系,当劳动纠纷发生时,用人单位在诸如劳动合同等职工档案上的举证责任也自然高于普通劳动者。对此,用人单位应当特别注意对职工档案进行收集和管理,以便在劳动争议发生时能够举证证明,确保自身的权益。

合规指引

1. 人事档案。

(1)明确档案接收的权限职责。

根据《流动人员人事档案管理暂行规定》的相关规定,用人单位性质为合资、民营、外资、个体户的,均无接收人事档案的职责权限。此类单位的劳动者若

① (2014)三中民终字第04172号。

提出档案交接保管问题的,用人单位应当将档案保管在有接收保管资质的机构[如县以上(含县)党委组织部门和政府人事行政部门所属的人才流动服务机构]。

(2)遵守档案转出的时限要求。

档案的转出不以劳动者的申请为要件,该行为的履行主体为用人单位与档案的接收机关。在明确自身有权限接收人事档案的基础上,用人单位可以与劳动者在《劳动合同》中事先约定好办理离职手续时的档案接收地址。待劳动者离职后,用人单位应当无条件在15日内将其档案进行转移。

由于人事档案的特殊性,在没有确切单位接受人事档案的情况下,原用人单位不能随意将人事档案转移到其他单位或直接交给劳动者个人,以免因遗失人事档案而承担不必要的法律责任。

2.职工档案。

(1)细化档案管理材料。

用人单位对劳动者在劳动合同履行期间所形成的职工档案应进行严格细化,包括:

①公司的规章制度层面:规章制度经过民主程序及公示程序的证明;劳动者同意遵守执行公司规章制度的证明等。

②劳动基准执行层面:劳动者的劳动合同,考勤记录,工资签收记录,各种假期的请假记录及相关证明,考核、考察材料,违规违纪证据,处分证明等。

③其他层面:个人履历等。

(2)规范档案管理人员。

用人单位有义务对劳动者的个人资料予以保密。例如,因档案管理人员发生泄露员工个人信息引发纠纷,用人单位应当承担相应的法律责任。因此,建议用人单位建立健全档案管理制度,规范职工档案的查阅、借阅和转递手续,规定相应的纪律、经济处分。同时与档案保管的关键岗位人员签订保密协议。

合规依据

《劳动合同法》

第五十条　用人单位应当在解除或者终止劳动合同时出具解除或者终止劳动合同的证明,并在十五日内为劳动者办理档案和社会保险关系转移手续。

劳动者应当按照双方约定,办理工作交接。用人单位依照本法有关规定应当向劳动者支付经济补偿的,在办结工作交接时支付。

用人单位对已经解除或者终止的劳动合同的文本,至少保存二年备查。

《企业职工档案管理工作规定》

第七条　职工死亡后,其档案由原管理部门保存五年后,移交企业综合档案部门保存。对国家和企业有特殊贡献的英雄、模范人物死亡以后,其档案由企业综合档案部门按规定向有关档案馆移交。

《流动人员人事档案管理暂行规定》

第四条　流动人员人事档案管理机构为县以上(含县)党委组织部门和政府人事行政部门所属的人才流动服务机构(以下简称人才流动服务机构),其他任何单位不得擅自管理流动人员人事档案;严禁个人保管他人人事档案。

第六节　民主管理

企业民主管理是现代企业制度中的一个重要环节。目前我国尚未形成一部专门规定民主管理的法律法规,相关规定散见于《宪法》《劳动法》《工会法》《劳动合同法》等法律法规当中。但是,全国各主要地区均出台了地方性法规,为各用人单位具体落实企业民主管理提供了相关指引。

一、工会

合规要点172　新就业形态劳动者有参加和组织工会的权利

合规风险指数 ★★★

解　析

《工会法》明确在中国境内的企业、事业单位、机关、社会组织中以工资收入为主要生活来源的劳动者,不分民族、种族、性别、职业、宗教信仰、教育程度,都有依法参加和组织工会的权利。任何组织和个人不得阻挠和限制。工会应适应企业组织形式、职工队伍结构、劳动关系、就业形态等方面的发展变化，依法维护劳动者参加和组织工会的权利。由此，新就业形态劳动者和社会组织劳动者参加和组织工会的权利有了明确的法律依据。

合规指引

用人单位应按照法律的要求，保障新就业形态劳动者和社会组织劳动者参加和组织工会的权利，依法维护其合法权益，竭诚服务其现实需求。阻挠职工依法参加和组织工会或者阻挠上级工会帮助、指导职工筹建工会的，由劳动行政部门责令其改正；拒不改正的，由劳动行政部门提请县级以上人民政府处理；以暴力、威胁等手段阻挠造成严重后果，构成犯罪的，依法追究刑事责任。

合规依据

《工会法》

第三条 在中国境内的企业、事业单位、机关、社会组织（以下统称用人单位）中以工资收入为主要生活来源的劳动者，不分民族、种族、性别、职业、宗教信仰、教育程度，都有依法参加和组织工会的权利。任何组织和个人不得阻挠和限制。

工会适应企业组织形式、职工队伍结构、劳动关系、就业形态等方面的发展变化，依法维护劳动者参加和组织工会的权利。

第五十一条 违反本法第三条、第十一条规定，阻挠职工依法参加和组织工会或者阻挠上级工会帮助、指导职工筹建工会的，由劳动行政部门责令其改正；拒不改正的，由劳动行政部门提请县级以上人民政府处理；以暴力、威胁等手段阻挠造成严重后果，构成犯罪的，依法追究刑事责任。

合规要点173 工会的组建程序

合规风险指数 ★★

案 例

在全球10个国家拥有超过130万名员工的沃尔玛集团将并不鼓励员工建立和加入任何工会组织作为自身的文化。1996年沃尔玛集团打开了中国的市场并在深圳开设第一家购物广场和山姆会员店。如今的沃尔玛集团超过99.9%的劳动者是中国员工。这样一个庞大基数群体因不设立工会组织而引起了全国总工会的重点关注。沃尔玛集团认为根据中国《工会法》的相关规定,沃尔玛集团并没有收到来自任何一个员工希望组建工会的请求,且沃尔玛本身制度健全,拥有一系列的政策措施确保中国员工的合法权益不受侵害,真正做到了与员工之间透明化的对接,故无须设立工会。

然而,中华总工会却认为沃尔玛不能以尚未有员工提出组建工会的要求为由不建立工会。其原因在于基于现实劳动力市场供过于求的大背景,中国员工根本不敢也不可能向企业提出希望组建工会的事实,也就是说,员工的真实意愿还是有待考察的。然而沃尔玛集团并不领情,这场组建工会与否的拉锯战整整持续了3年。最终沃尔玛集团作出让步并出具声明称如果员工希望组建工会,那么公司会尊重员工的意见并不予阻挠。2006年,沃尔玛的第一个分公司工会终于在沃尔玛深国投百货有限公司晋江店成立,这也是全球最大连锁零售商沃尔玛在中国的首个工会组织。

解　析

企业究竟是否需要组建工会一直以来都是许多用人单位的困扰,特别是外资企业。应当明确的是,尽管《工会法》并没有明确规定企业有设立工会的义务,但赋予了企业内劳动者参加工会组织的权利。这就意味着,虽然用人单位可以不主动设立工会组织,但是一旦劳动者要求发起设立工会组织的,则用人单位应当予以协助成立相关工会组织。

合规指引

工会的组建应当严格遵守《工会法》及《中国工会章程》等相关法律法规的规定。工会的组建程序主要可以分为七个步骤:第一,以书面形式向上一级工会提出建立工会组织的请示报告,上级工会可以派员帮助和指导企业职工组建工会;第二,成立建会筹备组;第三,发展工会会员;第四,建立工会小组;第五,提出候选人建议名单,报经同级党组织和上一级工会审查同意后,提交会员大会或会员代表大会表决;第六,通过民主选举的方式产生基层工会委员会、经费审查委员会及女职工委员会;第七,将选举结果报上一级工会批准,上一级工会自接到报告15日内应予批复。

合规依据

《工会法》

第三条　在中国境内的企业、事业单位、机关中以工资收入为主要生活来源的体力劳动者和脑力劳动者,不分民族、种族、性别、职业、宗教信仰、教育程度,都有依法参加和组织工会的权利。任何组织和个人不得阻挠和限制。

第十二条　基层工会、地方各级总工会、全国或者地方产业工会组织的建立,必须报上一级工会批准。

上级工会可以派员帮助和指导企业职工组建工会,任何单位和个人不得阻挠。

合规要点174　工会主席和工会委员的选任

合规风险指数　★★★

解　析

工会作为独立于企业的法人组织,其组织建立遵循民主集中制原则。从工会外部来说,其建立应当经过上一级工会的批准。上级工会可以通过派员的形式指导和帮助用人单位建立工会。从工会内部来说,工会由通过民主选举产生的工会主席、工会委员以及工会会员共同构成。

工会主席和工会委员具有双重身份。他们既是用人单位的劳动者,需要履行和用人单位之间基于劳动合同所约定的劳动义务;又是工会这一法人组织的具体成员,需要站在广大工会会员的立场上维护工会会员的权利。

合规指引

鉴于工会主席与工会委员的双重身份及工会组织本身的作用,我国《工会基层组织选举工作条例》明确单位行政主要负责人、法定代表人、合伙人以及他们的近亲属不得作为本单位工会委员会委员、常务委员会委员和主席、副主席候选人;基层工会的主席、分管财务和资产的副主席、财务和资产管理部门的人员,不得担任同级工会经费审查委员会委员。工会主席的产生办法主要由《工会基层组织选举工作条例》《企业工会主席产生办法》进行规定。首先,应当由工会分会或工会小组采用推荐或匿名投票的方式产生候选人,并将候选人名单进行公示并上报企业党组织以及上一级工会审批。其次,通过召开会员大会或会员代表大会的形式进行民主选举。再次,参加选举的人数为应到会人数的2/3以上时,方可进行选举。最后,企业工会主席候选人获得应到会人数的过半数赞成票时,始得当选。而工会委员会委员的选举,其流程与工会主席的选举有相似性。首先,应当由工会分会或工会小组推荐候选人。由上届工会委员会或工会筹备组根据大家的推荐意见提出候选人建议名单,并上报同级党组织和上一级工会审查同意。其次,候选人名单应当进行公示再次,公示后召开会员大会或会员代表大会进行选举。最后,被选举人获得应到会人数过半数的赞成票时方可当选。

合规依据

《工会基层组织选举工作条例》

第十七条　参加选举的人数为应到会人数的三分之二以上时,方可进行选举。

第十八条　基层工会主席、副主席可以等额选举产生,也可以差额选举产生。主席、副主席应从新当选的工会委员会委员中产生,设立常务委员会的应从新当选的常务委员会委员中产生。

第二十七条　被选举人获得应到会人数的过半数赞成票时,始得当选。

获得过半数赞成票的被选举人人数超过应选名额时,得赞成票多的当选。如遇赞成票数相等不能确定当选人时,应就票数相等的被选举人再次投票,得赞成票多的当选。

当选人数少于应选名额时,对不足的名额可以另行选举。如果接近应选名额且符合第八条规定,也可以由大会征得多数会员或会员代表的同意减少名额,不再进行选举。

第二十九条　基层工会委员会、常务委员会和主席、副主席的选举结果,报上一级工会批准。上一级工会自接到报告15日内应予批复。违反规定程序选举的,上一级工会不得批准,应重新选举。

基层工会委员会的任期自选举之日起计算。

第三十五条　基层工会的主席、分管财务和资产的副主席、财务和资产管理部门的人员，不得担任同级工会经费审查委员会委员。

《企业工会主席产生办法》

第十三条　企业工会主席产生均应依法履行民主选举程序，经会员民主选举方能任职。

第十五条　企业工会主席可以由会员大会或会员代表大会直接选举产生，也可以由企业工会委员会选举产生；可以与企业工会委员会委员同时进行选举，也可以单独选举。

第十六条　会员大会或会员代表大会选举企业工会主席，参加选举人数为应到会人数三分之二以上时，方可进行选举。

企业工会主席候选人获得赞成票超过应到会有选举权人数半数的始得当选。

合规要点175　工会干部的特殊保护

合规风险指数　★★★★

案　例

刘某就职于景韩乐器，并担任工会主席职务，兼任总务工作。2013年1月景韩乐器向刘某下达了辞退通知，通知载明因公司经营方针及业务方向发生重大调整，而刘某作为总务及工会主席不能很好地处理公司与职工之间的关系，故解除与刘某的劳动关系。

根据刘某本人提交的辞退信以及职工的联名书，法院确认景韩乐器确实是因为刘某在协调工人的工资问题中不能很好地处理公司和职工的关系而将其辞退的事实，该种情形符合《工会法》第五十三条第二项规定的“工会工作人员因履行本法规定的职责而被解除劳动合同的”情形，据此法院判决公司应按照该法律规定发放给刘某本人年收入2倍的赔偿。[①]

解　析

工会成员的特殊保护主要强调的是对工会主席以及工会委员的特殊保护

① （2013）胶民初字第4908号。

问题。

工会主席的特殊保护主要体现在四个方面:一是劳动合同期限上的特殊保护;二是劳动报酬上的特殊保护;三是工作岗位的劳动保护;四是解雇时期的保护。

首先,根据《工会法》的相关规定,基层工会专职主席、副主席或者委员自任职之日起,其劳动合同期限自动延长,延长期限相当于其任职期间;非专职主席、副主席或者委员自任职之日起,其尚未履行的劳动合同期限短于任期的,劳动合同期限自动延长至任期期满。但是,任职期间个人严重过失或者达到法定退休年龄的除外。需要注意的是,该劳动合同期限延长的特殊保护同样适用于工会委员。其次,工会主席一般能够享受企业副职级管理人员的相应待遇。工会主席如果是因为依法履行其职责而被扣罚相关工资或福利待遇的,上级工会应当给予足额补发。

再次,工会主席在任期内不得随意调岗。如果确实需要调岗的,应当征得本级工会委员会和上一级工会的同意,在上海,经审委主任的任免也要报上一级工会批准。在工会主席被查明是被迫降职降级、停职,或受到错误处分的,上级工会可以会同企业党组织督促企业撤销相关不当决定,恢复工会主席的工作岗位。

最后,如果用人单位存在经济性裁员的情形,工会主席,包括副主席以及工会委员都不在经济性裁员的范围之内。此外,工会主席如果因依法履职而被企业违法解雇的,上级工会可以督促企业恢复工会主席的工作岗位。同时应当补发工会主席被解除期间的劳动报酬或支付年收入二倍的赔偿。

合规指引

工会主席和工会委员作为非常特殊的主体,用人单位应当对其待遇发放、调岗调薪及解除劳动合同上采取谨慎的原则和态度,避免引起相关劳动纠纷。从上述案例中不难发现,工会主席和普通劳动者一样,在被解除劳动合同所适用的理由上均采用《劳动合同法》的相关依据。但是解除行为一旦被法院认定为违法的,用人单位所要承担的责任并非仅仅是恢复劳动关系或支付赔偿金,根据《工会法》的相关规定,在违法解除劳动合同的情形下,工会主席可以选择恢复原岗位工作,要求用人单位补发解除劳动合同期间应得的报酬,或者选择接受与本人年收入二倍相等额的赔偿,同时领取劳动合同解除时的经济赔偿金。

合规依据

《工会法》

第十八条　工会主席、副主席任期未满时,不得随意调动其工作。因工作需要调动时,应当征得本级工会委员会和上一级工会的同意。

罢免工会主席、副主席必须召开会员大会或者会员代表大会讨论,非经会员大会全体会员或者会员代表大会全体代表过半数通过,不得罢免。

第十九条　基层工会专职主席、副主席或者委员自任职之日起,其劳动合同期限自动延长,延长期限相当于其任职期间;非专职主席、副主席或者委员自任职之日起,其尚未履行的劳动合同期限短于任期的,劳动合同期限自动延长至任期期满。但是,任职期间个人严重过失或者达到法定退休年龄的除外。

第五十三条　违反本法规定,有下列情形之一的,由劳动行政部门责令恢复其工作,并补发被解除劳动合同期间应得的报酬,或者责令给予本人年收入二倍的赔偿:

(一)职工因参加工会活动而被解除劳动合同的;

(二)工会工作人员因履行本法规定的职责而被解除劳动合同的。

二、职工代表大会

职工代表大会(或职工大会)是职工行使民主管理权利的机构,也是企业实行民主管理的基本形式。实践中,多数用人单位关注更多的是工会这一机构的合规要点,而与之相关的职工代表大会则往往容易被忽略。

合规要点 176　职工代表大会的组建

合规风险指数　★★

合规指引

工会是职工行使民主权利的工作机构,而职工代表大会是为了推行民主管理所设计的制度,是劳动者依法享有的知情权、参与权、表达权和监督权等民主权利的保障。根据《企业民主管理规定》及各地的职工代表大会条例,职工代表大会制度不但需要组建,而且应当依法进行组建。用人单位可以根据自身职工人数,选择召开职工大会或职工代表大会。召开代表大会的,职工代表人数按照不少于全体职工 5% 的人数进行确定,最少不得少于 30 人。

合规依据

《企业民主管理规定》

第三条第一款、第二款　职工代表大会(或职工大会,下同)是职工行使民主管理权力的机构,是企业民主管理的基本形式。

企业应当按照合法、有序、公开、公正的原则,建立以职工代表大会为基本形式的民主管理制度,实行厂务公开,推行民主管理。公司制企业(以下简称公司)应当依法建立职工董事、职工监事制度。

第八条　企业可以根据职工人数确定召开职工代表大会或者职工大会。

企业召开职工代表大会的,职工代表人数按照不少于全体职工人数的百分之五确定,最少不少于三十人。职工代表人数超过一百人的,超出的代表人数可以由企业与工会协商确定。

合规要点 177　职工代表的选任

合规风险指数 ★★

案　例

因严重违反规章制度,极东宝饰公司解除了与李某的劳动合同。李某遂提起劳动仲裁,称公司在履行规章制度的民主程序过程中,伪造大量虚假试卷以及推选表,职工代表的选任上也存在瑕疵,故解除所依据的规章制度应属无效。为证明自身主张,李某提交了《职工代表推选表》、《会议记录》、《职工代表到会人员签到表》、《职工代表大会决议》以及职工代表签字的《员工手册》,且对职工代表推选表上的个别签名(不包括李某自身)申请鉴定,经青岛联科司法鉴定所鉴定不是同一人书写形成。

法院认为,公司提交的职工代表推选表上涵盖了数百名职工,李某对在同一张职工代表推选表上的签名并未全部申请鉴定。同时,李某也未对选举出的职工代表提出异议,故法院认定被告处的《员工手册》是通过民主程序依法制定,故没有支持李某的主张。①

解　析

职工代表的选任程序、人数、职工代表的换届等程序性规定应当符合《企业民主管理规定》等法律法规在内的相关规定。只有选任流程合法合规，职工代表大会所作出的决定才具有合法性和有效性。

合规指引

职工代表的选任过程直接决定了职工代表大会制度下的产物（如规章制度）是否有效，因此，用人单位应当确保职工代表选任流程合法合规。

首先，既然是职工代表，确保其具有“代表性”是首要任务。我国《企业民主管理规定》当中对职工代表应当由何种职工组成进行了规定，即职工代表当中应当包括工人、结束人员、企业领导人员。有女职工和派遣员工的用人单位还应当保留适当职工代表的比例给这两类人员。

其次，职工代表应当具有基层性。用人单位中层以上的管理人员和领导人员一般不能超过职工代表总人数的20%。

最后，职工代表的任期可以为3～5年，职工代表大会可以根据用人单位自身的实际情况确定职工代表的任期。

合规依据

《企业民主管理规定》

第九条　职工代表大会的代表由工人、技术人员、管理人员、企业领导人员和其他方面的职工组成。其中，企业中层以上管理人员和领导人员一般不得超过职工代表总人数的百分之二十。有女职工和劳务派遣职工的企业，职工代表中应当有适当比例的女职工和劳务派遣职工代表。

第十条　职工代表大会每届任期为三年至五年。具体任期由职工代表大会根据本单位的实际情况确定。

职工代表大会因故需要提前或者延期换届的，应当由职工代表大会或者其授权的机构决定。

① （2016）鲁02民终4222号。

三、集体协商与集体合同

集体协商与集体合同制度是我国协调集体劳动关系的一种重要的法律形式。

集体协商,即雇员组织与雇主或雇主组织之间就劳动条件,通过平等协商进行决策的机制。而集体合同又称"集体协议""团体契约"等,是集体协商双方代表根据法律、法规的规定就劳动报酬、工作时间、休息休假、劳动安全卫生、保险福利等事项在平等协商一致基础上签订的书面协议。

集体协商是手段,集体合同是成果。集体协商更专注过程,而集体合同更专注结果。

合规要点178　集体合同的效力

合规风险指数 ★★

解　析

集体合同的效力,是指其法律约束力,即集体合同适用于何时、何地、何人。集体合同的效力源于国家法律的确认和保护。集体合同的效力主要体现在时间、空间和对人的效力三个方面。

1. 集体合同的时间效力。一般由集体合同签约双方自行约定,但《劳动合同法》第五十四条第一款规定:"集体合同订立后,应当报送劳动行政部门;劳动行政部门自收到集体合同文本之日起十五日内未提出异议的,集体合同即行生效。"集体合同或专项集体合同期限一般为1年至3年,期满或双方约定的终止条件出现,即行终止。集体合同或专项集体合同期满前3个月内,任何一方均可向对方提出重新签订或续订的要求。

2. 集体合同的空间效力。我国目前主要是企业集体合同,集体合同的空间效力原则上只限于签订该合同的用人单位。此外,《劳动合同法》第五十三条规定:"在县级以下区域内,建筑业、采矿业、餐饮服务业等行业可以由工会与企业方面代表订立行业性集体合同,或者订立区域性集体合同。"第五十四条第二款规定:“行业性、区域性集体合同对当地本行业、本区域的用人单位和劳动者具有约束力。”我国集体合同的空间效力有所扩张。

3. 集体合同对人的效力。集体合同一经成立,对签字各方以及合同所代表的人即有约束力;集体协议的条文,除法律或合同另有规定外,应适用于协议所覆盖的企业或行业中各种层次的劳动者。具体来说,集体合同对两类人具有约束力:一类是集体合同的当事人;另一类是劳动合同的当事人。

合规指引

在集体合同条款拟定中,有关劳动报酬和劳动条件等标准不得低于当地人民政府规定的最低标准;用人单位与劳动者订立的劳动合同中劳动报酬和劳动条件等标准不得低于集体合同规定的标准。

在集体合同签订过程中,应及时向劳动行政部门报备。在我国,集体合同或专项集体合同签订或变更后,应当自双方首席代表签字之日起 10 日内,由用人单位一方将文本报送审查。劳动保障行政部门对集体合同或专项集体合同有异议的,应当自收到文本之日起 15 日内将《审查意见书》送达双方协商代表。如果劳动部门提出异议,集体合同不生效。用人单位与本单位职工就劳动保障行政部门提出异议的事项经集体协商重新签订集体合同或专项集体合同的,用人单位一方应当将文本再报送劳动保障行政部门审查。

在集体合同履行过程中,如遇到履行障碍,双方协商代表协商一致,可以变更或解除集体合同或专项集体合同。但是,有下列四种情形之一的,可以变更或解除集体合同或专项集体合同,即(1)用人单位因被兼并、解散、破产等原因,致使集体合同或专项集体合同无法履行的;(2)因不可抗力等原因致使集体合同或专项集体合同无法履行或部分无法履行的;(3)集体合同或专项集体合同约定的变更或解除条件出现的;(4)法律、法规、规章规定的其他情形。

在集体合同执行过程中,各方都应积极履行合同,一旦违约要承担违约责任。其中,由工会签署的集体合同,工会可以代表劳动者提起劳动争议仲裁或诉讼。

在集体合同到期后,要注意以下三个方面的问题:

(1)集体合同延长、变更的约定。自动变更的约定一般为:现合同有效期满 1 个月前,若任何一方当事者没有修改废除合同的要求,则现合同在下一个合同期限内继续有效,实际上是合同的期限约定被自动变更。对于没有延长、变更约定的合同,则会涉及以下两个问题。

(2)集体合同终止后,原集体合同中,提供方便、集体交涉的规则等部分,因集体合同的失效而失去了法的依据。但是,对于雇佣双方持续实行的一些规则,有的已成为双方的习惯,在这种场合,雇主没有正当理由单方面放弃双方已形成的习惯,有可能构成不当劳动行为。

(3)集体合同中的规范部分,如果因合同失效而消灭,有关劳动条件的内容则归于无效,这是不妥当的。故对于集体合同的规范部分,在集体合同失效后依然建议用人单位继续执行,直至新的合同签订为止。

合规依据

《劳动合同法》

第五十一条　企业职工一方与用人单位通过平等协商,可以就劳动报酬、工作时间、休息休假、劳动安全卫生、保险福利等事项订立集体合同。集体合同草案应当提交职工代表大会或者全体职工讨论通过。

集体合同由工会代表企业职工一方与用人单位订立;尚未建立工会的用人单位,由上级工会指导劳动者推举的代表与用人单位订立。

第五十二条　企业职工一方与用人单位可以订立劳动安全卫生、女职工权益保护、工资调整机制等专项集体合同。

第五十三条　在县级以下区域内,建筑业、采矿业、餐饮服务业等行业可以由工会与企业方面代表订立行业性集体合同,或者订立区域性集体合同。

第五十四条　集体合同订立后,应当报送劳动行政部门;劳动行政部门自收到集体合同文本之日起十五日内未提出异议的,集体合同即行生效。

依法订立的集体合同对用人单位和劳动者具有约束力。行业性、区域性集体合同对当地本行业、本区域的用人单位和劳动者具有约束力。

第五十五条　集体合同中劳动报酬和劳动条件等标准不得低于当地人民政府规定的最低标准;用人单位与劳动者订立的劳动合同中劳动报酬和劳动条件等标准不得低于集体合同规定的标准。

第五十六条　用人单位违反集体合同,侵犯职工劳动权益的,工会可以依法要求用人单位承担责任;因履行集体合同发生争议,经协商解决不成的,工会可以依法申请仲裁、提起诉讼。

合规要点 179　企业能否拒绝集体协商

合规风险指数　★★★★

解　析

协商的基本原则是自愿原则。但是，在集体劳动关系领域，集体协商对于企业来说可谓一种义务，具体表现如下：

1. 原则上企业应当在收到集体协商的书面要求之日起 20 日内以书面形式给予回应。

2. 如果有拒绝协商，则需要给出正当理由。但是，何谓正当理由，立法没有明确给出答案或标准。

3. 特殊情形下不得拒绝协商。我国部分省市规定，集体协商的任何一方因特殊事项向对方提出集体协商建议的，另一方不得拒绝或者拖延。这类特殊事项主要是，需要裁减人员 20 人以上或者裁减不足 20 人但占企业职工总数 10% 以上的；劳动纠纷导致群体性停工、上访的；生产过程中发现存在重大事故隐患或者职业危害的；企业合并、分立、重组的，合并、分立、重组后的企业需要集体合同继续履行的。

4. 用人单位无正当理由拒绝工会或职工代表提出的集体协商要求的，按照《工会法》及有关法律、法规的规定处理。在实践中，如企业无正当理由拒绝或者拖延集体协商的，市和区、县总工会可以作出整改意见书，要求企业予以改正。而针对不得拒绝协商的情形，企业拒绝或者拖延集体协商的，人力资源社会保障部门应当责令其改正。企业拒不改正的，按照国家或地方公共信用信息管理的相关规定将该信息纳入公共信用信息服务平台。

合规指引

我们建议用人单位应积极面对劳动者一方的集体协商要求，并严格遵循国家和地方的集体协商法律法规，妥善处理以下各个阶段的程序性事项：提出协商要求、集体协商会议、中止协商、职代会讨论通过、重签、续签、审查登记、职代会讨论通过、公布、争议处理等。

合规依据

《集体合同规定》

第三十二条　集体协商任何一方均可就签订集体合同或专项集体合同以及相关事宜,以书面形式向对方提出进行集体协商的要求。

一方提出进行集体协商要求的,另一方应当在收到集体协商要求之日起20日内以书面形式给以回应,无正当理由不得拒绝进行集体协商。

合规要点180　集体争议的处理

合规风险指数 ★★★

案　例

上海亿滋工会与亿滋公司于2012年9月签订《集体合同》,并约定合同的有效期为3年,期满前45天经企业与工会协商可以签订新的《集体合同》。然而在2015年9月集体合同到期之前,亿滋工会先后6次致函亿滋公司要求协商续订《集体合同》,但公司均没有给出非常明确的答复,工会认为公司存在涉嫌恶意拖延时间以达到致使《集体合同》无效的嫌疑。而公司方辩称,现有的法律并未对集体合同的协商期限作出规定,且公司始终在协商期内与工会保持正常的沟通,说明一直在为协商做准备。同时公司认为工会的涉诉行为致使双方之间的信任关系完全被破坏,任何集体协商及沟通均无从谈起。

裁判要点:法院认为《集体合同》签订的基础是合同当事人就合同条款协商一致,当事人之间是否签订《集体合同》以及《集体合同》的具体条款,均属于当事人意思自治的范畴,因此工会要求续约协商并签订《集体合同》的诉讼请求不属于人民法院依法处理争议的范围。与此同时,工会要求公司继续履行之前签订《集体合同》的诉讼请求也无事实依据和法律依据,法院不予支持。[①]

解　析

按争议内容分类,以争议当事人之间的分歧属于"要求实现既定权利"还是

① (2015)徐民五(民)初字第812号。

属于"要求新的权利"为依据,而把争议分为权利争议与利益争议。

"权利争议"也称"实现既定权利的争议",是因为执行劳动法规和劳动合同、集体合同规定的劳动条件而发生的争议。在这类争议中,当事人的权利义务是既定的,或已有劳动法律、法规加以规定,或已通过劳动合同或集体合同加以确认,在正常情况下,只要当事人双方都按规定行使权利和承担义务,争议一般是不会发生的。

"利益争议"也称"经济争议",往往是因为确定或变更劳动条件而发生的争议。在这类争议中,双方所主张的权利义务事先并没有确定,争议之所以发生是因为双方当事人对这些有待确定的权利义务有不同的要求,争议的目的在于使一方或双方的某种利益得到合同或约定的确认,从而上升为权利。它往往表现为一方或双方提出新的权利要求,如增加工资、缩短工时等。利益争议是集体谈判失败,即当双方为缔结、延期、修改或扩大集体协议陷入僵局时产生的争议。它所涉及的不是法律问题,所以被认为不在司法解决的范畴之内,此时,调解被视为和平解决争议的重要方法。

"权利争议"和"利益争议"适用不同的程序来解决,前者是执行法规、合同规定的问题,适用劳动争议的调解、仲裁或诉讼程序,后者则主要通过双方协商解决。

合规指引

如果用人单位与劳动者因履行集体合同而发生争议,这属于权利争议,根据《劳动合同法》的相关规定,任意一方均可以依法申请劳动仲裁。对仲裁裁决不服的,也可以依法提起诉讼。参与劳动仲裁或者诉讼的应当是工会或者是职工代表。

如果用人单位与劳动者因签订、变更集体合同而发生争议,这属于利益争议,根据《劳动合同法》的相关规定,当事人只能向劳动行政部门申请协调解决。

合规依据

《劳动法》

第八十四条　因签订集体合同发生争议,当事人协商解决不成的,当地人民政府劳动行政部门可以组织有关各方协调处理。

因履行集体合同发生争议,当事人协商解决不成的,可以向劳动争议仲裁委员会申请仲裁;对仲裁裁决不服的,可以自收到仲裁裁决书之日起十五日内向人民法院提起诉讼。

第七节　员工个人信息管理

合规要点181　依法处理员工个人信息

合规风险指数　★★★

解　析

《个人信息保护法》已在2021年11月1日生效施行,作为个人信息保护领域的基础性法律,厘清了个人信息、敏感个人信息、个人信息处理者等基本概念,也从适用范围、个人信息处理的基本原则、敏感信息和跨境信息处理规则等对个人信息保护进行了规定。对用人单位而言,员工个人信息的处理贯穿企业用工管理的各个环节,在入离职环节、员工行为、跨境员工信息处理等方面均应遵守新的法律要求,面临新的合规风险,应首先对个人信息范围、处理的合规基础等进行审查。

合规指引

一、厘清员工个人信息范围

《个人信息保护法》第四条对个人信息的定义采用了"识别+关联"的认定标准,并排除了经匿名化处理的信息,即个人信息指"以电子或者其他方式记录的与已识别或者可识别的自然人有关的各种信息,不包括匿名化处理后的信息"。其中敏感个人信息则是指一旦泄露或者非法使用,容易导致自然人的人格尊严受到侵害或者人身、财产安全受到危害的个人信息,包括生物识别、宗教信仰、特定身份、医疗健康、金融账户、行踪轨迹、不满十四周岁未成年人的个人信息。常见的员工个人信息包括:

1. 员工身份信息:姓名、性别、住址、民族、有效身份证件等;

2. 联络信息：手机号码、电子邮箱、微信、钉钉、Skype 等；

3. 医疗信息：职业禁忌信息、工伤、伤残等级、疾病病史、就诊记录、诊断证明书、医嘱等；

4. 健康信息：体温、疫苗接种等；

5. 职业信息：历史工作单位、在职期间、离职原因、历史薪资情况、奖惩记录、职业证件、项目经验、竞业约束等；

6. 教育信息：就读学校、专业、成绩、证书、校园实践活动、科研成果、科学培训等；

7. 生物识别信息：指纹、虹膜、声纹、人脸识别特征等；

8. 财务信息：银行账户、公积金/社会保险账户、支付宝账户、微信钱包等；

9. 犯罪记录信息：无犯罪记录证明；

10. 行踪轨迹：个人位置定位、轨迹、差旅记录、车次信息、航班信息等；

11. 其他信息：体重、身高、残疾信息。

二、确定员工个人信息处理的合规基础

对用人单位而言，其处理员工个人信息的合规基础主要是来自《个人信息保护法》第十三条，抑或是基于个人同意或者基于法律许可。其中，法律许可对用人单位处理的员工信息主要是指第十三条第二款，按照依法制定的劳动规章制度和依法签订的集体合同实施人力资源管理所必需。为了确保处理员工个人信息具备合规基础，降低用人单位作为员工个人信息处理者受到的可能质疑，笔者建议用人单位同时基于员工同意和法律许可（制定个人信息管理相关规章制度或集体合同）共同作为处理员工个人信息的合法基础。

三、具体业务场景的合规指引

员工个人信息处理贯穿了企业用工的各个环节，如招聘环节的候选人信息收集与处理、考勤管理中的定位与人脸识别方式运用、违纪调查中的信息收集与使用以及员工信息的跨境处理等，相关合规指引举例如下：

1. 候选人信息收集与存储。

候选人尚未入职，收集候选人简历、录取过程中的背景调查属于尚未进入缔约阶段，也缺少劳动规章制度或者集体合同的适用前提。股从审慎处理候选人信息的角度，取得候选人的同意是最为简单且可行的合规基础。具体而言，针对招聘环节准备个人信息处理知情同意书，由候选人签署/确认知情同意书的形式明确用人单位的处理权限和范围。

2. 考勤管理中的定位与人脸识别方式运用。

《个人信息保护法》将生物识别信息和行踪轨迹明确列入敏感个人信息,即处理不当将对员工的人身、财产等造成侵害,用人单位在处理目的、个人单独同意、告知义务和安全保护措施等方面均面临更为严格的要求。因此,对于用人单位的常用工时管理工具——考勤制度中因技术发展而广泛使用的员工所在位置定位考勤、指纹/人脸识别考勤等面临着新挑战,主要应对建议包括:

(1)使用员工的行踪轨迹、指纹、人脸识别等方式进行考勤时应以取得员工的单独同意;

(2)获得员工的行踪轨迹、指纹、人脸等信息时应限定其处理的合理范围,并尽到充分的告知义务;

(3)未获得员工的单独同意的,则应当使用其他替代性方式,不能强制实施行踪轨迹、指纹、人脸识别等涉及敏感信息的考勤方式。

3. 违纪调查中的信息与使用。

违纪调查中往往会涉及员工的虚假工作经历、虚假休假材料、病假期间的处境信息、利益冲突、亲属信息、商业贿赂、虚假报销等调查,其中不可避免涉及大量的员工个人信息、员工亲属个人信息,甚至敏感个人信息。因此,在违纪调查中,用人单位应通过规章制度等设置相应的个人信息处理依据。例如:

(1)在规章制度中国增设配合审计、内部调查义务,包括提交个人信息、拒绝配合调查的后果等;

(2)明确个人信息的用途包括调查、劳动争议/诉讼处理等;

(3)在工作电脑、工作网络中设定个人隐私排除条款,在工作电脑、工作网络上所形成的数据用人单位应具有合法处理权;

(4)员工个人通过群发邮件、张贴公告等方式侵犯其他员工个人信息的行为属于违纪行为等。

4. 员工信息的跨境处理。

对经营跨国业务的用人单位而言,其还需要向境外提供员工个人信息或者在境外存储个人信息。根据《个人信息保护法》,个人信息的跨境传输面临着一系列的合规要求包括通过国家网信部门组织的安全评估、按照国家网信部门的规定经专业机构进行个人信息保护认证或按照国家网信部门制定的标准合同与境外接收方订立合同约定双方的权利和义务以及采取必要的安全保障措施并进行个人信息保护影响评估等。

合规依据

《个人信息保护法》

第四条　个人信息是以电子或者其他方式记录的与已识别或者可识别的自然人有关的各种信息,不包括匿名化处理后的信息。

第十三条　符合下列情形之一的,个人信息处理者方可处理个人信息:

(一)取得个人的同意;

(二)为订立、履行个人作为一方当事人的合同所必需,或者按照依法制定的劳动规章制度和依法签订的集体合同实施人力资源管理所必需;

(三)为履行法定职责或者法定义务所必需;

(四)为应对突发公共卫生事件,或者紧急情况下为保护自然人的生命健康和财产安全所必需;

(五)为公共利益实施新闻报道、舆论监督等行为,在合理的范围内处理个人信息;

(六)依照本法规定在合理的范围内处理个人自行公开或者其他已经合法公开的个人信息;

(七)法律、行政法规规定的其他情形。

依照本法其他有关规定,处理个人信息应当取得个人同意,但是有前款第二项至第七项规定情形的,不需取得个人同意。

第八节　法定福利

社会保险(以下简称社保)和住房公积金属于劳动者法定福利范畴。然而,由于法定福利本身种类的复杂性、规制条文的模糊性以及我国地方政策的纷繁复杂,社会保险和住房公积金存在诸多合规问题。此外,因计划经济的思维和历史遗留问题导致仍有其他法定福利存在,也需用人单位引起重视。

一、社会保险

合规要点182　代缴社保问题

合规风险指数　★★★★

案　例

孟某在工作时间发生工伤。在前往社保机构办理相关手续申请工伤的过程中,孟某发现因其社保系由其他公司代缴的缘故,本人无法得到正常的工伤理赔。孟某遂提起仲裁和诉讼要求用人单位承担相关工伤保险待遇。

法院支持了孟某一方的诉讼主张,认为用人单位应以自身名义为劳动者缴纳社会保险。代缴社保改变了社会保险登记主体,导致劳动者无法享受工伤保险待遇。该行为不符合相关法律规定,因此产生无法理赔的后果应当由用人单位公司自行承担。①

解　析

为建立劳动关系的劳动者缴纳社保是用人单位的法定义务。但在实践中,用人单位出于用工方便、劳动者要求等原因委托第三方代为缴纳社保,或劳动者为了获取更多到手报酬而选择与用人单位约定不缴纳社保的情形屡见不鲜。此种情形下,用人单位不仅存在赔偿劳动者损失的风险,还存在为劳动者依法补缴社保的风险。

合规指引

明确社保登记主体是用人单位实现社保合规管理的第一步。我国社保管理的地域化差异十分明显,而用人单位出于减少成本等原因为劳动者委托第三方代缴社保的情形也较为常见。然而,发生社保待遇纠纷时,劳动者可能面临无法获得相关待遇的可能。在此种情形下,员工社保待遇落空或者存在差额的,用人单位可能需要承担补缴社保甚至赔偿损失的责任。

为解决上述问题,建议用人单位应依法在用人单位注册地为劳动者缴纳社

① (2019)苏0591民初1992号。

保,也可考虑通过变更用工方式来避免纠纷。如用人单位注册地在上海,劳动者工作地在北京,公司可安排劳动者与在北京注册的劳务派遣公司签订劳动合同,并与劳动者约定工作地在北京,由劳务派遣公司作为用人单位在北京依法缴纳社保。此举可满足社保缴费主体和劳动合同主体一致的法律规定,相关社保待遇理赔不会受到影响。

合规依据

《劳动法》

第七十二条　社会保险基金按照保险类型确定资金来源,逐步实行社会统筹。用人单位和劳动者必须依法参加社会保险,缴纳社会保险费。

《社会保险法》

第五十七条第一款　用人单位应当自成立之日起三十日内凭营业执照、登记证书或者单位印章,向当地社会保险经办机构申请办理社会保险登记。

第五十八条第一款　用人单位应当自用工之日起三十日内为其职工向社会保险经办机构申请办理社会保险登记。

合规要点 183　协议不缴纳社保问题

合规风险指数 ★★★★

案　例

王某与诺森公司签订《职工自愿放弃社会保险协议》一份。协议约定王某在清楚其不缴纳社保可能存在法律风险的基础上仍决定无须诺森公司为其缴纳社会保险。诺森公司同意王某的决定,并每月发放250元社保补贴给王某,但王某不得单方毁约,无论是在工作期间还是离职后,如有违反,王某必须退还已从诺森公司处领取的全部社保补贴,并按照工作期间的工资标准支付应当由本人缴纳的社保费用,且如果在补办过程中出现任何滞纳金的情形,均由王某个人承担。王某离职后,要求诺森公司补缴社保。

即便诺森公司为证明王某放弃缴纳社保,向法庭提交了上述协议以及工资单,证明诺森公司每月都有向王某支付社保补贴。但由于双方签订的涉案《职工自愿放弃社会保险协议》违反了劳动法关于用人单位和劳动者必须依法参加社保之规定,应属无效,故公司的行为仍为违法。同时,王某应当返还基于无效合同而取得的财产。[①]

解 析

在实践中,用人单位是否可与劳动者书面或口头约定不缴社保或以发放补贴等形式代替缴纳社保?从上述案例来看,答案显然是否定的。即便用人单位采用书面形式与劳动者约定不缴纳社会保险,或者约定以现金等形式将社保折算给劳动者等,但因该约定违反法律的强制性规定,应属于无效约定。

此外,因未缴纳社会保险而导致劳动者在工伤或生育的情形下无法领取工伤保险及生育保险,其所造成的损失都由用人单位自行承担。因此,无论是基于补缴风险还是基于理赔风险,用人单位都应严格杜绝与劳动者约定社保补贴的做法。

合规依据

首先,用人单位应严格执行缴纳社会保险的强制性规定。即使存在应当缴纳而不愿意缴纳社保的劳动者,也不能成为用人单位不缴纳社保的借口。

其次,如劳动者拒绝缴纳社保,用人单位应选择拒绝录用,如果劳动者已经入职,用人单位应及时根据实际情况给予说服教育、纪律处分、依法扣减、要求补充差额等措施,符合条件的,也可解除劳动合同。

最后,在解决社保缴纳争议的过程中,注意保留员工不愿意或不配合缴纳社保的证据,以豁免或减轻企业的赔偿责任。

合规依据

《社会保险法》

第四条第一款　中华人民共和国境内的用人单位和个人依法缴纳社会保险费,有权查询缴费记录、个人权益记录,要求社会保险经办机构提供社会保险咨询等相关服务。

《劳动合同法》

第三十八条第一款　用人单位有下列情形之一的,劳动者可以解除劳动合同:

……(三)未依法为劳动者缴纳社会保险费的……

---

① (2018)苏05民终10730号。

合规要点184　社保补缴的时效问题

合规风险指数 ★★★★

解　析

随着中共中央公布《深化党和国家机构改革方案》确定社保费用征管体制改革方案及相关部委的配合推出的一系列“社税合一”政策,用人单位大幅补缴社会保险的传言四起。“补缴多少”“补缴到哪一年”“是否补缴两年就够了”等问题一时之间成为用人单位最为关心的话题。关于社保的时效问题,有三种说法:

其一,一年时效。理由是《劳动争议调解仲裁法》规定劳动争议的仲裁期限为一年。

其二,两年时效。理由是劳动监察依法只能查处2年内的劳动用工违法行为问题。

其三,不受时效限制。理由是依法缴纳社保是用人单位的义务,不应得到豁免。

笔者认为,从企业合规的角度,应该执行不受时效限制的说法。首先,在我国大部分地区,社保缴纳争议已被排除在劳动争议的适用范围之外,因此无所谓时效1年限制的问题。其次,劳动监察是一种执行手段,根据《劳动保障监察条例》,确实有劳动部门只查处2年内违法行为的规定,但该条例并没有豁免用人单位依法补缴社保的义务;相反,根据《社会保险法》的规定,用人单位负有补缴义务。因此,社会保险征缴机构仍有权要求用人单位补缴。这种2年限制的说法,仅仅是对于劳动监察部门有约束力,不适用于社保征缴机构。比如,广东省地税局与人社厅发布的《关于广东省企业职工社会保险费欠费滞纳金处理意见的公告》(以下简称《公告》)指出,对于追缴的险种应当不加以限制,即所有险种都可以进行补缴。而对于补缴时限,《公告》建议打破地方社保补缴时间段的限制,按照无特殊时效限制进行处理。需要强调的是,这里的无特殊时效包括2011年《社会保险法》出台前以及出台后的所有时间段。在此之前,深圳市关于社保补缴时限的实际操作一般以2年为限。

根据“社税合一”的政策,今后由税务机构依职权直接对用人单位缴纳社保申报的劳动者人数、工资收入、社保缴纳基数等进行信息的录入与核查。由于用人单位的社保缴费基数应当与个人所得税缴纳基数保持一致,这极大方便了税务机构稽查用人单位和劳动者真实税收缴纳以及社保缴纳的便利性。在"社税合一"的政策下,用人单位不缴、漏缴、少缴甚至错缴社保的问题,将会面临极大的压力。一个有力的例证:江苏省常州地方税务局第五税务分局就在核查社保缴纳中,对常州市裕华玻璃有限公司作出补缴 2007 年 12 月至 2017 年 11 月整 10 年的社会保险(共计 201 万元)费的决定。

合规指引

用人单位应坚持依法及时缴纳社会保险的原则,不应存在侥幸心理。面对行政执法和社保稽核,用人单位应积极配合,以避免被行政处罚。根据国家要求,用人单位应将工资支付凭证保留至少 2 年备查,相关财务凭证还要保留 5 年至 10 年,以积极应对社会保险稽核和劳动监察。对于历史遗留问题,建议用人单位结合地方政策来判断是否需要补缴或者有无时效限制。

合规依据

《劳动保障监察条例》

第二十条　违反劳动保障法律、法规或者规章的行为在 2 年内未被劳动保障行政部门发现,也未被举报、投诉的,劳动保障行政部门不再查处。

前款规定的期限,自违反劳动保障法律、法规或者规章的行为发生之日起计算;违反劳动保障法律、法规或者规章的行为有连续或者继续状态的,自行为终了之日起计算。

二、住房公积金

合规要点 185　公积金缴费人员范围

合规风险指数 ★★★★

案　例

2016 年刘某向广州公积金中心递交投诉信,请求公积金中心为其追讨 2012 年 5 月至 12 月环保公司欠缴的部分公积金,并提交了劳动合同、养老保险缴费历史明细表等证据。公积金中心遂向环保公司邮寄送达了《核查通知书》，告知欠缴事项，要求环保公司补缴公积金856元，后又向环保公司出具了《责令限期办理决定书》。环保公司补缴后不服该行政决定，提起行政诉讼。环保公司认为，根据《关于住房公积金管理若干具体问题的指导意见》第一条"有条件的地方，城镇单位聘用进城务工人员，单位和职工可缴存住房公积金"的规定，进城务工人员的公积金是可缴可不缴的，刘某作为进城务工人员环保公司不为其缴纳亦不违法，且环保公司招聘的进城务工环卫工人数众多，一旦补缴，基数将非常庞大，加之《劳动保障监察条例》规定了2年的时效，而刘某早就超过了该时效。①

解 析

用人单位应当为与其建立劳动关系的劳动者缴纳住房公积金。根据《住房公积金管理条例》，用人单位应当按时、足额为建立劳动关系的员工缴存住房公积金，不得逾期缴存或者少缴。劳动者的身份是否城镇居民，与用人单位是否应为其缴纳住房公积金无关，且住房公积金的追缴没有时限限制。过去，部分地区的住房公积金政策区分劳动者的户籍性质，允许用人单位只给具有城镇户口的劳动者缴纳公积金。但是随着城镇化的加速，结合《住房公积金管理条例》来看，公积金的缴费人员范围应当以与用人单位建立劳动关系为判断标准，而不以户籍性质作为区分对待的依据。

合规指引

用人单位应当注意为已建立劳动关系的劳动者（外籍人士、我国港澳台地区居民除外）缴纳住房公积金系法定义务，应及时足额缴纳住房公积金，避免法律风险。

合规依据

《住房公积金管理条例》

第十五条第一款　单位录用职工的，应当自录用之日起30日内向住房公积金管理中心办理缴存登记，并办理职工住房公积金账户的设立或者转移手续。

---

① （2017）粤71行终2072号。

合规要点 186　公积金缴费基数

合规风险指数 ★★★★

解　析

住房公积金的缴费基数由两大要素决定:一是职工本人上一年度的月平均工资;二是受到各个地方住房公积金缴存基数上限和下限的限制。不过,对于生产困难的企业,国家允许与劳动者协商一致降低公积金缴费基数。除未缴纳住房公积金外,实务中较为常见的问题是用人单位将劳动者部分津贴、补贴甚至奖金等工资性项目剔除出住房公积金的缴费基数,导致少缴的情况。

合规指引

发生公积金缴费基数争议时,如果用人单位拒不提供职工工资或对公积金缴费基数存有异议的,住房公积金中心可以依职权依据当地劳动部门、司法部门核定的工资,或所在设区城市统计部门公布的上年职工平均工资查询来确定劳动者住房公积金的缴费基数。因此,建议用人单位确保公积金缴费基数满足合规要求,为劳动者及时、足额缴纳住房公积金。

合规依据

《住房公积金管理条例》

第十六条　职工住房公积金的月缴存额为职工本人上一年度月平均工资乘以职工住房公积金缴存比例。

单位为职工缴存的住房公积金的月缴存额为职工本人上一年度月平均工资乘以单位住房公积金缴存比例。

合规要点 187　公积金的执法问题

合规风险指数 ★★★★

案　例

东莞某大型企业的部分员工向当地住房公积金部门联名反映企业不依照法律规定为职工缴存住房公积金,要求相关部门责令企业补缴。由于此次联名人数众多,为维护和谐有序的劳资关系,东莞市住房公积金管理中心首先考虑采用协商处理的方式进行解决。在了解到该大型企业没有工会的情形下,公积金中心连同地方政府先成立了工会并进行了多次调解,但企业仍然不同意补缴。对此,东莞市住房公积金管理中心按照个例处理的方式受理所有职工投诉进行立案处理,共作出319份《责令限期改正违法行为通知书》。最终住房公积金管理中心向申请人民法院强制执行,使318名职工都得到了补缴的住房公积金,金额共计531万元。

解　析

根据《住房公积金管理条例》的规定,各地区住房公积金管理委员会是住房公积金管理的决策机构,而各地的住房公积金中心负责具体的住房公积金的管理和运作。需要注意的是,住房公积金中心是直属市人民政府的不以营利为目的的独立的事业单位,直接对所直属城市人民政府负责。住房公积金中心不仅在住房公积金的核算、审批提取和使用等方面履行职责,还在对用人单位住房公积金的缴存登记、缴纳情况进行监督审查,对不按照法律规定办理缴存登记或少缴不缴的用人单位,住房公积金管理部门可申请人民法院强制执行。

合规指引

住房公积金的合规监管方式有别于其他劳动争议,无须经过劳动仲裁程序。劳动者可就住房公积金问题向主管部门举报投诉,如果公积金管理部门不作为,劳动者可以提起行政诉讼。用人单位亦可对住房公积金部门作出的决定提起行政诉讼,由人民法院审查住房公积金中心作出的行政决定是否合法合理。其余情形下,用人单位与劳动者就住房公积金问题产生包括缴存登记、缴存基数、缴存范围、缴存时限等争议的应当由住房公积金中心一并处理。

合规依据

《住房公积金管理条例》

第三十七条　违反本条例的规定,单位不办理住房公积金缴存登记或者不为本单位职工办理住房公积金账户设立手续的,由住房公积金管理中心责令限期办理;逾期不办理的,处1万元以上5万元以下的罚款。

第三十八条　违反本条例的规定,单位逾期不缴或者少缴住房公积金的,由住房公积金管理中心责令限期缴存;逾期仍不缴存的,可以申请人民法院强制执行。

合规要点 188　公积金补缴的时效问题

合规风险指数 ★★★★

案　例

龙某等人向住房公积金中心提出申告,要求禅德公司为龙某等人补缴其自 2008 年 2 月至 2015 年 3 月的所有在职期间住房公积金。此后住房公积金中心向禅德公司送达《关于职工反映住房公积金问题的函》,要求公司在收到函 30 日内理顺申告人住房公积金缴存手续,并如实登记龙某等人的收入和每月应缴的住房公积金并予以补缴。公司收函后向住房公积金中心提交《异议函》,认为申告人龙某等已经全部离职,且申告超过《行政处罚法》第二十九条第一款"违法行为在二年内未被发现的,不再给予行政处罚"所规定的时效,故公司不负存缴义务,同时公司经营困难,也没有能力进行补缴。随后,公司履行了相关手续帮助龙某等人补缴了个人部分的住房公积金,但并没有缴纳单位应缴纳的部分。故住房公积金中心作出《行政处理决定书》并向禅德公司送达。禅德公司对此不服向法院提起行政诉讼。①

解　析

本案中,首先,上述补缴的行政处理决定并非行政处罚,且补缴住房公积金也不是《行政处罚法》调整的事项,故本案不适用《行政处罚法》;其次,该笔补缴费用是龙某等人退休前在职在岗期间发生的单位应缴部分的住房公积金,该缴存义务不因劳动者已退休而免除,故禅德公司的该上诉理由亦不能成立,最终法院没有支持公司的诉请,认为住房公积金部门作出的补缴 2008 年至 2015 年的公积金决定并无不当。根据《关于住房公积金管理若干具体问题的指导意见》第六条规定,用人单位在从未缴存过住房公积金的情形下,其所补缴的时间起点可以从《住房公积金条例》实施之月(1999 年 5 月)起算。据此,我们认为用人单位在住房公积金的补缴的问题上没有时效的限制(当然不能早于《住房公积金

---

① (2018)粤 06 行终 602 号。

条例》的实施日),并且该补缴义务不因申请人丧失劳动者身份(如退休)而免除。

合规指引

鉴于住房公积金争议不属于劳动争议处理范畴,故相关争议不适用劳动争议仲裁申请时效。用人单位应当以《住房公积金条例》的规定为依据,注意对劳动者公积金缴纳时间、缴纳基数、缴纳对象进行自查并就漏缴部分及时补正,在完善企业劳动人事合规的同时维护员工的法定住房福利。

合规依据

《关于住房公积金管理若干具体问题的指导意见》

第六条　单位补缴住房公积金(包括单位自行补缴和人民法院强制补缴)的数额,可根据实际采取不同方式确定:单位从未缴存住房公积金的,原则上应当补缴自《条例》(国务院令第262号)发布之月起欠缴职工的住房公积金。单位未按照规定的职工范围和标准缴存住房公积金的,应当为职工补缴。单位不提供职工工资情况或者职工对提供的工资情况有异议的,管理中心可依据当地劳动部门、司法部门核定的工资,或所在设区城市统计部门公布的上年职工平均工资计算。

三、其他福利

合规要点189　高温津贴

合规风险指数　★★★★

案　例

朱某于2010年入职广东浩鸿汽车贸易有限公司处工作,工作岗位为保安员,主要工作为负责东方汽车场的安保工作。朱某认为自己的工作场所露天,夏季炎热,而浩鸿公司从未发放夏季高温津贴,故朱某提起仲裁要求浩鸿公司支付其2010年6月9日至2018年3月13日的高温津贴6000元。最终法院因高温津贴的仲裁时效问题只支持朱某获得1年高温津贴。①

① (2018)粤0111民初8541号。

解 析

关于仲裁时效,首先要解决的是高温津贴是否属于劳动报酬这一问题。高温津贴,顾名思义,是指对于高温条件下从事经济建设和企业生产经营活动的劳动者发放的特殊工资性补偿。目的在于促进夏季高温条件下经济建设和企业生产经营活动的正常进行,从性质上说属于非劳动报酬性收入,因此其不属于《劳动争议调解仲裁法》第二十七条第四款规定的不受仲裁时效期间限制的范围,而应当适用同条第一款"从当事人知道或者应当知道其权利被侵害之日起计算"这一仲裁时效。上述案例中,朱某要求公司支付 2010 年 6 月 9 日至 2017 年 4 月 18 日高温津贴,已超过仲裁时效,故法院不予支持。

合规指引

高温津贴并非所有人都能享受,其发放标准主要有两点:一是劳动者是否属于高温作业岗位;二是具体的发放时间段。用人单位在发放高温津贴的同时,应当对以下几个方面进行合规排查:

1. 取防暑降温品不得代替高温津贴。

高温津贴作为工资的一种,不得为防暑降温饮料所取代。根据《防暑降温措施管理办法》的相关规定,防暑降温饮料应当与高温津贴一起发放并惠及劳动者。

2. 高温津贴是否应当计入最低工资?

在本书的"工资"章节中,已经提到了最低工资的相关概念,"在劳动者提供正常劳动的情况下,用人单位应支付给劳动者的工资在剔除下列各项以后,不得低于当地最低工资标准:(一)延长工作时间工资;(二)中班、夜班、高温、低温、井下、有毒有害等特殊工作环境、条件下的津贴;(三)法律、法规和国家规定的劳动者福利待遇等"。可见,高温津贴是不计入最低工资标准的。同时,高温津贴不属于个人所得税的征缴范畴。

3. 劳动者是否可以用人单位未支付高温津贴为由要求与用人单位解除劳动合同并支付经济补偿金?

此问题在实践中存在争议,有观点认为,高温津贴属于工资,故劳动者可解除劳动合同并要求用人单位支付经济补偿金;也有观点认为,高温津贴属于福利待遇性质,劳动者不得以此为由解除劳动合同。建议用人单位及时足额发放高温津贴,避免引起不必要的劳动争议。

合规依据

表 2-18　我国主要省市 2019 年高温津贴发放标准

地区	津贴发放依据	津贴发放条件	津贴发放标准
上海	《上海市人力资源和社会保障局关于调整本市夏季高温津贴标准的通知(2019)》(沪人社规〔2019〕19 号)	企业每年 6 月至 9 月安排劳动者露天工作以及不能采取有效措施将工作场所温度降低到 33℃以下的(不含 33℃),应当向劳动者支付夏季高温津贴。 对于劳动者工作场所的性质难以确定的特殊情况,企业应结合实际,通过工资集体协商等形式,合理制定发放办法	自 2019 年 6 月 1 日起,本市夏季高温津贴标准从 200 元/月调整为 300 元/月
江苏	《南京市人力资源和社会保障局关于做好高温津贴支付有关工作的通知》(苏人社发〔2018〕113 号)	用人单位安排劳动者在 35℃以上(含 35℃)高温天气从事室外露天作业以及不能采取有效措施将工作场所温度降低到 33℃以下(不含 33℃)的,应当向劳动者发放高温津贴	我省高温津贴标准从 2018 年 6 月 1 日起调整为每月 300 元,支付时间为 4 个月(6 月、7 月、8 月、9 月)
浙江	《浙江省人力资源和社会保障厅关于调整企业夏季高温津贴标准有关问题的通知》(浙人社发〔2018〕65 号)		室外作业人员每人每月 300 元;室内作业人员每人每月 200 元。发放时间为 4 个月(6 月、7 月、8 月、9 月)。工作性质在室外与室内来回流动交替或主要作业时间在室外,以及高温炉前作业的,视同室外作业
广东	《广东省人力资源和社会保障厅、广东省卫生厅、广东省安全生产监督管理局、广东省国家税务局、广东省地方税务局、广东省总工会关于高温津贴发放的管理办法》(粤人发社〔2012〕117 号)	劳动者从事露天岗位工作以及用人单位不能采取有效措施将作业场所温度降低到 33℃以下(不含 33℃)的(以下统称高温作业),用人单位从每年 6 月至 10 月,应当按月向劳动者发放高温津贴	高温津贴标准为每人每月 150 元;如按照规定需按天数折算高温津贴的,每人每天 6.9 元

续表

地区	津贴发放依据	津贴发放条件	津贴发放标准
天津	《天津市人力资源和社会保障局关于实行高温津贴制度有关问题的通知》(津人社规字〔2018〕13号)	用人单位安排劳动者在35℃以上(含35℃)高温天气从事室外露天作业以及不能采取有效措施将工作场所温度降低到33℃以下(不含33℃)的(以下简称"高温天气作业"),应当向劳动者发放高温津贴	高温津贴标准为上年度全市职工日平均工资的12%,计算时四舍五入保留到元

合规要点190　夜班津贴

合规风险指数　★★★

解　析

夜班系指劳动者在当日22时至次日6时提供劳动,而夜班津贴则是指用人单位安排劳动者在前述时间段内工作达2小时以上时应当支付的津贴。夜班津贴作为劳动者法定福利的一部分,用人单位应当依法支付。

合规指引

用人单位应当注意夜班津贴的支付具有强制性。鉴于法定的标准较低,如果用人单位在安排夜班劳动时支付给劳动者的报酬高于正常时间的报酬,一般都可以涵盖夜班津贴。即便如此,笔者仍建议用人单位通过规章制度明确或与劳动者明确约定劳动报酬中已包含夜班津贴或其他法定福利,同时应注意在确定最低工资、加班工资基数等项目时不应将夜班津贴计入在内。

合规依据

表 2－19　我国个别省市夜班津贴发放条件

地区	津贴发放依据	津贴发放条件
上海	《上海市劳动局、上海市人事局、上海市财政局关于调整中、夜班等津贴标准的通知》(沪劳综发〔95〕7号)	一、从事中班工作到二十二点以后下班的,中班津贴标准调整为二元二角。从事夜班工作到二十四点以后下班的,夜班津贴标准调整为三元四角。从事夜间连续工作十二小时的,夜间津贴标准调整为四元四角。 二、五点前上班的早班职工的早餐补助费,调整为八角。 三、正常日班在夜间值班的夜餐费,值班到二十二点以后的,可发给二元二角。通宵值班不睡觉的,可发给三元四角
天津	《天津市人民政府批转市劳动和社会保障局等五部门关于建立全市职工平均工资发布及工资保险福利待遇正常调整制度暂行办法的通知》(津政发〔2008〕17号)	第三条　建立职工工资、社会保险和福利待遇正常调整制度。实行职工工资、社会保险和福利待遇与职工平均工资挂钩办法,以每年发布的全市职工和在岗职工平均工资为基数,计算调整相关待遇。 (九)企业职工中班津贴和夜班津贴,以上年度全市职工日平均工资为基数计发。中班津贴按不低于5%的比例确定计发,夜班津贴按不低于10%的比例确定计发,计算时四舍五入保留到角
江苏	《江苏省劳动局、江苏省财政厅关于调整中、夜班津贴标准的通知》(苏劳薪〔1995〕23号、苏财工〔1995〕112号)	一、三班制的中班津贴为5元,大夜班津贴为6元;两班制的夜班津贴为5元;常日班职工因生产(工作)需要,生产(工作)超过23点的发夜班津贴5元。 在夜间(晚八时至次日晨七时之间)工作不足三小时的不发夜班津贴

合规要点 191　独生子女费

合规风险指数 ★★★

解　析

随着我国二胎政策的全面开放,独生子女费作为时代特色产物也终于落下帷幕。在计划生育时代,自愿终身只生育一个子女的夫妻,国家发给《独生子女父母光荣证》。夫妻凭借此证,按照国家和省、自治区、直辖市有关规定享受独生子女父母奖励。但二胎政策实施后,即便夫妻双方终身只生育一个孩子,也不再享有独生子女费。

合规指引

用人单位应根据各地地方口径,明确不再支付独生子女费的时间节点,对于在政策生效之前仅生育一个子女的劳动者,则需继续按照地方政府的规定向劳动者支付该笔费用。

合规依据

《人口与计划生育法》(2021 年修订)

第三十一条　在国家提倡一对夫妻生育一个子女期间,自愿终身只生育一个子女的夫妻,国家发给《独生子女父母光荣证》。

获得《独生子女父母光荣证》的夫妻,按照国家和省、自治区、直辖市有关规定享受独生子女父母奖励。

法律、法规或者规章规定给予获得《独生子女父母光荣证》的夫妻奖励的措施中由其所在单位落实的,有关单位应当执行。

第二章

非标准劳动关系

第一节　非标准劳动关系的界定

非标准劳动关系，是指在劳动时间、劳动报酬、工作场所、保险福利等多个方面不同于传统固定用工形式和就业形式的特殊类型的劳动关系。与标准劳动关系相对应，非标准劳动关系在适应了市场需求的多样性和不确定性时发生了一定程度的“自我的异化”，从“标准”的形态异化为“非标准”的形态。

董保华教授在《论非标准劳动关系》中提出了将劳动关系的“三分”和“三合”作为非典型劳动关系特征的观点。所谓劳动关系的三分，是指劳动关系与工作场所分离，劳动关系与持续性工作分离以及劳动关系中雇用与使用分离。非标准劳动关系相较于标准劳动关系在空间上、时间上、内容上的三分，导致非标准劳动关系下用人单位与劳动者的联系明显不如标准劳动关系紧密，组织从属性明显弱化。而劳动关系的三合，即劳动关系与经营关系重合、劳动关系与服务关系重合、劳动关系与劳动关系重合（如非全日制就业）。[①]

根据笔者的经验，非标准劳动关系的合规管理方向应聚焦于防范非标准劳动关系被标准劳动关系化。

---

① 参见董保华：《论非标准劳动关系》，载《学术研究》2008 年第 7 期。

第二节 劳务派遣

劳务派遣是除劳动合同用工外,最常见的用工模式之一。劳务派遣与标准劳动关系最大的区别是用人和用工的分离,即劳务派遣单位与员工签订劳动合同,然后向用工单位派出该员工,员工在用工单位的工作场所内劳动,接受用工单位的指挥、监督,也就是俗称的劳务派遣单位“雇人不用人”、用工单位“用人不雇佣”。

由于劳务派遣用工较标准的劳动合同用工有更大的灵活性,受到用人单位青睐,在《劳动合同法》首次实施后,采用劳务派遣模式的用工比例急剧上升,但也产生了一些违法派遣、非法用工、侵害劳动者权益的情况。

合规要点 192 劳务派遣公司不具有派遣资质

合规风险指数 ★★★★★

案 例

永安堂小学与翰英公司分别作为用工单位和劳务派遣单位,签订了 2015 年 9 月 1 日至 2016 年 6 月 30 日的劳务派遣协议,约定由翰英公司在上述期间向永安堂小学派遣教师 20 名,永安堂小学每月向被告翰英公司支付综合服务费 400 元、派遣教师管理费 50 元/人及派遣教师人员工资。

裁判要点:根据法律规定,经营劳务派遣业务,应当向劳动行政部门依法申请行政许可;经许可的,依法办理相应的公司登记;未经许可的,任何单位和个人不得经营劳务派遣业务。永安堂小学主张其与翰英公司建立劳务派遣关系,但此时翰英公司尚未取得劳务派遣资质,双方间关于劳务派遣的协议是无效的。①

解 析

我国法律法规对劳务派遣用工模式有多项限制性规定,其中主要限制在于

① (2017)鄂 0105 民初 4331 号。

主体资质。劳务派遣资质受行政监管,国家于2012年12月28日对《劳动合同法》进行了修正,又于2014年1月24日颁布《劳务派遣暂行规定》,明确规定了从事劳务派遣业务的条件,要求劳务派遣公司应当向劳动行政部门依法申请行政许可,未经许可,任何单位和个人不得经营劳务派遣业务。

合规指引

获得经营劳务派遣业务行政许可的劳务派遣单位应当持有《劳务派遣经营许可证》,因此,用工单位在订立劳务派遣协议前,应审查劳务派遣单位是否持有该证件、证件是否到期、是否能覆盖劳务派遣员工的合同期限等因素,避免因劳务派遣单位非法从事派遣业务而可能需要从事连带责任。

同时,我们还建议在劳务派遣协议中明确劳务派遣单位在不具备主体资格的情况下如何承担违约责任。

合规依据

《劳动合同法》

第五十七条　经营劳务派遣业务应当具备下列条件:

(一)注册资本不得少于人民币二百万元;

(二)有与开展业务相适应的固定的经营场所和设施;

(三)有符合法律、行政法规规定的劳务派遣管理制度;

(四)法律、行政法规规定的其他条件。

经营劳务派遣业务,应当向劳动行政部门依法申请行政许可;经许可的,依法办理相应的公司登记。未经许可,任何单位和个人不得经营劳务派遣业务。

合规要点193　派遣员工劳动合同期限少于2年

合规风险指数　★★★★

案　例

王某于2018年3月26日至12月18日在永辉公司工作,任职营业员,月平均工资5000元,双方未签订劳动合同,也未缴纳社会保险。王某主张因永辉公司未依法缴纳社会保险、未及时支付劳动报酬,于2018年12月18日提出解除劳动关系。永辉公司及方智公司均主张与王某存在劳务派遣关系,但方智公司未与王某订立2年以上的固定期限劳动合同,永辉公司及方智公司亦未提供充分证据证明方智公司已将劳务派遣协议的内容告知王某。

裁判要点:一审法院根据《劳动合同法》中关于劳务派遣的规定,认定以上三方未能建立合法的劳务派遣关系,并根据王某实际在永辉公司工作的事实,确认王某与永辉公司存在劳动关系。①

解 析

劳务派遣公司与被派遣员工劳动合同期限往往受用工单位用工需求的影响。笔者某客户曾一次性向劳务派遣公司退回多名劳务派遣员工,理由是劳动合同到期,经调查发现,这批员工在客户处从2005年一直以劳务派遣员工身份工作至2017年,每年签订一次劳动合同。暂且不论长期在某一岗位使用劳务派遣员工是否违反下述的劳务派遣"三性"原则、以劳动合同到期退回是否合法两项问题,该劳务派遣公司一年一签劳动合同的做法便明显违反法律规定。

合规指引

法律对劳务派遣员工劳动合同期限作出最低限度,是为了避免任意用工,维护劳动关系稳定。用工单位应审查、备份劳务派遣员工的劳动合同,确保期限不少于2年,如低于2年的,应要求劳务派遣公司整改。

合规依据

《劳动合同法》

第五十八条第二款　劳务派遣单位应当与被派遣劳动者订立二年以上的固定期限劳动合同,按月支付劳动报酬……

① (2019)京02民终13332号。

合规要点 194　派遣员工"同工不同酬"

合规风险指数 ★★★★

案　例

劳务派遣员工姜某，要求用工单位智芯微电子公司依据同工同酬原则，补发其工资 63,000 元。

裁判要点：同工同酬是指用人单位对于从事相同工作，付出等量劳动且取得相同劳绩的劳动者，应支付同等的劳动报酬。被派遣劳动者享有与用工单位的劳动者同工同酬的权利。用工单位应当按照同工同酬原则，对被派遣劳动者与本单位同类岗位的劳动者实行相同的劳动报酬分配办法。但是相同的劳动报酬分配办法并不意味着劳动者取得劳动报酬的数额绝对等同，会因劳动者个体的能力水平及劳动绩效等因素存在差别，故同工同酬只是相对的同工同酬，而非绝对的同工同酬。同时，法律也并不干涉用人单位根据本单位的生产经营特点和经济效益以及劳动者的个体因素，依法自主确定本单位的工资分配方式和工资水平。姜某主张其与其他人员也就是直接与智芯微电子公司签订劳动合同的员工工作岗位和内容一样但工资不同，但其提供的证据不足以证明其与其他同岗位员工工作量及工作业绩相同，也不足以证明其与其他同岗位员工之间存在劳动报酬及分配办法上的明显差别对待，其应承担举证不能的不利后果。智芯微电子公司发放给姜某的工资未低于约定及法律规定，故对姜某的该项诉讼请求不予支持。①

解　析

"同工同酬"是劳动法的基本原则之一，在劳务派遣用工模式下同样适用，上述案例的说理部分对"同工同酬"的解释和运用非常准确，笔者不再赘述。实践中如碰到各类更加细化的问题，也可以依据"同工同酬并非绝对的工资相等"这一原则进行解释分析。例如，在制度中明确规定：劳务派遣员工工资按同岗位报酬的最低档执行，是否违反"同工同酬"原则。

---

① (2017)京 0114 民初 12721 号。

笔者认为,所谓同工同酬并非绝对的工资相等,实践中也很难找到不区分员工学历、年龄、经验等要素且薪资完全相同的工作岗位。根据《劳动合同法》第六十三条,"同工"是指同类岗位,"同酬"是指实行相同的劳动报酬分配办法。上述制度条款对劳务派遣员工工资参照了同类岗位相同的劳动报酬分配办法,只是具体档位不同,并不违反"同工同酬"的规定。

合规指引

用工单位,尤其是对劳务派遣员工实行与劳动合同制员工不同劳动报酬分配方案的,需注意及时修改、整合,做到"同工同酬"。

同时,用工单位也可以进一步完善自身的岗位、薪酬制度,以便认定两个岗位是否属于"同岗位",并确认薪酬分配办法的具体标准等。

合规依据

《劳动合同法》

第六十三条　被派遣劳动者享有与用工单位的劳动者同工同酬的权利。用工单位应当按照同工同酬原则,对被派遣劳动者与本单位同类岗位的劳动者实行相同的劳动报酬分配办法。用工单位无同类岗位劳动者的,参照用工单位所在地相同或者相近岗位劳动者的劳动报酬确定。

劳务派遣单位与被派遣劳动者订立的劳动合同和与用工单位订立的劳务派遣协议,载明或者约定的向被派遣劳动者支付的劳动报酬应当符合前款规定。

《劳务派遣暂行规定》

第九条　用工单位应当按照劳动合同法第六十二条规定,向被派遣劳动者提供与工作岗位相关的福利待遇,不得歧视被派遣劳动者。

合规要点 195　派遣岗位不属于"三性岗位"

合规风险指数 ★★★★

案　例

高某原为武汉某管理公司员工,从事道路停车收费员工作,且持续时间超过6个月。2014年11月1日,高某应聘到晨星公司,双方签订了《派遣员工劳动合同》，约定派遣高某到武汉某管理公司工作。

裁判要点：道路停车收费是武汉停车收费中心的主营业务，武汉停车收费中心以劳务派遣用工，不符合《劳动合同法》第六十六条“劳动合同用工是我国的企业基本用工形式。劳务派遣用工是补充形式，只能在临时性、辅助性或者替代性的工作岗位上实施。……用工单位应当严格控制劳务派遣用工数量，不得超过其用工总量的一定比例，具体比例由国务院劳动行政部门规定”的规定。[①]

解　析

《劳动合同法》明确规定，劳动合同用工是我国的企业基本用工形式，劳务派遣用工是补充形式，必须符合“临时性”“辅助性”“替代性”三个标准。

“临时性”工作岗位是指存续时间不超过6个月的岗位；“辅助性”工作岗位是指为主营业务岗位提供服务的非主营业务岗位；“替代性”工作岗位是指用工单位的劳动者因脱产学习、休假等原因无法工作的一定期间内，可以由其他劳动者替代工作的岗位。从“三性”的具体含义不难看出，其主要目的在于防止劳务派遣泛滥，避免用人单位以劳务派遣替代常规用工。

合规指引

1. 派遣岗位应符合“三性岗位”标准。

违反“三性岗位”的直接法律后果主要以行政处罚为主。例如，劳动行政部门责令限期改正、罚款，对劳务派遣单位吊销劳务派遣业务经营许可证等。但是，在个案中，如违反“三性岗位”，还可能影响用工性质，导致无法被认定为劳务派遣关系，此时用工单位可能直接被认定为与劳动者存在事实劳动关系。

因此，用工单位应尽量在“三性岗位”使用员工，如无法满足要求，则寻求其他灵活用工方式。

2. 履行“三性岗位”认定程序。

《劳务派遣暂行规定》第三条第三款还规定了“用工单位决定使用被派遣劳动者的辅助性岗位，应当经职工代表大会或者全体职工讨论，提出方案和意见，与工会或者职工代表平等协商确定，并在用工单位内公示”。由此可见，“辅助性”工作岗位不仅要求实体上符合标准，用人单位在程序上也要履行一

---

① (2019)鄂01民终3905号。

定义务。

合规依据

《劳动合同法》

第六十六条　劳动合同用工是我国的企业基本用工形式。劳务派遣用工是补充形式,只能在临时性、辅助性或者替代性的工作岗位上实施。

前款规定的临时性工作岗位是指存续时间不超过六个月的岗位;辅助性工作岗位是指为主营业务岗位提供服务的非主营业务岗位;替代性工作岗位是指用工单位的劳动者因脱产学习、休假等原因无法工作的一定期间内,可以由其他劳动者替代工作的岗位。

第九十二条第二款　劳务派遣单位、用工单位违反本法有关劳务派遣规定的,由劳动行政部门责令限期改正;逾期不改正的,以每人五千元以上一万元以下的标准处以罚款,对劳务派遣单位,吊销其劳务派遣业务经营许可证。用工单位给被派遣劳动者造成损害的,劳务派遣单位与用工单位承担连带赔偿责任。

《劳务派遣暂行规定》

第三条第三款　用工单位决定使用被派遣劳动者的辅助性岗位,应当经职工代表大会或者全体职工讨论,提出方案和意见,与工会或者职工代表平等协商确定,并在用工单位内公示。

合规要点196　派遣员工"超比例"

合规风险指数　★★★★★

案　例

2007年12月21日徐某入职华才公司,被派遣至宝洁营销公司担任美容顾问职务。2016年2月19日,华才公司向徐某发出通知书,告知徐某将被宝洁营销公司退回,2016年2月22日华才公司又向徐某发出待岗通知书,告知自2016年3月起被退回公司并处于待岗状态。徐某于2016年7月22日以华才公司未足额支付徐某工资要求解除劳动合同。

裁判要点:参照《劳务派遣暂行规定》的规定,用工单位只能在临时性、辅助性或者替代性工作岗位使用被派遣劳动者，用工单位使用的被派遣劳动者数量不得超过其用工总量的10%，用工单位在本规定施行前使用被派遣劳动者数量超过其用工总量10%的，应当制订调整用工方案，于本规定施行之日起2年内降至规定比例，故宝洁营销公司将包括徐某在内的劳动者退回华才公司有法律依据。①

解　析

笔者在对某大型央企作合规调查时，发现在《劳务派遣暂行规定》实行了5年后，其下属的某制造型企业，劳务派遣用工比例仍远远超出10%，主要原因是周期性生产需求大、转移难，不得不采取劳务派遣用工。虽然确实有业务需求和困难，但该用工比例毫无疑问是违反《劳务派遣暂行规定》关于劳务派遣用工比例规定的，主要风险在于行政监管和处罚。

合规指引

1. 派遣比例不得高于10%。

《劳务派遣暂行规定》第四条第一款明确规定："用工单位应当严格控制劳务派遣用工数量，使用的被派遣劳动者数量不得超过其用工总量的10%。"因此，用工单位应做好人员控制和预算，确保劳务派遣员工数量不超过其用工总量的10%。

2. 如果高于10%的，应分流处理。

如果用工单位使用被派遣劳动者数量超过其用工总量10%的，应当制订调整用工方案，对劳务派遣员工进行分流。例如，转为劳动合同工、外包、非全日制等。

合规依据

《劳务派遣暂行规定》

第四条第一款、第二款　用工单位应当严格控制劳务派遣用工数量，使用的被派遣劳动者数量不得超过其用工总量的10%。

前款所称用工总量是指用工单位订立劳动合同人数与使用的被派遣劳动者人数之和。

---

① (2017)粤01民终15657号。

合规要点 197　异地派遣的管理

合规风险指数　★★★★★

解　析

《社会保险法》实行属地管理,用人单位原则上应在注册地为劳动者缴纳社会保险。但实践中大型劳务派遣企业业务范围广,往全国各地派遣劳动者的情况较多,此时,劳动者出于在实际工作地医疗、落户等需求往往要求在实际工作地缴纳社保。对于异地派遣社保缴费问题,《劳务派遣暂行规定》作了明确规定。

合规指引

为劳务派遣员工缴纳社会保险费是劳务派遣公司作为用人单位的基本义务,用工单位应进行督促。劳务派遣单位在用工单位所在地设立分支机构的,由分支机构为被派遣劳动者办理参保手续,缴纳社会保险费。对于在用工单位所在地未设立分支机构的,用工单位应代劳务派遣单位为被派遣劳动者办理参保手续,缴纳社会保险费。

合规依据

《劳务派遣暂行规定》

第十八条　劳务派遣单位跨地区派遣劳动者的,应当在用工单位所在地为被派遣劳动者参加社会保险,按照用工单位所在地的规定缴纳社会保险费,被派遣劳动者按照国家规定享受社会保险待遇。

第十九条　劳务派遣单位在用工单位所在地设立分支机构的,由分支机构为被派遣劳动者办理参保手续,缴纳社会保险费。

劳务派遣单位未在用工单位所在地设立分支机构的,由用工单位代劳务派遣单位为被派遣劳动者办理参保手续,缴纳社会保险费。

合规要点198　退回员工的管理

合规风险指数　★★★★★

案　例

环境科学院与东方派遣公司签有劳务派遣协议书，2011年8月1日，马某与东方派遣公司签订书面劳动合同，并被东方派遣公司派遣至环境科学院从事环评工作。2013年1月1日至2016年3月31日，环境科学院与钧源慧业公司签订四份劳务派遣协议，约定钧源慧业公司派遣劳务人员到环境科学院处工作。2012年12月31日，马某与东方派遣公司解除劳动合同，2013年1月1日与钧源慧业公司签订劳动合同，马某仍被派遣至环境科学院处从事环评工作。2016年3月31日，钧源慧业公司与环境科学院的劳务派遣协议到期，环境科学院将马某退回钧源慧业公司，钧源慧业公司于当日与马某解除劳动合同。

裁判要点：关于是否应当给付马某赔偿金及给付赔偿金的承担责任主体问题，《劳务派遣暂行规定》第十三条规定："被派遣劳动者有劳动合同法第四十二条规定情形的，在派遣期限届满前，用工单位不得依据本规定第十二条第一款第一项规定将被派遣劳动者退回劳务派遣单位；派遣期限届满的，应当延续至相应情形消失时方可退回。"《劳动合同法》第四十二条规定，女职工在孕期、产期、哺乳期的，用人单位不得在劳动者无过失的情况下与其解除劳动合同。环境科学院与钧源慧业公司所签劳务派遣协议虽于2016年3月31日期满终止，但当时马某处于孕期，环境科学院将马某退回派遣单位，违反了上述规定。钧源慧业公司因马某被用工单位退回，与其解除劳动合同，亦违反了《劳动合同法》第四十二条的规定，属违法解除劳动合同。钧源慧业公司作为用人单位应向马某支付赔偿金。[①]

解　析

在劳务派遣用工模式下，用工单位与被派遣劳动者之间没有劳动关系，因此，用工单位拟停止用工的，无法直接解除合同，而应先将被派遣劳动者退回劳务派遣单位。退回需要符合法定或约定的条件，且应履行法定义务，具体见合规指引。

---

① (2017)辽01民终4656号。

合规指引

1. 退回理由应符合《劳务派遣暂行规定》及双方劳务派遣协议约定。

根据《劳动合同法》《劳务派遣暂行规定》的规定,用工单位在以下情形时可以退回劳务派遣员工,用工单位在退回前应注意审查是否符合条件:

(1)《劳动合同法》第三十九条规定的情形,包括:在试用期间被证明不符合录用条件的;严重违反用人单位的规章制度的;严重失职,营私舞弊,给用人单位造成重大损害的;劳动者同时与其他用人单位建立劳动关系,对完成用人单位的工作任务造成严重影响,或者经用人单位提出,拒不改正的;以欺诈、胁迫的手段或者乘人之危,使用人单位在违背真实意思的情况下订立或者变更劳动合同的;被依法追究刑事责任的。

(2)《劳动合同法》第四十条规定的情形,包括:劳动者患病或者非因工负伤,在规定的医疗期满后不能从事原工作,也不能从事由用人单位另行安排的工作的;不能胜任工作,经过培训或者调整工作岗位,仍不能胜任工作的;劳动合同订立时所依据的客观情况发生重大变化,致使劳动合同无法履行,经用工单位与劳动者协商,未能就变更劳动合同内容达成协议的。

(3)《劳动合同法》第四十一条规定的情形,即用工单位符合经济性裁员的条件的。

(4)用工单位被依法宣告破产、吊销营业执照、责令关闭、撤销、决定提前解散或者经营期限届满不再继续经营的。

(5)劳务派遣协议期满终止的。

2. 退回前应确认员工是否属于禁止退回的情形。

除上述法定情形外,用工单位也可与劳动派遣公司在派遣协议中约定其他退回情形,但不得与《劳务派遣暂行规定》第十三条所规定的不得退回的情形相冲突,根据该条款规定,劳务派遣员工受医疗期、孕期等劳动保护,在退回前应审查其是否存在禁止、限制退回的情形。

如被派遣劳动者有《劳动合同法》第四十二条规定情形的,在派遣期限届满前,用工单位不得依据《劳动合同法》第四十条第三项、第四十一条规定情形的被派遣劳动者退回劳务派遣单位;派遣期限届满的,应当延续至相应情形消失时方可退回。

3. 将派遣员工退回至劳务派遣单位，并协助或指示派遣单位变更或解除劳动合同。

劳务派遣员工的劳动合同关系是与劳务派遣公司建立的，与实际用工单位并不存在劳动关系。因此，用工单位需要解除劳务派遣员工的聘用关系时，需要注意区分与自有普通员工不同的处理方式。

劳务派遣关系中，用工单位无权直接解除派遣员工的劳动合同，只能采取“退回”的方式，即将员工直接退回劳务派遣单位，分别向派遣单位和员工书面送达《退回通知》。

向派遣单位送达的《退回通知》应包含以下内容：(1)退回原因；(2)退回时间；(3)退回后的处理(如建议派遣单位单方解除劳动合同)。

向派遣员工送达的退回通知，应包括以下内容：(1)退回原因；(2)退回时间；(3)工作交接事项。

如果根据《劳动合同法》第三十九条规定的情形退回的，应指示派遣单位通知工会后以相同理由解除劳动合同。如系其他退回情形，可协助派遣单位与派遣员工协商变更或解除劳动合同。

合规依据

《劳务派遣暂行规定》

第十二条　有下列情形之一的，用工单位可以将被派遣劳动者退回劳务派遣单位：

(一)用工单位有劳动合同法第四十条第三项、第四十一条规定情形的；

(二)用工单位被依法宣告破产、吊销营业执照、责令关闭、撤销、决定提前解散或者经营期限届满不再继续经营的；

(三)劳务派遣协议期满终止的。

被派遣劳动者退回后在无工作期间，劳务派遣单位应当按照不低于所在地人民政府规定的最低工资标准，向其按月支付报酬。

第十三条　被派遣劳动者有《劳动合同法》第四十二条规定情形的，在派遣期限届满前，用工单位不得依据本规定第十二条第一款第一项规定将被派遣劳动者退回劳务派遣单位；派遣期限届满的，应当延续至相应情形消失时方可退回。

《劳动合同法》

第四十二条　劳动者有下列情形之一的,用人单位不得依照本法第四十条、第四十一条的规定解除劳动合同:

(一)从事接触职业病危害作业的劳动者未进行离岗前职业健康检查,或者疑似职业病病人在诊断或者医学观察期间的;

(二)在本单位患职业病或者因工负伤并被确认丧失或者部分丧失劳动能力的;

(三)患病或者非因工负伤,在规定的医疗期内的;

(四)女职工在孕期、产期、哺乳期的;

(五)在本单位连续工作满十五年,且距法定退休年龄不足五年的;

(六)法律、行政法规规定的其他情形。

第三节　非全日制用工

面对复杂多变的市场环境,越来越多的企业开始在法律框架下采用多元化组合用工方式,这样满足日趋多样的商业需求的同时降低用工成本和风险。《劳动合同法》中明确规定的"非全日制"用工形式,成为用人单位灵活用工的选择之一。

根据《劳动合同法》对非全日制劳动关系的规定,其与全日制劳动关系主要特征对比如下(见表2-20)。

表2-20　非全日制与全日制劳动关系对比

项目	非全日制	全日制
劳动合同	可以口头	必须书面
工作时间	每周不超过24小时(一般每天不超过4小时)	标准工时:每天8小时,每周40小时 特殊工时:需申请
试用期	不得约定	可以约定
解约条件	随时解约/约定解约	法定解约
解约补偿	无	有(视具体理由)
社会保险	应当缴纳工伤保险	应当缴纳"五险"

从上述对比不难看出,在用人单位执行非全日制用工方式下,员工工作时间更短,用工形态更加灵活。然而,采取该用工形式的企业也面临着各种合规风险,笔者结合某客户单位(日用品销售企业,对非全日制用工有较大需求)的几项咨询,就用人单位在适用非全日制用工时存在的问题梳理如下合规要点。

合规要点 199　工作时间不符合法定要求

合规风险指数　★★★★★

案　例

2011 年 10 月吴某入职宋庄小城镇公司,岗位为保洁员,月工资标准为北京市最低工资,双方签订了《劳动合同书(非全日制从业人员使用)》,约定吴某每天工作 2 小时,每周工作 6 天,宋庄小城镇公司向吴某支付劳动报酬的周期不得超过 15 日。在职期间,宋庄小城镇公司未为吴某缴纳过社保,宋庄小城镇公司每半个月向吴某支付一次工资。

裁判要点:本案的主要争议焦点为宋庄小城镇公司与吴某之间是否存在全日制用工关系。非全日制用工是指以小时计酬为主,劳动者在同一用人单位一般平均每日工作时间不超过 4 小时,每周工作时间累计不超过 24 小时的用工形式。首先,吴某认可宋庄小城镇公司提供的《劳动合同书(非全日制从业人员使用)》上其本人签名的真实性,该劳动合同已明确载明为非全日制用工,吴某每天工作 2 小时,每周工作 6 天,双方亦可随时终止劳动合同;吴某自己提交的工资表亦显示为临时工或小时工工资表,且其提交的考勤表右侧亦载明每天上班时间以 2 小时计算。二审法院判决:确认宋庄小城镇公司与吴某之间不存在全日制用工关系。①

解　析

《劳动合同法》在对"非全日制"下定义时,明确规定了非全日制是"劳动者在同一用人单位一般平均每日工作时间不超过四小时,每周工作时间累计不超过二十四小时"的用工形式。

① (2018)京 03 民终 3209 号。

该规定乍看较为清晰,但实践中用人单位在非全日制用工时,仍存在一些疑惑。例如,笔者客户单位曾咨询:每天工作时间 8 小时,一周工作时间 3 天,是否属于非全日制用工?笔者认为,就法条措辞而言,“每日工作时间不超过四小时”前的定语为“一般”,可见该规定并非绝对性、强制性,故可以作合理突破,但“每周工作时间累计不超过二十四小时”则无定语,应视为具有“应当”的含义,不得作突破,否则易被认定为全日制用工形式。

合规指引

非全日制用工工作时间应严格遵循法律规定。采用非全日制用工的,应对工作时间作充分合规管理,一般平均每日工作时间不超过 4 小时,每周工作时间累计不超过 24 小时,可通过合同明确约定、考勤等形式予以体现。

此外,对工作时间的限制是非全日制的核心特征,如果用人单位安排劳动者从事超过每周 24 小时的工作,可能直接导致司法机关据此认定双方建立全日制劳动关系,且该风险很难通过结算加班费等形式规避,用人单位应尽量避免安排非全日制员工超时工作。

合规依据

《劳动合同法》

第六十八条　非全日制用工,是指以小时计酬为主,劳动者在同一用人单位一般平均每日工作时间不超过四小时,每周工作时间累计不超过二十四小时的用工形式。

合规要点 200　无法证明非全日制法律关系

合规风险指数 ★★★★

案　例

江某于 2012 年 11 月开始在上海市太平洋百货淮海店欧笛(O&D)专柜任营业员工作,上一休一,为 10 时至 22 时,月薪为“底薪 + 销售提成”,由欧笛公司按月汇与江某账户。2013 年 7 月至 11 月分别汇入 7 月人民币 3553 元(以下币种均为人民币);8 月 3652 元;9 月 3120 元;10 月 2681 元;11 月 2354 元。双方未签订书面劳动合同,江某要求欧笛公司支付未签劳动合同双倍工资,欧笛公司则主张双方系非全日制劳动关系,无须签订书面劳动合同。

裁判要点:没有签订劳动合同,但双方已实际履行劳动权利义务的,仍应视作双方的劳动关系已经确立,权利义务同样受到法律保护。本案江某的工作时间为上一休一,每天工作时间均超出4小时,欧笛公司对江某的薪酬亦按月计付,且欧笛公司对江某的入职时间未充分举证,亦未提供证据证明存在江某不愿意签订劳动合同的情形,故对欧笛公司的陈述意见,不予采信。[①]

解　析

笔者团队曾代理另一起商场促销员与某知名酒业公司案件,公司原意是以非全日制形式用工,但未与促销员签订劳动合同,被公司解除劳动关系后,促销员便提起仲裁要求公司支付未签劳动合同双倍工资、违法解除赔偿金等,该案仲裁阶段公司败诉,一审和二审改判,但人民法院向公司发出了司法建议书要求签订书面合同避免争议。此案给企业的启示:发生争议时,用人单位需对非全日制用工形式承担非常大的举证责任,由于管理松散等原因,该等举证一般较为困难,容易被认定为全日制用工,进而要用人单位背负未签劳动合同二倍工资、经济补偿金、违法解除赔偿金的法律风险。

上述案例中,如果公司与营业员、促销员签订了书面的《非全日制劳动合同》,则促销员可能根本不会提起仲裁,即使提起了,公司方的举证责任、诉讼风险也远低于现状。

合规指引

虽然法律未强制要求用人单位与非全日制员工签订劳动合同,但签订非全日制劳动合同更有利于明确法律关系性质,准确适用法律标准,进而防范用工风险。这样操作,一方面可证明双方用工形式为非全日制,另一方面可对劳动关系履行过程中的一些事项作出明确,如具体工作时间、工资标准、福利待遇、岗位和职责等。

合规依据

《劳动合同法》

第六十九条第一款　非全日制用工双方当事人可以订立口头协议。

---

① (2014)沪二中民三(民)终字第1192号。

合规要点 201　违法约定试用期

合规风险指数 ★★

案　例

2018 年 3 月 1 日耿某入职改变公司,担任私人教练,约定试用期为 7 天。耿某向一审法院起诉请求:(1)确认 2018 年 3 月 1 日至 7 月 31 日耿某与改变公司存在劳动关系;(2)改变公司支付耿某 2018 年 4 月至 7 月未签劳动合同双倍工资 56,297.6 元;(3)改变公司支付耿某解除劳动合同的经济补偿金 7037.2 元。

裁判要点:《劳动合同法》第七十条规定,非全日制用工双方当事人不得约定试用期。耿某入职之后,双方约定了试用期。耿某在工作中接受改变公司的严格管理,在改变公司开办的改变工厂健身工作室工作,在外并无兼职。耿某工作时间三班制,由改变工厂公司进行排班。……综上所述,耿某、改变工厂公司之间的关系不符合非全日制用工的特点,符合全日制用工劳动关系的法律特征。故法院确认 2018 年 3 月 1 日至 7 月 31 日双方存在全日制用工劳动关系。①

解　析

是否可以对非全日制员工约定试用期是用人单位常见疑问。笔者客户单位对非全日制员工的用工需求较多,而此类员工素质参差不齐、流动性较大,故希望先对员工作一定考核再正式录用,因此咨询笔者:是否可以与非全日制员工约定试用期 3 天?

《劳动合同法》明确规定,不得与非全日制员工约定试用期,所以上述问题的答案必然为"否"。但是,这并不代表用人单位丧失对非全日制员工考核、解除合同的权利,如果发现非全日制员工不能满足工作需求,完全可以按照法律规定或合同约定随时终止合同,而不必借助试用期达成目的。

合规指引

在签订劳动合同时,应避免直接套用全日制员工的劳动合同模板,与非全日制员工约定试用期,否则,容易被认定为全日制用工,或者可能需要承担违法约

① (2019)京 02 民终 2113 号。

定试用期的法律责任,包括向劳动者支付已经履行的试用期工资作为赔偿金。

合规依据

《劳动合同法》

第七十条　非全日制用工双方当事人不得约定试用期。

第七十一条　非全日制用工双方当事人任何一方都可以随时通知对方终止用工。终止用工,用人单位不向劳动者支付经济补偿。

合规要点 202　劳动报酬低于最低工资标准

合规风险指数 ★★★★★

案　例

《城市晚报》与王某于 2015 年 7 月 1 日签订《非全日制用工劳动合同》。约定王某的岗位是长春市内发行员,从事投递和报纸征订,每周工作 7 日,每日 3 小时,累计不超过 24 小时,标准为每小时 13.5 元,工资发放周期为半个月,每月月中和月末两次发放。

裁判要点:关于《城市晚报》是否应当补足低于最低工资差额的问题。《城市晚报》未提交王某每日工作不足 3 小时或存在旷工情况的考勤记录,无法完全客观证明王某的考勤情况,王某对此亦不认可,而王某自认本案争议期间只有元旦、国庆节期间存在休息,故应当认定王某每日工作满 3 小时,每月全部出勤,元旦及国庆节期间共休息 10 日。庭审中,《城市晚报》亦主张应按照《劳动合同法》第七十二条"非全日制用工小时计酬标准不得低于用人单位所在地人民政府规定的最低小时工资标准"的规定,以吉林省最低小时工资标准支付工资,即每小时 13.5 元,故 2016 年 6 月至 2017 年 1 月《城市晚报》还应当向其支付的最低工资差额为 4145 元。①

解　析

笔者某客户单位对非全日制员工的工资标准也提出了咨询:上海地区,每周

① (2018)吉 01 民终 3714 号。

3 天每天 8 小时,每天工资 150 元是否合法?

日结薪水是实践中比较常见的兼职员工工资支付方法,但如用工形式符合非全日制的标准,则应注意满足《劳动合同法》的规定,即小时工资不低于最低小时工资标准。上述问题中,150 元 ÷ 8 小时 = 18.75 元/小时,是低于当年度上海市人力资源和社会保障局公布的小时最低工资标准 21 元的,因此用人单位支付的工资不符合法律规定。

合规指引

用人单位在为非全日制员工定薪时,特别是按日、周,甚至按月计薪的,应注意核算每小时的平均工资是否不低于当地小时最低工资标准。

另外,由于各地最低工资标准不一,且大部分以年为周期变动,用人单位应注意关注政府公布的数据,如非全日制员工的工资标准低于当地最新的小时最低工资标准的,应及时调整,而不能常年保持不变。

合规依据

《劳动合同法》

第七十二条第一款　非全日制用工小时计酬标准不得低于用人单位所在地人民政府规定的最低小时工资标准。

合规要点 203　工资支付周期超过 15 日

合规风险指数　★★★

案　例

张某于 2017 年 11 月 1 日至何珥健身从事私人健身教练工作,双方《劳务合作协议》主要约定:张某在被雇佣期间执行非全日制工作制,即在保证完成安排的工作任务情况下自行安排工作时间,在张某完成约定的工作内容后,何珥健身应当于第二个月 10 日前以人民币现金形式一次性向张某支付报酬(标准详见附表)等。

裁判要点:非全日制用工是指以小时计酬为主……而且非全日制用工劳动报酬结算支付周期最长不得超过 15 日。从薪资支付情况来看,何珥健身与张某结算工资的周期也不符合《劳动合同法》所规定的限制性要求,因此不能以双方签订的《劳务合作协议》即否定双方已经建立了劳动关系的事实,而认定双方建立的是劳务合作关系,更不能由于《劳务合作协议》中约定了双方执行的是非全日制工作制即认定双方建立的是非全日制劳动关系。[①]

解　析

除工作时间、工资标准外,《劳动合同法》对非全日制员工的工资支付周期也作了限制性规定:最长不得超过 15 日。然而,笔者有的客户单位对所有员工均统一按月结算薪酬,且需经位于国外的总部审批,难以满足每 15 日发放一次工资的要求,便提出疑问:是否可对非全日制员工按月发薪?

对此,应当结合非全日制用工的核心特征、《劳动合同法》第七十二条的具体条款进行评判。笔者认为,首先,非全日制的核心特征是每周工作时间不超过 24 小时,实践中在认定用工形式时首先考察的也是工作时间;其次,按月支付工资是大多数企业的操作惯例,客观上也未大幅减损劳动者利益;最后,"不得超过 15 日"确属法律强制性规定,但工资结算周期并不是评判双方劳动关系性质的唯一标准,如有违反不宜导致整个非全日制用工约定无效。

合规指引

1. 工资支付周期尽量不超过 15 日。

鉴于《劳动合同法》对非全日制工资支付周期作了明确规定,有条件的用人单位应调整非全日制员工的工资支付周期,将支付周期由"按月"改为"不超过 15 日",以便全面满足合规要求。

2. 如需超过 15 日,应与员工作特别约定。

如用人单位确实无法以 15 日为周期发放工资,只能按月发放工资的,则应取得非全日制员工同意并作明确书面约定,可供参考的条款如下:"员工充分理解并同意,公司可按月向员工发放工资,上述薪资支付周期调整不改变非全日制劳动合同性质"。笔者相信,如能事先告知员工、取得员工同意且有书面约定的情况下,发生争议后用人单位败诉的概率将大幅下降。

---

① (2018)沪 0104 民初 19500 号。

合规依据

《劳动合同法》

第七十二条第二款　非全日制用工劳动报酬结算支付周期最长不得超过十五日。

合规要点 204　非全日制工伤待遇问题

合规风险指数 ★★★★★

案　例

2016 年 7 月,刘某入职呷哺公司从事服务员,双方未签订书面劳动合同,呷哺公司未为刘某参加工伤保险。2017 年 2 月 20 日,刘某在上班途中因交通事故受伤,所受伤害经认定为工伤,后经劳动能力鉴定委员会鉴定为六级伤残。刘某自行支付医疗费,呷哺公司未向刘某支付任何费用。刘某提起仲裁要求呷哺公司承担一次性伤残补助金等费用。

裁判要点:对于非全日制用工的劳动者,用人单位缴纳相应的工伤保险费仍然是其不能免除的法定义务,也是有效分解工伤风险的必要措施。用人单位应当主动履行该项法定义务。本案中,呷哺公司未为刘某缴纳工伤保险费,刘某发生工伤后,依照上述规定,呷哺公司应承担其工伤保险待遇的赔偿责任。[①]

解　析

非全日制用工虽然属于灵活用工,但双方之间仍然是劳动关系,如发生伤害事故,员工可按照《工伤保险条例》的规定申报和认定工伤,并享受相应的工伤保险待遇。

根据 2011 年 7 月 1 日人力资源和社会保障部公布实施的《实施〈中华人民共和国社会保险法〉若干规定》第九条的规定,“职工(包括非全日制从业人员)在两个或者两个以上用人单位同时就业的,各用人单位应当分别为职工缴纳工伤保险费。职工发生工伤,由职工受到伤害时工作的单位依法承担工伤保险责

① (2019)苏 04 民终 1458 号。

任。”由此可见,用人单位有义务为非全日制员工缴纳工伤保险费,如未缴纳,则相应的工伤待遇责任将由用人单位自行承担。

合规指引

非全日制员工在为用人单位提供服务时,与全日制员工一样存在工伤风险,用人单位应积极按照法律规定为员工缴纳工伤保险。

但是,由于政策等因素限制,部分地区无法单独为非全日制员工缴纳工伤保险费,此时用人单位可考虑为员工购买雇主责任险等商业保险,以适度降低公司的经济赔偿责任。

合规依据

《社会保险法》

第十条　职工应当参加基本养老保险,由用人单位和职工共同缴纳基本养老保险费。

无雇工的个体工商户、未在用人单位参加基本养老保险的非全日制从业人员以及其他灵活就业人员可以参加基本养老保险,由个人缴纳基本养老保险费。

《实施〈中华人民共和国社会保险法〉若干规定》

第九条　职工(包括非全日制从业人员)在两个或者两个以上用人单位同时就业的,各用人单位应当分别为职工缴纳工伤保险费。职工发生工伤,由职工受到伤害时工作的单位依法承担工伤保险责任。

第四节　跨境用工

随着国际商业贸易、全球化进程加速,人才的跨境流动也日趋普遍,跨境用工的两种常见类型包括境外人员来中国就业、提供劳动和中国劳动者以各种方式到境外提供劳动的情形。

在中国境内合法就业的外国人,可与用人单位建立劳动关系,受劳动法的保护,但考虑外国人的身份的特殊性,其在执行劳动法具体规定上仍然与中国籍员工存在不同。自 2018 年 7 月 28 日《国务院关于取消一批行政许可等事项的决定》生效后,我国港澳台地区人员无须办理在内地就业的行政许可,因此港澳台地区人员在境内工作不在本章讨论范围内。而中国劳动者走出去提供劳务也日益普遍。其中,随着"一带一路"倡议的加快实施,我国对外投资、承包项目、劳务合作等各类对外投资合作外派人员日益增多。如何规范或管理跨境劳动用工问题则成为很多企业的新课题。

以下将就境外人员来中国就业、中国劳动者到境外提供劳动(对外劳务合作)分别予以讨论。需要说明的是,跨境用工的种类或形式多样,非标准劳动关系是主要形式,但也不排除标准劳动关系和非劳动关系形式的出现。为方便理解和阅读,我们一并在本节中予以说明。

合规要点 205　未办理就业许可

合规风险指数 ★★★★★

案　例

石某系美国国籍,北京某数码公司为石某办理了就业证,其间为 2012 年 2 月 1 日至 2013 年 3 月 1 日,职位为海外市场经理。

裁判要点:依据《最高人民法院关于审理劳动争议案件适用法律若干问题的解释(四)》第十四条[①]第二款"持有《外国专家证》并取得《外国专家来华工作许可证》的外国人,与中国境内的用人单位建立用工关系的,可以认定为劳动关系"的规定,石某系外国人,其在《外国专家来华工作许可证》及《外国专家证》载明的允许其在华就业期间才能成为劳动法意义上的适格主体,属于劳动法律法规调整的对象,与用人单位建立的关系才属于劳动关系,其他期间应按照劳务关系处理。[②]

解　析

除取得永久居留权的外籍人士外,用人单位聘用外籍员工与中国籍员工最大的不同之处在于,必须为外国人申请就业许可,否则将构成非法就业。根据《出境入境管理法》的规定,非法聘用外国人的,用人单位将承担被罚款的行政责任,按照每非法聘用 1 人处以 1 万元的罚款,有违法所得的,还将被没收违法

① 对应法释〔2020〕26 号第三十三条。
② (2018)京 0106 民初 5938 号。

所得。对于非法就业外国人，除被处以罚款外，还可能被驱逐出境。

此外，如未办理就业许可，双方发生用工争议，将被按劳务关系处理，不受仲裁前置程序约束，也不受《劳动合同法》调整。

合规指引

如用人单位聘用外国人，必须依法为其办理就业许可手续，以避免非法用工风险。在就业证到期后，应及时进行续办，或者终止用工，注销就业证。同时用人单位应确保外籍员工的工作地点、职务、工作单位等与就业证记载相符。

部分用人单位为外籍人士办理了就业许可，但外籍员工实际为其他单位提供服务，甚至为异地用工单位提供服务，此仍可能被界定非法就业的情形。

合规依据

《出境入境管理法》

第四十三条　外国人有下列行为之一的，属于非法就业：（一）未按照规定取得工作许可和工作类居留证件在中国境内工作的；……

《最高人民法院关于审理劳动争议案件适用法律问题的解释（一）》（法释〔2020〕26 号）

第三十三条　外国人、无国籍人未依法取得就业证件即与中华人民共和国境内的用人单位签订劳动合同，当事人请求确认与用人单位存在劳动关系的，人民法院不予支持。

持有《外国专家证》并取得《外国人来华工作许可证》的外国人，与中华人民共和国境内的用人单位建立用工关系的，可以认定为劳动关系。

合规要点 206　劳动合同期限超过 5 年

合规风险指数 ★★★★

案　例

唐某为澳大利亚籍人员，于 2010 年 7 月 1 日入职新立基公司，任财务总监，新立基公司与唐某签订了 2014 年 7 月 1 日生效的无固定期限劳动合同。

裁判要点：双方关于合同期限的约定虽违反《外国人在中国就业管理规定》

中的相关规定,但根据《劳动合同法》的规定,违反法律、行政法规强制性规定的劳动合同无效或者部分无效,而《外国人在中国就业管理规定》为部门规章,故新立基公司与唐某签订的无固定期限劳动合同并不会因违反《外国人在中国就业管理规定》而无效。[1]

解 析

笔者曾多次接到不同客户单位咨询:用人单位有无义务与外籍员工签订无固定期限劳动合同?是否可以与外籍员工签订无固定期限劳动合同?对此,笔者认为:

1. 如外籍员工持有《外国人永久居留证》,则除了政治权利和法律法规规定不可享有的特定权利和义务外,原则上和中国公民享有相同权利,因此,在符合法定条件时(如连续工作满 10 年),用人单位有义务与外籍员工签订无固定期限劳动合同,双方可以签订无固定期限劳动合同。

2. 如无《外国人永久居留证》,则用人单位无义务与外籍员工签订无固定期限劳动合同,也不建议签无固定期限劳动合同,因为《外国人在中国就业管理规定》第十七条明确规定,用人单位与被聘用的外国人应依法订立劳动合同,劳动合同的期限最长不得超过 5 年。

3. 实践中,如果用人单位和外籍员工已经签订了无固定期限劳动合同,一般不会受到处罚,且如上述案例裁判要点,司法机关一般不会轻易否定合同效力,但无固定期限劳动合同可能导致办理就业证遇到困难,存在不符合要求被退回的可能性。

合规指引

根据上述分析,用人单位应遵守《外国人在中国就业管理规定》第十七条的规定,与外国人订立劳动合同的期限最长不得超过 5 年。否则将对办理外籍员工就业证造成影响,另外,因为外籍员工并不当然适用中国法律规定的退休时间,无固定期限合同将面临没有准确终止时间的问题,可能导致双方未来发生争议。

合规依据

《外国人在中国就业管理规定》

第十七条　用人单位与被聘用的外国人应依法订立劳动合同。劳动合同的

---

① (2017)京0115民初23137号。

期限最长不得超过五年。劳动合同期限届满即行终止,但按本规定第十八条的规定履行审批手续后可以续订。

合规要点207　未执行劳动基准

合规风险指数　★★★★★

案　例

HELMUTTHOMASHENTZ于2014年9月22日入职阿特杰公司,任职生产部经理。双方已签订劳动合同,合同约定"该合同可由双方终止,应给予对方三个月通知期。若雇主解雇雇员有权以三个月的工资代替通知。在此情况下,应付金额应按合同中的基本工资进行支付"。HELMUTTHOMASHENTZ主张阿特杰公司于2016年2月29日通知其终止双方劳动合同,并于3个月后解除劳动关系。HELMUTTHOMASHENTZ认为阿特杰公司未按照合同约定,给予提前3个月的通知期。

裁判要点:本案系劳动合同纠纷,双方劳动合同约定的"该合同可由双方终止,应给予对方3个月通知期。若雇主解雇雇员有权以3个月的工资代替通知。在此情况下,应付金额按合同中的基本工资进行支付",不违反《外国人在中国就业管理规定》第二十三条"在中国就业的外国人的工作时间、休息休假、劳动安全卫生以及社会保险按国家有关规定执行"的规定,应为有效。[1]

解　析

外籍员工虽然因其国籍在劳动用工方面存在特殊性,但根据《外国人在中国就业管理规定》等相关规定,用人单位在聘用外国人时,应执行劳动基准,在劳动合同履行期间遵守最低工资规定、依法为外国人缴纳社会保险、保障外国人年休假等假期权益。笔者认为,这一部门规章带来如下问题:除了工作时间、休息、休假劳动安全卫生以及社会保险之外,有关无固定期限劳动合同、解雇保护制度、赔偿金制度等规范是否也适用外国人?在司法实践中,关于外国人在中国就业的法律适用主要存在两种审判思路:

① (2017)粤20民终3428号。

1. 强化意思自治。例如,《上海市高级人民法院关于审理劳动争议案件若干问题的解答》[沪高法民一(2006)17 号]第二条规定:“在国内就业的外国人适用中国劳动标准的问题:(一)原劳动部、公安部、外交部、原对外贸易经济合作部等四部门颁布的外国人在中国就业管理规定(劳部发〔1996〕29 号)第二十二条、第二十三条规定的最低工资、工作时间、休息休假、劳动安全卫生、社会保险等方面的劳动标准,当事人要求适用的,劳动争议处理机构可予支持;(二)当事人之间在上述规定之外约定或履行的其他劳动权利义务,劳动争议处理机构可按当事人的书面劳动合同、单项协议、其他协议形式以及实际履行的内容予以确定;(三)当事人在上述(一)、(二)所列的依据之外,提出适用有关劳动标准和劳动待遇要求的,劳动争议处理机构不予支持。”由此可见,上海的司法实践主张外国人在中国就业除《外国人在中国就业管理规定》规定的最低标准外应按照意思自治原则进行规范。

2. 强化国家管制。例如,《广东省高级人民法院、广东省劳动争议仲裁委员会关于适用〈劳动争议调解仲裁法〉〈劳动合同法〉若干问题的指导意见》第十八条规定:“外国人、港澳台地区居民在中国内地就业产生的用工关系应按劳动关系处理。外国人、港澳台居民未依法办理《外国人就业证》《台港澳人员就业证》的,应认定有关劳动合同为无效劳动合同。外国人、港澳台地区居民已经付出劳动的,由用人单位参照合同约定支付劳动报酬。”由此可见,广东的司法实践是外国人在中国就业应当适用包括《劳动合同法》在内的法律法规。

合规指引

1. 对外籍人员执行劳动基准。

聘用外籍员工的,用人单位应严格按照《外国人在中国就业管理规定》的规定,遵守最低工资规定、工作时间规定(加班等)、休息休假规定(如年休假、产假等)、社会保险规定、劳动安全卫生等强制性的劳动基准。

2. 劳动基准外的其他事项协商一致。

除上述劳动基准范围外,无论约定是否有效,用人单位如希望对外籍员工作特殊安排的,可以通过协商一致的方式与外籍员工约定各项权利义务,包括辞职的提前通知期限、解除合同的责任、超过中国法定退休年龄是否可以终止用工,超退休年龄后继续用工的性质等,以降低发生争议后的风险和成本,避免发生争议时无据可依。

合规依据

《外国人在中国就业管理规定》

第二十二条　用人单位支付所聘用外国人的工资不得低于当地最低工资标准。

第二十三条　在中国就业的外国人的工作时间、休息、休假劳动安全卫生以及社会保险按国家有关规定执行。

合规要点 208　"阴阳"劳动合同

合规风险指数 ★★★★

解　析

用人单位与劳动者签订的劳动合同原则上并不受行政主管部门的审查(除非双方发生争议或因严重侵害劳动者权利等原因受到举报),但因办理就业手续的需要,外籍员工劳动合同需要接受审查,此时,便产生了"阴阳"合同的问题。阳合同,是指双方为办理就业手续而向行政管理部门提交的劳动合同;阴合同,则是指承载了双方真实意思表示,但出于某些目的不便向行政管理部门披露的合同。

例如,在笔者办理的某案中,因员工暂未办理岗位所需的资格证件(厨师证)、用人单位为协助员工规避个人所得税等,在办理就业证时提交了中文版《劳动合同》约定 A 岗位工资 15,000 元,双方又另行签订了英文版《劳动合同》约定 B 岗位工资 50,000 元,后双方就岗位、工资标准到底以何者为准发生争议。

合规指引

上述案例的结果是,法院从合同具体约定、双方实际履行情况综合判断,支持了以英文版《劳动合同》作为确定双方具体权利义务的依据。签订"阴阳"劳动合同将带来较大争议和风险。用人单位在聘用外籍员工时,应尽量以办理就业证的劳动合同作为双方实际履行的劳动合同,而不应以规避审查监管为目的另行订立劳动合同。

合规依据

《外国人在中国就业管理规定》

第十五条　用人单位应在被聘用的外国人入境后十五日内,持许可证书、与被聘用的外国人签订的劳动合同及其有效护照或能代替护照的证件到原发证机关为外国人办理就业证,并填写《外国人就业登记表》。

合规要点209　约定法律适用的效力

合规风险指数　★★

案　例

2015年11月1日,聘方黑豹足球公司与员工Jose Arlindo Filho签订《聘用合同》,聘请被告任足球总教练,负责足球球员的训练等工作。2016年1月25日,员工取得《外国人就业证》,2016年2月2日取得外国人居留证件。

裁判要点:员工Jose Arlindo Filho系巴西公民,本案为涉外劳动争议,应适用我国有关涉外民事诉讼的特别规定。根据《涉外民事关系法律适用法》第四十三条之规定:"劳动合同,适用劳动者工作地法律;难以确定劳动者工作地的,适用用人单位主营业地法律。劳务派遣,可以适用劳务派出地法律",本案员工的工作地位于我国境内,故本案应适用中华人民共和国法律作为解决本案争议的准据法。①

解　析

笔者某客户为国际学校,聘任了多名外籍教师,不少教师在签订劳动合同时提出是否可以适用其国籍国法律,对此,笔者给予客户的答复是不建议答应外籍教师要求,一方面,由于外籍教师国籍不同,难以统一管理;另一方面,一旦发生争议,不仅查明外国法较为烦琐并且法院也多从工作地角度确定适用中国法律。

合规指引

在与外国人签订劳动合同时建议明确约定适用中华人民共和国法律。《涉外民事关系法律适用法》虽已对劳动合同的法律适用作了明确规定,但用人单

① (2017)粤0491民初506号。

位和外国人的《劳动合同》可对适用法律有明确约定，以进一步避免双方发生诉讼时对法律适用问题的争议。

合规依据

《涉外民事关系法律适用法》

第四十三条　劳动合同，适用劳动者工作地法律；难以确定劳动者工作地的，适用用人单位主营业地法律。劳务派遣，可以适用劳务派出地法律。

合规要点 210　非法就业的处理

合规风险指数 ★★★★★

案　例

上海市人力资源和社会保障局于2013年7月9日向6名印度籍外国人签发了《外国人就业证》，该就业证均载明职业或身份为信息科技咨询项目工程师，工作单位为霍克信息咨询(上海)有限公司(以下简称霍克公司)。霍克公司与上述6名印度籍人员签订了劳动合同，担任霍克公司信息科技咨询项目工程师。2013年6月至2015年5月，6名印度籍人员根据霍克公司的指派先后至天合公司工作，从事汽车技术工程等方面的技术支持和服务，具体工作内容由天合公司安排，工资由霍克公司支付。

裁判要点：《外国人在中国就业管理规定》第二十四条第一款规定，外国人在中国就业的用人单位必须与其就业证所注明的单位相一致，故根据上述规定可知，我国法律对外国人在中国就业有严格的形式和实质要求。而本案中6名印度籍人员与霍克公司签订劳动合同并由该公司支付工资，相关外国人在中国就业许可手续亦由霍克公司办理，故上述外籍工作人员应根据就业许可的相关要求为霍克公司工作。但实际情况是，6名印度籍人员签约后即直接至天合公司处工作，由天合公司安排其具体工作内容并进行实际工作绩效考核，故与6名印度籍人员之间构成事实上的聘用关系的用人单位实为天合公司。天合公司作为6名印度籍人员的实际用人单位，在没有为涉案外国人办理在其公司就业许可手续情况下实际聘用上述人员工作,构成非法聘用外国人的违法行为。[1]

解 析

在兼职与借调章节,笔者曾提到,关联公司之间兼职或借调的情况较多,那么,是否可以将外籍员工借调到关联公司?或者委派外籍员工在多家关联公司任职?

实践中,外籍员工特别是高管,同时管理多家子公司、为多家关联公司提供服务的情况并不少见,但此类用工方式并不符合现行法律规定。由于就业证明确记载了用人单位,在其他单位工作超出了工作许可限定范围。

合规指引

为避免被认定为“非法就业”而需承担罚款、拘留等责任,用人单位应安排外籍员工在就业证载明的公司工作,如需变动工作单位的,应及时办理就业许可变更手续,确保二者一致。用人单位不得通过“外包”“派遣”等方式规避上述法律规定。

合规依据

《出境入境管理法》

第四十一条　外国人在中国境内工作,应当按照规定取得工作许可和工作类居留证件。任何单位和个人不得聘用未取得工作许可和工作类居留证件的外国人。

第四十三条　外国人有下列行为之一的,属于非法就业:

(一)未按照规定取得工作许可和工作类居留证件在中国境内工作的;

(二)超出工作许可限定范围在中国境内工作的;

(三)外国留学生违反勤工助学管理规定,超出规定的岗位范围或者时限在中国境内工作的。

《外国人在中国就业管理规定》

第二十四条　外国人在中国就业的用人单位必须与其就业证所注明的单位相一致。

---

① (2015)沪二中行终字第628号。

合规要点 211　准确理解对外劳务合作

合规风险指数 ★★★

案　例

国湘公司营业执照显示经营范围包括向境外派遣各类劳务人员(不含港澳台地区居民)、劳动力外包服务、人力资源外包服务。2014 年 7 月,吕某与国湘公司签订《劳务合同》,约定国湘公司外派吕某至中基安哥拉水泥厂从事电工。合同还约定:国湘公司代中基安哥拉水泥厂为吕某代办国外人身意外伤害保险和索赔事宜。吕某在国外工作期间工资为 2500 美元/月,由国湘公司代支付至吕某之子吕某飞账户。2017 年 8 月吕某因病回国治疗,国湘公司按长沙市最低工资标准代付吕某病假工资,2018 年 3 月起国湘公司停止缴纳社会保险费。吕某多次要求返岗,中基安哥拉水泥厂回复,鉴于吕某心脏安装了三个支架,身体状况不适合出国工作,且安哥拉地处非洲,气候炎热,医疗条件落后等因素,吕某请求未获准予。吕某申请仲裁,要求确认与国湘公司的劳动关系及要求国湘公司支付相关工资、社会保险费用、经济补偿金等。

裁判要点:关于国湘公司与吕某之间是否存在劳动关系。《对外劳务合作管理条例》第二十二条规定对外劳务合作企业与国外雇主订立劳务合作合同。第二十三条规定对外劳务合作企业与劳务人员订立服务合同或者劳动合同。国湘公司为证明其与吕某之间系涉外劳务服务合同关系,中基安哥拉水泥厂是用人单位,提交了 2017 年 2 月 25 日国湘公司与中国国际基金安哥拉有限公司签订的《技术支援及人力资源管理合同》及两份合同续订书。经审查,《技术支援及人力资源管理合同》及两份合同续订书所涉主体并非《劳务合同》涉及的主体中基安哥拉水泥厂,不能证明与吕某有关联性,且签订时间晚于与吕某签订《劳务合同》2 年有余,不能达到其证明目的,国湘公司应当承担举证不能的不利后果,国湘公司诉称其与吕某之间属于劳务服务合同关系与事实不符,法院不予采信。[①]

解　析

上述案例中企业方一直主张本案为国际劳务合作纠纷,应当适用《对外劳务合作管理条例》等对外劳务合作法律法规,而非《劳动合同法》,但最终未获得法院支持。

不过,我们认为其上述案件中的用工形式具有对外劳务合作特征。针对中国对外劳务合作活动,有学者从海外劳工权益保护的视角将对外劳务合作概括为三种形式,合规管理应有所区别:

1. 境内用人单位将与之签订劳动合同的劳动者派遣至境外劳动,包括两种类型,一是境内用人单位将其劳动者派遣至境外雇主处工作;二是境内用人单位在国外承揽业务,然后将其员工派遣海外履行劳动义务;

2. 境内的外派劳务企业与境外雇主签订劳务合作合同,然后将与其建立劳动法律关系的劳动者派遣至境外工作;

3. 境内就业中介机构将我国劳动者介绍到境外就业。[②]

合规指引

对用人单位而言,对外劳务合作应注意劳动关系的确认、书面劳动合同的签订问题,具体包括:

1. 标准劳动关系下的对外劳务合作应注意签署书面劳动合同。

标准劳动关系的法律主体仅限于用人单位与劳动者,两者之间具有较强的从属性,完全受劳动法调整。在劳动关系不变的情况下,境内用人单位可向境外关联公司外派员工,与外派员工签订《委派协议》,与境外关联公司协商外派期间工资数额和支付主体,明确外派期间的各项权利义务,避免产生争议。

我国对外承包工程外派人员也可以纳入标准劳动关系中予以规范,此类用人单位应注意与员工签署书面的劳动合同。

2. 非标准劳动关系下的对外劳务合作也应注意签署书面合同。

我国对外劳务合作中,由对外劳务合作企业通过劳务派遣形式向外国雇主(主要是在国外依法注册的中资企业或机构)输出劳务人员属于典型的非标准

---

① (2019)湘01民终10781号。

② 花勇:《"一带一路"建设中的海外劳工权益法律保护》,载《云南社会主义学院学报》2016年第2期。

劳动关系——劳务派遣法律关系。在此类用工模式下，作为在国外依法注册的中资企业或机构的境内管理公司，应注意审查对外劳务合作企业资质，并审查其与员工是否订立书面劳动合同。

此外，境内用人单位可向境外关联公司外派员工，也可以为外派员工办理符合派驻地法律规定的工作手续，这实际上是双重劳动（雇佣）法律关系，此时属于非标准劳动关系的一种，也应注意与派出员工就工作地点、外派期限、外派待遇等作出明确约定。

3. 非劳动关系下的对外劳务合作应与劳务人员订立书面服务合同。

《对外劳务合作管理条例》第二十三条规定，对外劳务合作企业应当与劳务人员订立书面服务合同；未与劳务人员订立书面服务合同的，不得组织劳务人员赴国外工作。服务合同应当载明劳务合作合同中与劳务人员权益保障相关的事项，以及服务项目、服务费及其收取方式、违约责任。

这实际上就是学者界定的第三种对外劳务合作形式，即“境内就业中介机构将我国劳动者介绍到境外就业”，属于非劳动关系，境内就业中介机构与劳动者之间不构成劳动关系。

合规依据

《对外劳务合作管理条例》

第二十三条　除本条第二款规定的情形外，对外劳务合作企业应当与劳务人员订立书面服务合同；未与劳务人员订立书面服务合同的，不得组织劳务人员赴国外工作。服务合同应当载明劳务合作合同中与劳务人员权益保障相关的事项，以及服务项目、服务费及其收取方式、违约责任。

对外劳务合作企业组织与其建立劳动关系的劳务人员赴国外工作的，与劳务人员订立的劳动合同应当载明劳务合作合同中与劳务人员权益保障相关的事项；未与劳务人员订立劳动合同的，不得组织劳务人员赴国外工作。

合规要点212 对外劳务合作的法律适用问题

合规风险指数 ★★

《最高人民法院关于适用〈中华人民共和国涉外民事关系法律适用法〉若干问题的解释(一)》第一条规定,民事关系具有下列情形之一的,人民法院可以认定为涉外民事关系:(1)当事人一方或双方是外国公民、外国法人或者其他组织、无国籍人;(2)当事人一方或双方的经常居所地在中华人民共和国领域外;……(4)产生、变更或者消灭民事关系的法律事实发生在中华人民共和国领域外;(5)可以认定为涉外民事关系的其他情形。根据该规定,对外劳务合作法律关系可以定性为涉外民事关系,有关其法律适用,应根据我国《涉外民事关系法律适用法》来确定,可以概括为以下四个方面:

1. 标准劳动关系模式下的法律适用:单边适用。

《涉外民事关系法律适用法》第四十三条规定,劳动合同,适用劳动者工作地法律;难以确定劳动者工作地的,适用用人单位主营业地法律。从法律条文字面意思,可以得出这样的结论:如中国劳动者(主要是对外承包工程外派人员)到境外国家工作,应适用工作地的法律,但工作地点难以确定的情况下,也可以适用用人单位所在地(主营业务地)法律。因此,在标准劳动关系模式下,法律适用可以概括为"单边适用"。

不过,笔者认为上述规则仍过于笼统。实际上,中国劳动者到境外国家工作有两种形式,其一是直接与国外雇主签订劳动合同,其二是直接与中国用人单位签署劳动合同后再派往境外国家工作。对于前一种形式,适用工作地法律不会有任何问题,但对于后一种形式,则会涉及《涉外民事关系法律适用法》中所强调的"强制性规定"问题,下文将详细论述。

2. 非标准劳动关系模式下的法律适用:双边适用。

《涉外民事关系法律适用法》第四十三条规定,劳务派遣,可以适用劳务派出地法律。因此,中国人被派遣至外国法人处(无论是中资还是外资),则可以适用中国法律。但涉外劳务派遣法律关系中,接受劳务方的所在地法律如有特殊规定的,将会面临劳务派出地法律和劳务接受地法律的冲突问题,这个问题的解决一直是国际司法领域非常棘手的难题。

我国《对外劳务合作管理条例》第十五条规定，对外劳务合作企业、劳务人员应当遵守用工项目所在国家或者地区的法律，尊重当地的宗教信仰、风俗习惯和文化传统；第二十九条规定，劳务人员在国外实际享有的权益不符合用工项目所在国家或者地区法律规定的，对外劳务合作企业应当协助劳务人员维护合法权益，要求国外雇主履行法律规定的义务、赔偿损失。由此可以判断，中国对于非标准劳动关系模式下的外派劳务人员采取的是双重保护思路，既要适用中国法律，也要遵守用工项目所在国家或地区的法律。除中国之外，带路沿线绝大部分国家基于对本国劳动力市场的保护和法制的权威性，一般也要求强制适用本国的法律。因此，非标准劳动关系模式下，法律适用可以概括为“双边适用”。

3. 非劳动关系模式下的法律适用：协议适用。

非劳动关系领域，从表层的法律结构上来看，不涉及劳动者的合法权益保护问题。因此，各国对此基本上都采取意思自治的原则来予以规范。在中国，当事人“意思自治”已经从传统的合同领域扩展到涉外民事关系法律适用的诸多方面。《涉外民事关系法律适用法》第四十一条规定，当事人可以协议选择合同适用的法律。当事人没有选择的，适用履行义务最能体现该合同特征的一方当事人经常居所地法律或者其他与该合同有最密切联系的法律。因此，非劳动关系模式下，法律适用可以概括为“协议适用”。

但协议选择合同适用的法律如何在实践中具体操作，包括当事人何时可以选择法律、以何种方式选择、可选择的法律范围等，都需要进一步明确。《最高人民法院关于适用〈中华人民共和国涉外民事关系法律适用法〉若干问题的解释(一)》第六条规定，中华人民共和国法律没有明确规定当事人可以选择涉外民事关系适用的法律，当事人选择适用法律的，人民法院应认定该选择无效。第七条规定，一方当事人以双方协议选择的法律与系争的涉外民事关系没有实际联系为由主张选择无效的，人民法院不予支持。

4. 强制性规定的法律适用。

《涉外民事关系法律适用法》第四条规定，中华人民共和国法律对涉外民事关系有强制性规定的，直接适用该强制性规定；第五条又规定，外国法律的适用将损害中华人民共和国社会公共利益的，适用中华人民共和国法律。其中，对于“涉及劳动者权益保护的”内容，《最高人民法院关于适用〈中华人民共和国涉外民事关系法律适用法〉若干问题的解释(一)》第十条明确规定,人民法院应当认定为《涉外民事关系法律适用法》第四条规定的强制性规定。

总而言之,境外劳务合作中,标准劳动关系下,无论是对内的劳务合作关系,还是对外的劳务合作关系,原则上都适用中国法律,即单边适用;对于非标准劳动关系,原则上适用劳务派出国法律,但是也会涉及需要适用用工项目所在国家或地区的法律问题,即双边适用;对于非劳动关系,因不直接涉及劳动者权益保护问题,可以由当事人协议选择所适用的法律,没有协议或约定不明适用最密切联系地法律,即协议适用。

合规指引

境外劳务合作中,标准劳动关系下,无论是对内的劳务合作关系,还是对外的劳务合作关系,原则上都适用中国法律,即单边适用,在司法实践中,如果劳动关系被确定为在国内,一般优先适用中国法律。对于非标准劳动关系,原则上适用劳务派出国法律,但是也会涉及需要适用用工项目所在国家或地区的法律问题,即双边适用。由于法律对适用标准有明确规定,用人单位与员工自行约定与法律规定不同的法律适用,这就要求用人单位在用工时确认并遵守适用的法律。

对于非劳动关系,因不直接涉及劳动者权益保护问题,可以由当事人协议选择所适用的法律,没有协议或约定不明适用最密切联系地法律,即协议适用。此时可以约定适用中国法律。

合规依据

《涉外民事关系法律适用法》

第四十三条　劳动合同,适用劳动者工作地法律;难以确定劳动者工作地的,适用用人单位主营业地法律。劳务派遣,可以适用劳务派出地法律。

合规要点213　未履行对外劳务合作企业义务

合规风险指数　★★★★★

案　例

被告何某从事对外劳务中介活动,但不具备从事对外劳务合作的资质。

2017 年 10 月,原告耿某找被告何某咨询出国劳务事宜,双方口头约定,原告向被告交纳费用 10,000 元,被告为原告办理出国劳务,后原告于 2017 年 10 月 24 日交纳 10,000 元费用。后何某未将耿某送至国外务工,耿某要求何某退还押金及费用。

裁判要点:原告耿某与被告何某以口头形式订立合同,由被告为原告办理出国劳务,但被告不具备从事对外劳务合作的资质,亦未按约送原告出国劳务;双方的合同违背了国务院《对外劳务合作管理条例》第七条第四款“未依法取得对外劳务合作经营资格证书并办理登记,不得从事对外劳务合作”的强制性规定。原告、被告订立的合同因违反行政法规的强制性规定而无效。《合同法》第五十八条规定:“合同无效或者被撤销后,因该合同取得的财产,应当予以返还”,原告、被告订立的合同无效,被告应当向原告返还因该合同取得的财产。[①]

合规指引

1. 未经批准不得从事对外劳务输出活动。

根据《对外劳务合作管理条例》的相关规定,未获得对外劳务合作经营资格的企业,不得从事跨境劳务输出活动,否则将承担行政和刑事责任。用人单位如有对外劳务输出的需求,可通过有资质的劳务合作单位办理相关出国务工手续。

2. 履行培训义务告知义务、报备义务、协调义务等,否则可能需要承担连带责任。

《对外劳务合作管理条例》详细规定了对外劳务合作企业需履行的义务有明确规定(见合规依据),对外劳务合作企业应履行法定义务,用工单位应审查合作的对外劳务合作企业是否履行义务。

合规依据

《对外劳务合作管理条例》

第五条　从事对外劳务合作,应当按照省、自治区、直辖市人民政府的规定,经省级或者设区的市级人民政府商务主管部门批准,取得对外劳务合作经营资格。

第十二条　对外劳务合作企业应当安排劳务人员接受赴国外工作所需的职

① (2019)鲁 1122 民初 6791 号。

业技能、安全防范知识、外语以及用工项目所在国家或者地区相关法律、宗教信仰、风俗习惯等知识的培训;未安排劳务人员接受培训的,不得组织劳务人员赴国外工作。劳务人员应当接受培训,掌握赴国外工作所需的相关技能和知识,提高适应国外工作岗位要求以及安全防范的能力。

第二十四条　对外劳务合作企业与劳务人员订立服务合同或者劳动合同时,应当将劳务合作合同中与劳务人员权益保障相关的事项以及劳务人员要求了解的其他情况如实告知劳务人员,并向劳务人员明确提示包括人身安全风险在内的赴国外工作的风险,不得向劳务人员隐瞒有关信息或者提供虚假信息。对外劳务合作企业有权了解劳务人员与订立服务合同、劳动合同直接相关的个人基本情况,劳务人员应当如实说明。

第二十六条　对外劳务合作企业应当自与劳务人员订立服务合同或者劳动合同之日起10个工作日内,将服务合同或者劳动合同、劳务合作合同副本以及劳务人员名单报负责审批的商务主管部门备案。负责审批的商务主管部门应当将用工项目、国外雇主的有关信息以及劳务人员名单报至国务院商务主管部门。商务主管部门发现服务合同或者劳动合同、劳务合作合同未依照本条例规定载明必备事项的,应当要求对外劳务合作企业补正。

第二十七条　对外劳务合作企业应当负责协助劳务人员与国外雇主订立确定劳动关系的合同,并保证合同中有关劳务人员权益保障的条款与劳务合作合同相应条款的内容一致。

第二十九条　劳务人员在国外实际享有的权益不符合合同约定的,对外劳务合作企业应当协助劳务人员维护合法权益,要求国外雇主履行约定义务、赔偿损失;劳务人员未得到应有赔偿的,有权要求对外劳务合作企业承担相应的赔偿责任。对外劳务合作企业不协助劳务人员向国外雇主要求赔偿的,劳务人员可以直接向对外劳务合作企业要求赔偿。

劳务人员在国外实际享有的权益不符合用工项目所在国家或者地区法律规定的,对外劳务合作企业应当协助劳务人员维护合法权益,要求国外雇主履行法律规定的义务、赔偿损失。

因对外劳务合作企业隐瞒有关信息或者提供虚假信息等原因,导致劳务人员在国外实际享有的权益不符合合同约定的,对外劳务合作企业应当承担赔偿责任。

第五节　其他特殊劳动用工

除了上述非全日制、劳务派遣等用工方式外，实践中还存在其他多元化用工方式，如兼职、借调形式以及因特殊原因导致的停薪留职等。其中，兼职、借调用工的主要合规风险是劳动关系的认定及员工发生工伤事故时的处理问题，停薪留职的主要风险则在于双方对停薪期限、待遇等约定不明。

合规要点 214　兼职被认定为标准劳动关系

合规风险指数 ★★★

案　例

2016 年沈某到湖南腾顺保险公司临湘营业部做保险业务并任队长。2018 年 10 月沈某到湖南凯美陶瓷公司从事市场推广专员工作。沈某在应聘表中填写了自己在湖南腾顺保险公司临湘营业部工作的情况。凯美陶瓷公司要求沈某提供与保险公司没有劳动关系的证明后才与其签订劳动合同，沈某要求凯美陶瓷公司支付未签订劳动合同的双倍工资。

裁判要点：虽然法律、法规没有禁止双重、多重劳动关系，但《劳动法》第九十九条规定：用人单位招用尚未解除劳动合同的劳动者，对原用人单位造成经济损失的，该用人单位应当依法承担连带责任。凯美陶瓷公司对未签劳动合同并无过错，对沈某要求凯美陶瓷公司支付未签订劳动合同的双倍工资的请求不予支持。①

解　析

兼职在现实中大量存在，但其本身并非法律概念，一般是指员工同时为两个或两个以上的企业提供劳动。兼职形式既包括员工同时在关联公司任职等用人

---

①　(2019)湘 06 民终 1789 号。

单位明确知悉的形式,也包括员工利用业余、空闲时间在其他公司兼职而用人单位并不知悉的形式。

前一种情形下,用人单位、兼职单位与兼职员工就兼职的各项要素,如期限、薪资福利等协商一致即可。后一种情况下,兼职单位一般是出于临时用人、不缴纳社保等目的而使用兼职人员,存在较大法律风险,应注意遵守合规指引要求。

合规指引

1. 除关联企业员工兼职外,尽量不以兼职形式用工。

虽然上述案例中法院以用人单位曾要求劳动者证明与其他单位无劳动关系而判决单位无须支付双倍工资,但除接受集团或关联公司委派的兼职员工外,招用兼职员工仍存在事实劳动关系风险,具体风险包括未签劳动合同双倍工资、补缴社保公积金等,而且,在未给兼职员工缴纳社保的情况下,如其发生工伤用人单位还可能需要承担工伤待遇责任。

2. 如确需招用兼职员工,应审查其"兼职"身份。

如因生产经营需要,确需招用兼职员工的,则应仔细审查该员工与第三方用人单位订立的劳动合同、社保缴纳凭证,务必确保该员工与其他单位建立有劳动关系。但此举只能尽量免除双倍工资风险,如员工在劳动过程中发生人身损害,仍然无法规避工伤待遇或损害赔偿风险。

此外,用人单位可尽量减少对兼职人员的劳动管理过程,以兼职人员交付劳动成果为主,不设定考勤、休假等劳动管理要求,该情形下法院仍可能认定双方系劳务关系而排除劳动法的适用。

合规要点 215　借调关系的工伤问题

合规风险指数 ★★★★

案　例

某员工于 1999 年 3 月被借调至湖北省防雷中心工作,2000 年 9 月至湖北省防雷中心投资单位雷光公司工作,2016 年 9 月 12 日在工作中受伤住院半个月,11 月回到气象局工作至退休。2016 年 12 月 6 日,武汉市人力资源和社会保障局认定员工所受伤害为工伤,鉴定结论为致残等级为八级。2018 年 9 月

3日，员工因与雷光公司、气象局就一次性伤残补助金差额协商未成申请仲裁。

裁判要点：虽员工在雷光公司工作期间受伤，被认定为工伤，但其系从气象局借调至雷光公司工作，其人事关系仍在气象局处。根据《工伤保险条例》第四十三条第三款“职工被借调期间受到工伤事故伤害的，由原用人单位承担工伤保险责任，但原用人单位与借调单位可以约定补偿办法”的规定，故员工在本案中所受到工伤事故伤害保险责任应由气象局承担。①

解　析

上述借调案例发生在湖北武汉，笔者在对某总部位于湖北武汉的大型央企做劳动合规调研时，发现其集团内部有一种新型的用工模式，即共享用工，虽然与时下热门的共享经济同有“共享”之名，但其本质更倾向于俗称的“借调”。

借调与兼职一样，并无准确法律概念，一般是指两个用人单位之间通过借调协议，将劳动者从原用人单位（借出单位）借到另一个用人单位（借入单位）的形式，但员工的劳动关系仍保留在原用人单位，即上述案例所体现的员工从漯河苏宁公司被外派至河南苏宁公司工作。

借调与劳务派遣有一定相似之处，如劳动合同主体与实际提供劳动对象的分离等，但不同之处也很明显：第一，借出单位无须就人员借调取得特殊资质；第二，借出单位一般并不以借出员工而获利；第三，劳务派遣发生在劳务派遣公司和各类用工单位之中，而借调一般发生在关联企业之间；第四，劳务派遣受《劳动合同法》相关规定的约束，而借调则并无专门法律规定，只需各方当事人协商一致且不违反劳动用工基准如最低工资的规定即可。

合规指引

1. 借调对象：关联企业。

虽无法律明确规定，但根据实践案例，借调多发于关联企业之间，目的是在企业内部调配人力资源。如超出此范围，由于借出单位没有劳务派遣资质而实际向外部派遣员工，可能被认定为一种经营性活动，有被认定违法派遣的风险。

① (2018)鄂0111民初8883号。

2. 借调形式:员工书面同意。

在实践中,因关联企业用工不规范、混同用工,而被认定需要对员工承担连带责任的情形较多,为避免此类风险,借出单位与借入单位应事先就借调用工征求劳动者意见,取得劳动者同意。三方可以签订借调协议,明确借调用工的期限、工资福利、工伤责任承担等内容。

3. 借调管理:借入单位行使日常管理权,借出单位行使劳动关系管理权。

员工在被借调期间,不可避免地需要同时接受借出单位与借入单位的劳动管理,包括考勤、考核等,此时管理关系可能存在交叉,但应注意,由于员工劳动关系保留在借出单位,如员工存在严重违纪需要被纪律处分甚至解除劳动合同的,或者合同到期续签的,此类行为仍应由借出单位来实施。

合规依据

《工伤保险条例》

第四十三条第三款　职工被借调期间受到工伤事故伤害的,由原用人单位承担工伤保险责任,但原用人单位与借调单位可以约定补偿办法。

合规要点 216　停薪留职人员的管理

合规风险指数 ★★★

案　例

曹某于 2015 年 1 月 1 日与徐州华东机械公司签订《停薪留职协议》,约定:停薪留职期限为 2015 年全年,劳动关系保留在公司,曹某 6 月 30 日前将当年需缴纳社会保险费一次性交清,否则协议终止并解除双方劳动关系;协议期满既未上班又未续签的,按旷工处理,达到规定天数解除劳动关系。2015 年 12 月 24 日,徐州华东机械公司以曹某"《停薪留职协议》已到期,欠缴保险费用,也未到单位上班"为由,于 2015 年 12 月 24 日解除曹某的劳动合同。

裁判要点:公司解除劳动合同的行为违法。2015 年 12 月 24 日未到双方《停薪留职协议》约定的终止时间。既然是停薪留职协议,说明员工无须上班,公司又以员工未回单位上班为由而单方解除合同,与《停薪留职协议》的约定内容矛盾。《停薪留职协议》中对于不交社会保险费用则解除双方劳动合同的约定,不符合《劳动合同法》第三十九条规定的六种用人单位单方解除劳动合同的情形。①

解　析

上述案例中,公司虽与员工签订有《停薪留职协议》,但约定不合规导致败诉,实践中根本没有签订停薪留职协议的情况也不少。笔者在处理某房产经纪公司解散注销员工安置项目时,发现多名员工存在停薪留职的情况,但据房产经纪公司反馈,由于房产经纪人这一岗位的工作阶段性强而连续性不强,公司出于人道主义,在员工面临长期事假时,同意其停薪留职的申请,但仅简单口头约定了停止发放工资、保留职位,未拟定书面协议具体约定停薪留职相关的权利义务。

停薪留职前后、停薪留职期间的工作年限计算问题,是协商解除阶段公司与员工争议的焦点之一,最后,由于劳动关系持续、社保未断缴等客观原因,公司同意按员工最初入职时间连续计算工作年限并计发经济补偿金,绝大部分员工最终与公司达成协商解除协议。

合规指引

1. 停薪留职应留存书面协议,明确权利义务。

按时发放工资、缴纳社会保险和公积金是用人单位的法定义务,要对该等义务作变更,必须征得员工的书面同意,如企业同意员工停薪留职的,建议与其签订书面协议,明确约定各项权利义务,包括工龄是否连续计算、停薪留职期间社会保险费由谁承担等问题。

另外,企业也可能由于调查违纪、业务变动暂无工作等需要安排劳动者停薪留职,此时仍应尽量与劳动者就停薪留职事宜达成一致。否则,单方进行停薪留职存在一定风险,员工可能以用人单位未及时足额支付劳动报酬、未按照劳动合同约定提供劳动保护或者劳动条件等原因解除合同,此时用人单位存在支付经济补偿金的风险。

2. 停薪留职期满后及时处理。

在停薪留职协议中应明确约定期限,如果无法确定具体期间的,可约定“停

① (2017)苏03民终4256号。

薪留职期满时间以公司另行书面通知为准”。

期满后,用人单位应根据后续工作安排,及时通知劳动者返岗或通知其继续停薪留职,否则存在按原待遇向劳动者支付工资的风险。

第三章 非劳动关系

第一节 非劳动关系的界定

随着经济、社会发展，新的用工形式不断出现，非劳动关系用工方式开始不断冲击传统的标准劳动关系用工方式，比较典型的就是外包、互联网平台用工等。

非劳动关系属于民事关系，其主要遵循契约自由原则，当事人双方协商一致即可。非劳动关系中的用工单位没有为劳动者购买社会保险、支付最低工资标准等义务，也没有解雇劳动者的限制。非劳动关系的当事人之间存在经济关系，彼此之间无从属性，不存在行政隶属关系，劳动者提供劳务服务，用人单位支付劳务报酬，各自独立、地位平等。劳动关系与非劳动关系相比有以下几个方面的区别：

1. 主体资格不同。劳动关系的双方主体具有特定性，其一方是用人单位，另一方是劳动者，用人单位和劳动者双方均需满足劳动法律的相关规定。而非劳动关系的主体则无任何限制，既可以是两个主体也可以是多个主体间，还可以发生在自然人与自然人之间或企业与企业之间。

2. 主体地位不同。劳动关系往往意味着隶属性，用人单位与劳动者之间存在天然的不平等关系，劳动者受到企业管理和支配。而在非劳动关系中，双方不存在隶属关系，地位平等，劳动者无须遵守公司的规章制度，劳动者提供劳务，用人单位支付报酬，彼此之间只体现财产关系，而不体现从属性。

3. 当事人权利义务不同。在劳动关系中，劳动者与用人单位之间除存在一般劳动法律关系的义务外,还存在附随义务,如用人单位应当为劳动者购买社会保险、劳动风险由用人单位承担、劳动者应当遵守用人单位的内部规章制度等。而非劳动关系中,用人单位不需要给劳动者购买社会保险、可不提供福利待遇等,其相关权利义务以双方的合同约定为主。

4. 国家干预程度不同。在劳动关系中,由于用人单位与劳动者双方地位天然的不平等,为了更好地保护劳动者的合法权益,《劳动合同法》以倾斜保护劳动者为目的,以期实现劳资双方的实质性平等。国家以强制性法律规范规定了用人单位的各项义务,如各类保险金的缴纳、最低工资、最高工时、保障劳动者的劳动安全与卫生等强制性义务;而劳务关系作为一种民事关系,以私法自治为原则,尊重当事人真实意思表示,受国家干预程度低。

5. 争议的处理程序不同。在劳动关系中,当发生争议时劳动仲裁是诉讼的前置程序,并且劳动争议当事人的仲裁时效期间通常是 1 年,对劳动仲裁不服的,自收到仲裁裁决书之日起 15 日内向人民法院起诉,甚至存在一裁终局的情况。但在非劳动关系中,双方当事人无须经过劳动仲裁前置程序可直接向法院起诉,作为民事案件,劳务争议的当事人诉讼时效期间(除另有特殊规定外)一般为 3 年。

非劳动关系是一个开放的概念,并且它是相对于标准劳动关系和非标准劳动关系而衍生出的概念。从合规管理的角度,非劳动关系的管理主要目标是防止非劳动关系被劳动关系化。

第二节　学生用工

学生用工不仅对企业储备人才有着重要的作用,而且企业聘用学生员工无须受到劳动法的严格约束,因此越来越多的企业青睐使用学生员工。然而,对于学生用工的相关法律法规错综复杂,企业往往难以对学生用工准确的定位和合规管理,导致了大量的用工风险,其中最典型的风险就是学生实习法律关系本属于非劳动关系或民事雇佣关系,但实践中个别案例却被裁决认定为劳动合同关系或事实劳动关系,进而被要求承担劳动法上的责任。因此,学生用工的合规管理重点是防止非劳动关系被认定为劳动关系(既有认定标准劳动关系的案例,也有按照非标准劳动关系处理的案例)。

表2－21对学生用工的种类和法律风险进行了梳理。

表2－21　实习分类

实习类型	学生类型	定义
认识实习	职业学校学生	由职业学校组织到实习单位参观、观摩和体验,形成对实习单位和相关岗位的初步认识的活动①
岗位实习	职业学校学生	具备一定实践岗位工作能力的学生,在专业人员的指导下,辅助或相对独立参与实际工作的活动②
勤工助学	普通全日制学生	学生在学校的组织下利用课余时间,通过劳动取得合法报酬,用于改善学习和生活条件的实践活动③
勤工俭学	普通全日制学生	一般指在校学生利用课余时间,自行与用工单位联系工作,通过劳动取得合法报酬的活动,如做家教、服务员、发传单等
就业实习	普通全日制学生	在校学生已完成了全部学习任务的情形下,以就业为目的参加的实习

一、学生用工的管理

(一)实习生管理

合规要点217　“实习关系”被认定事实劳动关系

合规风险指数　★★★

案　例

倪某于2017年11月29日以实习生身份进入南北极测绘公司从事测量工作,并且倪某、南北极测绘公司及学院签订《毕业顶岗实习三方协议书》。2018年6月29日,倪某正常毕业并继续留任于公司,但双方未签订劳动合同,且公司

① 《职业学校学生实习管理规定》(2021年修订)第二条。

② 《职业学校学生实习管理规定》(2021年修订)第二条。

③ 《高等学校勤工助学管理办法》(2018年修订)第四条。

规章制度规定实习生毕业后应向公司提交正式的入职书面申请、毕业证原件以及复印件等相关材料后，才能签订正式劳动合同，如未按照要求提交，只能按照劳务关系处理。后于2018年11月3日，倪某在测量作业中受伤入院治疗，2019年倪某申请仲裁要求确认与南北测绘公司劳动关系。

裁判要点：在判断劳动者与用人单位之间是否形成事实劳动关系时，应依照劳动和社会保障部《关于确立劳动关系有关事项的通知》第一条规定的实质要件进行审查。本案中，倪某提供的证据足以证实双方均为建立劳动关系的适格主体，倪某实习期满后仍接受南北极测绘公司管理、从事南北极测绘公司指派的工作并从南北极测绘公司逐月领取劳动报酬的事实。南北极测绘公司认为倪某未按规章制度和招录流程提供相应的证件以及不能胜任工作等主张，不能对抗事实劳动关系已实际建立的客观事实。①

解 析

学生在校期间到企业参加实习，其目的在于让学生能学以致用，理应属于教学培养的一环。因此，目前司法实践主流观点倾向于认定学籍内的学生与用工单位不成立劳动关系。基于此，法院认定倪某在正常毕业以前与南北测绘公司之间不构成劳动关系。之后，倪某于2018年6月正常毕业，已达到相关劳动法律规定的主体资格标准。另外，倪某与公司已形成一种稳定的管理与被管理关系，符合《关于确立劳动关系有关事项的通知》第一条规定的实质要件。

合规指引

企业在招聘实习生时可从以下几点防控相应的用工风险：

1. 要求实习生提供相应的证件或者学校开具在籍证明、推荐信等证明其符合“实习生”的身份。

2. 企业也可在学信网上查询该实习生的在读情况，核实其具备实习生的资格，并予以确定实习用工的时间，而不可仅依赖于“实习生”的单方说明。

3. 在学生实习期满后应及时确定是否予以留用，如留用应签订劳动合同、办理社会保险登记手续，从而避免产生事实劳动关系及相关的风险。

---

① （2019）鄂01民终9614号。

合规依据

《职业学校学生实习管理规定》

第二条　本规定所指职业学校学生实习，是指实施全日制学历教育的中职学校、高职专科学校、高职本科学校（以下简称职业学校）学生按照专业培养目标要求和人才培养方案安排，由职业学校安排或者经职业学校批准自行到企（事）业等单位进行职业道德和技术技能培养的实践性教育教学活动。

《高等学校学生勤工助学管理办法》

第二条　本办法所称高等学校是指根据国家有关规定批准设立、实施高等学历教育的全日制普通本科高等学校、高等职业学校和高等专科学校（以下简称学校）。

第三条　本办法所称学生是指学校招收的本专科（含高职、第二学士学位）学生和研究生。

劳动部关于印发《关于贯彻执行〈中华人民共和国劳动法〉若干问题的意见》的通知

第十二条　在校生利用业余时间勤工助学，不视为就业，未建立劳动关系，可以不签订劳动合同。在校学生实习，没有与实习单位建立起劳动关系，不属于公司的职工。

合规要点 218　以劳动管理代替实习管理

合规风险指数　★★★

案　例

大四学生甲至博佳爱童公司工作并担任课程咨询及学龄教师，公司对其进行了与正式员工无差别的考勤管理、绩效管理等，且按月向甲支付工资。后公司因甲未完成考核业绩，而扣发了相应的工资，甲与公司协商无果便向仲裁机构提起劳动仲裁，要求公司足额支付劳动报酬并支付应签未签劳动合同的双倍工资。

裁判要点：法院认为在校学生利用业余时间进行勤工俭学或者实习，用工单位与在校学生之间一般不存在进行业绩考核、考勤管理关系。而本案中，甲具备完全民事行为能力,其临近毕业且以就业为目的参加实习,具有明显的工作岗位和工作内容,而且博佳爱童公司对甲进行考勤管理,每月按照其考核业绩发放报酬,这种关系明显区别于通常的勤工俭学及实习关系,故支持了甲的请求。[1]

解　析

目前,司法实践存在一种观点,即实习生也可以与企业建立事实上的劳动关系。这个案例的裁判思路可以归纳如下:如果在校生以就业为目的的实习,在校学生已完成了全部学习任务,有明确的求职就业愿望,实习期内接受单位的劳动管理,单位也应支付相应的报酬。进一步讲,在该情形下,符合劳动关系的本质特征,即便未签订劳动合同,双方也可成立事实劳动关系。

笔者认为这种判决值得商榷,实属裁判者自由裁量权的扩张,究其根源在于脱离了我国现有劳动法基本框架,仅仅将学生实习从形式上与标准劳动关系进行比对,进而得出这个结论。尽管如此,基于合规管理的目的,我们仍建议企业避免对实习生进行劳动管理。

合规指引

身份管理:实习生用工前,必须核实其实习生身份以及实习生身份终止日期。

协议管理:企业在招用实习生时应签订实习协议,并在协议中明确约定双方为实习关系而非劳动关系,载明实习的目的为学习实践,实习生并不享有劳动法和单位规章制度下的福利待遇,包括年休假、各类津贴等。实习协议中应尽量避免“员工”“入职”“离职”等词汇,以避免被认定为劳动关系。尤其对于报酬,建议以“实习津贴”替代“工资”的表述。

实习管理:制定差异化的实习生管理制度。在管理过程中,用人单位也应尽量避免与正式员工无区别的管理,可适当弱化对其劳动管理的强度,包括避免安排加班等。

合规依据

《关于确立劳动关系有关事项的通知》(劳社部发〔2005〕12号)

一、用人单位招用劳动者未订立书面劳动合同,但同时具备下列情形的,劳动关系成立。

---

① (2016)粤03民终21459号、21461号。

（一）用人单位和劳动者符合法律、法规规定的主体资格；

（二）用人单位依法制定的各项劳动规章制度适用于劳动者，劳动者受用人单位的劳动管理，从事用人单位安排的有报酬的劳动；

（三）劳动者提供的劳动是用人单位业务的组成部分。

（二）留学生管理

合规要点219　招用“外籍实习生”未办理实习签注手续

合规风险指数 ★★★★★

解　析

根据《外国人入境出境管理条例》第二十二条规定，持学习类居留证件的外国人需要在校外勤工助学或者实习的，应当经所在学校同意后，向公安机关出入境管理机构申请居留证件加注勤工助学或者实习地点、期限等信息。因此，在中国就读的留学生在国内参加实习，应办理实习签注手续。企业招用“未办理签注”手续的“外籍学生”通常不会成立事实劳动关系，因此企业无须承担事实劳动关系的用工风险，但是按照《出境入境管理法》规定，此类情况属于“非法用工”，相关行政部门可依此对企业处以1万元罚款并没收违法所得的处罚。

合规指引

企业在招用外籍实习生时，应对外籍学生的身份进一步核实，确认其为中国高校在读外国留学生，并且确保其已办理实习签注手续。同时对签注上的实习地点和期限等信息做好登记备案，如有超期或者变更实习地点应及时处理，避免“非法用工”的风险。

合规依据

《外国人入境出境管理条例》

第二十二条　持学习类居留证件的外国人需要在校外勤工助学或者实习的，应当经所在学校同意后，向公安机关出入境管理机构申请居留证件加注勤工助学或者实习地点、期限等信息。

持学习类居留证件的外国人所持居留证件未加注前款规定信息的,不得在校外勤工助学或者实习。

《出境入境管理法》

第八十条第三款　非法聘用外国人的,处每非法聘用一人一万元,总额不超过十万元的罚款;有违法所得的,没收违法所得。

二、学生用工的安全事故

一般情况下,在校学生与企业之间不构成劳动关系,因此企业无须承担实习生的工伤责任,但是这并不意味着企业无须为实习生承担任何事故伤害责任的风险。

合规要点 220　因实习受伤企业应担责

合规风险指数 ★★★★

案　例

徐某于 2018 年 8 月 8 日以企业“准员工”身份被常工院机车学院安排到科华公司集中进行生产实习,并签订实习协议书,其约定实习生在实习期间未按学校、企业的工作操作要求进行操作造成的事故,学校和企业均不承担责任。后徐某在收工废料的时候左脚被撞伤并至医院就诊,由于学校和企业互相推诿责任均不赔偿徐某的损失,故徐某向法院提起诉讼,要求学校和公司承担医疗费等损失。

裁判要点:实习单位作为实习学生劳动工具的提供者和工作内容的指挥者,系实习期间的直接管理人,在实习期间应保障实习生的人身安全,提供安全的生产场所,并按照实习生所学知识内容及实习生自身的特点安排与其相适应的实习工作,故实习生与实习单位之间不存在劳动关系。但是在实习阶段,实习生受实习单位组织管理,要遵守单位的各项规章制度,双方之间应形成雇佣关系,但该雇佣关系不同于一般的帮工或劳务关系,形式上更类似于劳动关系,根据《最高人民法院关于审理人身损害赔偿案件适用法律若干问题的解释》第十一条规定,应由雇主承担无过错责任,如实习生存在重大过错的,可以适当减轻实习单位的赔偿责任，如实习生只是一般过错的，则不能减轻赔责任。[①]

解　析

在司法实践中，即使法院不认定实习学生与企业成立劳动关系，亦可以参照《民法典》第一千一百九十二条的规定，“提供劳务一方因劳务造成他人损害的，由接受劳务一方承担侵权责任”[②]而要求企业承担赔偿责任。学生在实习期间，企业系学生的直接管理人，应对实习生进行组织管理，实习生亦要遵守企业的各项规章制度，同时，企业享有实习生的劳动成果。故双方之间应形成雇佣关系，企业对实习生的工作场所负有安全保障义务。因此实习生可以向企业主张赔偿，或由学校基于与企业之间签订的实习协议而主张相关的约定权利。当然，如果实习生就安全事故本身存在重大过错，可以适当降低企业的赔偿责任。

合规指引

鉴于实习安全事故时有发生，且难以避免，企业可从以下几个方面来减小企业的风险：

1. 建议企业为实习生购买商业保险，符合条件的地区如浙江可以为实习生购买工伤保险。

2. 企业不安排学生从事风险较大、非专业对口的工作。在实习过程中，企业负有安全保障义务，主要是提供一定的劳动保护（如安全防护服等）。

3. 加强对实习生的工作安全教育，进行相关工作流程、工作纪律的培训并安排实习生签署参加培训和知晓工作规章制度的确认书，一则降低事故发生率，二则实习生因违反操作规程、工作纪律发生事故时，企业也可以适度主张实习生的自身过错，从而减轻企业的赔偿责任。

4. 与学校签订的协议（如有）对实习生事故责任承担进行明确约定。

合规依据

《民法典》

第一千一百九十二条　个人之间形成劳务关系，提供劳务一方因劳务造成

---

① （2019）苏0481民初8024号。

② 虽然《最高人民法院关于审理人身损害赔偿案件适用法律若干问题的解释》删除了劳务关系中雇主承担赔偿责任的表述，但考虑《民法典》规定个人劳务关系，用工者尚需承担侵权责任，举轻以明重，作为更有责任能力的用人单位，更应承担赔偿责任。

他人损害的,由接受劳务一方承担侵权责任。接受劳务一方承担侵权责任后,可以向有故意或者重大过失的提供劳务一方追偿。提供劳务一方因劳务受到损害的,根据双方各自的过错承担相应的责任。

提供劳务期间,因第三人的行为造成提供劳务一方损害的,提供劳务一方有权请求第三人承担侵权责任,也有权请求接受劳务一方给予补偿。接受劳务一方补偿后,可以向第三人追偿。

《职业学校学生实习管理规定》

第三十六条　学生在实习期间受到人身伤害,属于实习责任保险赔付范围的,由承保保险公司按保险合同赔付标准进行赔付。不属于保险赔付范围或者超出保险赔付额度的部分,由实习单位、职业学校及学生按照实习协议约定承担责任。

三、学生用工的特别保护

很多企业有招用实习生的传统,但是也经常出现一些企业安排学生到一些危险岗位、不适合学生的场所实习或工作的情形。为此,教育部与财政部、人力资源和社会保障部、国家安全生产监督管理总局、中国保监会五部门联合印发了《关于印发〈职业学校学生实习管理规定〉的通知》,对实习生基本权益进行了一定的保护。

合规要点221　忽略学生实习的劳动禁忌规定

合规风险指数 ★★★

解　析

根据《职业学校学生实习管理规定》的相关规定,职业学校和实习单位要依法保障实习学生的基本权利,并不得有安排学生到酒吧、夜总会、歌厅、洗浴中心等营业性娱乐场所实习;不得安排学生从事高空、井下、放射性、有毒、易燃易爆,以及其他具有较高安全风险的工作;不得安排学生加班和夜班等。

在劳动报酬方面,接收学生顶岗实习的实习单位,应参考本单位相同岗位的报酬标准和顶岗实习学生的工作量、工作强度、工作时间等因素,合理确定顶岗实习报酬,原则上不低于本单位相同岗位试用期工资标准的80%,并按照实习协议约定,以货币形式及时、足额支付给学生。

合规指引

用人单位应注意对实习生履行劳动保护义务并执行有关的禁止性规定,具体包括:

1. 不安排学生从事高空、井下、放射性、有毒、易燃易爆,以及其他具有较高安全风险的实习;

2. 不安排学生在法定节假日实习;

3. 不安排学生加班和夜班;

4. 不安排未成年学生从事《未成年工特殊保护规定》中禁忌从事的劳动;

5. 不安排实习的女学生从事《女职工劳动保护特别规定》中禁忌从事的劳动;

6. 不安排学生到酒吧、夜总会、歌厅、洗浴中心等营业性娱乐场所实习;

7. 不通过中介机构或有偿代理组织、安排和管理学生实习工作;

8. 合理确定顶岗实习报酬,原则上不低于本单位相同岗位试用期工资标准的80%,并按照实习协议约定,以货币形式及时、足额支付给学生。

合规依据

《职业学校学生实习管理规定》

第十六条　除相关专业和实习岗位有特殊要求,并报上级主管部门备案的实习安排外,学生跟岗和顶岗实习期间,实习单位应遵守国家关于工作时间和休息休假的规定,并不得有以下情形:

(一)安排学生从事高空、井下、放射性、有毒、易燃易爆,以及其他具有较高安全风险的实习;

(二)安排学生在法定节假日实习;

(三)安排学生加班和夜班。

第十七条　接收学生顶岗实习的实习单位,应参考本单位相同岗位的报酬标准和顶岗实习学生的工作量、工作强度、工作时间等因素,合理确定顶岗实习报酬,原则上不低于本单位相同岗位试用期工资标准的80%,并按照实习协议约定,以货币形式及时、足额支付给学生。

第三节 退休返聘

退休是指劳动者达到法定退休年龄并符合法定退休条件时,退出工作岗位、休息和养老的制度。当前,中国老龄化发展速度快、规模大,随着人类寿命的延长及观念的转变,退休人员被返聘到企业已经成为一种风潮。

一般认为,退休返聘人员与企业建立的是民事关系,应适用劳务关系或雇佣关系的相关法律政策。因此,退休返聘人员应划入非劳动关系的范畴。不过,针对近些年逐渐增多的延迟退休人员,根据地方政策,此类人员并无丧失就业主体资格,仍可以和企业建立劳动关系。尽管如此,为方便理解,我们还是将延迟退休人员的问题放在非劳动关系板块来制定合规指引。

需要警惕的是,社会上存在这样的倾向,退休返聘用工也可以认定为劳动关系,主要是针对到达法定退休年龄仍未领取基本养老保险待遇的人员。这是合规管理的难点问题。

一、延迟退休

2012 年由人社部、发改委等部门制定的《社会保障“十二五”规划纲要》发布,提出“研究弹性延迟领取养老金年龄的政策”,至此“延迟退休”的概念被正式提出。面对人口老龄化、养老金缺口的困境,延迟退休已然成为未来必然的趋势。

合规要点 222 用人单位未及时办理退休手续

合规风险指数 ★★★

案 例

陈某原系中科合臣公司的员工,在陈某临近退休时,劳资双方达成协议延迟退休，中科合臣公司向上海市普陀区社会保险事业管理中心为陈某申办了企业人才柔性延迟申领基本养老金手续。在陈某达到法定退休年龄后，向中科合臣公司申请办理退休，但中科合臣公司迟迟未办理退休手续，陈某离职后向法院提起诉讼，要求中科合臣公司赔偿其退休金的损失。

裁判要点：本市为充分发挥企业各类人才的作用，促进企业发展的需要，曾制定《关于本市企业各类人才柔性延迟办理申领基本养老金手续的试行意见》，明确劳动者达到退休年龄时，劳动合同依法终止；若企业因工作需要，劳动者本人身体健康，且能坚持正常工作的，经本人提出申请，可与企业协商一致延迟办理申领基本养老金手续。但延迟申领基本养老金的人员提前30日以书面形式通知，可以单方解除该工作协议；工作协议解除时，企业应当为延迟申领基本养老金人员办理申领基本养老金手续。本案中，中科合臣公司迟迟没有为陈某办理正式退休手续，故中科合臣公司应赔偿陈某无法领取养老金的经济损失。[①]

解　析

由于现阶段延迟退休的制度尚未成熟，仅能在北京、上海等几处的地方性法规找到对延迟申领养老金手续有相关规定，因此当前很多地区仍然无法实现延迟退休。因此，企业应按照以下分类积极履行法定义务：

1. 正常退休。

根据国务院颁发的《国务院关于工人退休、退职的暂行办法》的规定，男年满60周岁，女干部年满55周岁，女工人（或工勤岗位）50周岁，社保累计缴费满15年的，就可以办理退休手续。

2. 延迟退休。

（1）机关事业女干部。

根据《关于机关事业单位县处级女干部和具有高级职称的女性专业技术人员退休年龄问题的通知》文件精神，机关事业单位县处级女干部和具有高级职称的女性专业技术人员，年满60周岁退休。

（2）高级专家退休年龄。

副教授、副研究员以及相当这一级职称的高级专家，最长不超过65周岁。

① （2016）沪02民终212号。

教授、研究员以及相当这一级职称的高级专家,最长不超过70周岁。

(3)各地延迟申领养老金政策。

按照《上海市人力资源和社会保障局关于本市企业各类人才柔性延迟办理申领基本养老金手续的试行意见》的规定,企业中具有专业技术职务资格人员,具有技师、高级技师资格证书的技能人员或企业需要的其他人员,到达法定退休年龄、符合领取养老金条件的,如企业工作需要,本人身体健康,能坚持正常工作,经本人提出申请,与企业协商一致后,可以延迟领取基本养老金。

合规指引

我国目前没有制定统一的延迟退休年龄的方案。如果企业所在地无延迟退休或柔性退休政策,建议企业在劳动者达到法定退休年龄以后,及时为其办理劳动合同终止手续,并依法为劳动者办理申领退休金手续,否则将面临向劳动者赔偿退休金损失的风险。

合规依据

《国务院关于工人退休、退职的暂行办法》

第一条　全民所有制企业、事业单位和国家机关、人民团体的工人,符合下列条件之一的,应该退休:

(一)男年满六十周岁,女年满五十周岁,连续工龄满十年的。

(二)从事井下、高空、高温、特别繁重体力劳动或者其他有害身体健康的工作,男年满五十五周岁、女年满四十五周岁,连续工龄满十年的。

本项规定也适用于工作条件与工人相同的基层干部。

(三)男年满五十周岁,女年满四十五周岁,连续工龄满十年,由医院证明,并经劳动鉴定委员会确认,完全丧失劳动能力的。

(四)因工致残,由医院证明,并经劳动鉴定委员会确认,完全丧失劳动能力的。

《上海市人力资源和社会保障局关于本市企业各类人才柔性延迟办理申领基本养老金手续的试行意见》(沪人社养发〔2010〕47号)

二、延迟期限

符合本试行意见的人员,延迟办理申领基本养老金手续的年龄,男性一般不超过65周岁,女性一般不超过60周岁。

二、"退休"身份的确定

合规要点 223　招用已达到法定退休年龄的劳动者被认定为劳动关系

合规风险指数 ★★★

案　例

徐某年满 60 周岁后入职恒基公司并担任值班保卫工作，在其入职时未与恒基公司签订劳动合同，后于值班期间突发心脏病死亡，其家属提起诉讼，要求确定徐某与恒基公司的劳动关系。

裁判要点：法院认为徐某为农业户口人员，徐某领取的农村居民养老保险金是政府补贴，不是法律和司法解释规定的养老保险待遇；徐某并未享受法律及司法解释规定的养老保险待遇或领取退休金，因此，不能依据上述《劳动合同法》第四十四条及《最高人民法院关于审理劳动争议案件适用法律若干问题的解释（三）》第七条①等规定，确认徐某与恒基公司为劳务关系。恒基公司以此主张徐某与其形成的是劳务关系，依据不足，本院不予支持。徐某为恒基公司提供劳动时，虽已年满 60 周岁，但相关法律、法规并未禁止农业人员 60 周岁后，不能与用人单位建立劳动关系。徐某为恒基公司看门数年，接受恒基公司的管理，恒基公司支付徐某劳动报酬，原审据此认定双方形成劳动关系正确，本院予以维持。②

解　析

《劳动合同法》颁布之前，对于达到法定退休年龄但未领取退休金的人员与企业之间不可以建立劳动关系问题，司法实践本无争议。但《劳动合同法》将《劳动法》的"到龄退休"终止合同替换为"依法享受养老保险待遇或领取退休金"可以终止合同，这就给人们这样的疑问：达到法定退休年龄但未领取退休金的人员与企业是否可以建立劳动关系？

---

① 对应法释〔2020〕26 号第三十二条。

② （2015）鲁民提字第 526 号。

有观点认为,劳动者已达到退休年龄且领取养老保险金的劳动者不被认定为劳动关系,是因为此类劳动者已享受了社会养老这一社会保障,法律对该部分劳动者无须再倾斜保护。相反,已达到退休年龄但未享受养老保险待遇或领取退休金的人员,此时没有社会保障托底,仍属于弱者,应该适用劳动法予以保护,即此类人员可以和企业建立劳动关系。因此,发生用工争议时,部分地区法院也倾向性认定若双方之间实际用工情况符合劳动关系的特征的,应当认定为劳动关系。

笔者认为,可以认定劳动关系的观点既不符合就业公平原则,也曲解了《劳动法》与《劳动合同法》的关系,不应视为主流观点。为此,《劳动合同法实施条例》第二十一条明确规定,劳动者达到法定退休年龄的,劳动合同终止。因此,用人单位与其招用的未依法享受养老保险待遇或领取退休金的人员之间的关系,仍应划入非劳动关系范畴予以管理。

合规指引

为避免被认定为劳动关系,我们建议企业在聘用退休劳动者时,按照以下几点进行风险防控:

1. 企业聘用退休人员,原则上,除了审查劳动者是否达到法定退休年龄之外,还要重点审查劳动者是否已经享受城镇职工养老保险待遇。退休年龄和领取养老保险待遇这两个条件齐备,才予以返聘。

2. 企业可以要求劳动者提供退休证明、领取养老金的相关证明,并要求其签订确认书。

3. 招用退休人员,双方应签订书面劳务合同,明确双方的关系为劳务关系而非劳动关系,且根据《合同法》(《民法典》合同编)等约定劳务报酬、工作时间、解聘等各项权利义务。

合规依据

《劳动合同法》

第四十四条　劳动者开始依法享受基本养老保险待遇的,劳动合同终止。

《最高人民法院关于审理劳动争议案件适用法律问题的解释(一)》(法释〔2020〕26号)

第三十二条　用人单位与其招用的已经依法享受养老保险待遇或者领取退

休金的人员发生用工争议而提起诉讼的，人民法院应当按劳务关系处理。

企业停薪留职人员、未达到法定退休年龄的内退人员、下岗待岗人员以及企业经营性停产放长假人员，因与新的用人单位发生用工争议而提起诉讼的，人民法院应当按劳动关系处理。

三、退休返聘人员的安全保障

合规要点 224　返聘人员受伤时的企业责任

合规风险指数 ★★★★★

案　例

王某退休后被金亿飞腾公司聘用担任保洁员，于 2018 年 3 月 21 日搬花盆时腰部扭伤，伤后自觉腰部疼痛，无腰部活动障碍及其他症状，遂自行回家，后多次去医院就诊，并经鉴定机构鉴定，王某腰部扭伤后治疗与其 2018 年 3 月 21 日的外伤之间存在一定因果关系。王某要求公司承担医疗费用并就此发生争议，后诉至法院。

裁判要点：王某提交的证据能够证实王某系在工作时受伤，金亿飞腾公司虽然否认王某的伤情是在工作中受伤，但未能提供足以反驳的证据，故法院对王某系在工作中受伤的事实予以确认。经鉴定结论指出，王某腰部扭伤后治疗与其 2018 年 3 月 21 日的外伤之间存在一定因果关系，建议参与度为 10% ~30% 。王某为金亿飞腾公司提供劳务致害，依据《最高人民法院关于审理人身损害赔偿案件适用法律若干问题的解释》第十一条的规定，雇员在从事雇佣活动中遭受人身损害，雇主应当承担赔偿责任。金亿飞腾公司应对王某的合理损失承担赔偿责任，故酌情确定金亿飞腾公司承担比例为 20% 的责任。①

---

① (2019)津 01 民终 5429 号。

解　析

退休返聘人员通常与企业成立的法律关系为劳务关系,因此退休返聘人员在工作中受伤不能申请工伤认定。但参照《民法典》第一千一百九十二条的规定,雇员在从事雇佣活动中遭受人身损害,雇主应当承担赔偿责任。因此,退休返聘人员若能初步举证其是在履行岗位职责时受伤,且企业不能举证返聘人员系非工作原因受伤,则须承担相应的赔偿责任。

合规指引

由于返聘人员无法购买工伤保险,因此返聘人员遭受人身损害赔偿,公司所面临的风险极高,公司可从以下方式减少风险:

1. 为退休人员购买雇主责任险。

2. 在聘用退休人员之时对其身体素质和工作技能须进行一定的审核,以保证聘用人员的身体状况符合相应岗位的应有强度和要求,减少发生人身意外和患病的风险。

3. 避免安排退休人员从事高强度、高压力、经常性的加班、出差等的工作。

合规依据

《人力资源和社会保障部关于执行〈工伤保险条例〉若干问题的意见(二)》(人社部发〔2016〕29号)

二、达到或超过法定退休年龄,但未办理退休手续或者未依法享受城镇职工基本养老保险待遇,继续在原用人单位工作期间受到事故伤害或患职业病的,用人单位依法承担工伤保险责任。

用人单位招用已经达到、超过法定退休年龄或已经领取城镇职工基本养老保险待遇的人员,在用工期间因工作原因受到事故伤害或患职业病的,如招用单位已按项目参保等方式为其缴纳工伤保险费的,应适用《工伤保险条例》。

四、退休返聘人员的薪资福利

合规要点225　未区分使用合同模板

合规风险指数　★★

解　析

返聘人员与公司之间通常按照劳务关系处理，无须遵守《劳动法》中的强制性规定，而是更加注重双方的“合意”。但是现实中很多公司为了省事，与返聘人员签订的劳务合同的条款基本照抄了劳动合同条款，包括约定年休假、病假、加班费、经济补偿等内容，这等于“作茧自缚”。如双方发生争议，通常法院认为由于双方部分权利义务同意参照劳动法来执行，并且在返聘协议中明确约定了公司休假、病假、加班、经济补偿等责任。又因为该约定不违反法律规定，法院可根据双方约定的内容支持退休人员的年休假、病假工资、加班费等内容，从而大大增加了公司的用工成本。

合规指引

对于退休返聘人员，如果企业愿意执行更高标准，与法无悖，应予支持。但是，我们仍建议企业保留用工自主权，即明确约定返聘人员不享受劳动法规定的福利，如不享受年休假、无经济补偿金等，并且可以约定解聘条件，如任何一方提前30日通知对方即可解除合同并无须承担任何赔偿责任。在保持用工自主权的情况下，如果企业还给予退休返聘人员更高的薪资福利待遇，这既可以避免争议发生，也可以起到挽留、激励优秀人才的目的。

合规依据

《劳动合同法》

第四十四条　劳动者开始依法享受基本养老保险待遇的，劳动合同终止。

《最高人民法院关于审理劳动争议案件适用法律问题的解释（一）》（法释〔2020〕26号）

第三十二条　用人单位与其招用的已经依法享受养老保险待遇或者领取退休金的人员发生用工争议而提起诉讼的，人民法院应当按劳务关系处理。

企业停薪留职人员、未达到法定退休年龄的内退人员、下岗待岗人员以及企业经营性停产放长假人员,因与新的用人单位发生用工争议而提起诉讼的,人民法院应当按劳动关系处理。

第四节　外包

“外包”用工在实践中是指发包单位根据生产经营需求,将部分业务或工作发包给承包单位,由该承包单位自行安排人员按照发包单位的要求完成业务或工作。外包在劳动法领域并无准确法律概念,但可与《民法典》合同编规定的承揽关系相对应。外包协议经常被命名为“服务协议”“承包协议”“劳务协议”等。

外包的本质是两个商业主体之间的合作关系,外包员工的实际唯一雇主为承包单位,外包员工发生工伤事故、被拖欠工资社保、被违法辞退等相关法律责任均应由承包单位承担,与发包单位无关。这也是发包单位使用外包用工的目的,但如果外包用工过程中存在不合规行为,可能导致外包关系不能成立,发包单位需要承担劳动法项下的义务,具体包括:

合规要点 226　外包公司不具备外包资质

合规风险指数 ★★★★★

案　例

吕某于 2018 年 7 月被国丰公司聘用派遣至国轩公司做辊压机操作工,国丰公司与吕某签订劳动合同书一份。同年 7 月 27 日,吕某在工作中双手被卷进辊压机,致双手严重受伤,国丰公司将吕某送至医院。为便于工伤认定,吕某提起诉讼要求确认与国丰公司之间自 2018 年 7 月起存在劳动关系。国丰公司主张其与国轩公司之间为劳务派遣关系,国轩公司则认为其与国丰公司系外包关系。

裁判要点:本案中,被告国丰公司虽同时具有派遣资质和劳务外包资质,但其和国轩公司签订的为劳务外包协议，双方也实际按照协议的内容履行劳务工工时结算，有劳务外包协议，劳务工工时汇总表等予以证实，认定两被告之间系外包关系。①

解　析

外包用工受法律规制较少，更具灵活性，法律并未规定承包单位应在人员委派、调动方面取得特殊资质，但承包单位应当具有其承包的业务或工作的经营资质。例如，承包单位承包保洁工作的，则其工商登记的经营范围应包括“保洁服务”。

合规指引

1. 发包单位应在发包前审查承包单位资质、资信状况。

最简单的方式是，要求劳务外包公司提供营业执照，核查其经营范围是否符合外包业务要求。同时，发包单位还可以使用国家企业信用信息公示系统、天眼查、企查查等工具查询承包单位信息的信息，与营业执照作相互印证，或进一步了解涉诉、年度经营报告等信息。

2. 发包单位需在发包前审查承包单位与外包员工之间劳动合同订立、社保缴费情况。

劳务外包最大的风险不是政府监管，而是劳动争议个案。由于发包单位经常直接接受外包员工在自己的工作场所提供劳动，如果该员工未与承包单位签订劳动合同，则发包单位存在与该员工建立事实劳动关系的风险。因此，在发包之初，便应审查承包单位与外包员工之间是否订有书面劳动合同、是否为员工缴纳社会保险，这是控制风险的重中之重。

3. 发包单位需在合同履行过程中监督承包单位是否履行义务。

在外包模式下，承包单位应独立承担劳动法上用人单位的责任，但如果承包单位不履行义务，外包员工往往容易通过群体性的、过激的行为给发包单位施加压力，或主张与发包单位存在劳动关系、要求发包单位承担连带责任等。因此，发包单位应定期、积极地核查承包单位是否及时发放工资、缴纳社会保险等，以降低发生劳动争议的风险。

---

① （2018）苏0116民初5423号。

合规依据

《民法典》

第七百七十条　承揽合同是承揽人按照定作人的要求完成工作,交付工作成果,定作人支付报酬的合同。

承揽包括加工、定作、修理、复制、测试、检验等工作。

合规要点 227　"假外包、真派遣"问题

合规风险指数 ★★★★

案　例

2015 年 9 月,大发正大公司与晨月明辉公司签订《劳务外包协议》约定:大发正大公司将部分食品生产操作工作岗位的工作任务外包给晨月明辉公司;乙方应遵照甲方的各项制度进行生产管理,并负责处理员工与劳动人事相关事宜,包括培训、离职、违纪处理等;甲方按乙方所有员工生产计件工资总额的 115% 支付乙方外包服务等费用。2016 年 3 月,员工宣某永与晨月明辉公司签订了《劳动合同》,随后被派遣至大发正大公司工作,并于同年 5 月受伤。晨月明辉公司主张宣某永与其公司不存在劳动关系,且主张宣某永与大发正大公司存在劳动关系,其公司与大发正大公司仅存在形式上的劳务派遣,员工的招工、用工及工资发放都是大发正大公司进行的。

裁判要点:结合《劳务外包协议》及《劳动合同》,法院认为宣某永系晨月明辉公司派遣至大发正大公司的职工,与晨月明辉公司存在劳动关系,故法院对宣某永主张的自 2016 年 3 月至 7 月与晨月明辉公司存在劳动关系的诉讼请求予以支持。①

解　析

自 2014 年《劳务派遣暂行规定》实施并规定用工单位使用的被派遣劳动者数量不得超过其用工总量的 10%,众多企业便纷纷寻找劳务派遣的替代途径,

① (2018)京 0113 民初 5355 号。

业务外包成了最主要的方式之一。虽然用工形式表面上作了更改，但派遣用工转为外包用工过程中涉及法律关系变化、管理权调整等比较复杂，实质上的劳务派遣用工模式难以立刻改变，如上述案例中的用工关系复杂混乱的情形屡见不鲜，“假外包、真派遣”等问题也应运而生。

对这种行为如何认定、如何处理，目前并无全国性的统一规定，但是某些地方（如江苏）已经提出了处理方式，即揭开虚假的劳务外包面具，将其认定为实质的劳务派遣行为。对用人单位而言，“假外包、真派遣”的主要风险是在“外包”的保护罩下，用工行为可能违反劳务派遣相关规定，如被判定为劳务派遣的用工比例超过10%。《江苏省劳动合同条例》（2013年修订）第三十六条规定：“企业将其业务发包给其他单位，但承包单位的劳动者在企业的生产经营场所使用企业的设施设备、按照企业的安排提供劳动，或者以企业的名义提供劳动，以及其他名为劳务外包实为劳务派遣的，其劳动者的人数纳入前款规定的比例计算。”

合规指引

本条内容合规重点是避免“假外包，真派遣”，笔者根据实践经验整理外包与劳务派遣的以下几大区别，用工单位在选用外包用工模式时，应注意按外包方式规范用工，避免被认定为“假外包，真派遣”（见表2－22）。

表2－22　劳务派遣与外包的区别

项目	劳务派遣	业务外包
模式	用工单位、用人单位、劳动者三方	发包方、承包方、劳动者三方
合同	劳务派遣协议＋劳动合同	业务服务协议＋劳动合同
适用法律	劳动法相关法律法规	合同法
用工管理	用工单位有权直接管理用工	用工单位不直接管理，而由承包方管理
员工报酬支付主体	一般为用人单位，也可以用工单位直接支付	承包方支付
公司间费用结算	按派遣人数（工资＋社保＋管理费）	按约定，一般按工作量
经营资质	用人单位应具有劳务派遣资质	承包方应具有承包业务的经营资质

合规依据

《劳务派遣暂行规定》

第二十七条　用人单位以承揽、外包等名义，按劳务派遣用工形式使用劳动者的，按照本规定处理。

第五节　挂靠

“挂靠”一词为行业术语而并非法律用语，一般指企业、合伙组织、个体户或自然人有偿“借用”有资质的企业名义对外从事经营活动，具备资质且允许他人使用其名义的企业为被挂靠企业，而使用被挂靠企业名义从事经营活动的个人或企业为挂靠人。“挂靠”实质是规避法律规定的一种不正当竞争行为，从立法精神和社会实践的角度来看一般持否定评价。本书只从劳动法相关规定的角度来分析挂靠者和挂靠单位之间的用工风险。

合规要点 228　挂靠的用工风险

合规风险指数　★★★

案　例

运通公司与张某军签订了货运经营车辆服务合同，约定张某军将其自购的油罐车挂靠在运通公司运营，张某军每半年向运通公司缴纳服务费 3300 元，驾驶员由张某军聘用，但需征得运通公司批准。张某军雇用张某华负责驾驶，并约定报酬为每月 5000 元。后张某华向运通公司邮寄了《解除劳动关系通知书》，以运通公司未支付年休假工资、未签订劳动合同为由解除劳动关系并就此申请劳动仲裁。

裁判要点：运通公司的规章制度不适用于张某军，张某军亦不受运通公司的劳动管理，其所购买的油罐车挂靠运通公司经营，双方均按照签订的货运经营车辆服务合同履行各自权利义务，张某军与运通公司之间形成挂靠经营关系，不存在劳动关系。张某军雇用张某华为其驾驶车辆，张某华的工作不受运通公司的管理，工资报酬与张某军协商确定，张某军安排张某华的工作，并向其支付工资，运通公司不向其支付劳动报酬，故运通公司与张某华未形成管理与被管理的劳动关系。[1]

解　析

在实践中，以挂靠方式对外经营的情况较为普遍，除了上述个人挂靠公司对外运营以外，还存在公司"挂靠"个人资质的情况，如建筑企业/医疗行业"挂靠"个人的建造师资格证、行医资格证等。无论是个人挂靠公司还是公司挂靠个人，审判机构认定相关主体之间是否存在劳动关系一般从以下几个方面入手：

1. 双方之间是否具备法律、法规规定的主体资格；

2. 提供劳动一方接受的是被挂靠企业管理还是挂靠企业的管理；

3. 从事的工作是否属于被挂靠单位的业务。

虽然双方主体具备法定的资格，但若双方之间没有建立劳动关系的合意，且双方之间不存在劳动关系所应有的用人单位与劳动者之间管理与被管理、指挥与被指挥、监督与被监督的人身隶属性，通常不被认定为劳动关系。

合规指引

对于可能出现的上述风险，企业可从以下几个方面进行防控。

1. 在主体之间建立挂靠关系时，应签订挂靠协议，明确双方不存在劳动关系，并列明双方的权利义务和责任承担。

2. 公司方不替个人缴纳社会保险，可要求其以自由职业者的身份自行缴纳社会保险。

3. 公司可要求挂靠人购买相关的商业保险，同时要求挂靠人在签订合同时提交相关保险凭证的原件或与原件核对无误的复印件。

合规依据

《劳动和社会保障部关于确立劳动关系有关事项的通知》(劳社部发〔2005〕12号)

一、用人单位招用劳动者未订立书面劳动合同，但同时具备下列情形的，劳动关系成立。

---

① (2019)鄂01民终10578号。

(一)用人单位和劳动者符合法律、法规规定的主体资格;

(二)用人单位依法制定的各项劳动规章制度适用于劳动者,劳动者受用人单位的劳动管理,从事用人单位安排的有报酬的劳动;

(三)劳动者提供的劳动是用人单位业务的组成部分。

合规要点 229 挂靠人员的事故伤害处理

合规风险指数 ★★★★

案 例

某重型半挂牵引车的实际车主系张某国,其与长春运输公司签订了车辆挂靠协议,将该车挂靠在长春运输公司的名下,后张某国雇用周某名驾驶该车,周某名在驾驶该车时与另一货车发生交通事故,并造成周某名受伤死亡。事故发生后,周某名的近亲属申请仲裁,要求确认长春运输公司与其存在劳动关系,并要求长春运输公司承担工伤责任。

裁判要点:根据《最高人民法院关于审理工伤保险行政案件若干问题的规定》第三条第一款第五项的规定,个人挂靠其他单位对外经营,其聘用的人员因工伤亡的,被挂靠单位为承担工伤保险责任的单位。第三条第二款规定,前款第四项、第五项明确的承担工伤保险责任的单位承担赔偿责任或者社会保险经办机构从工伤保险基金支付工伤保险待遇后,有权向相关组织、单位和个人追偿。《最高人民法院关于审理道路交通事故损害赔偿案件适用法律若干问题的解释》第三条规定,以挂靠形式从事道路运输经营活动的机动车发生交通事故造成损害,属于该机动车一方责任,当事人请求由挂靠人和被挂靠人承担连带责任的,人民法院应予支持。《最高人民法院关于车辆实际所有人聘用的司机与挂靠单位之间是否形成事实劳动关系的答复》明确:个人购买的车辆挂靠其他单位以挂靠单位的名义对外经营的,根据 2008 年 1 月 1 日起实施的《劳动合同法》规定的精神,其聘用的司机与挂靠单位之间不具备劳动关系的基本特征,不宜认定其形成了事实劳动关系。根据上述规定,挂靠单位与劳动者之间没有建立劳动关系的意思表示,缺乏劳动关系构成要件,不能认定存在劳动关系。综上所述，本案能够确认周某名与长春运输公司之间不存在劳动关系，但长春运输公司是承担周某名工伤保险责任的单位，长春运输公司承担赔偿责任或者社会保险经办机构从工伤保险基金支付工伤保险待遇后，有权向张某国追偿。[①]

解　析

实践中有一种观点认为，车辆实际所有人与挂靠单位之间采取挂靠经营的做法，与《劳动和社会保障部关于确立劳动关系有关事项的通知》（劳社部发〔2005〕12号）第四条规定的建筑施工、矿山企业发包的性质相近，即建筑施工、矿山企业等用人单位将工程（业务）或经营权发包给不具备用工主体资格的组织或自然人，对该组织或自然人招用的劳动者，由具备用工主体资格的发包方承担用工主体责任。参照上述规定精神，由挂靠单位承担用工主体责任，即认定其与挂靠人的司机之间存在事实劳动关系并无不当。劳动法的立法价值主要是保护劳动者的利益，在解决劳动者的工伤待遇问题时，可以将之视为拟制劳动关系，但劳动者不能因此主张用人单位为其缴纳社会保险等其他福利待遇。

最高人民法院认为，用人单位除了管理劳动者外还有辞退的权利，但在此类挂靠关系中，驾驶员创造的利润不归属于长春运输公司，长春运输公司只收取一部分管理费用，也无向驾驶员发放工资的义务，故驾驶员与长春运输公司之间不符合劳动关系的基本法律特征。

根据最高人民法院相关解释，对于挂靠经营的，不支持认定缺乏必要劳动关系特征的双方存在事实劳动关系，但被挂靠单位仍可以作为工伤保险责任的认定单位。

合规指引

对于被挂靠企业可能承担的上述工伤责任风险，企业可从以下几个方面进行防控：

1. 单位在被挂靠时，应要求挂靠个人取得个体户的营业执照或其他的用人主体资格，以防其无用人资格而导致承担用人单位的责任。

2. 被挂靠单位应与挂靠人签订挂靠协议，明确权利义务和责任承担，以便即

① （2019）皖1226民初3287号。

使企业承担责任后,仍保留有追偿的权利。

3. 挂靠人可以与劳务公司签订协议,由劳务公司为挂靠人缴纳社会保险。

4. 要求挂靠人购买相关的商业保险,同时要求挂靠人在签订合同时提交相关保险凭证的原件或与原件核对无误的复印件。

合规依据

《最高人民法院关于审理工伤保险行政案件若干问题的规定》

第三条第一款第五项　个人挂靠其他单位对外经营,其聘用的人员因工伤亡的,被挂靠单位为承担工伤保险责任的单位。

《劳动和社会保障部关于确立劳动关系有关事项的通知》(劳社部发〔2005〕12号)

四、建筑施工、矿山企业等用人单位将工程(业务)或经营权发包给不具备用工主体资格的组织或自然人,对该组织或自然人招用的劳动者,由具备用工主体资格的发包方承担用工主体责任。

《最高人民法院办公厅关于印发〈全国民事审判工作会议纪要〉的通知》(法办〔2011〕442号)

八、关于劳动争议纠纷案件

发包人将工程发包给承包人,承包人又转包或者分包给实际施工人,实际施工人招用的劳动者请求确认与发包人之间存在劳动关系的,不予支持。

第六节　平台用工

一、平台用工被认定为劳动关系

随着经济的发展,互联网思维、共享理念与传统的商业模式更进一步的结合,“共享经济”的浪潮席卷了商品与服务行业、人力资源与物力资源的市场。共享文化造就了介于“从属劳动”和“自治劳动”之间的新型劳动方式,即互联网平台用工关系,如“滴滴司机”、“厨师上门服务”和“外卖小哥”等。此类用工关系中的劳动者具有一定程度的自主性,明显区别于传统的用工关系。

合规要点230　平台用工被认定为劳动关系

合规风险指数 ★★★★★

案　例

乐快公司运营了“好厨师”App，用户注册后可通过“好厨师”平台预约厨师上门提供烹饪服务。乐快公司与张某签订《合作协议》，约定张某正式与乐快公司建立合作关系，成为“好厨师”平台合作厨师，具体合作模式为张某接受客户通过“好厨师”平台点名预约上门烹饪服务，且愿意接受公司指派、调度，客户的服务费由双方各自分配50%，为计算方便公司统一按照5000元（大写：伍仟元）支付，多退少补。在合作协议中还约定，双方为商务合作关系，张某无须接受公司的管理，双方不存在隶属关系，双方不直接或间接构成劳动关系，同时规定张某每天需到公司进行报到、打卡，迟到则罚款。后张某起诉，要求确认张某与乐快公司的劳动关系。

裁判要点：法院认为，个人与某单位之间是否存在劳动关系的根本在于双方的“合作”模式是否符合劳动关系的法律要件，而不在于双方对于彼此之间法律关系的“认识”。本案中，原告虽与被告乐快公司签订了否定劳动关系的《合作协议》，但仍应审查个人与单位之间事实上是否构成劳动关系。乐快公司仅经营厨师类业务平台，原告主要提供厨师技能；双方具有较强的从属关系，双方建立的关系符合劳动关系的特点。①

解　析

当前大多数的网络平台用工公司声称，他们在平台中起到的作用仅是中介作用，提供相应的服务信息，与劳动者间不涉及劳动关系，而是承揽外包关系、商业合作关系等。平台公司会在用户注册或登录协议中均会弹出格式化合同，明确合同签订的双方不存在劳动关系，不受《劳动法》《劳动合同法》等相关法律法规调整。

---

①　（2017）京03民终11768号。

在司法实践中,大多数互联网用工平台涉及的劳动争议案件,双方是否构成劳动关系是此类案件的争议焦点,主流观点认为是非劳动关系,但目前还未形成定论。裁判人员通常会对劳动者与平台公司间是否存在从属性进行实质性的审查从而认定劳动关系是否成立,而绝非凭借格式合同条款的约定。如劳动者是否被要求遵守公司的管理制度,穿着特定的服装,参加公司的培训,遵守特定的工作流程等,则仍可能被认定成立劳动关系。

合规指引

为避免互联网平台用工中被认定为劳动关系,公司可从以下几个方面进行管理:

1. 在相关标准化合同、协议中弱化有关劳动管理的要求,包括服从指令、实施惩戒等;

2. 在实际合同履行期间,应避免对员工实施考勤、休假管理,包括不实施直接的绩效评估、纪律惩处;通常应给予员工自由选择“接单”的权利;

3. 减少员工对应到公司的身份性识别,如特定的服装、带标识的生产工具等;

4. 在费用结算上避免固定工资或底薪制,而按照计件处理。

合规依据

《劳动和社会保障部关于确立劳动关系有关事项的通知》(劳社部发〔2005〕12号)

一、用人单位招用劳动者未订立书面劳动合同,但同时具备下列情形的,劳动关系成立。

(一)用人单位和劳动者符合法律、法规规定的主体资格;

(二)用人单位依法制定的各项劳动规章制度适用于劳动者,劳动者受用人单位的劳动管理,从事用人单位安排的有报酬的劳动;

(三)劳动者提供的劳动是用人单位业务的组成部分。

二、用人单位未与劳动者签订劳动合同,认定双方存在劳动关系时可参照下列凭证:

(一)工资支付凭证或记录(职工工资发放花名册)、缴纳各项社会保险费的记录;

(二)用人单位向劳动者发放的“工作证”“服务证”等能够证明身份的证件;

（三）劳动者填写的用人单位招工招聘“登记表”“报名表”等招用记录；

（四）考勤记录；

（五）其他劳动者的证言等。

二、平台服务人员发生安全事故

合规要点231　雇员出现安全事故的责任

合规风险指数 ★★★★

案　例

2016年5月29日，李某下载“闪送”App，自主注册成为闪送员，并自行购买配送车辆，在平台上抢单从事快递配送服务。李某与“闪送”关于报酬的标准为：每单配送收益的80%归李某所有，计入App账户内，剩余20%归属“闪送”平台。“闪送”平台对李某无工作量、在线时长、服务区域方面的限制和要求，但对每单配送时间有具体规定，超时、货物损毁情况下有罚款，另外，快递员不得同时为其他平台提供服务等。2016年7月24日，李某在进行闪送业务时发生交通事故，故向“闪送”平台经营者北京同城必应科技有限公司主张工伤保险待遇。①

解　析

法院认为，北京同城必应科技公司与李某符合法律、法规规定的劳动关系主体资格，北京同城必应科技公司在招聘闪送员时，对工作方式、工作特点、收入计算、奖励等进行了说明，对担任闪送员的条件作出了要求，同时要求李某按照公司的规章制度进行服务。另外，北京同城必应科技公司从李某提供的劳动中获益，则其应当承担相应的法律责任及企业之社会责任。若允许其低成本用工，则其必然缺乏防范用工风险之主动性，对采取劳动安全保护措施的积极性必然不高，因此带来的社会问题必然增多；互联网企业不能因其采用了新的技术手段与新的经营方式而不承担本应由其承担的法律责任与社会责任。作为运用新技术

① （2017）京0108民初53634号。

手段进行经营的公司,其完全可以运用信息技术优势实现合法的经营、管理。法院不能因为相关配套制度尚不完善而拒绝向劳动者提供基本权利之救济。最后,法院判决确认李某与北京同城必应科技公司间存在劳动关系。事后李某凭生效判决认定了工伤,并进而获得用人单位的工伤保险待遇赔付。

合规指引

在司法实践中,互联网平台公司是否应该为接单的劳动者在工作中所发生的人身伤害承担责任仍然存在争议,目前大部分法院从保护弱势群体的角度而判决公司承担责任,因此公司除避免被认定劳动关系外,也可引导平台服务人员自行购买商业保险,以分散相应的风险。

三、平台服务人员造成第三人伤亡或者其他侵权

合规要点 232 平台服务人员对第三人侵权,平台承担赔偿责任

合规风险指数 ★★★★

案　例

2017 年 12 月 19 日,滴滴平台网约车司机张某平搭载乘客郭某江,与其他车辆发生交通事故,并造成乘客郭某江死亡。后经交管部门认定,该事故中网约车司机张某平负 50% 的责任。因赔偿金额无法达成一致,郭某江亲属诉至法院,请求判令司机张某平、滴滴公司、车辆的保险公司以及另一司机共同承担责任。[①]

解　析

法院认为,张某平作为滴滴公司的网约车司机,接受滴滴公司指派,履行滴滴公司与乘客的客运合同,张某平是提供劳务一方,在提供劳务过程中造成他人人身、财产损害的,应该由滴滴公司承担相应的赔偿责任。

---

① (2018)粤 0307 民初 9873 号。

合规指引

当前的司法实践中,互联网平台公司与互联网平台工作者是否构成劳务关系或雇佣关系尚存在争议。一种观点认为,互联网平台劳动者自由度较高,互联网平台劳动者可以根据个人意愿决定是否接单,并且每单有取消订单的权限和入口;从指挥和管理上看,互联网平台对合作司机平台劳动者不存在考核、管理等制度。根据《网络预约出租汽车经营服务管理暂行办法》第十八条的规定,网约车平台公司应当保证提供服务的驾驶员具有合法从业资格,按照有关法律法规规定,根据工作时长、服务频次等特点,与驾驶员签订多种形式的劳动合同或者协议,明确双方的权利和义务。而互联网平台公司和互联网平台劳动者在线签订《服务合作协议》符合法律的规定,也符合双方合作的特点。针对新生事物,在相应的协议没有违反法律、法规的强制性规定下,不应认定其为无效,即市场主体在运营或工作时应自行承担风险。但从保护弱者角度出发,在服务人员面临巨额赔偿责任时,法院倾向于判决互联网平台公司承担相应的赔偿责任。

对此,平台企业除加强培训教育、规范服务流程外,应尽可能通过商业保险来转嫁相应风险。

合规依据

《民法典》

第一千一百九十一条　用人单位的工作人员因执行工作任务造成他人损害的,由用人单位承担侵权责任。用人单位承担侵权责任后,可以向有故意或者重大过失的工作人员追偿。

劳务派遣期间,被派遣的工作人员因执行工作任务造成他人损害的,由接受劳务派遣的用工单位承担侵权责任;劳务派遣单位有过错的,承担相应的责任。

《网络预约出租汽车经营服务管理暂行办法》

第十六条　网约车平台公司承担承运人责任,应当保证运营安全,保障乘客合法权益。

《北京市网络预约出租汽车经营服务管理实施细则》

第二十条　网约车平台应当承担的承运人和经营者责任,如下:

(一)按约定履行运输等相关合同;

(二)旅客伤亡的损害赔偿责任；

(三)旅客自带物品损毁、灭失的过失赔偿责任；

(四)安全生产责任；

(五)驾驶员权益保护责任；

(六)依法履行《中华人民共和国反恐怖主义法》《中华人民共和国企业事业单位内部治安保卫条例》的相关规定；

(七)加强对网约车驾驶员的规范管理,保持行业稳定；

(八)法律法规规章规定的其他责任。

下篇

中国劳动人事合规的机制与扩展

第一章

中国劳动人事合规的三个机制

法谚有云:“正义不仅应得到实现,而且要以人们看得见的方式加以实现”(Justice must not only be done,but must be seen to be done)。在劳动人事合规领域,主要通过三个程序性的机制来实现“程序正义”。

第一节　劳动行政程序

一、劳动监察

劳动保障监察制度泛指国家以劳动和社会保障法律、法规、规章作为规则,以行政执法活动为运作模式,规范社会劳动秩序的一种治理机制。

劳动保障监察制度对维护我国劳动关系双方合法权益、促进劳动力市场健康发展、维护和谐社会劳动关系具有重要作用。因此,在提升企业人力资源管理决策的效率和精度,以及降低企业用工风险和成本上,用人单位全面认知劳动保障监察制度是企业合规管理中必不可少的一环。

合规要点 233　忽略劳动监察时效

合规风险指数 ★★★★

案　例

孙某军与恒锦公司于 2013 年 3 月 23 日终止劳动关系,2018 年 1 月孙某军向阜宁县人社局劳动监察部门递交投诉材料及证据,要求责令恒锦公司支付其在职期间未休年休假的 10 天工资 2574 元,并为其补缴社会保险。阜宁县人社局认定该投诉已超过法定查处期限,决定不予受理。

裁判要点:本案争议焦点是公司违法行为是否已超过劳动保障监察受理时效,关键在于违法行为的期限从何时起算,以及劳动监察时效能否中止、中断。根据立法本意,劳动监察时效系不可变期间,应当自违法行为发生之日或者终了之日起计算时效,由此计算出本案在向劳动监察部门投诉时 2 年时效已明显超过。法院最终支持了劳动保障监察机构作出的不予受理决定。①

解　析

用人单位在面对劳动监察部门执法时,往往仅从实体法律问题上进行自辩,却忽略审查监察所涉事项是否已超过 2 年的受理时效,或者不理解受理时效的计算方法,难以据此提出有效的抗辩。事实上,根据法律规定,对违反劳动保障法律、法规或者规章的行为,如果超过 2 年未被举报、投诉或发现,则不应被查处。对此,用人单位可对监察所涉事项先行自查,发现已超过受理时效的应主动向劳动监察部门说明并提供证据。劳动监察部门经审查确认后,将会依法终止对该事项的调查。

合规指引

计算受理时效,需要明确时效的"起点"和"终点"。"终点"一般是指违反劳动保障法律、法规或者规章的行为被举报、投诉或发现之日,而"起点"则要视违法行为的性质而定,主要分为三类:

其一是单一违法行为,时效起算点为违法行为发生之日。如违法扣押劳动

① (2019)苏行申 1184 号。

者财物的，从扣押财物之日起开始计算 2 年时效。

其二是连续违法行为，时效起算点为最后一个违法行为终了之日。例如，用人单位连续多月未给员工缴纳社会保险费，则应当从最后一个未缴行为的终了之日开始计算 2 年时效。

值得注意的是，关于违法行为的连续状态，国务院法制办公室曾作出书面解答："……违法行为的连续状态，是指当事人基于同一个违法故意，连续实施数个独立的行政违法行为，并触犯同一个行政处罚规定的情形。"在 2016 年的一例判决中，北京市第二中级人民法院认定，连续的违法行为之间允许存在"不超过 2 年"的间隔时间，但"法律另有规定的除外"，也就意味着连续违法行为中的"连续"是指每个独立的行政违法行为的时间间隔均不得超过 2 年。虽然我国并非判例法国家，但此例也为判断何为连续状态下的违法行为提供了参考。

其三是有继续状态的违法行为，即行政管理相对人在一定期间内始终处于持续的违法状态之中，时效起算点为违法状态结束之日。例如，用人单位违法使用童工，则应当自用人单位不再使用该名童工或者其年满 16 周岁之日起计算 2 年时效。

合规依据

《劳动保障监察条例》

第二十条　违反劳动保障法律、法规或者规章的行为在 2 年内未被劳动保障行政部门发现，也未被举报、投诉的，劳动保障行政部门不再查处。

前款规定的期限，自违反劳动保障法律、法规或者规章的行为发生之日起计算；违反劳动保障法律、法规或者规章的行为有连续或者继续状态的，自行为终了之日起计算。

合规要点 234　混淆劳动监察范围

合规风险指数 ★★★

案　例

2008 年 10 月，马鞍山石油分公司以金某某考核不合格为由将金某某免职并安排待岗，待岗至 2018 年 6 月底结束。金某某向马鞍山市人社局投诉，该局经调查后作出不予受理决定。金某某认为其可以选择投诉或者劳动仲裁,马鞍山市人社局不予受理明显违法,故请求法院撤销该不予受理决定。

裁判要点:本案争议焦点为劳动监察部门的不予受理决定是否违法。根据相关法律规定,对应当或者已经通过劳动争议处理程序申请调解、仲裁或者已经提起诉讼的事项,劳动监察部门应当告知投诉人依照劳动争议处理或者诉讼的程序办理。本案中,法院认为劳动者投诉的事项属履行劳动合同产生的争议,故劳动监察部门告知其通过劳动仲裁程序解决并无不当。①

解　析

劳动监察和劳动争议仲裁是规范社会劳动秩序的两种不同途径,由于两者的受案范围存在交叉,此范围内所涉违法行为,劳动者有选择仲裁或者监察作为救济途径的权利,但是若劳动者同时选择两者,为避免法律适用上的冲突和社会资源的浪费,根据"一事不再理"的原则,法律规定对已经按照劳动争议处理程序申请调解、仲裁或者提起诉讼的事项,劳动监察部门一般不予处理,反之亦然。此外,劳动监察部门经调查后认为投诉事项存在争议,也会告知投诉人通过劳动争议处理程序解决。

合规指引

劳动保障监察受理的案件范围为:(1)用人单位制定内部劳动保障规章制度的情况;(2)用人单位与劳动者订立劳动合同的情况;(3)用人单位遵守禁止使用童工规定的情况;(4)用人单位遵守女职工和未成年工特殊劳动保护规定的情况;(5)用人单位遵守工作时间和休息休假规定的情况;(6)用人单位支付劳动者工资和执行最低工资标准的情况;(7)用人单位参加各项社会保险和缴纳社会保险费的情况;(8)职业介绍机构、职业技能培训机构和职业技能考核鉴定机构遵守国家有关职业介绍、职业技能培训和职业技能考核鉴定的规定的情况;(9)法律、法规规定的其他劳动保障监察事项。

对比劳动仲裁受案范围,不难发现二者在劳动合同签订、工作时间、休息休假、工资福利等处有所重合。为避免重复处理,劳动监察部门调查取证过程中,需要了解当事人是否已就同一事项申请调解、仲裁或者提起诉讼、存在争议。为

---

① (2019)皖05行终74号。

此，用人单位在接受调查时，应详细了解监察指向的具体事项，若发现该事项存在争议或已进入劳动争议处理程序，则要向劳动监察部门作出说明、提交相关证据。

合规依据

《劳动保障监察条例》

第二十一条 对应当通过劳动争议处理程序解决的事项或者已经按照劳动争议处理程序申请调解、仲裁或者已经提起诉讼的事项，劳动保障行政部门应当告知投诉人依照劳动争议处理或者诉讼的程序办理。

合规要点235 劳动监察受理救济

合规风险指数 ★★★★

案 例

同瑞达公司将一建设项目的所有劳务发包给意祥劳务公司。陈某友等人向资中县人社局投诉被同瑞达公司拖欠工资。在接受调查时，同瑞达公司表示劳务已全部承包给意祥劳务公司，并已支付完所有劳务费，陈某友等人不是其单位职工。

裁判要点：本案的争议焦点是劳动监察部门是否应责令同瑞达公司支付陈某友等人工资。根据资中县人社局提交的证据，不能证明陈某友等人与同瑞达公司存在劳动关系，也不能证明陈某友等人被拖欠的工资该由何人支付，故法院撤销了资中县人社局作出的责令整改决定。①

解 析

不属于劳动保障监察职权范围的举报、投诉，劳动监察部门依法不予受理。那么，案件一旦进入劳动监察程序，是不是意味着用人单位一定会受到行政处理或者处罚呢？其实不然，案件受理后，劳动监察部门须通过审查劳动合同、工资表、考勤记录等书面资料和检查用人单位劳动场所、询问有关人员等方式进行调查取证，以此判断用人单位是否存在违法行为、有无查处的必要。在接受劳动监

① (2018)川1025行初97号。

察部门调查时,用人单位要充分做好沟通,依法维护自身的合法权益。

合规指引

在调查取证过程中,笔者建议用人单位指派人事主管或者熟悉劳动人事规定的专业人员陪同检查,随时协调用人单位的相关部门、人员接受检查、询问,并根据检查情况就本单位遵守劳动人事规定的情况进行必要说明;用人单位应按劳动监察部门要求提交相关劳动人事资料,但因资料保管人请假、外出办事或者出差等客观原因而确实无法当场提供的,也要及时告知执法人员并提供解决方案,以免造成不必要的误会;一旦发现不应由劳动监察部门处理的事由,须详细说明理由,以协助执法人员依法办理案件。

合规依据

《劳动保障监察条例》

第十八条　劳动保障行政部门对违反劳动保障法律、法规或者规章的行为,根据调查、检查的结果,作出以下处理:

(一)对依法应当受到行政处罚的,依法作出行政处罚决定;

(二)对应当改正未改正的,依法责令改正或者作出相应的行政处理决定;

(三)对情节轻微且已改正的,撤销立案。

……

《关于实施劳动保障监察条例若干规定》

第十九条　劳动保障行政部门通过日常巡视检查、书面审查、举报等发现用人单位有违反劳动保障法律的行为,需要进行调查处理的,应当及时立案查处。……

合规要点 236　错误应对劳动监察

合规风险指数 ★★★★★

案　例

海州区人社局向金明物业公司送达文书,要求金明物业公司按要求接受询问并提供相关材料,金明物业公司在规定期间内未按要求报送材料。海州区人社局再次送达文书,指令金明物业公司按要求接受询问并报送相关材料,金明物业公司未履行指令内容。海州区人社局遂对金明物业公司作出罚款 15,000 元的行政处罚。

裁判要点：本案争议焦点在于该行政处罚决定是否违法。海州区人社局要求被投诉用人单位报送相关书面材料，是其作为劳动保障行政部门依法履行劳动保障监察职责的行为，金明物业公司依法应予配合，经责令改正仍拒不改正，应承担相应法律责任。最终，法院认定该行政处罚决定合法，驳回了金明物业公司的诉请。①

解　析

金明物业公司收到劳动监察部门出的通知、责令改正书后置若罔闻，构成《劳动保障监察条例》所规定的未按要求报送书面材料的违法行为，故海州区人社局依法作出行政处罚决定，该公司为其不履行法定义务的行为而承担法律责任。

合规指引

用人单位负有配合劳动监察部门依法开展调查检查、监督管理等执法活动的义务，但一些用人单位出于自我保护，担心被查出问题，在面对劳动监察部门执法时，或采用拖延、推诿、拒绝配合等方式来消极应对，或采用伪造、损毁证据以及攻击执法人员等方式来主动干扰，这些情形极易被认定为无理抗拒、阻挠劳动监察或者不按要求报送书面材料的违法行为，并因此受到行政处罚。对此，用人单位有必要了解哪些是可能被认定为违法的情形。

抗拒，是对执法活动的消极抵抗，一般表现为拒不回答执法人员的合理询问，拒绝签收与检查有关的文书，拒不提供由自己保管的证据材料，对执法人员提出的开启存放证据的电脑、箱柜等合理要求不予执行、故意拖延时间等。

阻挠，是指故意阻止执法人员发现问题或者提取必要的证据，如损毁、抢夺、隐匿工资表、人员名单、财务凭证等，阻止执法人员对相关人员进行询问、对劳动场所进行拍照取证，甚至采用暴力、威胁方法对执法人员进行人身、精神攻击来阻扰执法等。

未按要求报送书面材料，主要表现为拒不报送、逾期报送、不在规定地点报

---

① (2018)苏07行终258号。

送相关书面材料以及报送内容虚假的材料等,这里的书面材料是用人单位贯彻执行劳动保障法律、法规和规章所形成的以文字、数据等形式保存的资料,主要包括营业执照、组织机构代码证、劳动人事规章制度、劳动合同、人员名册、工资单(表)、考勤表(卡)、社保缴费凭证、用工登记证明、实行特殊工时制以及开办职介机构、职业技能培训机构和职业技能考核鉴定机构的批准文件、外国人和我国港澳台地区人员就业证、使用劳务人员的有关凭证等。用人单位应根据劳动监察部门的要求如实提供上述书面材料。当然,如果用人单位认为提供的材料明显与检查内容无关,也可与执法人员进行理性沟通,提出不同意见。

合规依据

《劳动保障监察条例》

第六条　用人单位应当遵守劳动保障法律、法规和规章,接受并配合劳动保障监察。

第三十条　有下列行为之一的,由劳动保障行政部门责令改正;对有第(一)项、第(二)项或者第(三)项规定的行为的,处2000元以上2万元以下的罚款:

(一)无理抗拒、阻挠劳动保障行政部门依照本条例的规定实施劳动保障监察的;

(二)不按照劳动保障行政部门的要求报送书面材料,隐瞒事实真相,出具伪证或者隐匿、毁灭证据的;

(三)经劳动保障行政部门责令改正拒不改正,或者拒不履行劳动保障行政部门的行政处理决定的;

(四)打击报复举报人、投诉人的。

违反前款规定,构成违反治安管理行为的,由公安机关依法给予治安管理处罚;构成犯罪的,依法追究刑事责任。

二、集体争议处理

从性质上区分,劳动争议可区分为权利争议和利益争议。权利争议也称"为实现既定权利的争议",可以进行仲裁、诉讼。而利益争议也称为"经济争议”,一般指因为确定或变更劳动条件而发生的争议,因利益争议无既定规范,一般无法仲裁或诉讼,只能依赖于协商和调解。我国《劳动法》第八十四条规定:“因签订集体合同发生争议,当事人协商解决不成的,当地人民政府劳动行政部门可以组织有关各方协调处理。因履行集体合同发生争议,当事人协商解决不成的,可以向劳动争议仲裁委员会申请仲裁;对仲裁裁决不服的,可以自收到仲裁裁决书之日起十五日内向人民法院提起诉讼。”因此,在我国因履行集体合同而发生的争议属于权利争议,但集体合同签订、变更争议则属于利益争议,此类争议不可以提起仲裁和诉讼,只能依赖于双方协商解决,协商不成,由劳动行政部门出面协调处理。

合规要点237　不当处理集体争议

合规风险指数 ★★★

问　题

某有限公司工会与该公司协商签订集体合同,在协商集体合同条款时,双方就职工平均工资水平、工资增长幅度、年休假时间等条款发生了重大分歧,谈判陷入僵局,那么双方是否可以申请劳动仲裁,要求按照己方所认定的条款签订集体合同?

解　析

因签订集体合同而发生争议,此时集体合同尚未生效,故合同的适用主体以及权利义务条款等都处于待定状态,难以通过劳动仲裁或者诉讼的方式来处理此类争议。按照《劳动法》等规定,集体协商争议应由双方当事人先行协商;不能协商解决的,劳动保障行政部门可以根据当事人的申请或者依职权启动协调处理程序。

合规指引

在企业“关停并转迁”的过程中,往往需要处理大量如清产核资、精简职工岗位、股权配置、下岗职工经济补偿、劳动关系重建、历史拖欠清偿等与员工利益息息相关的“利益争议”,如前文所述,此类争议一般无法通过劳动争议处理程序化解,需由当事人先行协商,处理不当的则容易引起群体性劳动争议,甚至导致群体性事件。当利益争议发生后,企业管理者要与工会或职工代表积极协商解决,争取达成一致意见,避免矛盾加剧。当员工采取游行示威、静坐、怠工、罢工、集体辞职甚至封厂堵路、破坏设备等过激方式来表达诉求、胁迫用人单位让步时,用人单位一方面应继续与员工保持沟通、安抚情绪、厘清诉求,积极引导员工合法维权,尽力缩小事态范围;另一方面应主动与劳动监察、信访、公安等行政职能部门联系,说明事实真相,提请权威部门依法介入处置,以防诱发潜在危机,引起社会恐慌。

合规依据

《劳动合同法》

第五十六条　用人单位违反集体合同,侵犯职工劳动权益的,工会可以依法要求用人单位承担责任;因履行集体合同发生争议,经协商解决不成的,工会可以依法申请仲裁、提起诉讼。

《信访条例》

第二十六条　公民、法人或者其他组织发现可能造成社会影响的重大、紧急信访事项和信访信息时,可以就近向有关行政机关报告。……

《劳动保障监察条例》

第十三条　对因违反劳动保障法律、法规或者规章的行为引起的群体性事件,劳动保障行政部门应当根据应急预案,迅速会同有关部门处理。

第二节　调解仲裁程序

一、劳动者违规调查与处置

(一)违规事实固定

用人单位如何及时、有效、合法、合理地处理劳动者的违规行为,一直是用人单位日常劳动人事管理的重要课题。用人单位对劳动者作出违规处分前,需对劳动者的违规事实进行调查,而在启动违规调查前,用人单位应先行收集、整理劳动者可能涉及的违规事实,以便围绕案件事实来启动调查。

合规要点 238　忽略、遗漏违规事实

合规风险指数 ★★★★

用人单位易聚焦于当下或近期内劳动者的特定不当行为,而忽略了劳动者在更长的时间周期内、更大范围内的其他违规行为,遗漏重要违规事实,使得劳动者本应受到惩罚的行为未被提及,或用人单位作出处分所依据的违规事实不够确凿、性质不够严重。如在一起劳动争议案件中,用人单位发现劳动者在病假期间存在会友、办理私人事务等现象,基于此类情况便急于给予惩戒。但劳动者在病假期间从事不违背其病情的行为,本身并不违法违规。实际上,用人单位早就发现该劳动者以亲属名义在外私设公司,从事与用人单位具有一定竞争关系的经营行为,但用人单位在作出解除决定时,只关注于该劳动者当前"泡病假"的事实,而忽略了劳动者在更长周期内的利益冲突行为,导致用人单位在后期诉讼中面临违纪事实举证困难的困境。

合规指引

用人单位可对劳动者在一定周期内(如一个自然年、财务年)的行为进行梳理,罗列劳动者在该周期内的所有不合规行为。对于劳动者仅有一项违规事实的情况,用人单位可按行为发生时间对相关事实排序,以明确事件的前因后果与调查重点;如劳动者有多项违规事实的,用人单位可分门别类,罗列违规事件,以便后期围绕不同事件与主题开展调查,也有利于寻找不同事件中的联系点,进一步挖掘劳动者违规的主观动机与客观行为。

合规依据

《劳动合同法》

第三十九条　劳动者有下列情形之一的,用人单位可以解除劳动合同:

……(二)严重违反用人单位的规章制度的……

合规要点 239　前过后罚，无限追溯过往违纪行为

合规风险指数　★★★

对待长期表现不佳或相处不和谐的劳动者,用人单位容易对其所谓的“违规问题”无限追溯,如以劳动者数年前的不当行为作为处分。对于用人单位追溯处分劳动者过往数年或数月内不当行为的情形,司法机关通常会考察用人单位处分行为的及时性与必要性,如用人单位此前对劳动者过往的行为置之不理或宽松对待的,则司法机关可能倾向于认定用人单位认为对该劳动者并无处分的必要性,甚至认定用人单位在一定程度上默认劳动者的违规行为,导致用人单位处分行为的正当性基础被质疑。例如,对待无故旷工的劳动者,用人单位应当及时书面催告劳动者返岗,并扣发相应期间的工资。如果用人单位既未通知劳动者及时返岗,又照常发放工资,却在较长一段时间后突然以劳动者无故旷工为由作出处分行为,则司法机关会对用人单位所称的旷工存有质疑,难以认定公司系合法解除劳动合同。

合规指引

劳动者在数年前形成的违规事实,除非该行为一直延续至今,或者该行为的后果或影响持续至今,否则建议用人单位不宜以过去太久的事件作为处分劳动者的事实依据。至于追溯过往的合理期限,现行法律、法规并无明确规定,根据经验,我们建议参考《劳动争议调解仲裁法》仲裁时效的规定以 1 年为最长期限(部分地区有特殊规定,如浙江省规定为 5 个月、天津市规定为 6 个月)。在特殊情形下,用人单位可将劳动者历来表现不佳的情况进行一定的展示或举证说明,以完善司法机关对于劳动者主观动机和客观行为的全面认识。

合规依据

《劳动合同法》

第三十九条　劳动者有下列情形之一的,用人单位可以解除劳动合同:

……(二)严重违反用人单位的规章制度的……

合规要点 240　对劳动者违纪行为的认定依主观评价

合规风险指数 ★★★

用人单位与劳动者之间的矛盾,常常是在劳动关系履行过程中形成,或是双方之间积怨已深,或是某个过激事件引爆矛盾,不论是哪种情形,用人单位均可能因长久的不满或事件的突然性而对事件性质、劳动者行为判断失误。另外,用人单位意志主要通过管理者个人意志体现,而个人对他人行为、品行的评判总是围绕其主观感受产生,并难以避免地存在认识误差。基于上述两种原因,管理者个人容易围绕主观情绪来寻找劳动者的违规事实,进而导致用人单位对违规事实定位有误,并对劳动者作出不恰当的处分。

合规指引

对劳动者的评价尽量实现"量化、程序化、可视听化",如对待不能胜任劳动者,用人单位可具体统计其生产效率、销售成果等指标或事实,以量化其不能胜任的表现;在量化过程中,用人单位应严格履行规章制度规定或用人单位惯常操作的评价流程,并将相关流程形成纸质化、电子化的可视听文档,发送给劳动者本人签收或签字确认,以数据、规范的流程来强化用人单位评价的客观性与公正性。

合规依据

《劳动合同法》

第三十九条　劳动者有下列情形之一的,用人单位可以解除劳动合同:

……(二)严重违反用人单位的规章制度的……

合规要点 241　"道听途说"并引以为据

合规风险指数 ★★★★

一些用人单位设有内部举报制度,难免从其他员工处得知一些"小道消息”,部分用人单位会以此为据,直接作出处分决定。此类做法最大的风险在于一旦被处分劳动者诉至司法机关,用人单位将难以举证举报信息的来源及举报信息所涉内容本身的真实性,进而导致不利于用人单位的法律后果。

合规指引

设立内部举报制度的用人单位,最好以邮件、书信等书面形式的材料作为举报方式,以便留下证据。在接到举报后,用人单位应当围绕举报内容,对劳动者及相关事项开展调查,在取得确切的证据后,再决定是否处分相关人员,切忌单凭道听途说作为处分依据。

合规依据

《劳动合同法》

第三十九条　劳动者有下列情形之一的,用人单位可以解除劳动合同:

……(二)严重违反用人单位的规章制度的……

合规要点 242　误判劳动者行为的性质

合规风险指数　★★★

对于不同性质的行为,用人单位可采取的处置措施将有所差别。例如,如劳动者因酒驾被追究刑事责任的,则其行为性质为违法,即使用人单位没有成文的规章制度规定酒驾行为构成用人单位单方即时解除劳动合同的情形,仍可依据《劳动合同法》第三十九条第六款解除劳动合同,但如果用人单位以严重违纪解除劳动合同,则需要有明确的制度规定,否则仍可能被法院认定为违法解除。

合规指引

用人单位需要区分劳动者某一行为是属于违法行为还是违纪行为,这两种行为的区别主要在于:违法行为系劳动者违反国家或地方法律、法规、规定的行为,如酒驾、赌博等;违纪行为系劳动者违反用人单位制定的规章制度内容,如劳动者违反考勤制度缺勤、旷工等。对待不同的行为,用人单位应采用不同的调查办法和处理措施。

合规依据

《劳动合同法》

第三十九条　劳动者有下列情形之一的，用人单位可以解除劳动合同：……（二）严重违反用人单位的规章制度的……

合规要点 243　轻过重罚，误判违规行为的严重性

合规风险指数 ★★★

合规指引

判断劳动者违规行为的严重性，用人单位可参考以下几个主要因素：

1. 行为本身的违规程度。

如劳动者缺勤或旷工的，用人单位可围绕已有制度的规定来判断以缺勤几日为界限，划分“轻微”与“严重”的边界。

2. 行为造成的损害后果。

用人单位可从违规行为造成的直接经济损失与间接损害来判断。直接经济损失较好理解，处理难点在于用人单位如何证明经济损失的具体数额以及经济损失与劳动者违规行为之间的因果关系。间接损害的范围较广，一般包括但不限于用人单位的商誉或信誉的受损程度、第三方及社会的负面评价、事件造成的负面影响等。通常来说，间接损害的举证难度更大，原因在于，一方面，间接损害的内容较为抽象，用人单位需提供大量证据，将间接损害抽象的内容具体化甚至纸质化的呈现出来，并需证明间接损害已经发生；另一方面，用人单位仍需举证间接损害系由劳动者的当次违规行为直接或间接引发，即因果关系。

在某些情形下，损害后果并不必然的构成劳动者违规行为严重性的组成部分。例如，劳动者在职期间从事利益冲突行为（开设与用人单位有竞争关系的用人单位，或为用人单位的竞争对手提供服务等），已违反了劳动者最基本的诚信义务和对用人单位的忠诚义务，并可能侵犯用人单位的商业秘密等核心利益，在此情况下，违规行为本身已具备相当的严重性，而不必要求已经造成明显且严重的损害后果后才能认定严重违纪。

3. 行为造成的负面影响。

劳动争议具有“多米诺骨牌效应”,一个负面案例的背后,是众多潜在的效仿者。因此,用人单位处分劳动者,不仅应当考虑个案的短期损害后果,还应当从更大局、更长远的方向去估量单个事件结果对于用人单位劳动用工管理全局所可能造成的不良影响及其范围与持续时间,并将之作为判断劳动者违规行为严重性的重要参考因素。

合规依据

《劳动合同法》

第三十九条　劳动者有下列情形之一的,用人单位可以解除劳动合同:

……(二)严重违反用人单位的规章制度的……

(二)违规事实调查

在对违规劳动者作出处分之前,用人单位应建立提前调查、保存前期证据的意识。在用人单位启动调查前、首次发起调查或前期调查阶段,用人单位与违规劳动者之间的矛盾较为隐蔽,劳动者对用人单位调查的配合度相对更高,用人单位更容易在矛盾显化前集中、快速地获得有利证据,甚至一举获取对案件成败具有关键性影响的重要证据。

合规要点 244　一般调查方法

合规风险指数　★★★

用人单位对所有劳动者违规情形时均可使用的调查方法。

合规指引

1. 直接约谈。

对于情节较为简单的违规事件,或者用人单位在调查前期对其他书面、电子证据采集情况良好的案件,用人单位可直接启动劳动者约谈调查。调查对象包括但不限于违规劳动者本人、与事件相关的其他劳动者或第三方(如客户、供应商等)。调查重点在于以问答、谈话的形式,形成劳动者对于违规事实的描述、陈述、确认、指认或自认,并形成书面调查记录文件(请劳动者签字确认)或录音、录像证据，以备后续诉讼使用。

2. 迂回调查。

适用于所有的违规情形调查，特别是约谈劳动者调查启动之前、劳动者拒不配合约谈或拒不出现在用人单位指定地点等情况。用人单位可根据前期对违规事实的梳理与分类情况，以及对案件定性的需要或证明目的需要，调查与事件有关的所有文件（各类合同、表单、发票等）、邮件、微信记录、短信记录、系统记录等。调查方式亦有多样，用人单位可根据需要，由用人单位内部人员协调劳动者本人、其他劳动者、第三方等配合调查，也可聘请律师、调查用人单位等介入调查。调查重点在于获得尽可能多的证据，并使证据形成证据链，最大限度地还原客观事实。

合规要点245　缺乏全盘规划与风险预设

合规风险指数　★★★★★

用人单位在违规调查正式启动前，应当提前预想、安排调查的整体计划与推进方向，围绕可能存在的违纪事实，合理设置几类相互配合的调查方案，并应提前预测调查方案的风险，切忌贸然出击、打草惊蛇、激化矛盾，导致后期调查陷入困境、取证困难。

合规指引

每种调查方式均各有利弊，如直接约谈劳动者本人的调查方法，其利处在于用人单位可快速、直接地获取劳动者对违规事实的观点与陈述、对用人单位管理措施的态度与配合度等有效信息；但弊处在于如果劳动者对调查早有准备或心理素质较强，用人单位直接约谈的行为无异于向其敲响警钟，对于对抗性较强的劳动者而言，反而不利于用人单位平稳地解决争议。因此，用人单位需要结合劳动者个性、用人单位一贯的管理氛围、用人单位文化等因素，提前评估每种调查方案的利弊与使用步骤，打好“组合拳”，尽可能多地捕获有利证据。

合规要点 246　缺乏引导与有效交流

合规风险指数 ★★★★

用人单位的常见错误是在调查过程中,不断地单方陈述用人单位一方的意见,而未及时向劳动者发问、与劳动者互动,未引导劳动者回应用人单位所提及的事实并获得劳动者的确认,或是忙于应对劳动者的攻击或对劳动者发起言语攻击,而未尽快将谈话推进至劳动者违规行为的具体事实与细节,以及劳动者对规章制度的了解情况等关键情节上,导致所有谈话内容流于形式或完全脱离调查本意,导致形成的证据并无任何实质性的证明内容,难以证明违规事实。

合规指引

在调查中,用人单位要注重铺垫温和、冷静的谈话氛围,不要对劳动者发出言语攻击,而是与劳动者平和地互动,尽量采取问答形式推进调查,给予劳动者说明、解释的空间和时间,并根据劳动者的反馈及时提出新的问题,推进调查,并得到劳动者对于事件的阐述和确认。

合规要点 247　调查中作不利陈述

合规风险指数 ★★★★★

不少用人单位的管理人员在调查过程中,或因一时冲动,或是被谈话对象引导,常会作出于己不利的陈述,包括对违规事件中用人单位责任的不利陈述,或者其他对用人单位不利的说明(如用人单位存在违法违规行为),反被劳动者录音并作为日后对用人单位不利的证据,并借此去向有关行政部门举报或提起诉讼,以胁迫用人单位就范。

合规指引

在调查中,用人单位的角色应当是发问者、引导者与聆听者,尽量避免对劳动者作出大量事实陈述或与事件无关的表述,而应当尽量引导劳动者正面答复用人单位的问题,并不断通过问答形式将调查推向事实的更多层面。

合规要点 248　侵犯劳动者个人隐私

合规风险指数　★★★★

通过侵犯个人隐私的方式获取的证据将可能不被司法机关采信，甚至让用人单位因此而成为劳动者起诉的对象。

合规指引

违规调查应当谨守法律的界限，切忌采取过激行为或侵犯劳动者个人隐私，如未经劳动者许可私自翻阅其私人信件、通过劳动者私人邮箱获取证据等。通过侵犯他人隐私获得的证据，存在不被司法机关认可的风险，也可能会引发更多不必要的争议，建议用人单位尽量避免此类做法。

合规依据

《最高人民法院关于适用〈中华人民共和国民事诉讼法〉的解释》

第一百零六条　对以严重侵害他人合法权益、违反法律禁止性规定或者严重违背公序良俗的方法形成或者获取的证据，不得作为认定案件事实的根据。

合规要点 249　有调查而无证据

合规风险指数　★★★★★

用人单位常有实施调查而未存证据，或证据不符合相关法律法规的形式要求的问题，导致应诉时举证不能或举证不力。

合规指引

建议用人单位无论采用何种调查方法，务必形成书面或电子证据，并保留相关证据原件，以备讼争之用。

我国民事诉讼证据的表现形式可以分为书证、物证、视听资料、证人证言、当事人的陈述、电子数据、鉴定结论、勘验笔录 8 种。聚焦劳动人事领域，常见的证据类型如下(见表 3－1)。

表3-1 劳动人事领域常见证据类型

书证	指用文字、符号、图表等形式表达一定的思想或行为,其内容能证明争议案件真实情况的物品。如劳动合同文本、培训协议、保密协议、竞业限制协议、解除劳动关系证明、解除劳动合同通知、工资单(工资折)、考勤表、押金收据、户籍证明、医疗凭据等
物证	指以其外部特征、存在场所和物质属性证明争议案件事实的实物和痕迹。物证包括实物(与争议案件事实有联系的客观实在物)和痕迹(物体相互作用所产生的印痕和物体运动时所产生的轨迹)两类。如劳动场所、不符合国家安全卫生标准的劳动(防护)工具等
视听资料	视听资料是指运用现代技术手段,以录音、录像所反映的声音、形象,电子计算机所储存的资料及其他科技设备所提供的资料来证明争议案件真实情况的证据。如现场照片、谈话录音、劳动场所的监控录像、手机短信、电子邮件等
证人证言	证人就其所感知的争议案件情况向劳动争议仲裁委员会所作的陈述。如其他在场劳动者的证言
当事人的陈述	指劳动争议当事人就自己所悉知、理解和记忆的与争议案件有关的事实情况,向劳动争议仲裁委员会所作的陈述。包括当事人"对案件事实的陈述"和"对诉讼请求的陈述"。主要体现在申诉书、答辩书、庭审笔录、情况说明、委托代理人的代理词中
电子数据	指通过电子邮件、电子数据交换、网上聊天记录、博客、微博客、手机短信、电子签名、域名等形成或者存储在电子介质中的信息。存储在电子介质中的录音资料和影像资料,适用电子数据的规定
鉴定结论	鉴定人依据科学知识对案件中的有关专门性的争议问题所作的分析、鉴别和判断。如工伤认定结论、劳动能力鉴定结论、公证文书、劳动者(涉嫌)违法犯罪的结论、审计评估报告、医疗诊断等
勘验笔录	指劳动争议仲裁委员会为了查明案件的事实,指派勘验人员对与争议案件有关的现场、物品或物体进行查验、拍照、测量,并将查验的情况与结果制成的笔录。如勘验劳动场所制成的笔录

合规依据

《民事诉讼法》

第六十三条　证据包括:

(一)当事人的陈述;

(二)书证;

（三）物证；
（四）视听资料；
（五）电子数据；
（六）证人证言；
（七）鉴定意见；
（八）勘验笔录。
证据必须查证属实，才能作为认定事实的根据。

合规要点 250　“泡病假”的调查

合规风险指数 ★★★★

用人单位因劳动者“泡病假”而与劳动者发生矛盾的情形数不胜数。医疗期内的劳动者属于《劳动合同法》规定的受解雇保护的对象，因此，越来越多的不诚信劳动者会选择以请病假这种看似合法合理的方式，来对抗或逃避用人单位的管理。

合规指引

对“泡病假”劳动者的调查，主要有以下几个步骤：

1. 初步判断病情及病假单的真假。

就病情，用人单位在劳动者入职时应要求其提供体检报告，有条件的用人单位，可在每年安排劳动者进行体检，以掌握劳动者的身体健康状况；管理人员（HR、上级领导等）日常可加强与劳动者的交流与互动，多关注劳动者的社交媒体动向，了解劳动者的身体健康情况；如果原本身体健康的劳动者在一个期间内开始密集地零星请病假或者突然请长病假，用人单位可对这类劳动者的病情予以关注；对已经开始请长病假的劳动者，用人单位可派人上门探望，了解劳动者病情。以上措施不仅可作为初步甄别劳动者病情真伪，也可作为用人单位实施人文关怀的方式执行，增强劳动者对用人单位的情感归属感，亦有利于用人单位构建和谐的劳动关系。

就病假单的真伪，用人单位可通过上网查证病假单开具医院、科室、医生的诊疗范围，病假单的格式（大型、中型医院的病假单一般由护士站统一开具），关注病假劳动者请假期间的社交媒体动态等方式,初步了解劳动者是否患病、病假单是否存疑。

2. 实地调查病情及病假单真伪。

用人单位可委托其他员工持介绍信、身份证原件等,前往医院院办或找到开具病假单的医生,询问、调查劳动者病情与病假单的真假。但医院与医生出于保护病人隐私的目的,不一定会配合调查,这种情况下,用人单位的主要目的则应转向向医院、医生施压,请其谨慎开具病假证明文件。除此之外,用人单位还可委托律师等第三方进行调查,调查要点主要在于劳动者病情真伪、病假单真伪,以及劳动者是否在病假期间从事与病情不符的活动。

合规依据

《劳动合同法》

第四十条　有下列情形之一的,用人单位提前三十日以书面形式通知劳动者本人或者额外支付劳动者一个月工资后,可以解除劳动合同:

(一)劳动者患病或者非因工负伤,在规定的医疗期满后不能从事原工作,也不能从事由用人单位另行安排的工作的……

第四十二条　劳动者有下列情形之一的,用人单位不得依照本法第四十条、第四十一条的规定解除劳动合同:

……(三)患病或者非因工负伤,在规定的医疗期内的……

《企业职工患病或非因工负伤医疗期规定》

第二条　医疗期是指用企业职工因患病或非因工负伤停止工作治病休息不得解除劳动合同的时限。

第六条　企业职工非因工致残和经医生或医疗机构认定患有难以治疗的疾病,医疗期满,应当由劳动鉴定委员会参照工伤与职业病致残程度鉴定标准进行劳动能力的鉴定。被鉴定为一至四级的,应当退出劳动岗位,解除劳动关系,并办理退休、退职手续,享受退休、退职待遇。

(三)调查证据的形成与保存

调查所得证据常见的形式可分为书面证据和电子证据。书面证据包括但不限于各类有劳动者或相关人员签字的文本、证人证言、书面证明等,电子证据包括但不限于邮件、微信、短信、在线系统文件、录音、录像等。

合规要点 251　证据保管不善，导致原件遗失、灭失、损毁

合规风险指数 ★★★★★

因用人单位保管不善、劳动者拒绝配合提供等问题，证据原件常有遗失、灭失、损毁的情况。一旦用人单位在诉讼中无法提供证据原件供对方当事人和法庭核对的，除非用人单位可提供非常周全的辅助证据形成证据链证明相关事实，否则将承担极大的败诉风险。因此，用人单位一定要建立妥善保存证据原件的意识，不要随意清理、丢弃书面或电子证据。

合规指引

证据原件系指有劳动者原始签字、用人单位原始红章签章的书面文件，用人单位应当妥善保管。邮箱中初始收发的邮件（多数情形下，转发邮件不属于原始证据），在线系统未经篡改、删减的后台数据，电子数码产品中保存的未经修改、删减的视频、音频（电脑中保存的从电子数据载体中导出的音频、视频，不属于原始证据）等都需要妥善保管好原始载体。

合规依据

《民事诉讼法》

第七十条　书证应当提交原件。物证应当提交原物。提交原件或者原物确有困难的，可以提交复制品、照片、副本、节录本。

《最高人民法院关于民事诉讼证据的若干规定》

第十条　当事人向人民法院提供证据，应当提供原件或者原物。如需自己保存证据原件、原物或者提供原件、原物确有困难的，可以提供经人民法院核对无异的复制件或者复制品。

第六十九条　下列证据不能单独作为认定案件事实的依据：

（一）未成年人所作的与其年龄和智力状况不相当的证言；

（二）与一方当事人或者其代理人有利害关系的证人出具的证言；

（三）存有疑点的视听资料；

(四)无法与原件、原物核对的复印件、复制品;

(五)无正当理由未出庭作证的证人证言。

合规要点 252 证据形式存在瑕疵

合规风险指数 ★★★★★

证据种类及证据形式、来源和程序应当符合法律规定。具体而言,证据应符合民事诉讼证据 8 种法定种类,否则不具有合法性;该证据应符合形式上的要件,譬如,证人必须具有作证能力和证人资格且必须亲自出庭作证,鉴定结论应由鉴定人签名;证据的提供、收集、调查和保全符合法定程序等。

合规指引

一般来说,邮件、微信、短信等证据,除非用人单位可当庭打开电子载体展示证据原件,否则应当提前做好证据保全,用人单位可委托用人单位所在地的公证处对相关证据采取证据保全措施。

对于在境外形成的文件(如在境外签订的合同),用人单位应当对相关证据完成公证认证后,才可在内地的诉讼中使用。一般需要用人单位在境外委托具有公证认证资格的机构(如受到中国大陆司法部认可的律师或律师行)来完成公证认证工作,并由指定机构转交给内地。

对于外文证据,用人单位应提前委托具有翻译资质的翻译机构将文件对照翻译成中文,才可作为有效证据使用。

对于录音、录像等证据,用人单位需将音频、视频刻录光盘提交给司法机关,如音频、视频内有对话的,还应同时提交文字整理稿。

对于从政府机构调取的文书,应当由相关部门盖章后,方可作为有效证据。

合规依据

《民事诉讼法》

第七十条 提交外文书证,必须附有中文译本。

第七十一条 人民法院对视听资料,应当辨别真伪,并结合本案的其他证据,审查确定能否作为认定事实的根据。

第七十二条 凡是知道案件情况的单位和个人,都有义务出庭作证。有关单位的负责人应当支持证人作证。不能正确表达意思的人,不能作证。

合规要点 253　间接证据未能形成证据链就终结调查

合规风险指数　★★★★★

不少用人单位在调查的过程中,通常只能获得说明违规事实某个部分的侧面证据,需要调取更多证据才可以形成证据链来还原违规事实。但因用人单位对诉讼流程不熟悉,往往只获取到部分侧面证据后就误以为调查工作可以终结,并根据已有证据对劳动者作出处分,待争议发生后,才发现前期调查所得证据并不足以支持己方论点。

合规指引

建议用人单位结合前期对违规事实与事件的梳理情况,找出调查重点,并按照事件发生原因、发生经过及结果来划分调查板块,罗列每个板块的关键事实和问题,并针对所有情况进行调查,尽可能取得全面的证据,也有利于整理出证据链。用人单位也可在调查启动前就咨询律师等专业人员,以确保证据采集的全面性与有效性。

合规要点 254　证据未送达给劳动者或未获劳动者确认

合规风险指数　★★★★★

用人单位对劳动者作出处分决定后,未及时送达处分决定或送达过程有瑕疵,劳动者主张其从未获知相关处分记录的,则司法机关可能会认定处分记录对劳动者不发生效力。如在面谈过程中,即使劳动者已就违规事实有所认可,但如果用人单位未对面谈过程进行录音、录像或者当场提供书面会议记录供劳动者确认签字,则面谈调查将成为空口无凭的行动,无法作为有效证据。

合规指引

在劳动关系中,用人单位与劳动者应注意双向沟通和反馈,用人单位对劳动者调查所得证据如能得到劳动者确认,则证据效力更佳,同样,用人单位对劳动者作出的任何决定,都应当告知及送达劳动者本人。

二、调解与和解

(一)调解与和解的授权

调解或和解是解决潜在或已发生的劳动争议的重要方式之一,一般由第三方(包括但不限于劳动争议仲裁委员会、司法机关、用人单位内部调解组织、工会等)组织用人单位与劳动者进行三方会谈后,或者用人单位与劳动者协商、谈判后获取、达成调解或和解方案。调解、和解解决劳动争议的优势在于见效快、风险小,在调解或和解协议内容完备的情况下,用人单位的法律风险将趋近于零。但调解、和解的困难在于用人单位与劳动者往往对于调解方案有较大的分歧,在双方各执一词、利益悬殊较大的情况下,调解的目的往往难以达到。本章节中涉及的调解、和解协议一般是指用人单位与劳动者自行或在第三方组织下经过协商、谈判后签订的两方协议,不包含双方在讼争过程中、在司法机关主持下达成的调解笔录或调解书等司法机关出具的法律文书。

合规要点 255 未授权而参与调解、和解

合规风险指数 ★★★★★

用人单位与劳动者调解往往需要授权个体进行实际操作,如委托 HR、法务或者律师。实践中常见的情况是,用人单位的业务主管人员(如劳动者的直线管理人员)或其他员工未经单位授权或超越单位授权,径直向劳动者作出变更、终止或解除劳动关系的意思表示,并向劳动者提供调解方案或擅自许诺调解条件等,因前述人员并非获用人单位授权的代表,其个人的意思表示与用人单位的真实表意未必一致,如果用人单位在调解方案的审批环节中最终拒绝未授权代表或越权代表擅自许诺的调解方案,将直接导致两个后果:一是劳动者对用人单位的信任破裂,认为用人单位“出尔反尔”,进而直接引发劳动争议仲裁或诉讼;

二是如果劳动者在与未授权代表或越权代表谈话过程中进行录音，则录音证据将作为用人单位曾许诺某种调解条件的直接证据，尽管用人单位可以主张谈话代表并未获得单位的调解授权或超越授权权限，但授权委托关系发生在用人单位与单位内部的其他员工之间，作为劳动争议相对方的劳动者对此并不知晓，故不论单位与调解代表之间的授权委托关系是否成立、边界何在，调解代表对外的表意行为已经构成表见代理，均不影响劳动者认定调解代表的意思表示即用人单位的意思表示。

合规指引

用人单位在日常管理中要注意灌输“劳动者无授权不得擅自对外表意”的管理原则，特别是对于负有劳动人事管理义务的劳动者（如HR、法务、管理人员等），更需强调这一点。与劳动者的调解意向与方案，均需在用人单位内部经过集体讨论后，由用人单位授权的调解代表参与调解过程，决定有关事项。

合规依据

《劳动合同法》

第五条　县级以上人民政府劳动行政部门会同工会和企业方面代表，建立健全协调劳动关系三方机制，共同研究解决有关劳动关系的重大问题。

第三十六条　用人单位与劳动者协商一致，可以解除劳动合同。

合规要点256　调解人员的选择与谈判小组的构成

合规风险指数　★★★★★

在调解之前，用人单位需要挑选调解代表或组成谈判小组。在此过程中，用人单位常见的失误是对参与调解的人员选择不慎，特别是在用人单位内部的、不涉及中立第三方在场情况下的调解、和解中，更易有此类失误，如将调解任务全数推给对事件和劳动者不甚了解的HR或法务，或者委托与劳动者早有矛盾的其他劳动者或管理人员，导致调解、和解不成，反而激化了双方之间的矛盾。

合规指引

建议用人单位分情况处理调解：一是对于用人单位内部发起的调解、和解或

协商,建议用人单位最好组成谈判小组,谈判人员包含2~3人,其中应有对劳动者及其所涉事件较为了解的其他劳动者,如劳动者的直线管理人员或部门领导等,还应有对劳动法律知识有一定了解的人员,如较为专业的HR、法务或律师,在谈判过程中,对事件和劳动者较为了解的人员,负责主导谈话,应对谈判中出现的事件细节,而专业人员则负责在旁辅助,提供法律解读、谈判方案,并应注意及时纠正谈判双方在谈话中出现的错误概念、用语,及时制止争吵、诱答等非正常的谈判气氛,控制谈判节奏,把握谈判方向。二是对于劳动争议仲裁委员会及司法机关组织的调解,建议用人单位委托律师参与,或至少委托内部具备较好的劳动法知识以及谈判素养的员工参与。不论是上述何种调解形式,在调解展开之前,用人单位内部均需进行讨论,形成一致的处理意见后,再与劳动者开启谈判。

合规依据

《劳动合同法》

第五条　县级以上人民政府劳动行政部门会同工会和企业方面代表,建立健全协调劳动关系三方机制,共同研究解决有关劳动关系的重大问题。

第三十六条　用人单位与劳动者协商一致,可以解除劳动合同。

《劳动争议调解仲裁法》

第十条　发生劳动争议,当事人可以到下列调解组织申请调解:

(一)企业劳动争议调解委员会;

(二)依法设立的基层人民调解组织;

(三)在乡镇、街道设立的具有劳动争议调解职能的组织。

企业劳动争议调解委员会由职工代表和企业代表组成。职工代表由工会成员担任或者由全体职工推举产生,企业代表由企业负责人指定。企业劳动争议调解委员会主任由工会成员或者双方推举的人员担任。

(二)调解方案的制订

调解人员选定后,用人单位需确定谈判基准、谈判方案,尽可能地将影响调解成功的因素提前考虑在内,制订较为周全、合理、具备较好可行性的调解方案,才可能促成劳动争议的和平解决。

合规要点 257　预判调解方案以及预判依据

合规风险指数 ★★★

在调解启动前，用人单位一般会内部讨论调解方案，一般来说，调解方案包含两个方面的内容：一是经济补偿数额，这是调解的核心，通俗地说，调解成功与否，取决于用人单位愿意给付的金钱数额是否达到了劳动者的心理预期，“达到”及“超过”的情况下，争议双方达成调解意向近似唾手可得，而在“不足”的情况下，用人单位需加入更多的策略性手段以推动调解达成。二是劳动者的其他需求，如被用人单位以违纪、不能胜任、试用期不符合录用条件等理由解除的劳动合同的劳动者，可能会执着于要求用人单位重新出具书面解除通知、离职证明文件等，或者要求用人单位撤销违纪处分、不能胜任认定等。因此，用人单位在调解之前，需要对上述要素进行全面评估、考虑，以确定调解方案。

合规指引

就经济补偿数额而言，用人单位一般可从以下几个方面来预判劳动者的调解金额：

(1)本单位工作年限。根据《劳动合同法》的规定，经济补偿按劳动者在本单位工作的年限，每满 1 年支付 1 个月工资的标准向劳动者支付。6 个月以上不满 1 年的，按 1 年计算；不满 6 个月的，向劳动者支付半个月工资的经济补偿。

另需注意的是，对于本单位工作年限横跨 2008 年 1 月 1 日的员工，2008 年之前的工作年限可能还会适用 12 年封顶计算的相关规定，但该封顶计算仅限于用人单位主动提出协商一致解除劳动合同、不能胜任解除的情形。

本单位工作年限越长的劳动者，特别是工作年限长且已签订无固定期限劳动合同的劳动者，从补偿其过往贡献、缓解其短期内再就业及生存压力的角度出发，用人单位可以考虑给予更多离职补偿。此外，对于劳务派遣转正的劳动者，其原为派遣员工期间的工作年限，也可算入补偿范围内。

(2)离职前 12 个月平均工资。离职前 12 个月平均工资一般应以劳动者离职前基本工资、绩效工资、各类奖金、补贴、津贴等收入总额的税前数额作为计算基数,加班工资、病假工资、产假工资是否计入经济补偿金计算基数,各地对此有不同认定,用人单位操作时需注意地方口径的差异。另根据《劳动合同法》的规定,劳动者月工资高于用人单位所在直辖市、设区的市级人民政府公布的本地区上年度职工月平均工资3倍的,向其支付经济补偿的标准按职工月平均工资3倍的数额支付,向其支付经济补偿的年限最高不超过12年。离职前12个月平均工资低于当地最低工资的,应以最低工资计算经济补偿金。

对于离职前工资较高、福利较好的劳动者,或者基本工资较低、加班工资较高的劳动者而言,其对于调解金额的预期往往更加不稳定,会提出畸高的调解金额,用人单位对此类劳动者也需要根据具体情况判断是否增减调解金额。

(3)是否有解雇保护事由。处于医疗期、"三期"或有工伤、患职业病的劳动者,以及在本单位连续工作满15年且距离法定退休年龄不足5年的劳动者,均享有《劳动合同法》赋予的特殊保护,用人单位除法定事由外,不得轻易解除以上人员的劳动合同,且以上人员被司法机关判定恢复劳动关系的可能性更大。因此,对于此类劳动者,用人单位将需要支付更多经济补偿才可能以调解方式平息争议。

(4)劳动者在职期间的表现及用人单位掌握证据的程度。如果劳动者在职期间的表现存在较大问题,如有明显的违纪违规事实,且用人单位对此类事实掌握有一定证据的,则用人单位可以此作为谈判筹码,与劳动者进行博弈,推动调解。

(5)用人单位的经济成本。此处所提的成本包含两层含义,正面来说,即用人单位愿意向劳动者支付多少经济补偿,用人单位可基于法律规定、本单位的经济效益、操作惯例及人情考量等多方面因素予以确定。从反面来说,经济成本即用人单位是否愿意承担突破法律规定的法律后果,如用人单位是否愿意以承担违法解除劳动合同赔偿金的成本来解雇劳动者,从这个角度来说,用人单位需要比较继续留用员工的经济成本(主要包括劳动报酬、五险一金)、支付经济补偿金的经济成本、支付经济补偿金及代通知金的经济成本、违法解除劳动合同赔偿金的经济成本、被判决恢复劳动关系后的经济成本(包括补发讼争期间劳动者的劳动报酬、五险一金等)以及上述各类成本叠加其他项目(如医疗补助金)之后的经济成本,比较之后,经济成本最小者,可能就是最优的调解方案。

上述因素是用人单位在制订调解方案、预判劳动者心理预期数额时常用到

的参考内容，用人单位在不同个案中，除考虑上述因素之外，还要结合具体情况灵活调整方案。

合规依据

《劳动合同法》

第四十二条　劳动者有下列情形之一的，用人单位不得依照本法第四十条、第四十一条的规定解除劳动合同：

（一）从事接触职业病危害作业的劳动者未进行离岗前职业健康检查，或者疑似职业病病人在诊断或者医学观察期间的；

（二）在本单位患职业病或者因工负伤并被确认丧失或者部分丧失劳动能力的；

（三）患病或者非因工负伤，在规定的医疗期内的；

（四）女职工在孕期、产期、哺乳期的；

（五）在本单位连续工作满十五年，且距法定退休年龄不足五年的；

（六）法律、行政法规规定的其他情形。

第四十五条　劳动合同期满，有本法第四十二条规定情形之一的，劳动合同应当续延至相应的情形消失时终止。但是，本法第四十二条第二项规定丧失或者部分丧失劳动能力劳动者的劳动合同的终止，按照国家有关工伤保险的规定执行。

第四十七条　经济补偿按劳动者在本单位工作的年限，每满一年支付一个月工资的标准向劳动者支付。六个月以上不满一年的，按一年计算；不满六个月的，向劳动者支付半个月工资的经济补偿。

劳动者月工资高于用人单位所在直辖市、设区的市级人民政府公布的本地区上年度职工月平均工资三倍的，向其支付经济补偿的标准按职工月平均工资三倍的数额支付，向其支付经济补偿的年限最高不超过十二年。

本条所称月工资是指劳动者在劳动合同解除或者终止前十二个月的平均工资。

第四十八条　用人单位违反本法规定解除或者终止劳动合同，劳动者要求继续履行劳动合同的，用人单位应当继续履行；劳动者不要求继续履行劳动合同或者劳动合同已经不能继续履行的，用人单位应当依照本法第八十七条规定支付赔偿金。

第八十七条 用人单位违反本法规定解除或者终止劳动合同的,应当依照本法第四十七条规定的经济补偿标准的二倍向劳动者支付赔偿金。

合规要点 258 调解氛围的营造

合规风险指数 ★★

谈判小组成员选定后,用人单位需要根据个案情形、劳动者行为性质来决定营造激进、温和、冷静的谈话氛围,以促进调解达成。

合规指引

一般来说,在调解阶段,用人单位与劳动者之间的矛盾尚未完全爆发,双方处于相互试探并寄希望于和平解决问题,因此,建议用人单位以温和、冷静的谈话氛围为主,释放善意与谈判诚意,特别是对于非因违纪引起的协商解除劳动合同、劳动者主动辞职、劳动者被迫辞职、非过错性解雇和经济性裁员的情况下,以及“三期”、职业病、工伤、医疗期、在本单位连续工作满 15 年且距法定退休年龄不足 5 年的劳动者。在劳动者违纪的情况下,如经几次调查、谈话,劳动者仍坚持对抗态度的,用人单位可改为采取稍为激进的谈判方式,施加谈判压力,推动劳动关系协商解除。

合规依据

《劳动合同法》

第五条 县级以上人民政府劳动行政部门会同工会和企业方面代表,建立健全协调劳动关系三方机制,共同研究解决有关劳动关系的重大问题。

第三十六条 用人单位与劳动者协商一致,可以解除劳动合同。

(三)调解的执行

调解合意达成后,用人单位与劳动者需尽快以书面形式共同确认调解合意的具体内容,并按照约定执行调解协议的内容。

合规要点 259　调解协议的撰写

合规风险指数 ★★★★

通常,用人单位与劳动者达成的书面的调解意向可称为和解协议,用人单位与劳动者在劳动争议仲裁委员会、法院、工会等组织的主持下达成的书面调解意向称为调解协议。不论是和解协议还是调解协议,协议内容的完备与否将直接关系到劳动关系或劳动争议是否可被一次性妥善解决、是否会引发新的争议。因此,调解协议的内容至关重要。

合规指引

一般来说,建议用人单位的调解协议或和解协议应有以下必备内容或条款:劳动合同解除日期、劳动报酬结算情况、经济补偿金数额及支付时间和方式、双方再无任何其他争议条款以及办理工作交接和离职手续的时间等。在必备条款内容完备的基础上,用人单位可根据个案情形决定是否设置其他条款,如保密条款、竞业限制协议履行与否、待归还工作用品等。总而言之,调解协议或和解协议最好尽可能简练、精准地覆盖劳动关系完结的主要事项。

合规要点 260　离职补偿款项的名目与代缴主体

合规风险指数 ★★★

劳动者的离职补偿款项一般可分为两类:一类是劳动者在职期间的未结工资、各类福利折现等;另一类是用人单位依法或依约支付的经济补偿金。一般来说,用人单位具有代扣代缴税费的法定义务,工资、奖金等项目,用人单位均需依据法律规定代扣税金,而经济补偿金在法定免税额之外的,劳动者也需履行缴税义务。常见的争议是用人单位与劳动者达成调解意向,但双方并未明确离职补偿款的缴税问题,用人单位想当然地从协议约定的补偿款中代扣税金,导致劳动者到手金额减少,双方又因税金问题产生新的争议。

合规指引

在调解过程中,用人单位应向劳动者明确双方协定的离职补偿款项均为税前金额,而用人单位具有法定的代扣代缴义务,避免劳动者对其最终所得补偿金额是税前还是税后产生误解。如果劳动者在知晓该情况后,坚持由用人单位额外为其承担税费,并因此拒绝签订调解协议或和解协议的,用人单位可与劳动者协商变更离职补偿名目,将所有离职补偿打包记为经济补偿金,则可在法律规定的额度内享有免税待遇。

合规依据

《财政部、税务总局关于个人所得税法修改后有关优惠政策衔接问题的通知》

五、关于解除劳动关系、提前退休、内部退养的一次性补偿收入的政策:(一)个人与用人单位解除劳动关系取得一次性补偿收入(包括用人单位发放的经济补偿金、生活补助费和其他补助费),在当地上年职工平均工资3倍数额以内的部分,免征个人所得税;超过3倍数额的部分,不并入当年综合所得,单独适用综合所得税率表,计算纳税。

合规要点261　未执行调解、和解协议

合规风险指数 ★★★★

用人单位与劳动者常见的失误在于未意识到调解协议、和解协议等一经签订即具有法律约束力,而未及时执行协议内容,或者签订调解、和解协议后又反悔。

合规指引

建议用人单位在调解、和解协议中明确协议经双方签字、盖章后生效,并及时按照协议内容来履行己方义务、督促劳动者履行义务。如果一方在调解、和解协议签订后反悔的,另一方均可以调解、和解协议中达成的约定来对抗对方的主张。

合规依据

《劳动争议调解仲裁法》

第十四条　经调解达成协议的，应当制作调解协议书。调解协议书由双方当事人签名或者盖章，经调解员签名并加盖调解组织印章后生效，对双方当事人具有约束力，当事人应当履行。自劳动争议调解组织收到调解申请之日起十五日内未达成调解协议的，当事人可以依法申请仲裁。

第十五条　达成调解协议后，一方当事人在协议约定期限内不履行调解协议的，另一方当事人可以依法申请仲裁。

三、仲裁

（一）申请仲裁的时效

根据《劳动争议调解仲裁法》的规定，劳动争议申请仲裁的时效期间为1年。仲裁时效期间从当事人知道或者应当知道其权利被侵害之日起计算。劳动关系存续期间因拖欠劳动报酬发生争议的，劳动者申请仲裁不受本条第一款规定的仲裁时效期间的限制；但是，劳动关系终止的，应当自劳动关系终止之日起1年内提出。

合规要点262　未及时在时效期间内提起仲裁、时效抗辩

合规风险指数　★★★★★

不论是劳动者还是用人单位，认为自己的合法权益受到侵害时，都需要及时诉诸劳动争议仲裁委员会，如超期提出主张，尽管仲裁员不得主动释明时效问题，但一旦对方提出时效抗辩，则提出请求的一方将不战而败。同样地，用人单位对于劳动者超过时效期间的请求也需要保持敏感，及时提出时效抗辩，可以达到四两拨千斤的效果。

合规指引

根据《劳动争议调解仲裁法》的规定,劳动争议申请仲裁的时效期间为1年。仲裁时效期间从当事人知道或者应当知道其权利被侵害之日起计算。劳动关系存续期间因拖欠劳动报酬发生争议的,劳动者申请仲裁不受本条第一款规定的仲裁时效期间的限制;但是,劳动关系终止的,应当自劳动关系终止之日起1年内提出。

根据上述规定,劳动争议方需在法定的仲裁时效期间内提出仲裁请求,或及时对对方已经超过时效期间的请求提出时效抗辩。

合规依据

《劳动争议调解仲裁法》

第二十七条　劳动争议申请仲裁的时效期间为一年。仲裁时效期间从当事人知道或者应当知道其权利被侵害之日起计算。

前款规定的仲裁时效,因当事人一方向对方当事人主张权利,或者向有关部门请求权利救济,或者对方当事人同意履行义务而中断。从中断时起,仲裁时效期间重新计算。

因不可抗力或者有其他正当理由,当事人不能在本条第一款规定的仲裁时效期间申请仲裁的,仲裁时效中止。从中止时效的原因消除之日起,仲裁时效期间继续计算。

劳动关系存续期间因拖欠劳动报酬发生争议的,劳动者申请仲裁不受本条第一款规定的仲裁时效期间的限制;但是,劳动关系终止的,应当自劳动关系终止之日起一年内提出。

(二)申请仲裁

劳动争议案件的起点一般始于争议一方在用人单位注册地或劳动合同履行地的劳动争议仲裁委员会提起仲裁申请。按照《劳动争议调解仲裁法》的规定,申请人申请仲裁应当提交书面仲裁申请。

合规要点 263　仲裁请求的确定

合规风险指数　★

在确定仲裁请求事项时,当事人常见的错误如下:

(1)仲裁请求事项巨细无遗,无重点。例如,在案件本身标的较大的情况下,仍然坚持主张大量小额报销,导致争议方的注意力与精力被多向牵扯,仲裁庭审理负担过重,反而模糊了主要诉求。

(2)遗漏请求。比起巨细无遗的仲裁请求,另一个极端是遗漏重要的请求事项,如果仲裁庭不允许增加请求的,当事人就要就遗漏事项另行提出仲裁申请,既浪费自身精力,也浪费司法资源。

(3)提出非劳动争议案件受理范围内的请求。例如,在上海、北京等多数地区,劳动争议仲裁委员会不受理劳动者关于社保补缴的请求,特别是因社保少缴、漏缴产生的争议。但是安徽等地的劳动争议仲裁委员会则是受理社保争议的,因此,当事人需要提前了解、判断自己的诉求是否属于劳动争议案件受理范围。

(4)请求自相矛盾。例如,劳动者常见的失误是同时要求公司支付终止或解除劳动合同的经济补偿金与违法解除劳动合同的赔偿金。

合规指引

建议决定提起劳动仲裁的当事人先咨询专业人士,确定自己的请求是否可行、是否可提、是否有重大遗漏等,之后再提起仲裁,以免浪费自己的时间与精力,也不必要地占用宝贵的司法资源。

合规要点 264　仲裁申请书书写不规范

合规风险指数　★

当事人书写仲裁申请书时常见的不规范做法包括:

1. 仲裁申请书描述性内容过多。仲裁申请书的主要作用在于列明请求,在事实与理由部分只需围绕自身请求简单陈述基本案情即可,无须详细赘述案情细节、当事人的心路历程等。

2. 申请书内容与事实严重不符。当事人另一常见的不妥做法是在申请书上“添油加醋”,作出与事实不符的表述,一旦以书面形式固定的陈述与后续法庭调查的事实产生冲突或矛盾,就会暴露出当事人的不诚信,使案件裁判风向发生转变。

合规指引

事实上,当事人常见的不妥做法就是“写多错多”,大量描述使案情看起来繁复,更容易以书面形式形成于己不利的陈述与证据,不利于后续的庭审。因此,书写仲裁申请书时,当事人只需明确请求事项并围绕请求简单陈述基本、关键案情(如入职时间、离职前岗位、用人单位的解除理由及时间)即可。

合规依据

《劳动争议调解仲裁法》

第二十八条　申请人申请仲裁应当提交书面仲裁申请,并按照被申请人人数提交副本。

仲裁申请书应当载明下列事项:

(一)劳动者的姓名、性别、年龄、职业、工作单位和住所,用人单位的名称、住所和法定代表人或者主要负责人的姓名、职务;

(二)仲裁请求和所根据的事实、理由;

(三)证据和证据来源、证人姓名和住所。

书写仲裁申请确有困难的,可以口头申请,由劳动争议仲裁委员会记入笔录,并告知对方当事人。

合规要点 265　仲裁委不予受理的处理

合规风险指数　★

仲裁委常见的不予受理的情形包括:

1. 与社会保险、住房公积金相关的事项(部分地区),特别是少缴、漏缴等情形。但如果是因用人单位未及时办理社会保险导致劳动者不能享受待遇且无法补正的争议,原则上劳动争议仲裁委员会应当受理。

2. 缔约过失争议。例如,用人单位发放 Offer 后反悔,导致劳动者从上家单位离职而无法再入职的情形,因争议发生时双方尚未建立劳动关系,故仲裁委会认定这类情形属于民事争议,作出不予受理决定。

3. 退休年龄争议。目前我国女职工的退休年龄是 50 周岁还是 55 周岁是与女职工的身份(干部/工人)、离职前岗位性质(管理岗位/专业技术岗位)密切相关的,但对于用人单位依据内部经营与管理需求设置的岗位是否属于管理岗位或专业技术岗位这一近似于"内政"的问题,仲裁委作为第三方很难查实并作出认定,因此,部分仲裁委会认定此类争议不属于劳动争议案件受理范围。

合规指引

对于劳动争议仲裁委员会不予受理的案件,当事人一般可采用三种救济方式:一是要求仲裁委员会出具不予受理通知书,在收到通知书的 15 日内,起诉至法院;二是直接到法院起诉,看法院是否同意直接受理;三是依法向有关部门举报等,如对于用人单位少缴、漏缴社保的情形,劳动者可到劳动监察部门举报。

合规依据

《劳动争议调解仲裁法》

第二十九条　劳动争议仲裁委员会收到仲裁申请之日起五日内,认为符合受理条件的,应当受理,并通知申请人;认为不符合受理条件的,应当书面通知申请人不予受理,并说明理由。对劳动争议仲裁委员会不予受理或者逾期未作出决定的,申请人可以就该劳动争议事项向人民法院提起诉讼。

(三)诉讼代理人

根据《劳动争议调解仲裁法》《民事诉讼法》的规定,当事人、法定代理人可以委托一人至二人作为诉讼代理人,可以被委托为诉讼代理人的人员一般包括律师、基层法律服务工作者,当事人的近亲属或者工作人员,当事人所在社区、单位以及有关社会团体推荐的公民。

合规要点266　未委托专业人员应对

合规风险指数　★★★★★

用人单位与劳动者常见的失误是轻视劳动案件的复杂性、连贯性以及对劳动管理的“多米诺骨牌效应”,随意地指派人员应诉或自行应诉,导致在劳动案件的起始阶段就形成大量书面证据或书面陈述,影响整个案件的走向。

合规指引

事实上,劳动案件具备相当的复杂性,无论是从准备证据、还原事实还是应诉答辩,均需十分谨慎、精细,且劳动案件一般有三个阶段(劳动仲裁、一审、二审),劳动仲裁作为劳动案件的起始阶段,起到了固定事实与证据的作用,如若当事人在仲裁阶段因失误、大意而留下大量不利于己的陈述或证据,将会极大地影响后续两个阶段的诉讼走向。除此之外,劳动争议案件具有“多米诺骨牌效应”,一个案子的败诉,意味着其后有众多潜在的效仿者,也会影响到用人单位在员工管理上的形象。因此,无论是用人单位还是劳动者,对待劳动争议案件的应诉,都需慎之又慎,最好委托较为专业的人员协助。

合规依据

《劳动争议调解仲裁法》

第二十四条　当事人可以委托代理人参加仲裁活动。委托他人参加仲裁活动,应当向劳动争议仲裁委员会提交有委托人签名或者盖章的委托书,委托书应当载明委托事项和权限。

第二十五条　丧失或者部分丧失民事行为能力的劳动者,由其法定代理人代为参加仲裁活动;无法定代理人的,由劳动争议仲裁委员会为其指定代理人。劳动者死亡的,由其近亲属或者代理人参加仲裁活动。

(四)举证

劳动争议一旦进入仲裁、诉讼程序,当事人就需要按照有关机关的要求,按时、及时地提交符合法律要求的证据。以下内容同样适用于诉讼阶段。

合规要点 267　错过举证期限

合规风险指数 ★★★★★

劳动争议仲裁委员会受理案件后，会在一定期限内发出受理通知书、应诉通知书及举证通知书等官方文件，当中一般会载明举证期限，即当事人要在什么期限内将证据材料交至仲裁委员会。如果当事人未在仲裁委指定的期限内及时提交书面证据的，除非当事人本身没有证据可供提交，否则可能承担仲裁委拒收证据材料或对方当事人拒绝质证的风险，以及因此而导致的案件败诉风险。

合规指引

一般来说，举证期限是当事人收到相关文件之日起的 10 日内或开庭之日之前，或者仲裁委会明确标识举证期限为几月几日之前，如果当事人在仲裁委发来的文件中均未看到举证期限，就需要及时与仲裁员或书记员联系，确认举证期限，并保证最晚在举证期限的最后一天将材料寄送给仲裁委。

合规要点 268　未及时提出延期举证

合规风险指数 ★★★★★

劳动案件具备相当的复杂性，当事人在收到应诉通知后，通常需要一段时间来准备证据材料，不仅是全面收集证据以证明事实，还需要确保收集到的证据符合法律规定的证据形式，因此，当事人往往无法在仲裁委指定的较短的期限内完成举证工作，此时，当事人就需要及时向仲裁委递交延期举证申请，延长举证期限。

合规指引

当事人需在仲裁委指定的举证期限内，及时提交书面延期举证申请书，并及时与仲裁员联系确认申请书的签收情况，以及仲裁庭是否允许延期举证，以最大限度地保障自己的合法权益。

合规要点 269　超过举证期限提交证据

合规风险指数 ★★★★★

当事人在劳动争议案件的仲裁(包括诉讼阶段)常见的失误是在庭审之前、庭审过程中未及时提交证据,或者提交的证据不符合证据形式,庭后发觉需要补充大量关键证据或需对证据形式作出调整,遂在庭后补寄大量证据,但除非仲裁员(或法官)在庭上要求当事人庭后一定期限内补充证据,否则当事人擅自寄送的证据极有可能不会被仲裁(或法院)采纳。一般来说,当事人庭后补充的证据不被采纳的原因如下:一是已过举证期限,仲裁(或法院)将不再组织质证,特别是当事人异地应诉的案件,因路途时间及成本问题,仲裁(或法院)不再组织质证的可能性很大(当然,也有可能要求当事人书面质证),而未经质证的证据不得作为认定案件事实的证据;二是如果当事人庭后补充的证据材料较多,且与案件的关联性不显著的,仲裁(或法院)也可能不予采纳;三是劳动争议案件均有审限要求,特别是劳动仲裁的审限只有45~60日,而劳动仲裁委作为劳动争议的第一线,往往承担着巨大的案量压力,因此,仲裁委迫于审限要求与案件数量的压力,可能无法再组织第二次开庭或质证。

合规指引

针对上述风险,建议当事人在庭前尽量做足准备,争取一次性提交证据或在开庭时提交完证据,避免"丢三落四"、庭后补寄证据。在劳动仲裁阶段,因案件还可能进入一审阶段,对于确实无法及时提交的证据,可做好准备,在一审时务必及时提交。

合规要点 270　对举证责任分配判断错误

合规风险指数 ★★★★★

一般来说,举证责任分配遵循"谁主张,谁举证"的原则。例如,用人单位主张员工违纪、严重失职、不能胜任等，就需自行举证员工存在相关情形；劳动者主张工资、加班工资、奖金等，需要自行举证应发工资数额、存在加班事实、奖金发放依据与计算方式等。

特殊情况下，举证责任可能被倒置给用人单位，如劳动者主张的证据掌握于用人单位手中的，如果仲裁委要求用人单位在一定期限内提供证据，用人单位拒不提供的，将承担不利的法律后果。

如果当事人对于举证义务认识不清，就可能出现本应承担举证义务、提供证据，但错认为举证义务在于对方，因而自己没有举证，导致自己败诉；或者误认为举证义务在己方，提供大量或不必要的证据，加重各方应诉负担的同时，也可能错交不利于己方的证据，反被对方利用。

合规指引

一般来说，当事人可对自己的举证义务进行初步判断，即自己主张什么，原则上应当围绕自己的主张来提供证据，如果劳动者需要提供的证据掌握在用人单位手中的，如加班记录、考勤记录、奖金计算方法等，可在庭审中提出，请求仲裁庭（或法庭）要求用人单位提供相关证据。在无法判断举证责任的归属时，建议当事人及时咨询专业人士。

合规依据

《劳动争议调解仲裁法》

第六条　发生劳动争议，当事人对自己提出的主张，有责任提供证据。与争议事项有关的证据属于用人单位掌握管理的，用人单位应当提供；用人单位不提供的，应当承担不利后果。

第三十九条　当事人提供的证据经查证属实的，仲裁庭应当将其作为认定事实的根据。劳动者无法提供由用人单位掌握管理的与仲裁请求有关的证据，仲裁庭可以要求用人单位在指定期限内提供。用人单位在指定期限内不提供的，应当承担不利后果。

合规要点 271 证据材料不符合要求

合规风险指数 ★★★

当事人应诉时提交的证据材料,均需符合一定的要求,以便仲裁庭(或法庭)以及各方当事人阅看、核实。

合规指引

一般来说,准备证据材料需注意以下几点:

1. 按照对方当事人数量(N),准备 N+1 份证据材料复印件(包括载有证据的光盘等),除自留一份外,其余证据材料需提交仲裁庭(或法庭)一份,给对方当事人、第三人(如有)各一份,以便各方在庭审中共同翻阅、核对证据。

2. 建议编写证据目录,列明证据名称、证明内容及对应的页码等,并将相应的证据材料附在其后。此外,最好给证据材料逐页编页,方便仲裁庭(或法庭)、各方当事人在庭上快速、准确地翻看证据材料。

3. 复印证据材料时,注意字体大小、页面清晰度,避免复印件模糊不清、无法辨认。

合规要点 272 证据与违规事实无关

合规风险指数 ★★★

用人单位因对诉讼流程及要求的不熟悉等,往往提交一些与案件事实无关的证据,并强行引申、解释证据内容。

合规指引

用人单位提交证据需要围绕劳动者的违规事实,证据应呈现出至少一个较为明确的可证明事实的点,用人单位应尽量避免提交与案件无关的证据,一是仲裁员、法官处理的案件数量十分巨大,与案件无关的证据将增加仲裁员、法官的工作量;二是大量无关的证据会使案件争议焦点模糊;三是证据提交得越多,越可能出现漏洞,因此,证据提交应以切题、精准为原则。

合规要点273　证据内容自相矛盾或于己不利

合规风险指数 ★★★★

有时用人单位通过调查形成的证据不仅对证明违规事实没有帮助,甚至会对案件走向起到负面作用,如对事实的描述或对劳动者的处分在不同证据中有不同的表述或理由,证据内容有明显漏洞或有于己不利的内容等。

合规指引

在提交证据前,当事人务必审慎衡量自己即将提供的证据是否与案件有关、是否可以证明自己的主张以及是否有明显的于己不利的方面,对于对自身有害无利的证据,不建议提交。

合规要点274　证人证言相互矛盾或证人与案件有利害关系

合规风险指数 ★★★★

证人证言的特点之一就在于证明内容具有反复性,不论是因时间久远导致证人记忆模糊,还是证人基于自身立场存在其他考量,证人都容易作出内容自相矛盾的证言,导致证人证言的效力相对较低。

合规指引

用人单位对于证人,应尽快形成书面证言请其签字确认。此外,与案件结果有利害关系的证人所作出的证言,其证明效力较低,往往会遭到劳动者或司法机关的质疑,如果不得不启用此类证人,建议与证人充分沟通,避免其立场动摇、作出前后不一的证言。

(五)开庭

开庭非常考验当事人或其代理人的逻辑能力、临场反应能力、法律知识以及对案件的了解情况,也是仲裁委(或法院)查明案情、梳理法律关系的最重要阶段,对于案件成败具有至关重要的作用。以下内容同样适用于诉讼阶段。

合规要点 275　答辩时词不达意或作出不利陈述

合规风险指数 ★★★★

开庭时,提起仲裁申请(或起诉、上诉)的一方陈述其请求后,另一方当事人需就此作出答辩,当事人在此环节常见的不规范做法有答辩时多抒情而未阐明观点,或对案件事实作出自认,或直接认可对方请求,导致开局不利。

合规指引

答辩环节,当事人只需围绕对方请求,简明扼要地阐述是否同意、不同意的理由即可,对相关事实无须展开陈述,也无须详细罗列法律规定,点到即止,说明自己的意见即可。

合规依据

《劳动争议调解仲裁法》

第三十条　劳动争议仲裁委员会受理仲裁申请后,应当在五日内将仲裁申请书副本送达被申请人。被申请人收到仲裁申请书副本后,应当在十日内向劳动争议仲裁委员会提交答辩书。劳动争议仲裁委员会收到答辩书后,应当在五日内将答辩书副本送达申请人。被申请人未提交答辩书的,不影响仲裁程序的进行。

合规要点 276　质证缺乏技巧

合规风险指数 ★★★★★

当事人如果未委托专业律师代理案件,在质证环节极易出错,常见的错误包括但不限于:

1. 质证时缺乏技巧。证据有“三性”,即“合法性、真实性、关联性”,当事人因缺乏法律知识,因此常常欠缺从证据“三性”出发去甄别、质证证据的能力与技巧。

2. 草率质证。例如,对无法确认“三性”的证据草率予以答复,或者对对方当庭提交的证据未仔细查看就草率地发表意见等。

3. 未核对证据原件。当事人提交的证据均为复印件,不排除有些证据系伪造或存在篡改的可能性,当事人对此如没有一定的机警程度,很容易在没有看到证据原件的情况下就草率地认可证据“三性”。

合规指引

建议当事人仔细查看庭前已收到的证据,寻找当中的错漏、可疑之处;对于当庭收到的证据,当事人如可当庭确认证据情况的,可当庭质证,否则可以要求答辩期或庭后书面质证;对所有的证据,都可要求查看原件以核实证据的真实性。

合规依据

《劳动争议调解仲裁法》

第三十八条　当事人在仲裁过程中有权进行质证和辩论。质证和辩论终结时,首席仲裁员或者独任仲裁员应当征询当事人的最后意见。

第三十九条　当事人提供的证据经查证属实的,仲裁庭应当将其作为认定事实的根据。

合规要点 277　法庭上的陈述与表达不尽规范

合规风险指数　★★★

当事人在庭审中常见的不规范表达有:

1. 陈述过于发散、凌乱,缺乏重点。

2. 对对方或仲裁员(或法官)进行人身攻击,扰乱法庭秩序。

3. 作出明显有违常理的陈述,或陈述前后矛盾。

4. 对案情或法律关系作出虚假陈述。

5. 语速过快导致法庭无法记录。

无论是上述哪种情况,都会导致庭审节奏凌乱,加重各方的负担。

合规指引

建议当事人在没有委托律师的情况下,庭前梳理己方的应诉要点,在庭上围绕事实与法律,简明扼要、有理有据、节奏恰当地以较为正式的表达来陈述自己的观点与主张,避免发生上述情况。

合规要点 278 未遵守仲裁庭(或法庭)秩序

合规风险指数 ★★★

对于不遵守仲裁庭(或法庭)纪律的当事人,轻者将给予训诫、退出法庭、罚款等处罚,重者将可能拘留,甚至追究刑事责任。

合规指引

一般来说,基本的仲裁庭(或法庭)秩序包括但不限于:不得录音、录像、拍照;不得随意走动;不得攻击审判人员及参加庭审的人员;不得未经审判人员许可擅自发言;证人出庭需提前申请;部分地区要求提前书面申请后旁听人员才可进入仲裁庭(或法庭)。当事人在参与庭审时,需要注意遵守以上规则以及仲裁庭(或法庭)在庭前宣布的开庭纪律。

合规要点 279 未认真核对庭审笔录

合规风险指数 ★★★★

在庭审过程中,仲裁庭(或法庭)会委派书记员记录庭审中各方的言论,形成书面的庭审笔录,在庭审结束时,交予当事人核对确认并签字。当事人一旦在庭审笔录上签字,就代表认可庭审笔录所记内容与其在庭审过程中的陈述完全一致,庭审笔录在之后的诉讼阶段中,可被调取并作为证据使用。如果当事人没有仔细核对笔录就签字,很有可能面临因书记员失误而导致的记录错误给后续诉讼带来不利影响的风险。

合规指引

当事人在庭审过程中,需要简明扼要、语速适中地作出陈述,方便书记员记录，在庭审结束后，还需仔细核对笔录内容，如发现内容有误，需及时修改或向书记员提出后作出修正。

合规依据

《劳动争议调解仲裁法》

第四十条　仲裁庭应当将开庭情况记入笔录。当事人和其他仲裁参加人认为对自己陈述的记录有遗漏或者差错的，有权申请补正。如果不予补正，应当记录该申请。笔录由仲裁员、记录人员、当事人和其他仲裁参加人签名或者盖章。

（六）仲裁裁决

劳动争议仲裁委员会在开庭审理案件后，一般会在45～60日内作出仲裁裁决书。

合规要点280　未及时应对仲裁裁决书

合规风险指数　★★★★★

劳动争议仲裁委员会经开庭审理案件，作出仲裁裁决书，对当事人的法律关系、案件事实作出裁决，至少有一方当事人会因此承担不利的法律后果。但一些当事人并未意识到仲裁裁决书是具有法律效力的法律文书，在收到裁决书后，未及时作出响应，导致了不利后果。

合规指引

当事人对于仲裁委未支持自己请求的裁决项，可在15日内诉至法院。如果当事人决定不再起诉，则需在裁决书载明的日期内及时履行自己的义务，以免被对方当事人再次提起仲裁（或起诉），或者被司法机关强制执行。

合规依据

《劳动争议调解仲裁法》

第四十八条　劳动者对本法第四十七条规定的仲裁裁决不服的，可以自收到仲裁裁决书之日起十五日内向人民法院提起诉讼。

合规要点 281　未及时处理一裁终局项

合规风险 ★★★★★

根据《劳动争议调解仲裁法》的规定,追索劳动报酬、工伤医疗费、经济补偿或者赔偿金,不超过当地月最低工资标准 12 个月金额的争议,以及因执行国家的劳动标准在工作时间、休息休假、社会保险等方面发生的争议,属于一裁终局事项,即仲裁裁决为终局裁决,裁决书自作出之日起发生法律效力。

合规指引

对于一裁终局项,劳动者与用人单位的处理方式并不相同:劳动者对一裁终局的裁决书不服的,可自收到仲裁裁决书之日起 15 日内向法院提起诉讼;用人单位在法定的几种情形下,可自收到仲裁裁决书之日起 30 日内向仲裁委员会所在地的中级人民法院申请撤销裁决。

合规依据

《劳动争议调解仲裁法》

第四十七条　下列劳动争议,除本法另有规定的外,仲裁裁决为终局裁决,裁决书自作出之日起发生法律效力:

(一)追索劳动报酬、工伤医疗费、经济补偿或者赔偿金,不超过当地月最低工资标准十二个月金额的争议;

(二)因执行国家的劳动标准在工作时间、休息休假、社会保险等方面发生的争议。

第四十八条　劳动者对本法第四十七条规定的仲裁裁决不服的,可以自收到仲裁裁决书之日起十五日内向人民法院提起诉讼。

第四十九条　用人单位有证据证明本法第四十七条规定的仲裁裁决有下列情形之一,可以自收到仲裁裁决书之日起三十日内向劳动争议仲裁委员会所在地的中级人民法院申请撤销裁决:

(一)适用法律、法规确有错误的;

(二)劳动争议仲裁委员会无管辖权的;

（三）违反法定程序的；

（四）裁决所根据的证据是伪造的；

（五）对方当事人隐瞒了足以影响公正裁决的证据的；

（六）仲裁员在仲裁该案时有索贿受贿、徇私舞弊、枉法裁决行为的。

人民法院经组成合议庭审查核实裁决有前款规定情形之一的，应当裁定撤销。仲裁裁决被人民法院裁定撤销的，当事人可以自收到裁定书之日起十五日内就该劳动争议事项向人民法院提起诉讼。

第三节　民事诉讼程序

一、起诉与上诉

劳动争议仲裁委员会作出裁决书后，如一方或各方当事人对裁决书不服的，除一裁终局项需特别处理外，一般均可向法院起诉，则劳动争议案件进入诉讼程序。

合规要点 282　未及时在期限内起诉、上诉

合规风险　★★★★★

如当事人对裁决书或一审判决不服而又未在法定期限内起诉或上诉的，则裁决书、一审判决生效，当事人将因此承担法律责任。

合规指引

当事人如对裁决书或一审判决不服的，需自收到仲裁裁决书或民事判决书、民事裁定书的次日起的 15 个自然日内，起诉或上诉至法院。

合规依据

《劳动争议调解仲裁法》

第四十八条　劳动者对本法第四十七条规定的仲裁裁决不服的，可以自收

到仲裁裁决书之日起十五日内向人民法院提起诉讼。

合规要点283　未及时交纳诉讼费用

合规风险 ★★★★★

当事人如果在人民法院指定期限内仍未交纳案件受理费或者申请费的,由人民法院依法按照当事人自动撤诉或者撤回申请处理。

合规指引

当事人收到法院送达的缴费通知后,应当及时缴费并保留好付费凭证,必要时可以与法院联系确认费用是否缴清,以免被作撤诉处理。

合规依据

《诉讼费用交纳办法》

第二十二条　原告自接到人民法院交纳诉讼费用通知次日起7日内交纳案件受理费;反诉案件由提起反诉的当事人自提起反诉次日起7日内交纳案件受理费。当事人逾期不交纳诉讼费用又未提出司法救助申请,或者申请司法救助未获批准,在人民法院指定期限内仍未交纳诉讼费用的,由人民法院依照有关规定处理。

《最高人民法院关于适用〈诉讼费用交纳办法〉的通知》

第二章　关于当事人未按照规定交纳案件受理费或者申请费的后果当事人逾期不按照《办法》第二十条规定交纳案件受理费或者申请费并且没有提出司法救助申请,或者申请司法救助未获批准。在人民法院指定期限内仍未交纳案件受理费或者申请费的,由人民法院依法按照当事人自动撤诉或者撤回申请处理。

二、管辖权

在劳动案件中,当事人需要关注的管辖权问题为地域管辖、级别管辖,特别是地域管辖,可能决定着一个劳动案件的成败。

合规要点 284　不能约定管辖

合规风险 ★

用人单位常与劳动者书面约定劳动争议案件的管辖法院,包括地域管辖或级别管辖,但事实上,劳动争议案件并不适用约定管辖。如果当事人向没有管辖权的法院起诉,可能会遭遇无法立案或法院不予受理的问题。

合规指引

劳动争议案件由用人单位所在地或者劳动合同履行地的基层人民法院管辖,劳动合同履行地不明确的,由用人单位所在地的基层人民法院管辖。因此,除撤销一裁终局项的诉讼(用人单位应到劳动仲裁委所在地的中级人民法院起诉)外,劳动争议案件一审均由基层人民法院管辖,二审由一审基层人民法院所属的中级人民法院管辖,且当事人只能在用人单位注册地或劳动合同履行地择其一进行起诉。

在劳动合同履行地起诉的,当事人需要证明劳动合同履行地在哪里,一般为劳动合同等约定的工作地点或劳动者实际长期或固定工作的地点(需提供证据证明)。

合规依据

《最高人民法院关于审理劳动争议案件适用法律若干问题的解释(一)》

第八条　劳动争议案件由用人单位所在地或者劳动合同履行地的基层人民法院管辖。劳动合同履行地不明确的,由用人单位所在地的基层人民法院管辖。

三、庭审及裁判

人民法院经过开庭审理案件,依法作出裁定或判决。

合规要点 285　禁止反言

合规风险 ★★★★

"禁止反言原则"(equitable estoppel)是英美法系国家的一般契约理论,其基本内涵是"My word is my bond"(言行一致,不得出尔反尔)。诉讼中的禁止反言,是指禁止前后矛盾的诉讼行为,即当事人在诉讼过程中所实施的诉讼行为必须前后一致,除法定情形外,不应允许其作出前后矛盾的诉讼行为。引申到当事人的具体诉讼行为中,一般是指不得作出针对案件事实的前后不一的陈述或提供前后不一致的证据,除非当事人可以确实地证明其之后作出的相反陈述或提供的相反证据是真实的,否则不应以此推翻此前已经提供的于己不利的陈述或证据。

合规指引

这一原则提醒当事人在诉讼过程中,对自己作出的陈述与提交的证据都应当慎之又慎,切不可草率,以免此后的翻认行为不被司法机关采纳。如果确实在诉讼过程中发现此前对案件事实的认定与证据存在错误、需要修正,当事人需要花费更大的精力来提供证据证明其后作出的陈述或提供的证据才是真实的,且需要承担不被司法机关采纳、认可的风险。

四、执行

调解书、仲裁裁决书和一审、二审法院作出的法律文书,如果双方当事人均未依照法律规定起诉、上诉、申请再审的,则相关法律文书生效,如果当事人未及时履行义务,就可能面临被强制执行的风险。

合规要点 286　未及时履行生效法律文书

合规风险 ★★★★★

根据《民事诉讼法》的规定,当事人申请执行的期间为2年,自法律文书规定履行期间的最后一日起计算;法律文书规定分期履行的,从规定的每次履行期间的最后一日起计算;法律文书未规定履行期间的,从法律文书生效之日起计算。如果负有义务的当事人未及时履行义务,可能面临被强制执行的风险,而依据生效法律文书享有权利的当事人,如未及时行使权利,也可能面临"案结事未了”的风险。

合规指引

生效的法律文书通常会给予当事人较短的时间来履行义务，负有履行义务的当事人应当及时履行义务，以免被对方当事人申请强制执行；反之，依据生效法律文书享有权利的当事人，也需要及时催告对方履行其义务，如对方拒不履行义务或拖延履行义务的，当事人需及时申请强制执行。

合规依据

《民事诉讼法》

第二百三十九条　申请执行的期间为二年。申请执行时效的中止、中断，适用法律有关诉讼时效中止、中断的规定。前款规定的期间，从法律文书规定履行期间的最后一日起计算；法律文书规定分期履行的，从规定的每次履行期间的最后一日起计算；法律文书未规定履行期间的，从法律文书生效之日起计算。

第二百二十六条　人民法院自收到申请执行书之日起超过六个月未执行的，申请执行人可以向上一级人民法院申请执行。上一级人民法院经审查，可以责令原人民法院在一定期限内执行，也可以决定由本院执行或者指令其他人民法院执行。

合规要点287　金钱给付义务中的代扣代缴义务

合规风险　★★★★★

用人单位根据生效法律文书负有金钱给付义务的，在向劳动者支付款项时，面临着是否代扣代缴税金的问题，且许多法院的判决书、调解书中仅列明金额而未说明是税前还是税后，导致用人单位与劳动者因扣税问题发生争议，甚至引发劳动者申请强制执行以讨要被扣税金的问题。

合规指引

一般来说，用人单位依据生效法律文书向劳动者支付劳动报酬、经济补偿金等款项时，仍负有代扣代缴义务，否则可能触犯税法的相关规定。根据有关规定，经济补偿金在社平工资 ×3 ×12 的范围内是免税的，一旦超过这个范围，劳

动者仍负有缴税义务。建议用人单位在代扣代缴前,最好与劳动者沟通扣税问题。

合规依据

《个人所得税法》

第九条 个人所得税以所得人为纳税人,以支付所得的单位或者个人为扣缴义务人。

合规要点288 拒不履行生效法律文书的法律后果

合规风险 ★★★★★

当事人拒不履行生效法律文书的,可能面临被强制执行,甚至是触犯《刑法》的风险:

1. 被列入失信被执行人名单。纳入失信被执行人名单,指法院将被执行人的信息录入最高人民法院失信被执行人名单库,通过该名单库统一向社会公布,并进行不良信用记录,对被执行人予以信用惩戒。

2. 被限制高消费。即限制有关人员(包括被执行人本人,被执行单位的法定代表人、主要负责人、影响债务履行的直接责任人员、实际控制人等)高消费及非生活或者经营所必需的有关消费。

3. 拒不执行判决、裁定罪。根据《刑法》的规定,当事人对于法院依法作出的具有执行内容并已发生法律效力的判决、裁定(包括人民法院为依法执行支付令、生效的调解书、仲裁裁决、公证债权文书等所作的裁定),有能力执行而拒不执行,情节严重的,处3年以下有期徒刑、拘役或者罚金。

合规指引

建议当事人及时履行生效法律文书确定的义务,以免导致更多的法律责任。

合规依据

《刑法》

第三百一十三条 对人民法院的判决、裁定有能力执行而拒不执行,情节严重的,处三年以下有期徒刑、拘役或者罚金。

《全国人民代表大会常务委员会关于刑法第三百一十三条的解释》

刑法第三百一十三条规定的“人民法院的判决、裁定”，是指人民法院依法作出的具有执行内容并已发生法律效力的判决、裁定。人民法院为依法执行支付令、生效的调解书、仲裁裁决、公证债权文书等所作的裁定属于该条规定的裁定。

合规要点 289　判决金额应谨慎履行个税扣缴义务

合规风险　★★★

案　例

2020 年 9 月 7 日，李某向执行法院申请强制执行，要求乐福公司支付赔偿金 850,512 元及迟延履行金。执行过程中，乐福公司向李某支付赔偿 774,801.30 元。乐福公司主张其作为代扣代缴个人所得税的义务人，在为李某代扣代缴个人所得税 75,710.70 元后，已将本案执行依据确定的剩余款项 774,801.30 元支付给李某，为证明该主张，乐福公司向法院提交了中国邮政储蓄银行中平缴税批量扣款凭证作为证据。

解　析

本案中，执行依据已经确认乐福公司应向李某支付违法解除劳动合同赔偿金 850,512 元，现乐福公司仅向李某支付 774,801.30 元，故执行法院据此冻结其名下银行存款 75,710.70 元，符合法律规定。现乐福公司以其已履行李某个人所得税代扣代缴义务为由，认为其已履行完毕执行依据确定的给付义务，实质是对生效判决书确定的款项数额是否包含应代缴税款存在异议，此异议属于对生效判决书内容的异议，依法不属于执行异议案件审查范围，因此驳回乐福公司的复议申请。

合规指引

关于用人单位能否直接扣除判决或调解金额所涉个人所得税而支付剩余款项，各地司法实践情况并不统一，即部分案件如（2020）浙 01 执复 85 号案件中，法院认为，用人单位作为劳动报酬的支付义务方，代扣代缴员工的个人所得税是

其应履行的法定义务,故支持用人单位代扣代缴个税;但也有部分案件如(2020)粤0115执异62号案件中法院则认为,用人单位代员工向税务机关缴纳个人所得税不能视为履行判决的支付义务,仍应向员工支付判决款项的余款。

鉴于此,建议用人单位在判决或调解作出之前明确支付金额为税前金额,同时与员工就代扣缴纳个税事宜予以确认。如员工明确拒绝用人单位代扣代缴,用人单位应及时书面向税务部门报告沟通,以避免被处罚、责令补缴等法律风险。

合规依据

《民事诉讼法》

第二百四十三条　发生法律效力的民事判决、裁定,当事人必须履行。一方拒绝履行的,对方当事人可以向人民法院申请执行,也可以由审判员移送执行员执行。

调解书和其他应当由人民法院执行的法律文书,当事人必须履行。一方拒绝履行的,对方当事人可以向人民法院申请执行。

《个人所得税法》

第九条　个人所得税以所得人为纳税人,以支付所得的单位或者个人为扣缴义务人。

《国家税务总局关于贯彻〈中华人民共和国税收征收管理法〉及其实施细则若干具体问题的通知》(国税发〔2003〕47号)

第二条第一款　关于扣缴义务人扣缴税款问题

负有代扣代缴义务的单位和个人,在支付款项时应按照征管法及其实施细则的规定,将取得款项的纳税人应缴纳的税款代为扣缴,对纳税人拒绝扣缴税款的,扣缴义务人应暂停支付相当于纳税人应纳税款的款项,并在一日之内报告主管税务机关。

《税收征收管理法》

第三十条第二款　扣缴义务人依法履行代扣、代收税款义务时,纳税人不得拒绝。纳税人拒绝的,扣缴义务人应当及时报告税务机关处理。

第六十八条　纳税人、扣缴义务人在规定期限内不缴或者少缴应纳或者应解缴的税款,经税务机关责令限期缴纳,逾期仍未缴纳的,税务机关除依照本法第四十条的规定采取强制执行措施追缴其不缴或者少缴的税款外,可以处不缴或者少缴的税款百分之五十以上五倍以下的罚款。

第二章

中国劳动人事合规的三个扩展

当前,劳动纠纷越来越多地呈现民事化、行政化甚至刑事化的特征和趋势。呈现这种特征或趋势,既有内因,也有外因。就内因而言,劳动人事合规内容不仅限于一个单纯的劳动法问题,也不可能完全独立于其他法律领域而封闭运行,其必然会涉及多个部门法的交叉适用;就外因而言,鉴于我国比较僵化的劳动法律规范体系(这种规范体系甚至还带有计划经济痕迹),特别是《劳动合同法》颁布实施以来,企业在人力资源管理领域遭遇到全方位的挑战,为应对这种挑战,企业在不断实践后发现借用民事、行政和刑事法律规范可以全部或部分从劳动合同法的桎梏中突围,因此,劳动人事合规问题和民事法律、行政法律和刑事法律领域的交叉甚至融合也就成为一种趋势。

第一节　民事法律领域

劳动人事合规管理扩展到民事法律领域,主要体现在三个方面:首先,劳动争议司法裁判开始引用民事法律基本原则;其次,劳动人事合规管理可援引适用民事法律具体制度;最后,劳动人事合规管理与民事法律部分环节存在交叉适用情形。

合规要点290 劳动争议司法裁判引用民事法律基本原则

合规风险指数 ★★

案 例

刘某系非上海生源应届毕业生。迪畅公司在其招聘条件中列明该公司具有2017年为非沪籍学生办理上海户籍的资格,刘某于2017年4月与迪畅公司签订劳动合同。此后,双方通过邮件、微信等方式多次沟通了落户材料等事宜。

2017年7月,上海市学生事务中心向迪畅公司发出通知,同意刘某办理上海市户籍。之后,上海市学生事务中心根据上海市相关政策,以"迪畅公司2016年已签约并办理落户的2名非上海生源员工已全部与其解除劳动合同或经认定公司存在虚假申报"为由,认定迪畅公司不具备2017年申请落户的资格,又撤回了刘某的落户通知,致使刘某未能成功落户。公司提起申诉,上海市学生事务中心回复:刘某本人符合落户条件,但迪畅公司不具备2017年申报落户的资格。

刘某为重新获得落户资格,再次考取了华东理工大学的全日制博士学位。刘某认为其因迪畅公司而丧失了首次落户资格,不得不付出更多成本来获取再次落户资格,故提起诉讼,要求迪畅公司向其赔偿80万元。[①]

解 析

民事主体从事民事活动,应当遵循诚信原则。因上海户籍的稀缺性,用人单位有无申办上海户籍的资格,往往成为应届毕业生选择是否签约的重要参考标准之一。尽管双方并未明确约定办理户籍系迪畅公司的义务,但迪畅公司通过明示使刘某有理由相信其在自身满足相关条件的情况下可通过与迪畅公司签订劳动合同来获取落户上海的资格,这是刘某最终选择与迪畅公司签订劳动合同的重要原因之一。用人单位对于相关落户规定及自身条件是否相符等信息应全面了解,并向相对方提供真实信息,迪畅公司对于其丧失2017年申办户籍资质

---

① (2018)沪01民终7386号。

的情况应当是明知的,但向刘某提供不实的信息,因自身过错导致刘某无法落户,迪畅公司对此应当承担相应的法律责任。法院最终援引民事法律的基本原则之一,诚信原则,判决迪畅公司赔偿刘某5万元。

合规指引

劳动关系的建立与履行是一个动态的过程,劳动合同及用人单位的规章制度不可能穷尽列举一切情形,如果机械地以"劳动合同没有约定""法律或规章制度没有规定"为由来对劳动争议进行"一刀切"式的处理,势必导致劳动关系双方利益的不平衡,也很难实现真正的公平与正义。基于法律的滞后性特点以及劳动法因立法技术问题产生的相对封闭性,在司法实践中,为解决具体纠纷,越来越多的案例通过援引民事法律的基本原则来处理个案,如诚实信用原则、公序良俗原则、权利义务对等原则等。尽管《劳动合同法》隶属社会法领域,但劳动关系双方仍需通过合同约定等方式来明确双方的权利义务关系,规章制度在一定程度上亦是双方合意的体现,因此,用人单位可以在订立劳动合同、制定规章制度时合理引用民法基本原则,不仅可以对制度未能穷尽的违纪情形进行"兜底"规定,也可在争议发生时,引以为合理的依据。

合规依据

《民法典》

第五条 民事主体从事民事活动,应当遵循自愿原则,按照自己的意思设立、变更、终止民事法律关系。

第六条 民事主体从事民事活动,应当遵循公平原则,合理确定各方的权利和义务。

第七条 民事主体从事民事活动,应当遵循诚信原则,秉持诚实,恪守承诺。

第八条 民事主体从事民事活动,不得违反法律,不得违背公序良俗。

第十条 处理民事纠纷,应当依照法律;法律没有规定的,可以适用习惯,但是不得违背公序良俗。

《劳动合同法》

第三条 订立劳动合同,应当遵循合法、公平、平等自愿、协商一致、诚实信用的原则。依法订立的劳动合同具有约束力,用人单位与劳动者应当履行劳动合同约定的义务。

《最高人民法院关于审理劳动争议案件适用法律问题的解释(一)》(法释〔2020〕26号)

第四十三条　用人单位与劳动者协商一致变更劳动合同,虽未采用书面形式,但已经实际履行了口头变更的劳动合同超过一个月,变更后的劳动合同内容不违反法律、行政法规且不违背公序良俗,当事人以未采用书面形式为由主张劳动合同变更无效的,人民法院不予支持。

《上海市高级人民法院关于适用〈劳动合同法〉若干问题的意见》(2009年73号)

十一、用人单位要求劳动者承担合同责任的处理

劳动合同的履行应当遵循依法、诚实信用的原则。劳动合同的当事人之间除了规章制度的约束之外,实际上也存在很多约定的义务和依据诚实信用原则而应承担的合同义务。如《劳动法》第三条第二款关于"劳动者应当遵守劳动纪律和职业道德"等规定,就是类似义务的法律基础。因此,在规章制度无效的情况下,劳动者违反必须遵守的合同义务,用人单位可以要求其承担责任。劳动者以用人单位规章制度没有规定为由提出抗辩的,不予支持。但在规范此类行为时,应当仅对影响劳动关系的重大情况进行审核,以免过多干涉用人单位的自主管理权。

合规要点291　劳动人事合规与民事法律具体制度的交叉适用

合规风险指数　★★

案例

袁某与江苏乐天玛特商业有限公司(以下简称乐天公司)上海分公司签有劳动合同。2013年7月15日,袁某因劳动合同争议闯入总经理方某的办公室,大声喧哗,驱逐开会人员,导致会议无法正常进行,其间又拿矿泉水瓶砸方某头部,致其头部软组织挫伤,公司对此进行报警处理,且方某在之后一段时间内无法正常工作。乐天公司遂以袁某严重违纪为由解除劳动合同。袁某在普陀区提

起劳动仲裁,要求乐天公司支付违法解除赔偿金。

上述劳动案件进行过程中,2013 年 9 月,方某以健康权受到侵害为由向长宁区人民法院提起诉讼,要求袁某赔礼道歉并赔偿医疗费及精神损害抚慰金。长宁区人民法院认定袁某对于方某所受伤害仅存在一般过失,不存在故意或重大过失,仅判决袁某向方某支付医疗费 400 余元。

袁某认为,从上述人身损害赔偿案件的判决结果来看,法院认定其仅是存在一般过失的过错,根本不构成"严重违反规章制度"的行为。最终,普陀区人民法院判决乐天公司解除行为合法。①

解　析

本案中,尽管长宁区人民法院在审理人身损害赔偿案件时,认定袁某对方某所受伤害仅存在一般过失的过错,但袁某并不能以该主观过错的认定,推论其客观行为不构成劳动法上的严重违纪。事实上,在劳动案件审理过程当中,公司与袁某的争议焦点主要在于"袁某是否存在客观的严重违纪行为",而非"袁某基于何种主观恶意实施侵害行为并给方某造成何种程度的人身损害"。尽管袁某实施客观行为时的主观恶意在一定程度上会影响法官对其违纪行为严重程度的判断,但不能根本性地动摇法院对其客观行为是否构成违纪的认定。而袁某在与方某沟通的过程中,确实实施了扔矿泉水瓶的这一侵权行为,实际造成方某受伤,故公司认定袁某严重违纪并解除劳动合同并无不当。

合规指引

很多民事法律具体制度的适用都涉及劳动人事领域。例如,劳动者在工作过程中给第三人或公司造成损害的,可能涉及《民法典》侵权责任编与劳动法交叉适用的问题。又如,对待公司的董事、监事、高级管理人员,用人单位不仅可适用劳动法关于劳动纪律、规章制度的规定,还可直接援引或适用《公司法》中有关公司治理结构、董事、监事和高级管理人员的内容,对身负管理职能的劳动者加以约束。再如,许多用人单位设立股权激励制度以保留人才,在司法实践中,因股权激励产生的劳动争议也日益常见,用人单位不仅需要援引《公司法》等民商事法律规定为股权激励制度奠基,也要结合劳动法、用人单位的管理制度、企

① (2013)普民一(民)初字第 6991 号。

业文化、行业特征等因素,综合考量制度架构与具体内容。凡此种种,可证劳动人事合规管理不再仅局限于劳动法领域,而是越来越延伸向民商事领域,并与多个部门法相互糅合。

合规要点 292 劳动人事合规与民事法律具体环节的交叉适用

合规风险指数 ★★★

案 例

某商业集团公司在中国境内投资设有商行公司和华家公司两家子公司,两家子公司的经营范围内均包含保健业务。后某商业集团公司决议将华家公司和集团内部的所有保健业务一并转让给第三人华平投资公司,故某商业集团公司要求商行公司将保健业务及相关人员全部转移至华家公司,再由华家公司携带保健业务与相关人员并入华平投资公司。商行公司遂与劳动者展开协商,并对一批既拒绝协商变更劳动合同、又拒绝协商解除劳动合同的劳动者作出解除劳动合同的处理。劳动者遂在多地提起劳动仲裁,要求商行公司支付违法解除劳动合同赔偿金。①

解 析

本案中,某商业集团公司转让资产与业务,华平投资公司并购华家公司、收购某商业集团公司的部分业务,而商行公司应某商业集团公司要求剥离保健业务及相关工作人员而导致劳动者起诉,是典型的企业商业行为引发劳动争议的案例。商行公司以"客观情况发生重大变化"为由解除劳动合同,在成都、东莞、上海等地,司法机关均认定公司解除行为合法,但北京地区的法院则认为企业之间投资并购的商业行为不足以构成劳动法上的"客观情况发生重大变化",据此认定商行公司的解除行为违法。实际上,如果用人单位解除流程合法、证据固定情况较好,此类因企业商业行为引发的劳动争议的判决结果,多取决于各地不同

① (2019)京0105民初85936号、(2019)沪0115民初11328号。

的司法裁判口径。

合规指引

劳动人事合规管理与民事法律具体环节相交叉的情形也非常多见。例如，当前常见的企业合并、分立，在此过程中必然涉及企业之间如何转移、安置或遣散劳动者的问题。鉴于越来越多的企业并购或分立的失败均可部分归因于员工安置和劳资矛盾，在此过程中，并购当事人应特别重视劳动人事合规尽职调查、员工转移或安置方案的设计、人才激励和挽留制度的完善等问题。

合规依据

《劳动合同法》

第三十四条　用人单位发生合并或者分立等情况，原劳动合同继续有效，劳动合同由承继其权利和义务的用人单位继续履行。

《公司法》

第一百七十二条　公司合并可以采取吸收合并或者新设合并。一个公司吸收其他公司为吸收合并，被吸收的公司解散。两个以上公司合并设立一个新的公司为新设合并，合并各方解散。

第一百七十五条　公司分立，其财产作相应的分割。

第二节　行政法律领域

劳动人事合规扩展到行政法律领域，主要体现在三个方面：首先，因劳动人事领域大量涉及法律强制性标准的实施，因此，诸多劳动法规范都规定了用人单位的行政责任；其次，非劳动法律的关联内容，如《反不正当竞争法》中关于商业秘密的规范，就涉及人才流动的法律问题，其中不乏行政权的介入与处罚；最后，涉及行政程序的内容，如在安全生产处罚、工伤（包括职业病）认定与处理过程中，用人单位可能涉足行政复议或行政诉讼领域。

合规要点 293 用人单位违法情形下的行政责任

合规风险指数 ★★★★

案 例

营口市某劳动监察局于 2015 年 3 月 28 日对永江房地产开发有限公司(以下简称永江公司)作出劳动监察责令改正决定书,要求永江公司支付拖欠的农民工工资。因永江公司未在决定书规定的时间内履行支付义务,劳动监察局将该案移送公安机关,公安机关于 2015 年 5 月 13 日决定立案。永江公司于 2016 年 1 月 11 日提起行政诉讼,要求撤销劳动监察局作出的责令改正决定书,认为劳动监察局没有履行送达程序,系在永江公司不知情的情况下作出责令改正决定书。劳动监察局则通过视频、照片等证明因无法找到公司法定代表人,且永江公司办公地址无人接收文件,劳动监察局已向永江公司留置送达决定书,同时通过视频资料及笔录等,证明永江公司即使没有收到文书,也应在公安机关立案后知晓该决定书的内容。同时,劳动监察局提出永江公司起诉时已超过法定的起诉期限。①

解 析

本案中,法院最终认定劳动监察局具有行使劳动监察权力的主体资格,其向永江公司送达决定书的方式与程序均符合法律规定,且以留置送达为基础对永江公司进行了长时间和多角度的告知,永江公司最迟在 2015 年 5 月 29 日之前就应当知晓具体行政行为的内容,故永江公司提起的诉讼已超过了法定的起诉期限,法院对永江公司的诉讼请求不予支持。

合规指引

劳动者让渡自己对于时间、劳动力的支配权给用人单位,用以交换物质资料,在此过程中,不可避免地,劳动者对用人单位产生人身与经济上的从属性。基于"资强劳弱"的假设,《劳动合同法》等劳动法律法规给予劳动者"倾斜保

---

① (2016)辽 08 行终 127 号。

护”，建立了各类劳动基准（如最高工时、最低工资等）以保障劳动者的基本权益，是以劳动法中有大量针对用人单位的强制性规范，辅之以行政处罚，如果用人单位“越线”，就可能面临承担行政责任的风险，这也正是用人单位在劳动人事合规管理中需要特别注意、审慎对待的问题。

合规依据

《劳动合同法》

第八十条　用人单位直接涉及劳动者切身利益的规章制度违反法律、法规规定的，由劳动行政部门责令改正，给予警告；给劳动者造成损害的，应当承担赔偿责任。

第八十一条　用人单位提供的劳动合同文本未载明本法规定的劳动合同必备条款或者用人单位未将劳动合同文本交付劳动者的，由劳动行政部门责令改正；给劳动者造成损害的，应当承担赔偿责任。

第八十三条　用人单位违反本法规定与劳动者约定试用期的，由劳动行政部门责令改正；违法约定的试用期已经履行的，由用人单位以劳动者试用期满月工资为标准，按已经履行的超过法定试用期的期间向劳动者支付赔偿金。

第八十四条　用人单位违反本法规定，扣押劳动者居民身份证等证件的，由劳动行政部门责令限期退还劳动者本人，并依照有关法律规定给予处罚。

用人单位违反本法规定，以担保或者其他名义向劳动者收取财物的，由劳动行政部门责令限期退还劳动者本人，并以每人五百元以上二千元以下的标准处以罚款；给劳动者造成损害的，应当承担赔偿责任。

劳动者依法解除或者终止劳动合同，用人单位扣押劳动者档案或者其他物品的，依照前款规定处罚。

第八十五条　用人单位有下列情形之一的，由劳动行政部门责令限期支付劳动报酬、加班费或者经济补偿；劳动报酬低于当地最低工资标准的，应当支付其差额部分；逾期不支付的，责令用人单位按应付金额百分之五十以上百分之一百以下的标准向劳动者加付赔偿金：

（一）未按照劳动合同的约定或者国家规定及时足额支付劳动者劳动报酬的；

（二）低于当地最低工资标准支付劳动者工资的；

(三)安排加班不支付加班费的;

(四)解除或者终止劳动合同,未依照本法规定向劳动者支付经济补偿的。

第八十八条　用人单位有下列情形之一的,依法给予行政处罚;构成犯罪的,依法追究刑事责任;给劳动者造成损害的,应当承担赔偿责任:

(一)以暴力、威胁或者非法限制人身自由的手段强迫劳动的;

(二)违章指挥或者强令冒险作业危及劳动者人身安全的;

(三)侮辱、体罚、殴打、非法搜查或者拘禁劳动者的;

(四)劳动条件恶劣、环境污染严重,给劳动者身心健康造成严重损害的。

第八十九条　用人单位违反本法规定未向劳动者出具解除或者终止劳动合同的书面证明,由劳动行政部门责令改正;给劳动者造成损害的,应当承担赔偿责任。

第九十二条　违反本法规定,未经许可,擅自经营劳务派遣业务的,由劳动行政部门责令停止违法行为,没收违法所得,并处违法所得一倍以上五倍以下的罚款;没有违法所得的,可以处五万元以下的罚款。

劳务派遣单位、用工单位违反本法有关劳务派遣规定的,由劳动行政部门责令限期改正;逾期不改正的,以每人五千元以上一万元以下的标准处以罚款,对劳务派遣单位,吊销其劳务派遣业务经营许可证。用工单位给被派遣劳动者造成损害的,劳务派遣单位与用工单位承担连带赔偿责任。

《劳动法》

第九十条　用人单位违反本法规定,延长劳动者工作时间的,由劳动行政部门给予警告,责令改正,并可以处以罚款。

第九十四条　用人单位非法招用未满十六周岁的未成年人的,由劳动行政部门责令改正,处以罚款;情节严重的,由工商行政管理部门吊销营业执照。

第九十五条　用人单位违反本法对女职工和未成年工的保护规定,侵害其合法权益的,由劳动行政部门责令改正,处以罚款;对女职工或者未成年工造成损害的,应当承担赔偿责任。

合规要点 294　劳动关系与行政责任的交叉

合规风险指数 ★★★★

案　例

王某与上海家化联合股份有限公司签有劳动合同，王某自 2012 年 12 月 18 日起担任总经理一职。公司《员工手册》规定：员工严重违反规章制度或存在严重失职、营私舞弊给公司造成重大损害的情形，公司可随时解除劳动合同。

2013 年 11 月 20 日，公司收到中国证监会上海监管局的《责令改正的决定》，认为公司财务报告内部控制存在关联交易管理中缺少主动识别、获取及确认关联方信息机制三项重大缺陷。

2014 年 5 月 12 日，公司董事会认定王某在上述事件中存在不可推卸的责任，解除其总经理职务，次日，向王某发出违纪解除通知书，载明：工作责任心不强，导致第三方对公司出具否定意见的审计报告，严重违反公司规章制度；审计报告被新闻媒体负面报道，对公司造成恶劣影响，给公司形象、名誉、财产和利益造成重大损失，构成严重失职并对公司造成重大损害，依据《员工手册》及公司章程规定，解除劳动合同。王某提起劳动仲裁，要求恢复劳动关系。

2014 年 12 月 19 日，中国证监会上海监管局作出《行政处罚事先告知书》，查明 2008 年至 2012 年 12 月，公司涉嫌违法违规，认定时任董事长葛某是公司相关年度报告信息披露违法行为直接负责的主管人员，王某等 17 人是其他直接责任人员，拟决定：对公司给予警告，并处以 30 万元的罚款；对葛某给予警告，并处以 15 万元的罚款；对王某等给予警告，并分别处以 3 万元的罚款。公司、葛某、王某均已行使陈述、申辩的权利。①

解　析

本案中，公司认为王某作为总经理，未对关联交易等相关事实进行及时调查汇报、未采取补救措施，事后又袒护相关负责人、阻止调查，明显存在违纪行为，

① (2015)沪二中民三(民)终字第 747 号。

《行政处罚事先告知书》查明的事实更证明王某工作失职。但是,王某自2012年12月18日起担任总经理,而《责令改正的决定》认定关联交易所涉时间段为2008年4月至2013年7月,历时5年3个月,关联交易绝大部分又发生于2012年12月底前,王某任总经理所涉的时间段仅有7月余,所以公司将否定意见的《内部控制审计报告》的责任完全归咎于王某一人失职,不尽合理。而《行政处罚事先告知书》查明公司2008年度至2012年度关联交易信息未按规定披露,而王某自2012年12月18日起才担任总经理,且此告知书并非已生效的行政处罚决定,无法成为证明王某存在违法行为的事实证据,对法院依法认定事实不具有拘束力。最终,法院认定公司解除行为违法,判决双方恢复劳动关系。

合规指引

在司法实践当中,劳动人事合规管理与行政法、经济法亦有紧密联系。例如,违反竞业限制义务的劳动者入职竞争对手公司,可能导致原用人单位的商业秘密泄露,此时,尽管劳动者与原用人单位的劳动关系已经结束,但劳动者仍会涉嫌违反劳动法下的竞业限制义务,也有可能与新用人单位一起涉嫌违反《反不正当竞争法》中关于商业秘密的规范。典型的王某与上海家化一案,凸显出了《劳动法》与《公司法》《证券法》等部门法的交叉适用,而王某作为高级管理人员,在受到行政处罚之后,其再就业时亦会面临《公司法》《证券法》等关于高级管理人员任职条件与行业准入条件的限制。因此,在特定情形下,用人单位或劳动者如受到行政权力的介入与处罚,双方之间劳动关系的存续与结束、双方权利与义务的结构,都会受到较大影响。

合规要点295　劳动争议与行政复议、行政诉讼程序的交叉

合规风险指数 ★★★

案　例

某猎头公司组织10余名骨干员工前往泰国团建游玩,员工自愿报名参与,且可携带家属,最终共有员工及家属20人成团出境。出行期间,在周一上午时

分,在猎头公司组织、付费的浮潜活动中,员工余某溺亡。公司回国后提起工伤认定申请,人社部门作出《不予认定工伤决定书》。公司不服,提起行政复议,复议机关维持人社部门原决定。公司遂提起行政诉讼。①

解　析

本案中,尽管余某是在工作时间内因事故身亡,但其能否被认定为工伤,主要取决于其是否"因工作原因"死亡。公司在行政复议及行政诉讼过程中,多次强调出境的主要目的在于加强团队凝聚力并考察当地相关产业发展情况,活动具有一定的因公性、强制性,且由公司组织并负担所有费用,但司法机关经审理后认定该次团建活动并未体现出"因公"要素,浮潜活动亦与余某本职工作无关,因此,判决驳回公司关于认定工伤的诉讼请求。

合规指引

劳动关系的特别之处在于,尽管它的建立基础在于用人单位与劳动者达成合意,但劳动关系在履行过程中,又经常受到行政权力的管控,如劳动基准,特别是与劳动安全生产、职业危害、工伤认定等方面,行政权力的介入是比较强势且直接的。因此,用人单位在劳动人事合规管理中,也不免遇到因劳动关系而引起的行政复议与行政诉讼。当用人单位遭遇行政权力的非法干涉时,建议用人单位积极行使行政法律法规赋予的权利,维护自身与劳动者的合法权益。

合规依据

《劳动合同法》第八十条至第九十二条(略)。

第三节　刑事法律领域

劳动人事合规扩展到刑事法律领域,主要体现在三个方面,即职务犯罪、单位犯罪与劳动者的其他普通刑事犯罪,具体如图3-1所示。不论是哪一类刑事犯罪,均可能对劳动人事合规管理产生巨大影响。

① (2019)沪03行终67号。

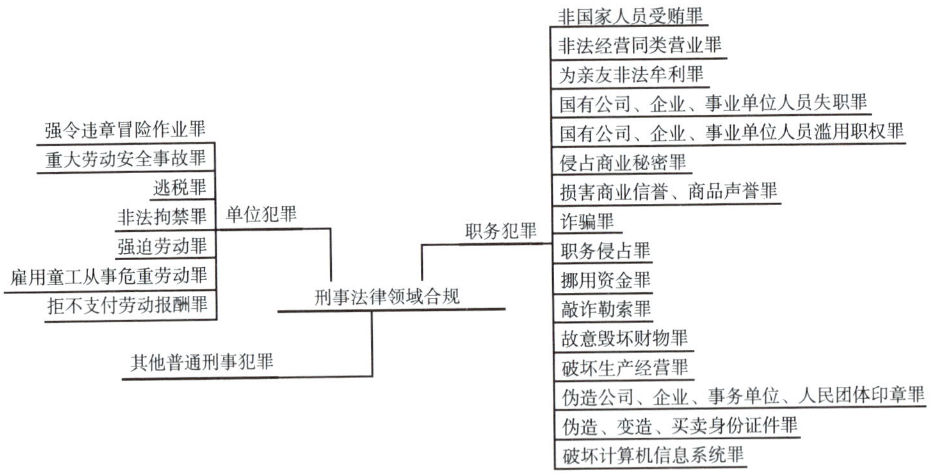

图 3-1　刑事合规

合规要点 296　与劳动关系相关的职务犯罪

合规风险指数 ★★★★★

案　例

张某任某检测公司总经理一职长达近 10 年,在任期间,张某以配偶、岳母等人的名义,先后成立四家由其实际控制的空壳公司,利用自己身为某检测公司总经理的职务便利,假借商业交易之名,通过四家实际控制公司夺取某检测公司的商业机会,并从各类虚假交易中攫取经济利益累积高达 300 余万元。某检测公司经其他员工举报后,解除张某的总经理职务与劳动合同,并向公安机关报案控告张某等人涉嫌职务侵占犯罪。公安机关经过调查,予以立案。①

解　析

本案中,张某利用总经理的职务便利,以非法占用公司财物为目的,假借四家实际控制公司之名,制造虚假交易(如产品销售合同、委托代理合同、租赁合同等),并以四家公司的名义出具各类合同、发票,用以骗取检测公司付款,并从

① 闵公(经)立告字[2019]12372 号。

中大量获利，其行为已经符合《刑法》规定的职务侵占罪的基本构成要素。但张某等人非常狡猾，以“违法解除劳动合同”的名义快速提起劳动仲裁，要求某检测公司支付高额工资、奖金、赔偿金等，并在刑事案件调查中，以“公司与其存在劳动争议，为逃避在劳动案件中支付高额款项的法律责任，遂提起刑事控告”作为障眼法，阻拦公安机关对其进行刑事调查。该案历经周折，最终公安机关仍然决定立案，对张某等人以涉嫌职务侵占犯罪进行侦查。

合规指引

当前，职务刑事犯罪已经成为许多用人单位重点关注的领域。一些职务犯罪具有共通性，如职务侵占罪、逃税罪、商业贿赂犯罪等，另一些则是因企业自身经营范围和业务特点所带来的特殊性犯罪，如走私普通货物、物品罪等。值得注意的是，许多劳动者具备相当的法律知识与“犯罪智慧”，往往会通过各种各样的手段达成职务侵占等目的，这也迫使用人单位的劳动人事合规管理拓展到刑事法律领域。尽管“劳动争议泛刑事化”并不值得提倡，但用人单位对于劳动者潜在或已经存在的职务犯罪行为，绝不应麻痹大意，如侵占或挪用公司资产、通过虚假报销等手段骗取经济利益等，这些行为既给用人单位的劳动人事合规管理带来极为负面的影响，又给用人单位的经济利益等造成严重损害，不容小觑。

合规依据

《刑法》

第二百七十一条　公司、企业或者其他单位的人员，利用职务上的便利，将本单位财物非法占为己有，数额较大的，处三年以下有期徒刑或者拘役，并处罚金；数额巨大的，处三年以上十年以下有期徒刑，并处罚金；数额特别巨大的，处十年以上有期徒刑或者无期徒刑，并处罚金。国有公司、企业或者其他国有单位中从事公务的人员和国有公司、企业或者其他国有单位委派到非国有公司、企业以及其他单位从事公务的人员有前款行为的，依照本法第三百八十二条、第三百八十三条的规定定罪处罚。

合规要点297　单位犯罪引发的劳动关系变化

合规风险指数 ★★★★★

合规指引

对于《刑法》明文规定单位可作为犯罪主体的罪名,一旦单位犯罪罪名成立,单位很有可能面临主要责任人员被追究刑事责任、单位被处以高额罚金等不良后果。对大型企业而言,直接负责的主管人员和其他直接责任人员被判处刑罚,可能尚不至于直接影响整个企业长期的运行,企业可依据《劳动合同法》的相关规定,与被追究刑事责任的劳动者解除劳动合同而无须支付任何补偿。但对小型企业而言,直接负责的主管人员和其他直接责任人员被判处刑罚或企业被判处高额罚金,很可能导致企业管理秩序大乱、停工停产甚至倒闭的后果,在此情形下,用人单位将可能面临安置或裁减人员的困境,极易引发劳动争议。此外,《刑法》关于罪名的规定繁多,有些犯罪将单位纳入犯罪主体范围,有些则不包含,用人单位需对刑事法律有一定了解,避免因不知情而在无意间触犯刑法,如虚开增值税专用发票、用于骗取出口退税、抵扣税款发票罪。总之,单位刑事犯罪尽管相对少见,但仍应被用人单位作为劳动人事合规管理的关注点之一。

合规依据

《刑法》

第三十条　公司、企业、事业单位、机关、团体实施的危害社会的行为,法律规定为单位犯罪的,应当负刑事责任。

第三十一条　单位犯罪的,对单位判处罚金,并对其直接负责的主管人员和其他直接责任人员判处刑罚。本法分则和其他法律另有规定的,依照规定。

《劳动合同法》

第三十九条　劳动者有下列情形之一的,用人单位可以解除劳动合同:

……(六)被依法追究刑事责任的。

合规要点 298　个人犯罪引发的劳动争议

合规风险指数 ★★★★★

案　例

彭某与中铁集团南平工务段签有无固定期限劳动合同。2015 年,彭某因酒后无证驾驶无牌照二轮摩托车,被公安执勤人员查获,经当场检测,被确认属醉酒驾驶,当日被刑拘,后被检察院以危险驾驶罪提起公诉。中铁集团南平工务段党支部向法院出具请求免除彭某刑事责任的《证明》。2015 年 6 月,法院判决彭某犯危险驾驶罪,判处拘役 3 个月,缓刑 3 个月。缓刑期间,彭某在中铁集团南平工务段正常工作。2018 年 7 月,中铁集团南平工务段以 2015 年彭某犯危险驾驶罪为由,作出解除劳动合同决定。彭某提起劳动仲裁,要求恢复劳动关系。①

解　析

根据《劳动合同法》第三十九条规定,劳动者依法被追究刑事责任的,用人单位可以解除劳动合同。本案中,彭某于 2015 年被判处危险驾驶罪,检察院提起公诉期间,中铁集团南平工务段出具《证明》为彭某请求免除刑事责任,即用人单位在当时已经知晓彭某的犯罪事实,且在刑事判决作出后、缓刑期间,仍允许彭某继续工作,而未作出解除劳动合同的决定,应视为用人单位在当时已自动放弃即时解除权。在之后几年内,彭某再无违法违规情形,中铁集团南平工务段在 3 年后突然以彭某曾经犯罪为由解除劳动合同,显失合理性。法院最终判决中铁南平工务段系违法解除劳动合同,判决双方恢复劳动关系。

合规指引

对于劳动者因个人犯罪而无法提供劳动的情形,用人单位需要谨慎处理。《劳动合同法》仅规定用人单位可即时解除"被依法追究刑事责任"的劳动者,即被法院判决有罪的劳动者,才可适用该规定。如果劳动者仍处于公安机关或检察机关、法院的侦查、刑事拘留、逮捕、取保候审、审查起诉、提起公诉、审判等阶

① (2019)闽 07 民终 1427 号。

段,用人单位均不能直接以《劳动合同法》第三十九条第六款为由解除劳动合同,也要慎用"无故旷工"等违纪解除理由。用人单位需审慎判断劳动者处于刑事犯罪追究流程中的哪一环节,如法院尚未定罪,建议用人单位可暂时中止劳动合同,同时,对于尚处于刑事侦查、刑事拘留、逮捕、取保候审、审查起诉、提起公诉、审判等阶段的劳动者,建议用人单位完善规章制度,规定劳动者如因处于前述阶段而无法提供劳动的,须及时报告单位,否则用人单位经过一段合理期限即可解除劳动合同。

合规依据

《劳动合同法》

第三十九条　劳动者有下列情形之一的,用人单位可以解除劳动合同:

……(六)被依法追究刑事责任的。

后记 从“碎片化”走向“系统化”

从“华为辞职门”到“华为251事件”，不断做大做强甚至走向世界之巅的华为公司，为何仍不断陷入劳动人事合规的舆论旋涡？其实，不仅仅是华为公司存在问题，2019年发生的著名的劳动人事合规案件还有很多，网易、腾讯、滴滴出行、美团、百度、蚂蚁金服、优酷、小米、360、大疆都牵涉其中，涉案人数和涉案金额都十分惊人。实际上，这些媒体曝光的劳动人事合规案件仅是冰山一角而已。不仅是这些知名大企业，中小企业在日常人事管理的过程中也已经感受到了这股寒流。此时，人们估计会纳闷儿，我们的企业为什么都绕不开劳动人事合规问题呢？这些知名大公司内部不是有健全的合规体系吗？他们的合规、法务或HR不都是经验丰富的专业人员吗？

根据我们的观察，企业陷入劳动人事合规旋涡有三个重要原因：首先，劳动人事合规问题是一个系统问题。正如本书指出的那样，劳资关系的发展具有历史阶段性，每个阶段都会呈现出不同的特点，而且目前的劳资关系更是敏感、脆弱和多变；企业用工也呈现三个不同的维度，且三个维度的用工模式相互叠加、交叉甚至冲突；劳资关系的协调机制也多样化，不同程序之间还存在冲突与协调的问题；劳资矛盾更是处在一个复杂的社会系统中，同样会牵涉不同层面的经济、社会、法律问题，相克相生。其次，处理劳动人事合规案件的管理人员的知识体系存在“碎片化”问题，或者说缺乏“系统性”。从网易暴力解雇患病员工事件来说，网易就错误地理解了合法解雇条件与解雇保护制度的关系；就“华为251事件”而言，华为没有很好的处理劳动合同解除终止、员工职务侵占、侵犯商业秘密和敲诈勒索的刑事与民事交叉与融合问题。最后,企业处理劳动人事合规案件,往往因为证据不足、程序瑕疵而陷入被动,这是忽略了实体和程序上的相辅相成问题。在这个快变时代,很多企业的管理人员,都习惯于利用碎片化的时间进行碎片化的学习,而且信息来源、学习对象经常“鱼龙混杂”,进而缺乏系统的学习和独立的思考。如果在实践中,企业管理人员再犯有经验主义的错误,面对复杂多变的劳资关系,企业处理劳动人事合规问题必然会捉襟见肘,甚至会狼狈不堪。

劳资关系的发展变化已经超越了我们的想象,在技术爆炸、数字洪流面前,任何一个小的合规问题都可能演变成为一个事关企业生存与发展的大问题。因此,我们认为,企业在劳动人事合规管理过程中,无论是理念上,还是体系上,抑或制度上都需要“与时俱进”。基于此,本人组织撰写了这本《劳动人事合规管理指南》,目的是促使企业合规管理从“碎片化”走向“系统化”,即更全面、更系统、更深入地讲解劳动人事合规的原则、方法、制度、体系,并结合298个合规要点来给企业以明确指引,希望我们的努力能够推动中国劳动人事合规管理走向更高层次,也期待读者能够给予批评和建议。

本书是汇业律师集体智慧的结晶,他们在书稿的案例收集、要点提炼、初稿撰写等方面作出了积极贡献。为表示对他们劳动成果的珍惜,特列明如下:(1)苏慧瑶参与了企业劳动人事合规体系构建、知识产权合规管理的写作;(2)段灵娜参与了规章制度、劳动合同的新签、续订、知识产权合规管理、离职流程、民主管理、法定福利部分的写作;(3)马凤华参与了工时、工资、休息休假的写作;(4)刘朝阳参与了工伤、劳动安全卫生、女工与未成年用工的写作;(5)严珍蓉参与了招聘录用、劳动合同订立的写作;(6)杨艳辉参与了劳动合同的解除、劳动合同终止的写作;(7)张怡然参与了解雇保护制度、调解仲裁程序、民事诉讼程序以及劳动人事合规的三个扩展章节的写作;(8)朱文文参与了人才流动、非标准劳动关系、非劳动关系章节的写作;(9)王文麒参与了学生用工、退休返聘、挂靠以及平台用工的写作;(10)吕刚参与了劳动行政程序、刑事法律领域内容的写作。对于他们的贡献,我表示由衷的感谢。

最后,特别要感谢我的恩师董保华教授。本书的顶层设计得益于恩师的理论架构,在书稿的结构安排上也受到了恩师的悉心指导。书稿完成之际恩师还欣然为之作序。希望本书的出版能给恩师一点点宽慰。

疫情终会过去，但合规管理不会止步。愿劳资和谐，共创价值。

周开畅

2020 年 5 月

再版后记

后疫情时代的新挑战

后疫情时代对劳动人事合规的挑战是巨大的,这既体现在标准劳动关系领域,同样也体现在非标准劳动关系和非劳动关系领域。本书作为劳动人事合规领域具有引领性、开创性的专著,自问世以来广受市场青睐。基于本书的体系、结构与内容,我们原本可以继续"躺平",但我们考虑以下几种因素还是启动了本书的修订工作:

首先,职业化。2021年3月18日,人力资源和社会保障部会同国家市场监督管理总局、国家统计局向社会正式发布了18个新职业,其中"企业合规师"正式进入《中华人民共和国职业分类大典》,得到国家认可,成为与律师、会计师、审计师等并驾齐驱的职业。2022年9月,国务院国资委发布的《中央企业合规管理办法》明确规定,中央企业应当结合实际设立首席合规官,领导合规管理部门组织开展相关工作,指导所属单位加强合规管理。这都标志着企业合规管理走向了职业化的道路。我们相信,本书的修订必然会给"企业合规师""合规官"的培养工作增添助力。

其次,制度化。国际标准化组织于2021年4月发布的《合规管理体系　要求及使用指南》(ISO 37301:2021)是全球第一个可供认证的国际性的合规管理体系标准,该标准被认为是企业合规制度化建设的纲领性文件。国务院国资委刚刚发布《中央企业合规管理办法》,通过部门规章对中央企业进一步深化合规管理提出明确要求,这无疑会掀起新一轮的合规制度构建的热潮。本书对于如何在劳动人事合规领域进行制度化建设进行了全面、详细的论述,为企业建立或完善合规制度提供了有价值的参考。

最后，价值化。2021年4月，最高人民检察院下发《关于开展企业合规改革试点工作的方案》，正式启动第二期企业合规改革试点工作。此前，自2020年3月起，最高人民检察院在上海、江苏、山东、广东等地已经开展了第一批试点工作。2021年6月3日最高人民检察院、司法部、财政部等九部委联合印发了《关于建立涉案企业合规第三方监督评估机制的指导意见（试行）》，随后，2022年4月19日，以全国工商联为牵头单位，联合最高人民检察院、司法部、财政部等九部委研究制定了《涉案企业合规建设、评估和审查办法（试行）》。自此，“合规不起诉”让广大企业体验到合规管理确实可以创造价值，甚至可以创造显性价值，这无疑会推动企业积极提升合规管理水平，包括劳动人事合规管理水平。本书总结出的合规案例、合规依据与合规管理要点对企业非常具有实用性，本次修订更是将合规要点从286个增加到298个，我们相信本书必定能够为企业创造价值。

另外，本书所倡导的企业用工三个维度思想得到了国家政策的呼应，这进一步激发了我们修订本书的激情。2021年7月16日，人力资源和社会保障部会同七个部门共同发布了《关于维护新就业形态劳动者劳动保障权益的指导意见》，该文件提出了用工管理的“三分法”，即“符合确立劳动关系情形的，企业应当依法与劳动者订立劳动合同。不完全符合确立劳动关系情形但企业对劳动者进行劳动管理（以下简称不完全符合确立劳动关系情形）的，指导企业与劳动者订立书面协议，合理确定企业与劳动者的权利义务。个人依托平台自主开展经营活动、从事自由职业等，按照民事法律调整双方的权利义务”。我们理解这一文件指导精神非常契合本书关于“标准劳动关系、非标准劳动关系与非劳动关系”的三个维度的理论架构。我们希望本书的再版可以进一步推动企业构建适应后疫情时代的“弹性雇佣体系”。

本书修订过程中，我们团队的吕刚、胡雪梅、宋紫薇、陈晓君、孙国栋、王瑜琪等人承担了大量的写作与修订工作，在此对他们的辛苦付出表示感谢。特别要感谢的还有来自上海师范大学的实习生卢一晨同学，她除了承担部分内容的写作工作之外，还肩负起本书的统稿、编辑和校对工作。希望本书的再版可以更加激励他们全身心地投入合规领域的理论研究和实际操作工作中。

后疫情时代,我的企业合规管理工作已经步入新的阶段,让我们一起拥抱变化,再出发!

周开畅　洪桂彬

2023年2月